"博学而笃志,切问而近思。"
(《论语》)

博晓古今,可立一家之说;
学贯中西,或成经国之才。

复旦博学·复旦博学·复旦博学·复旦博学·复旦博学·复旦博学

作者简介

颜声毅，1940年10月生，福建永春人，复旦大学国际关系与公共事务学院教授。1964年毕业于复旦大学历史系，后留校任教，曾任复旦大学国际政治系国际关系教研室主任。主要著作有：《现代国际关系史》（获上海市哲学社会科学优秀著作一等奖）、《战后国际关系史纲》、《当代国际关系》、《世界政治经济与国际关系辞典》等，在国内外学术刊物发表论文百余篇。曾参与"八·五"国家社科重点项目《建设有中国特色的社会主义的国际环境》、"211工程"重点项目《全球化与国际关系的研究》，主持上海社科项目《21世纪的时代特征与我国的国际环境》。

普通高等教育"十一五"国家级规划教材

国际政治与国际关系系列

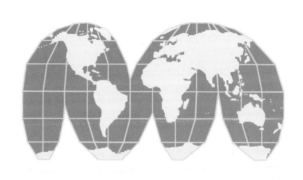

当代中国外交（第二版）
Contemporary Foreign Affairs of China

颜声毅　著

复旦大学出版社

内容提要

本书以毛泽东、邓小平外交思想和"三个代表"重要思想以及科学发展观为指导，全面、系统地阐明了当代中国外交的指导方针、基石、基本目标和基本原则等，对中美、中苏、中日、中国和欧洲、中印以及我国与其他周边国家等对外关系的演变、发展历程作了客观、科学的分析与评述，并对跨入21世纪的当代中国在国际舞台上的地位、作用以及外交战略作了探索与展望。

本书第二版与第一版相比，内容上作了很大的修改，增加了十六大以来以胡锦涛为总书记的中共中央关于外交理论方面的新理念、新思维的论述，着重阐述了中国坚持走和平发展道路所体现的负责任的大国风范，肯定了60年来中国外交所取得的成就，同时比较客观、深入地分析了中国外交方面所存在的一些问题，提出了自己的观点和建议。

本书为普通高等教育"十一五"国家级规划教材，经中华人民共和国外交部审定，适合作为大专院校、党校等国际政治学、国际关系学、外交学、政治学与行政学等相关专业的本、专科教材。

目 录

前 言 ··· 1

第一章 毛泽东和邓小平的外交思想、"三个代表"重要思想以及科学发展观是中国对外工作的指导方针 ·········· 1

  第一节 毛泽东和邓小平的外交思想、"三个代表"重要思想以及科学发展观是中国对外工作的指导方针 ·········· 2

    一、邓小平理论、"三个代表"重要思想和科学发展观是马克思主义在中国发展的新阶段 ·········· 2

    二、邓小平外交思想、"三个代表"重要思想和科学发展观继承和发展了毛泽东外交思想 ·········· 3

  第二节 中国对外关系的发展脉络 ·········· 18

    一、中国对外关系的发展阶段 ·········· 18

    二、新中国独特的外交风格 ·········· 23

第二章 独立自主是中国外交政策的基石 ·········· 26

  第一节 独立自主是新中国对外政策的一贯方针 ·········· 26

    一、独立自主是新旧中国外交的本质区别 ·········· 26

    二、中国始终坚持独立自主外交 ·········· 29

  第二节 改革开放以来独立自主外交思想的发展与完善 ·········· 36

    一、真正的不结盟 ·········· 37

    二、既反对霸权主义,又发展国家关系 ·········· 39

    三、不以意识形态定亲疏,对国际问题,按事件本身的是非曲直作判断 ·········· 41

四、既坚持自力更生方针,又实行对外开放政策⋯⋯⋯⋯⋯⋯ 42
　　五、建立新型伙伴关系⋯⋯⋯⋯⋯⋯⋯⋯⋯⋯⋯⋯⋯⋯⋯⋯ 44
　　六、从"争取和平环境"到"和平发展战略"⋯⋯⋯⋯⋯⋯⋯⋯ 46
　　七、从以"反"字为外交主旋律到倡导构建和谐世界⋯⋯⋯⋯ 47

第三章　和平、发展、和谐是中国外交的基本目标⋯⋯⋯⋯⋯⋯ 49
　第一节　和平与发展是当今时代的两大主题⋯⋯⋯⋯⋯⋯⋯⋯ 50
　　一、时代主题判断的失误曾使我们付出了沉重代价⋯⋯⋯⋯ 50
　　二、世界大战可能避免,维护和平是有希望的⋯⋯⋯⋯⋯⋯ 53
　　三、邓小平关于两大主题的论断⋯⋯⋯⋯⋯⋯⋯⋯⋯⋯⋯⋯ 54
　　四、和平与发展是带有战略性和全局性的问题⋯⋯⋯⋯⋯⋯ 59
　　五、和平与发展两大主题至今一个也没有解决⋯⋯⋯⋯⋯⋯ 61
　第二节　中国是维护世界和平的重要力量⋯⋯⋯⋯⋯⋯⋯⋯⋯ 62
　　一、维护世界和平是中国坚定不移的基本国策⋯⋯⋯⋯⋯⋯ 62
　　二、走和平发展道路是中国的必然选择⋯⋯⋯⋯⋯⋯⋯⋯⋯ 65
　　三、摒弃冷战思维,倡导和实践新安全观⋯⋯⋯⋯⋯⋯⋯⋯ 70
　第三节　发展是振兴中华的第一要务⋯⋯⋯⋯⋯⋯⋯⋯⋯⋯⋯ 72
　　一、发展是硬道理⋯⋯⋯⋯⋯⋯⋯⋯⋯⋯⋯⋯⋯⋯⋯⋯⋯⋯ 73
　　二、实施科教兴国战略,建设创新型国家⋯⋯⋯⋯⋯⋯⋯⋯ 75
　　三、全面建设小康社会⋯⋯⋯⋯⋯⋯⋯⋯⋯⋯⋯⋯⋯⋯⋯⋯ 80
　第四节　以科学发展观统领全局,构建和谐社会⋯⋯⋯⋯⋯⋯ 82
　　一、树立和落实科学发展观⋯⋯⋯⋯⋯⋯⋯⋯⋯⋯⋯⋯⋯⋯ 82
　　二、构建社会主义和谐社会⋯⋯⋯⋯⋯⋯⋯⋯⋯⋯⋯⋯⋯⋯ 85

第四章　和平共处五项基本原则是指导中国外交的基本原则⋯⋯ 88
　第一节　中国是和平共处五项原则的倡导者⋯⋯⋯⋯⋯⋯⋯⋯ 88
　　一、和平共处五项原则的提出及其内涵⋯⋯⋯⋯⋯⋯⋯⋯⋯ 88
　　二、和平共处五项原则的思想渊源⋯⋯⋯⋯⋯⋯⋯⋯⋯⋯⋯ 91
　第二节　中国忠实执行并不断发展和平共处五项原则⋯⋯⋯⋯ 94
　第三节　和平共处五项原则具有强大的生命力⋯⋯⋯⋯⋯⋯⋯ 101

目 录

第五章　对外开放是中国长期的基本战略方针 107
第一节　对外开放是历史发展的必然趋势 107
第二节　邓小平对外开放的思想的理论依据 111
一、对外开放是当今世界政治、经济发展的客观要求　111
二、对外开放是总结国际国内历史经验得出的必然结论　113
三、对外开放是实现社会主义现代化的必由之路 116
第三节　对外开放政策的辉煌成就及其发展 121
一、全方位、多层次、宽领域的对外开放格局 121
二、对外开放的伟大成就 123
三、实施西部大开发——邓小平对外开放理论的新发展 125
四、加入WTO,中国对外开放进入一个新阶段 127
五、对外开放是中国长期的基本国策 129
六、按照科学发展观的要求,全面提升对外开放水平 132

第六章　"一国两制"是实现祖国统一大业的根本途径 135
第一节　毛泽东、周恩来和平统一祖国的思想 135
第二节　邓小平"一国两制"的伟大构想 138
一、"一国两制"构想的提出 138
二、"一国两制"构想的内涵 139
三、"一国两制"构想的伟大意义 143
第三节　"一国两制"在香港、澳门的成功实践 148
一、《中英关于香港问题的联合声明》的签署 148
二、香港胜利回归,"一国两制"成功实践结硕果 151
三、澳门顺利回归祖国 154
第四节　"江八点"和"胡六点"是对"一国两制"思想的发展和完善 154
一、江泽民的八点主张继承和发展了邓小平的"一国两制"思想 155
二、胡锦涛的六点意见使"一国两制"的内涵更加充实和完善 155
第五节　同"台独"分裂势力进行坚决斗争,推动两岸关系的和平发展 157
一、"台独"分裂势力是和平统一的最大障碍 157

二、坚决遏制"台独"分裂活动,推动两岸关系健康发展 ……… 159
　　三、争取早日实现祖国的完全统一 ……………………………… 163

第七章　加强和促进与发展中国家的团结合作是中国外交的基本立足点 ………………………………………………………… 166
　第一节　毛泽东的第三世界理论是对马克思主义的民族殖民地理论的发展 …………………………………………………… 166
　第二节　中国在处理与发展中国家的关系中形成了一套独特的传统 ……………………………………………………………… 173
　第三节　改革开放以来中国与其他发展中国家关系的新发展 …… 181
　　一、从单边援助到平等互利的双向经济合作 …………………… 182
　　二、从以大国画线到广交朋友 …………………………………… 186
　　三、从国家关系扩展到党际关系 ………………………………… 188
　　四、中国决不充当发展中国家的领袖 …………………………… 190
　　五、积极倡导南南合作,促进发展中国家间的关系 …………… 191
　　六、建设新型多边对话机制——合作论坛 ……………………… 193

第八章　不断深化中俄战略协作伙伴关系 ……………………………… 195
　第一节　"一边倒"战略与中苏友好合作关系 …………………… 195
　　一、毛泽东提出对苏"一边倒"战略的主要原因 ……………… 196
　　二、"一边倒"战略的历史地位 ………………………………… 199
　第二节　两国激烈对抗时期的中苏关系 …………………………… 200
　　一、导致中苏关系破裂的基本因素 ……………………………… 201
　　二、同苏联恶化中苏关系的行为进行坚决斗争 ………………… 205
　第三节　中苏外交战略调整与两国关系正常化的恢复 …………… 207
　第四节　不断丰富和充实中俄战略协作伙伴关系的内涵 ………… 210
　　一、中俄战略协作伙伴关系的建立 ……………………………… 210
　　二、中俄战略伙伴关系内涵的不断充实 ………………………… 212
　　三、中俄关系的发展前景 ………………………………………… 217

第九章　从战略全局高度处理中美关系 ………………………………… 222
　第一节　新中国建立前中共对美国政策的演变:从朋友到敌人 … 222
　第二节　两国高度对抗和紧张对峙(20世纪50—60年代) ……… 225

一、抗美援朝及其影响 …………………………………………… 226
　　二、同美国遏制和孤立中国的政策进行坚决斗争 ……………… 230
　　三、马拉松式的中美大使级会谈 ………………………………… 232
　第三节　中美关系的新篇章(20世纪70—80年代) ………………… 233
　　一、抓住机遇，打破中美关系坚冰 ……………………………… 233
　　二、坚持建交三原则，实现中美关系正常化 …………………… 235
　　三、围绕台湾问题的较量 ………………………………………… 237
　　四、中美关系的全面发展 ………………………………………… 238
　第四节　跌宕起伏的中美关系(20世纪90年代) …………………… 240
　　一、冲破美国对中国的制裁 ……………………………………… 240
　　二、致力于建立建设性战略伙伴关系 …………………………… 242
　第五节　发展中美建设性合作关系(21世纪初期) ………………… 246

第十章　正视历史，面向未来——推进中日战略互惠关系的健康发展 ………………………………………………………………… 258
　第一节　建交前的中日关系 ………………………………………… 258
　　一、日本政府追随美国，亲蒋反华 ……………………………… 259
　　二、大力发展民间交往，以民促官 ……………………………… 262
　第二节　中日关系的新篇章 ………………………………………… 264
　　一、中日建交和《中日和平友好条约》的签订 ………………… 264
　　二、中日之间的历史遗留问题 …………………………………… 270
　第三节　从致力于友好合作伙伴关系到构筑战略互惠关系 ……… 273
　　一、中日友好合作伙伴关系的建立 ……………………………… 273
　　二、21世纪初期中日关系的"政冷经热" ……………………… 277
　　三、努力构筑中日两国的战略互惠关系 ………………………… 278

第十一章　构建新型的中欧全面战略伙伴关系 …………………… 285
　第一节　冷战前期的中欧关系(20世纪50—60年代) ……………… 285
　　一、中国与东欧关系的发展变化 ………………………………… 286
　　二、中法建交——中国与西欧关系的重大突破 ………………… 287
　第二节　20世纪70—80年代中欧关系的发展 ……………………… 290
　　一、中国与西欧关系得到全面发展 ……………………………… 290
　　二、中国与东欧国家关系逐步恢复正常化 ……………………… 293

第三节　冷战后新型中欧全面战略伙伴关系的建立和发展……… 295

第十二章　与邻为善——营造良好的周边安全环境……………… 303
第一节　中国领导人的周边外交战略……………………………… 303
　一、毛泽东、周恩来、邓小平的周边外交思想……………… 303
　二、冷战后中国的周边外交新思维…………………………… 307
第二节　努力维护朝鲜半岛的和平与稳定………………………… 310
　一、中国对朝鲜半岛的政策…………………………………… 310
　二、巩固和发展中朝传统友好合作关系……………………… 313
　三、构建中韩战略合作伙伴关系……………………………… 314
第三节　建立同东盟的和平与繁荣的战略伙伴关系……………… 316
　一、冷战期间中国与东南亚国家的关系……………………… 317
　二、建立与东盟的和平与繁荣的战略伙伴关系……………… 318
第四节　努力建设面向21世纪的中印战略伙伴关系……………… 324
　一、传统睦邻友好关系………………………………………… 324
　二、中印边界争端与两国关系的波折………………………… 325
　三、致力于建设面向21世纪的中印战略伙伴关系…………… 327
第五节　大力弘扬"上海精神"——从"上海五国"到
　　　　"上海合作组织"……………………………………………… 331
第六节　努力营造和平的周边安全环境…………………………… 335

第十三章　做负责任的大国——中国在国际舞台上的风范……… 339
第一节　中国对国际体系态度的转变：从抵制到积极参与……… 339
第二节　中国在联合国舞台上……………………………………… 345
　一、为恢复中国在联合国的合法席位而斗争………………… 345
　二、中国在联合国中发挥重要作用…………………………… 349
第三节　推动亚太经合组织沿着健康的方向发展………………… 354
第四节　加入WTO，全面融入世界经济体系……………………… 358
　一、艰难曲折的"入世"历程………………………………… 358
　二、履行"入世"承诺，融入世界经济体系………………… 364
第五节　倡导共同构建和谐世界…………………………………… 367

目　　录

第十四章　21世纪初期的时代特征和中国对外战略 …………… 372
　　第一节　21世纪初期的时代特征 …………… 372
　　第二节　21世纪前期中国对外战略刍议 …………… 384

第二版后记 …………………………………………………… 396
第一版后记 …………………………………………………… 397

前　言

　　1949年中华人民共和国宣告成立,中国历史进入了新纪元,中国外交也展开了新的篇章。

　　60年来,在以毛泽东、邓小平、江泽民和胡锦涛为核心的历届党中央领导下,在毛泽东、邓小平外交思想和"三个代表"重要思想及科学发展观的指引下,新中国的外交经历了国际风云变幻的考验,积累了丰富的经验,取得了伟大的成就。彻底改变了旧中国投降卖国屈辱外交的历史,始终坚持独立自主,坚决顶住超级大国的压力,维护国家的独立、主权和尊严;倡导了和平共处五项原则,同世界各国建立了日益广泛和密切的友好合作关系,为建立新型国际关系树立了光辉榜样;坚决支持世界人民反对帝国主义、殖民主义、霸权主义的斗争,为维护世界和平、促进人类进步、主持国际正义做出了重大贡献;为争取建立国际政治经济新秩序进行了坚持不懈的努力;形成了一套具有中国特色的外交风格。中国的综合国力不断增强,中国的国际地位不断提高。

　　改革开放以后,中国外交不断得到充实、调整和发展,与时俱进、开拓创新,我们高举中国特色社会主义的伟大旗帜,中国独立自主和平外交政策更加完善。中国提出了和平与发展的时代主题,并把维护世界和平,促进各国经济发展,为社会主义现代化建设创造一个良好的国际和平环境作为自己外交政策的基本目标;中国实施了全方位、宽领域、多渠道的对外开放战略,积极参与经济全球化进程;在处理同大国的关系上,中国坚持不结盟、不对抗、不针对第三国,建立各种类型的伙伴关系,为建立新型的国家关系做出了重要贡献;在对发展中国家的政策上,不以大国画线,同广大发展中国家广泛开展平等互利的经济合作;在党际关系上,中国共产党在四项原则基础上同包括马克思主义政党、发展中国家民族主义政党以及发达国家的资产阶级政党广泛建立了各种形式的关系和联系。

　　进入新世纪以后，以胡锦涛为总书记的新的中共中央领导集体，制定了全面建设小康社会的宏伟目标。提出和全面落实科学发展观，高举"和平、发展、合作"的旗帜，倡导构建和谐社会、和谐地区、和谐世界，坚持走和平发展道路，体现负责任的大国风范。中华民族的伟大复兴进入了一个崭新的阶段。在邓小平理论、"三个代表"重要思想和科学发展观的指引下，中国这条巨龙正在腾飞，飞向一个和平、稳定、公正、和谐的新世界。

第一章 毛泽东和邓小平的外交思想、"三个代表"重要思想以及科学发展观是中国对外工作的指导方针

用马克思列宁主义科学理论武装起来的中国共产党,历来非常重视理论对实践的指导作用。马克思主义同中国革命和建设相结合,有过两次历史性飞跃,产生了两大理论成果:即毛泽东思想和包含邓小平理论、"三个代表"重要思想以及科学发展观的中国特色社会主义理论体系。这些理论成果在马克思主义理论宝库中占有十分重要的地位。

改革开放以来,以邓小平和江泽民为核心的党的第二代、第三代中央领导集体和胡锦涛为总书记的党中央紧紧把握当代世界发展的大趋势,善于在复杂多变的国际局势中抓住机遇,为中国制定正确的战略方针和决策,把外交工作与中国社会主义现代化建设融为一体,提出一系列重要的外交战略、政策和策略,继承和不断丰富、发展毛泽东独立自主的外交政策,取得了令人瞩目的成就,开创了中国外交的崭新局面,不仅为社会主义现代化建设创造了良好的国际环境,而且为维护世界和平和促进各国经济发展做出了卓越的贡献。

第一节 毛泽东和邓小平的外交思想、"三个代表"重要思想以及科学发展观是中国对外工作的指导方针

一、邓小平理论、"三个代表"重要思想和科学发展观是马克思主义在中国发展的新阶段

中国共产党和中国人民经过长期探索和艰苦卓绝的斗争,把马克思列宁主义的普遍真理同中国具体实践相结合,实现了两次历史性飞跃,产生了两大理论成果。第一次飞跃的理论成果是毛泽东思想,它是关于中国革命和建设的正确理论原则和经验总结。第二次飞跃的理论成果是中国特色社会主义理论体系,包括邓小平理论、"三个代表"重要思想和科学发展观,它是在和平与发展成为当代世界两大主题的条件下,建设中国特色社会主义的理论。这两大理论成果都是中国化了的马克思主义,既体现了马克思列宁主义的普遍原理,又包含了中华民族的优秀思想和中国共产党的实践经验。

党的十五大报告把邓小平理论定位为"马克思主义在中国的历史发展的新阶段",是新时期中国一切工作的指导方针,邓小平理论是中国特色社会主义理论体系的开创之作,是最基础的重要组成部分。党的十六大把"三个代表"重要思想确立为我们党必须长期坚持的指导思想。它是中国特色社会主义理论体系承上启下的重要组成部分。党的十七大把科学发展观郑重写进了党章,这是一个历史性的决策。科学发展观是中国特色社会主义的创新成果。邓小平理论、"三个代表"重要思想和科学发展观等重大战略思想既一脉相承又与时俱进。说一脉相承,一是它们都以马克思列宁主义和毛泽东思想为指导,在理论渊源上一脉相承;二是它们都坚持为建设和发展中国特色社会主义、实现中华民族的伟大复兴而奋斗,在理论主题上一脉相承;三是它们都坚持解放思想、实事求是、与时俱进,在理论品质上一脉相承;四是它们都以社会主义初级阶段这一基本国情为立论基础,在理论基点上一脉相承;五是它们都坚持以人为本,把实现好、维护好、发展好最广大人民的根本利益作为全部理论的出发点和

落脚点,在理论目标上一脉相承。说与时俱进,是说它们都坚持从实际出发,注重总结改革开放不同时期、不同阶段的新鲜经验,注重探索和回答不同时期、不同阶段遇到的新矛盾、新问题,在理论创新和理论发展上都做了各自独特的贡献。它们既相互贯通又层层推进,体现了新时期我们党理论创新成果的科学性体系、阶段性成果和发展性要求的内在统一①。马克思主义中国化,就是把马克思主义基本原理与中国具体实际和时代特征结合起来,运用马克思主义的立场、观点、方法研究和解决革命、建设、改革中的实际问题,坚持和发展马克思主义,揭示中国革命、建设、改革的规律,使之成为具有中国风格、中国气派的马克思主义。

中国特色社会主义理论体系,是在和平与发展成为时代主题的历史条件下,在中国改革开放和社会主义现代化建设的伟大实践中,在总结中国社会主义建设正反两方面历史经验和改革开放以来新鲜经验,并借鉴其他社会主义国家兴衰成败经验教训的基础上逐步形成和发展起来的。这个理论体系在建设中国特色社会主义的思想路线、发展道路、发展阶段、发展战略、根本任务、发展动力、依靠力量、国际战略、根本目标等问题上,形成一系列独创性的重大理论观点,涵盖社会主义经济建设、政治建设、文化建设、社会建设、祖国统一、国际战略和外交工作,涉及改革发展稳定、内政外交国防等各个方面,是内涵丰富、思想深刻、系统科学的理论体系。

二、邓小平外交思想、"三个代表"重要思想和科学发展观继承和发展了毛泽东外交思想

马克思主义具有与时俱进的理论品质,是随着时代、实践和科学的发展而不断发展的理论。我们党正是坚持把马克思主义普遍真理同中国实际和时代特征相结合,形成了毛泽东思想、邓小平理论、"三个代表"重要思想和科学发展观,并用以武装全党、指导实践,才带领全国人民战胜一切艰难挫折,不断开拓前进。

毛泽东是中国共产党和中华人民共和国的缔造者。毛泽东创立了新中国的外交理论。他对外交战略的深邃思考,驾驭国际局势的娴熟本领,

---

① 中共中央政治局常委习近平2008年3月1日在中央党校的讲话。

处理外交事务的宏大气魄，都展现了他作为伟大的国际战略家、外交家所独具的风采。早在抗日战争和解放战争时期，毛泽东就已经为中国共产党制定了外事工作的方针，提出了一系列重要的外交战略、策略和政策。

中华人民共和国成立后，毛泽东和周恩来亲自领导外交战线的工作，从根本上结束了旧中国的屈辱外交，创建了新中国的新型外交。毛泽东为新中国国际战略的确立、外交政策的制定、外交新局面的开创，建立了彪炳千秋的不朽伟绩。毛泽东是新中国外交的主要奠基者和决策人，周恩来在新中国外交理论和实践方面做出了不可磨灭的历史性贡献。毛泽东和周恩来等老一辈无产阶级革命家在长期的外交实践中，逐步形成了毛泽东外交思想。

毛泽东外交思想是一座极其伟大的宝库。毛泽东对世界形势和中国的国际战略、对外政策和策略，都作了精辟的论述。根据战后国际形势的发展变化，毛泽东先后提出两个阵营、两个中间地带、大动荡、大分化、大改组和划分三个世界的战略思想。建国初期，提出"另起炉灶"、"打扫干净屋子再请客"和"一边倒"三大方针。中国奉行独立自主的和平外交政策，反对帝国主义和霸权主义的侵略和战争政策，维护国家安全、维护世界和平是新中国外交的基本目标。中国始终坚持在和平共处五项原则的基础上发展同各国的关系，不输出革命，不干涉别国内政，不强加于人。中国主张通过和平谈判协商解决国际争端，反对使用武力或以武力相威胁。对外工作坚持从中国人民和世界人民的根本利益出发，把爱国主义和国际主义相结合。团结世界大多数人民，广泛开展人民外交，加强同世界人民的联系，多做工作，广交朋友，采取"民间先行，以民促官"的方针，推动并巩固国家关系的发展。在对外交往中，要破除迷信，不骄不躁，不卑不亢，既不能狂妄自大，也不能妄自菲薄。一切民族、一切国家的长处都要学，但必须有分析有批判地学，不能盲目地照搬照抄。坚持自力更生为主、争取外援为辅，在互通有无、平等互利的基础上发展对外经贸关系。中国是发展中的社会主义国家，属于第三世界，中国应当对人类有较大的贡献。中国永远不称霸。

邓小平全面继承并创造性地发展了毛泽东外交思想。马列主义、毛泽东思想、邓小平理论，是一脉相承的统一的科学体系。马列主义、毛泽东思想是邓小平理论形成和发展的理论来源。邓小平经常告诫我们说，"老祖宗不能丢"，这就是说，马列主义、毛泽东思想不能丢，丢了就意味着背叛,就是丧失根本。我们之所以要坚持马克思主义,因为马克思所创立的理论是科学的,它的鲜明品质就是与时俱进。当20世纪行将结束时,英国广播公司在全球范围举行过一次"千年思想家"网上评选,结果得票高居榜首者是马克思。在苏联解体、东欧剧变、世界社会主义遭受严重挫折的情况下,这个评选结果不能不令人深思。马克思主义诞生于19世纪,但没有停留在19世纪,它诞生于欧洲,却传遍全世界。不论是敌对者的攻击和毁谤,还是误解者的质疑和责难,或者教条者的阉割和扭曲,都不能阻挡它前进的步伐。马克思主义历经一个半世纪风霜雪雨的考验,始终充满活力,长盛不衰。正如江泽民所说:"100多年来,没有哪一种理论、学说能像马克思主义那样保持勃勃生机,对推动社会进步起那样巨大的作用,造成那样深远的影响。尽管现在世界上的情况有很多新变化,但历史发展的总趋势并没有越出马克思主义经典作家所揭示的基本规律。"[1]在伦敦海洛特公墓,马克思的墓碑上刻着他的一句名言:"哲学家们只是用不同的方式解释世界,问题在于改变世界。"马克思主义所以能与时俱进,就在于它能顺应时代要求,以改变世界的实践作为自己的动力之源。邓小平外交思想与毛泽东外交思想在根本立场上是一致的,在思想基础上是一致的,在基本原则上是一致的,这就决定了改革开放以来中国的外交政策同以往的外交政策有高度的连续性和继承性[2]。邓小平不仅较多地继承了毛泽东的外交战略思想,而且继承了毛泽东思考国际问题的方法和思维特点,他们都具有大战略家的恢弘气势,目光远大,高瞻远瞩,富有预见性。在对外政策思想上,毛泽东是一个带有现实主义特点的理想主义者,邓小平则是一个彻底的现实主义大师,他以现实主义外交哲学来处理各种对外关系问题,表现出高超的现实主义手法,使中国外交更加符合国际国内实际,为中国制定了极为务实的外交战略和策略,从而开辟了中国外交史上现实主义外交的新时期。

另一方面,邓小平根据新的形势、新的情况、新的问题和新的实践,及时提出符合时代要求和客观实际的新观点、新思想和新理论,大大丰富、发展和完善了毛泽东外交思想。邓小平作为中国改革开放和社会主义现代化建设的总设计师,他在规划设计中国现代化进程和未来发展蓝图时,

---

[1] 《求是》杂志,2003年第5期。
[2] 《邓小平外交思想学习纲要》,世界知识出版社2000年版,第7页。

不但非常重视正确认识中国的基本国情,作为制定党的基本路线的出发点,而且十分注意研究"世情",即国际格局和世界形势的发展变化。他总是把中国现代化事业放在当代世界的大背景下来考虑和制定中国的发展战略和国际战略,谋求一个长期稳定的和平国际环境,为中国现代化建设创造一个最有利的条件,以保障现代化事业顺利进行。

邓小平外交思想内容十分丰富,博大精深,主要有:对国际大势的新判断;对时代特征的新概括;对独立自主的新发展;对国际经济关系的新战略;对第三世界的新政策;对祖国统一的新构想;对党际关系的新原则;对解决国际争端的新办法。具体包括以下几个方面。

1. 对战争与和平的态势作出了新的判断

20世纪70年代前半期,毛泽东对国际形势的基本分析是,由于美苏两个超级大国争夺世界霸权愈演愈烈,世界大战不仅不可避免,而且迫在眉睫。因此,要把工作重点放在准备打仗上,要准备早打、大打,不仅要准备打常规战争,而且要准备打核大战。邓小平在1977年重新复出后,始终关注着国际形势的变化,对时代发展的大趋势,对中国如何赶上时代发展的潮流,进行了深入的思考。1977年12月,邓小平第一次提出"可以争取延缓战争的爆发"的判断。在20世纪80年代初,他又多次指出:我们改变了"多年来一直强调战争的危险"的观点,改变了原来认为战争的危险很迫切的看法。"对于总的国际形势,我的看法是,争取比较长期的和平是可能的,战争是可以避免的。……1978年我们制定一心一意搞建设的方针,就是建立在这样一个判断上的。"[①]邓小平关于战争与和平问题的科学判断,为十一届三中全会后我们党把工作重心转到社会主义现代化建设上来,并对外交政策进行重大调整,提供了极其重要的科学依据。

2. 提出和平与发展是当代世界两大问题的科学判断

在时代问题上,毛泽东坚持列宁"帝国主义与无产阶级革命的时代",坚持以"战争与革命"为时代主题,认为我们处在"帝国主义走向全面崩溃,社会主义走向全世界胜利的时代"。"不是战争引起革命,就是革命制止战争"。"当前世界的主要倾向是革命"[②]。

---

① 《邓小平文选》第3卷,人民出版社1993年版,第233页。
② 1970年毛泽东《五二〇声明》。

邓小平根据对中国社会主义建设和国际共运经验教训的总结,根据对世界形势发展变化的缜密考察和科学分析,提出了和平与发展是当代世界两大问题的科学论断。1984年5月,邓小平第一次概括了世界两大突出问题,"现在世界上问题很多,有两个比较突出。一是和平问题。……二是南北问题。"①同年10月,邓小平把这两个问题提高到全球性战略问题来看待。他认为,"现在世界上真正大的问题,带全球性的战略问题,一个是和平问题,一个是经济问题或发展问题。和平问题是东西问题,发展问题是南北问题,概括起来就是东西南北四个字。南北问题是核心问题。"②党的十三大和党的十四大把世界两大问题明确为世界主题和时代主题。邓小平还全面论述了和平与发展的必要性和可能性。

3. 进一步丰富了中国独立自主的和平外交政策

独立自主是新中国外交的基石,是毛泽东外交思想的核心。邓小平继承了毛泽东独立自主的外交思想。同时,邓小平善于根据国际形势的变化以及新时期的外交实践,提出符合中国国情的新理论、新政策、新路线,进一步丰富和发展了毛泽东独立自主的外交思想,开创了中国外交的崭新局面,大大丰富了马克思主义国际战略理论宝库。

根据形势的变化,邓小平调整了70年代"一条线"战略,坚持不结盟政策。邓小平指出:"中国的对外政策是独立自主的,是真正的不结盟,中国不打美国牌,也不打苏联牌,中国也不允许别人打中国牌。"③对重大国际事件,我们按照中国人民和世界人民的根本利益,按照事件本身的是非曲直作出判断,决定对策。不以任何大国画线,不看大国的脸色行事,并把独立自主、自力更生同在平等互利的基础上的对外开放结合起来。这个战略思想准确反映了国际形势的新变化,符合"和平与发展"的时代潮流,使中国独立自主、爱好和平的形象更加鲜明,大大提高了中国在国际舞台上的地位,是中国对外政策方面一次极为深刻的战略性调整。

4. 强调中国对外政策的首要任务是维护世界和平,为中国社会主义现代化建设服务

邓小平指出:"我们搞的是有中国特色的社会主义,是不断发展生产

---

① 《邓小平文选》第3卷,第56页。
② 同上书,第105页。
③ 同上书,第57页。

力的社会主义,是主张和平的社会主义。"①"我们诚心诚意地希望不发生战争,争取长时间的和平,集中精力搞好国内的四化建设。"②邓小平外交思想的一个重要特点,就是把和平与发展同社会主义结合起来,这是一个重大的突破和发展。

5. 中国的发展离不开世界,必须实行对外开放政策

邓小平总结了古今中外的经验教训,为我们制定了对外开放的基本国策,认定对外开放是实现三步走宏伟目标的必由之路。"是一个战略问题",他指出,"中国要谋求发展,摆脱贫困和落后,就必须开放。开放不仅是发展国际间的交往,而且要吸取国际的经验……为了实现我们的发展战略目标,要更加开放。"③必须有开放的思想,建设开放的机制,成为开放的国家,把中国的现代化建设放到世界政治经济变化发展的大背景中来考察,要具有世界性的大眼光。

邓小平强调,我们的对外开放是"全方位的开放",既对发达国家开放,也对发展中国家开放,既向资本主义国家开放,也向社会主义国家开放。"这不是短期的政策,是个长期的政策,最少50年到70年不会变。"④"要吸收和借鉴人类社会创造的一切文明成果,吸收和借鉴当今世界各国包括资本主义发达国家一切反映现代社会化生产规律的先进经营方式、管理方法。"⑤邓小平倡导的对外开放,是中国历史上主动的破天荒的大规模的对外开放,是社会主义国家真正的对外开放的典范,是解决发展中国家与世界体系关系难题的突破。邓小平对外开放的思想为中国新的国际战略奠定了坚实的基础。

6. 高度重视第三世界的战略地位和作用,强调加强与第三世界国家的团结合作

毛泽东和邓小平都高度评价第三世界在国际关系中的战略地位和作用,充分肯定第三世界在反帝、反殖、反霸斗争中的主力军作用。

邓小平指出:"中国的对外政策,在80年代,实际上到90年代,甚至到21世纪,主要是两句话,一句话是反对霸权主义,维护世界和平,另一

---

① 《邓小平文选》第3卷,第328页。
② 同上书,第56、57页。
③ 同上书,第266—267页。
④ 同上书,第79页。
⑤ 同上书,第373页。

句话是中国永远属于第三世界。中国现在属于第三世界,将来发展富强起来仍然属于第三世界。中国和所有第三世界国家的命运是共同的。中国永远不会称霸,永远站在第三世界一边。"①

改革开放以来,我们在处理同第三世界国家的关系中,除了继续发扬过去的优良传统外,又有许多发展,赋予新的时代内容。我们将提供援助与平等互利的双向合作结合起来,提出"平等互利,讲求实效,形式多样,共同发展"的四项基本原则,作为中国同第三世界国家进行经济技术合作的指导方针,为发展中国同第三世界的经济关系开辟了新的广阔天地。中国致力于发展同所有发展中国家的关系,不再以大国画线,完全尊重第三世界国家独立自主地决定对内对外政策的权利,充分尊重他们在国家事务中独立自主作出判断和决定对策的权利,特别重视发展和改善同周边国家的关系,使周边环境有明显的好转。中国除发展与第三世界国家间的关系外,还大力拓展同第三世界国家民族主义政党的关系,开拓了与第三世界国家关系的新领域。中国联合第三世界国家共同反对"新的霸权主义",但坚决不当第三世界的头。邓小平一再强调,"我们千万不要当头,这是一个根本国策"。

7. 提出"一国两制"构想,为实现祖国的完全统一找到一条最佳途径

"一国两制"是邓小平在新的历史条件下,从实际出发,为解决国家统一问题提出的一个具有创造性的伟大构想,是邓小平理论体系的重要组成部分,是和平统一祖国基本国策的理论基础,是邓小平一切从实际出发,实事求是思想路线的光辉范例。在解决香港、澳门问题时,邓小平在强调主权问题上没有任何讨论的余地的原则下,为了维护香港、澳门的繁荣稳定,中国对香港、澳门实行一系列特殊政策:"港人治港、高度自治。"对台湾条件更宽,除享有香港、澳门特别行政区的权力外,还可以保留自己的军队,但必须坚持一个中国的原则。"一国两制"在香港、澳门的成功实践证明这一构想是完全正确和切实可行的。"一国两制"是邓小平对和平共处五项原则的创造性运用,它极大地丰富了马克思主义的国家学说,并为解决国际上历史遗留问题提供了新鲜的经验。

8. 强调党与党之间要建立新型的关系

邓小平在总结国际共运历史经验和我党处理党际关系经验教训的基

---

① 《邓小平文选》第3卷,第56页。

础上,根据新形势的特点,从现代化建设的大局出发,把党际关系放在中国对外关系的全局中,提出了正确处理我党与外国政党关系的一系列指导思想,强调"党与党之间要建立新型的关系",开创了我党对外工作的新局面,邓小平是新型党际关系的主要倡导者和开拓者。

9. 在和平共处五项原则基础上建立国际政治经济新秩序

在苏东剧变,雅尔塔体制即将瓦解之际,邓小平提出:"一个是建立国际政治新秩序,一个是建立国际经济新秩序。""我看要积极推动建立国际政治经济新秩序。"邓小平认为:"国际关系新秩序的最主要的原则,应该是不干涉别国的内政,不干涉别国的社会制度。""现在确实需要以和平共处五项原则作为新的国际政治、经济秩序的准则。"①

10. 确定韬光养晦、有所作为的战略方针

20世纪80年代末90年代初,东欧剧变,德国统一,苏联解体,这是战后国际关系发生的最重大事件。如何正确认识这场变化,并在新的国际形势下充实和完善中国的国际战略,为中国的改革开放继续争取一个良好的国际环境,成为中国面临的一个十分严肃而紧迫的问题。邓小平提出了"冷静观察、稳住阵脚、沉着应付、韬光养晦、有所作为"的战略方针,不仅从全局的战略高度揭示了这次国际关系变化的性质、特点,明确了中国外交应采取的根本立场,而且从策略角度,规定了中国各项具体的应对之策。

邓小平指出:"我们既不能示弱,也不要当头","这个头我们当不起,自己力量也不够,当了绝无好处,许多主动都失掉了。"我们要集中精力搞好自己的事。"但在国际问题上无所作为不可能,还是要有所作为。做什么?我看要积极推动建立国际政治经济新秩序。"②邓小平"韬光养晦、有所作为"的战略方针,使中国经受住了东欧剧变和苏联解体的冲击,顶住了美国为首的西方国家联合对我施加的制裁和压力,使中国的国际环境大为改善,国际地位迅速提高。

11. 科学技术是第一生产力,中国要在世界高科技领域占有一席之地

邓小平强调:"社会主义阶段的最根本任务就是发展生产力","马克

---

① 《邓小平文选》第3卷,第359、360页。
② 同上书,第363页。

思主义的基本原则就是发展生产力","社会主义的首要任务就是发展生产力。""马克思讲过科学技术是生产力,这是非常正确的,现在看来这样说可能不够,恐怕是第一生产力。"①"下一个世纪是高科技发展的世纪",这是邓小平根据马克思主义基本原理,总结了中国历史经验和当代国际科学技术发展最新成就、最新经验提出来的,是中国实行对外开放,引进国外先进技术,开展国际科技合作的理论基础,也是对马克思主义生产力理论的重大发展。

12. "以自己的国家利益为最高准则"

1989年邓小平会见美国前总统尼克松时说:"考虑国与国之间的关系主要应该从国家自身的战略利益出发,着眼于自身的长远战略利益,同时也尊重对方利益,而不去计较历史的恩怨,不去计较社会制度和意识形态的差别,并且国家不分大小强弱都互相尊重,平等相待。……我们都是以自己的国家利益为最高准则来谈问题和处理问题的。"②新时期中国的根本利益就是要把中国建设成一个富强、民主、文明的社会主义强国。社会主义现代化是我们最大、最根本的国家利益,为此,必须有一个和平稳定的国际环境。国家主权是国家利益的核心,因此,"国家的主权、国家的安全要始终放在第一位"③。国家利益是我们处理一切对外关系和国际问题的出发点和归宿。

13. 强调在外交工作中要把原则的坚定性和策略的灵活性结合起来

邓小平在原则问题上立场坚定,旗帜鲜明,不怕压力,敢于斗争。"六四"事件后,以美国为首的西方国家对我施加强大压力,企图搞垮中国,邓小平沉着冷静,处变不惊,他坚定地指出:"中国搞社会主义,是谁也动摇不了的。""世界上最不怕孤立、最不怕封锁、最不怕制裁的就是中国。""中国人民不怕孤立、不信邪。不管风云怎么变幻,中国都是站得住的。"④"像我们这样第三世界的发展中国家,没有民族自尊心,不珍惜自己的民族独立,国家是立不起来的。""哪怕拖一百年,中国人也不会乞求取消制裁。如果中国不尊重自己,中国就站不住,国格没有了,关系太大了。"⑤

---

① 《邓小平同志论教育》,人民出版社1990年版,第174—175页。
② 《邓小平文选》第3卷,第330页。
③ 同上书,第348页。
④ 同上书,第328、329页。
⑤ 同上书,第331、332页。

在策略问题上,又表现出高度灵活,在进行必要的斗争时,做到有理、有利、有节。信守诺言,说话算数,平等相待,以理服人,不卑不亢,落落大方,体现出泱泱大国的风范,在国际上树立起社会主义中国的良好形象①。

党的十三届四中全会以来,以江泽民为核心的党的第三代中央领导集体,面对不断变化的新形势和新任务,高举邓小平理论伟大旗帜,提出了"三个代表"的重要思想。第三代中央领导集体坚持解放思想、实事求是的思想路线,弘扬与时俱进、开拓创新的时代精神,高瞻远瞩,运筹帷幄,审时度势,研究新情况,回答新问题,准确地判断了国际形势的发展趋势,深刻分析了国际社会各种力量和矛盾的交互运动,提出了中国外交工作的战略策略方针,创造性地继承和发展了毛泽东、周恩来、邓小平的外交思想,谱写了对外工作的绚丽篇章。

第三代中央领导集体丰富和发展了邓小平关于和平与发展是当今世界两大主题的论断,强调尽管危害世界和平的不确定因素在增加,传统安全威胁和非传统安全威胁相互交织,但国际形势基本走向并未发生根本性变化,和平与发展仍是当今时代主题。我们面临的国际环境仍是机遇大于挑战,总体和平、局部战争,总体缓和、局部紧张,总体稳定、局部动荡,将是今后国际形势的基本态势。江泽民在党的十六大报告中,把发展定为我党执政兴国第一要务,既和邓小平"发展是硬道理"思想一脉相承,又是对邓小平理论的重大发展,把握了社会主义现代化建设的本质。党的十六大报告提出全面建设小康社会的宏伟目标,是一个既有时代精神,又有中国特色的目标,深化了邓小平关于社会主义初级阶段的理论和"三步走"的战略。

实施科教兴国战略,发展了邓小平关于科技是第一生产力的思想,把邓小平的科技思想转化为国家发展的战略决策。江泽民强调:"科技越来越成为一个国家综合国力的主要标志。"②"科技工作要面向经济主战场。"

提出适应时代发展要求的新安全观。以军事同盟为基础,以加强军备为手段的传统安全观,无助于保障国际安全,更不能营造世界的持久和平。冷战后,中国积极倡导新安全观,新安全观的核心是互信、互利、平等、协作。互信:超越意识形态和社会制度差异,摒弃冷战思维和霸权心态,互不敌

---

① 参见《邓小平外交思想学习纲要》,第10—14页。
② 《人民日报》,2002年3月27日。

视,开展对话;互利:维护本国利益的同时,尊重对方利益,在实现自身安全利益同时,为对方安全创造条件,实现共同安全、合作安全;平等:互相尊重、平等相待,不干涉别国内政,实现国际关系民主化;协作:以和平谈判解决争端,就安全问题开展合作。新安全观的宗旨:通过对话增进信任,通过合作促进安全。

提出并实施反对恐怖主义的政策主张。以前我们对恐怖主义的认识停留在地区和局部层面上。"9·11"事件后,这种认识上升到全局性、全球性层面,深切体会到反对恐怖主义的必要性、重要性和长期性。江泽民在党的十六大报告中强调要反对一切形式的恐怖主义,主张打击恐怖主义,要遵循联合国宪章的宗旨和原则及公认的国际法准则,发挥联合国及其安理会的作用;要在平等互利的基础上加强国际合作;要标本兼治,努力消除产生恐怖主义的根源;要有利于维护世界和平与发展的长远利益。反对把恐怖主义与特定国家、特定民族、特定宗教相联系;反对滥用武力,任意扩大打击范围,伤及无辜;反对在反恐问题上搞双重标准;反对加剧国际和地区局势紧张。

丰富了对外开放战略。对外开放是中国的一项长期的基本国策。我们积极推进建立全方位、多层次、宽领域的对外开放格局。"引进来"与"走出去",是对外开放政策两个相辅相成的方面,两者缺一不可。在新世纪里,中国要以更加积极的姿态走向世界,特别是走向亚非拉,在更大范围内参与国际经济技术合作和竞争,造就一大批有实力的企业。进一步在国际竞争的大风大浪中经风雨,见世面,有利于提高我们企业的竞争力,有利于我们的经济结构调整,有利于我们利用两种资源,开拓两个市场,为中国的经济发展增添新的动力和后劲。加入WTO以后,中国对外开放进入到一个崭新阶段。

系统论述了世界多极化发展趋势。江泽民指出,两极格局已经终结,新的格局尚未形成。各种力量重新分化组合,世界朝着多极化方向发展已成为历史潮流。极少数大国垄断世界事务、支配其他国家命运的时代,已经一去不复返了。相互依存的大国关系正在调整,多种力量并存和此消彼长。这种多极化格局,不同于历史上大国争霸、瓜分势力范围的局面,各国的相互合作和各种形式的伙伴关系,不应针对第三方。广大发展中国家是国际舞台上不容忽视的重要力量。推动国际格局走向多极化,是时代进步的要求,符合各国人民的利益,有利于世界和平、稳定和繁荣。当然,新格局的形成将是一个漫长曲折和复杂的过程。

推进祖国和平统一,继承和发展邓小平"一国两制"的思想。江泽民指出:完成祖国统一大业,是中华民族的根本利益所在。香港、澳门回归祖国,丰富了"一国两制"的理论和实践,说明"一国两制"具有强大生命力。江泽民提出了现阶段发展两岸关系、推进祖国和平统一进程的八项主张,发展了"一国两制"的理论,坚决反对并挫败了"台独"势力分裂祖国的种种图谋。

以江泽民同志为核心的党的第三代中央领导集体带领全国人民驾驭风云变幻的国际局势,使中国对外工作取得举世瞩目的新成就。改善和发展了同发达国家的友好合作关系;进一步巩固和加强了同第三世界的团结合作;同周边国家的睦邻友好关系上了一个新台阶;积极开展首脑外交和参与多边外交;同世界各国的经贸往来和科技合作取得很大发展;拓展了同外国政党的党际合作和交流;加大涉台外交斗争力度,遏制了台湾当局的"务实外交";为社会主义现代化建设创造了良好的国际环境和周边环境,中国的综合国力不断增强,中国的国际威望不断提高,形成了对外关系的崭新局面[1]。

党的十六大后,以胡锦涛为总书记的新一代中央领导集体立足社会主义初级阶段的基本国情,面对中国全面参与经济全球化的新机遇新挑战,面对工业化、信息化、市场化、国际化深入发展的新形势新任务,以宽广的世界眼光和战略思维,紧紧把握世界进步潮流,把中华民族的根本利益和全人类的共同利益科学地结合起来,分析和总结了世界不同类型国家发展道路和发展模式的经验教训,选择了和平发展和科学发展的道路,提出了以人为本、全面协调可持续的科学发展观,形成了马克思主义中国化的最新理论成果,是对马克思主义、列宁主义、毛泽东思想、邓小平理论和"三个代表"重要思想的忠实继承和创造性发展,是马克思主义与时俱进的理论品质在当代中国又一次生动而具体的展现,是中国特色社会主义建设经验的理论升华。邓小平创造性地回答了"什么是社会主义,怎样建设社会主义"的历史课题,形成了邓小平理论。以江泽民为核心的第三代领导集体在邓小平理论基础上,创造性地回答了"建设什么样的党,怎样建设党"的问题,形成了"三个代表"重要思想。以胡锦涛为总书记的新一代领导集体以邓小平理论和"三个代表"重要思想为指导,创造性地回答了"什么是发展,怎样发展"的历史性

---

[1] 参见《求是》杂志,2002年第21期。

课题,提出了科学发展观。这一理论创新成果,既是中国社会主义建设经验的积累和升华,也是我们党继续开拓创新经验的结晶[1]。它丰富和发展了关于社会主义现代化建设方向的理论,是在经济全球化形势下中国处理与世界关系的重大战略思想,对世界的和平与发展将产生具有深远意义的战略影响,是中国各项工作的主要指导方针。

在科学发展观的指引下,中国外交高举和平、发展、合作的旗帜,发挥负责任大国的作用,有力推进人类进步事业向前发展,外交决策机制不断完善,树立了中国特色的外交风范。中国外交呈现全方位、立体式、多层次蓬勃发展的可喜局面。

始终不渝地走和平发展道路。胡锦涛强调:始终不渝地走和平发展道路,这是中国政府和人民根据时代发展潮流和自身根本利益作出的战略抉择。不管国际风云如何变幻,中国都将高举和平、发展、合作的旗帜,恪守维护世界和平,促进共同发展的外交宗旨[2]。温家宝指出:中国社会主义现代化道路是一条和平发展的道路。这条道路,就是利用世界和平的有利时机实现自身发展,又以自身的发展维护世界和平和促进世界各国共同发展[3]。和平发展原来作为中国政府对国际形势发展趋势的基本判断,如今已转变为中国国家崛起和发展的战略选择,成为中国的根本战略和外交战略,中国当前及未来的发展道路及中国的世界理想和主张[4]。和平发展道路就是走中国特色社会主义的道路。

中国认真实践以平等互利共赢为核心的国际新发展观,主张世界各国在追求发展的进程中应经济上相互合作、优势互补,共同推进经济全球化朝均衡、普惠、共赢方向发展;努力实现互利共赢,鼓励彼此开放而不是互相封闭,公平竞争而不是损人利己,优势互补而不是以邻为壑。国际社会应加强协调,推动经济全球化朝着有利于共同繁荣的方向发展,保证发展中国家在国际经济事务中的平等参与。建立开放公平的贸易体制,改革和完善国际金融体制。通过对话妥善解决经济摩擦,反对动辄采取制裁和报复措施[5]。

---

[1] 《求是》杂志,2006年第9期。
[2] 胡锦涛2007年10月15日在党的十七大上的政治报告。
[3] 温家宝2005年3月5日在十届全国人大第三次会议上的《政府工作报告》。
[4] 《现代国际关系》2008年第2期。
[5] 《人民日报》,2005年8月23日。

主张形成以尊重多样性为特点的新文明观。开放包容的国际新文明观要求世界上不同文明与文化相互借鉴、求同存异,共同促进人类文明繁荣进步。当今世界丰富多彩。各国在社会制度、价值观念、发展程度、历史传统、宗教信仰和文化背景等方面都存在着差异,中国主张世界多样性,提倡国际关系民主化和发展模式多样化。各国文明的多样性是人类社会的基本特征,也是人类文明进步的动力。各种文明和社会制度应该而且可以长期共存,企图建立清一色的发展模式是行不通的。各国人民根据本国国情自主选择发展道路是不可剥夺的权利,必须予以尊重,各国要在平等的基础上,在"文明对话"中互相借鉴,取长补短,共同构建和谐的世界。

倡导互助协作的国际新环保观。环保和气候变化问题成为威胁世界人民生存的严峻挑战,日益成为国际关系和国际会议的热门话题。中国主张在环保问题上各国互相帮助、协力推进,共同呵护人类赖以生存的地球家园,实现人类社会的可持续发展。胡锦涛多次在国际会议上强调,气候变化是环境问题,但归根结底是发展问题,国际社会应树立新的利益观和合作模式,积极开展务实合作。中国制定了应对气候变化的国家方案,提出建设资源节约型、环境友好型社会,努力承担节能减排的国际责任。

实施"与邻为善"、"以邻为伴"和"睦邻、安邻、富邻"的周边外交,提出大周边概念(包括14个陆地邻国、10个海洋邻国加上中东、澳大利亚、新西兰再加上美国)。以长远的战略眼光,宽大的战略胸怀,坚韧的战略毅力,劝谈促和,转化矛盾,缓解危机,使周边地区总体保持和平和稳定。

积极倡导并认真实践和谐世界的理念。中国政府把构建和谐社会的思想运用于外交工作。胡锦涛主席在2005年4月参加雅加达亚非峰会时首次提出和谐世界理念。在党的十七大政治报告中再次强调:共同分享发展机遇,共同应对各种挑战,推动人类和平与发展的崇高事业,事关各国人民的根本利益,也是各国的共同心愿,各国人民携手努力,推动建设持久和平、共同繁荣的和谐世界。和谐世界的外交理念内涵丰富,它要求我们以平等互利为核心,以民主、和睦、协作、共赢为原则来处理国际关系。和谐世界思想反映了中国对世界发展的新视角、新思路和解决国际问题的新途径,是中国政府关于世界发展道路的重要战略思想。它与和平发展道路一起,成为勾勒新世纪中国外交思想的一根红线,为世界观察中国外交战略和政策提供了窗口和视角。

进一步发展"科学技术是第一生产力"的思想和科教兴国战略,提出要把增强自主创新能力作为科技发展的战略基点和调整产业结构、转变发展方式的中心环节,致力于建设创新型国家。把培养大批创新型人才作为建设创新型国家的关键,把提高全民科学素质作为创新型人才辈出的重要社会基础,强调创新型人才是民族的脊梁。"自主创新是支撑国家崛起的筋骨"。坚持理论创新、体制创新、管理创新、科技创新,加快国家创新体系建设,发展创新文化,建设资源节约型、环境友好型社会。提出了"两个重要战略机遇期"的重要论断。党中央强调,21世纪头20年既是中国经济社会发展的重要战略机遇期,也是中国科技事业发展的重要战略机遇期,这就为我们把增强自主创新能力作为贯穿中国现代化建设各个方面的国家战略,作为发展科学技术的战略基点,作为调整产业结构、转变增长方式的中心环节,为努力把中国初步建成创新型国家提供了重要理论指导①。

拓展对外开放的广度和深度,提高开放型经济水平。坚持对外开放的基本国策,把"引进来"和"走出去"更好地结合起来,扩大开放领域,优化开放结构,提高开放质量,完善内外联动、互利共赢、安全高效的开放型经济体制,形成经济全球化条件下参与国际经济合作和竞争新优势,加快转变贸易增长方式,创新对外投资和合作方式。加紧实施自由贸易区战略。

牢牢把握两岸关系和平发展的主题,在反"台独"斗争中取得重大成果。胡锦涛强调:坚持一个中国原则决不动摇,争取和平统一的努力决不放弃,贯彻寄希望于台湾人民的方针决不改变,反对"台独"分裂活动决不妥协。指出,实现两岸关系和平发展,基础是坚持一个中国原则,目的是为两岸同胞谋福祉,途径是深化互利双赢的交流合作,构建了国共两党沟通平台。在两岸同胞的共同努力下,陈水扁的"台独"路线遭到可耻失败。

总之,进入新世纪后,中国在科学发展观的指导下高举和平、发展、合作旗帜,坚持以大国是关键、周边为首要、发展中国家是根本、多边机制是平台的外交战略,积极争取在中国重要机遇期营造和维护良好的国际环境、周边环境、合作环境、安全环境,进一步发展了邓小平理论和"三个代表"重要思想关于国际战略和对外关系的思想。通过高层互访、战略对话和加强在重大地区和全球事务的协调与合作,改善和稳定了中美建设性伙伴关系,发展和提升了中俄战略协作伙伴关系,推动和深化了中欧全面战略合作伙伴关

---

① 《求是》杂志,2007年第6期。

系,巩固和发展了中非关系,积极开拓了中国与拉美的关系,进一步稳定和改善了周边外交环境,极大地提升了中国在国际上的地位[①]。一个更加成熟自信、负责任的大国形象展现在世人的面前。

2006年8月21—23日,中央外事工作会议在北京召开,全体中央政治局常委,全国各省、市、自治区主要领导都参加外事工作会议,这在新中国成立以来是第一次。胡锦涛总书记在会上发表重要讲话,从战略和全局高度,分析了当前国际形势发展变化的新特点新动向,阐述了新世纪新阶段外事工作的指导思想、基本原则、总体要求和主要任务。会议强调中国的外交政策是以合作谋和平,以合作促发展,以合作解争端。会议提出,坚持统筹国内国际两个大局,坚持走和平发展道路,坚持互利共赢的开放战略,坚持推动建设和谐世界,坚持以人为本,是新时期新阶段外事工作必须坚持的基本原则。会议强调,新时期新阶段外事工作,要全面贯彻落实科学发展观,紧紧围绕发展这个党执政兴国的第一要务,高举和平、发展、合作的旗帜,坚持独立自主的和平外交政策,坚定不移地走和平发展道路,全方位开展外事工作,维护和用好战略机遇期,努力为中国改革开放和社会主义现代化建设营造良好的外部环境,为推动建设持久和平、共同繁荣的和谐世界做出新的更大的贡献。

2008年8月,中国成功举办了北京奥运会,它体现了中国的崛起、综合国力的提升和国际影响力的增强,向世人展示了中国和中国人民的新面貌和新内涵。

第二节 中国对外关系的发展脉络

一、中国对外关系的发展阶段

中华人民共和国成立近60年来,在毛泽东、邓小平、江泽民、胡锦涛为核心的几代领导集体的率领下,中国始终坚持独立自主的外交政策,坚决维护自己的独立和主权,这是中国外交政策连续性的最根本体现,也是我们对

[①] 《现代国际关系》,2006年第9期。

外关系发展的重要因素。近60年以来,中国对外关系从大的方面可以分为两大阶段,即改革开放以前的30年和改革开放以后的30年,虽然两个阶段都推行独立自主外交政策,但在外交战略、目标、政策等一系列问题上仍存在明显的差别,比如在对世界形势的判断上,毛泽东强调战争与革命,中国外交要为无产阶级世界革命服务,要准备打世界大战等,强调政治利益和意识形态利益;邓小平、江泽民、胡锦涛强调和平与发展,中国外交要为社会主义现代化创造一个良好的国际环境,促进世界的和平与发展繁荣,强调经济利益是国家利益的核心,发展是振兴中华的第一要务。在对超级大国关系上,虽然几代领导人都强调反对霸权主义和强权政治,但毛泽东强调斗争哲学,分清敌我友,或联合苏联反对美国,或联合美国反对苏联,或同时反对美国和苏联;而邓小平、江泽民和胡锦涛在反对超级大国霸权主义政策的同时,强调发展与它们的国家关系,即使在"六四"事件后美国联合西方国家对中国进行制裁的严峻形势下,邓小平还一再指出要搞好同美国的关系,推行无敌国外交,不再把任何国家看作自己的敌人。在对国家自身定位上,毛泽东时期中国对自己实力估计过高,提出超英赶美的赶超战略和跑步进入共产主义的不切实际的目标。邓小平、江泽民和胡锦涛则明确中国处于社会主义初级阶段,即使到21世纪中期实现"三步走"的战略目标,中国也只能达到中等发达国家水平,比较客观地评价中国在国际格局中的地位,既不盲目自大,也不妄自菲薄,中国既要韬光养晦,又要有所作为。在对外经济关系上,毛泽东过分强调自力更生,结果走向闭关自守,把市场经济与资本主义制度等同起来;而从邓小平到胡锦涛在坚持自力更生方针的同时,实行全方位的对外开放政策,积极参与经济全球化进程,大力发展社会主义市场经济,努力提高中国在国际经济中的竞争地位。改革开放前,中国比较重视双边外交,改革开放后,则更加重视各种区域联合,积极参与多边外交,加入亚太经合组织,参加东盟地区论坛,建立"上海合作组织",经过15年的艰苦努力加入WTO等。在党际关系上,毛泽东时期中共只与意识形态相同或相似的其他国家的共产党、工人党交往,意识形态色彩十分浓厚。改革开放后冲破意识形态障碍,在"独立自主、完全平等、互相尊重、互不干涉内部事务"四项原则基础上,中共不断扩大党际交往对象,开拓了同发展中国家民族主义政党的党际友好关系,而且同社会党以及西方发达国家各种类型的资产阶级政党建立党际关系。到2000年底,中共已同世界上140多个国家的400多个政党建立了不同形式的关系和联系。

总之，改革开放以来，中国独立自主外交表现为多元化的无敌国外交、首脑外交、和平外交、经济外交和务实外交，采取了不结盟、不称霸、不当头的策略，以及和平发展、和谐世界的方针，中国外交出现了崭新的局面，为社会主义现代化建设创造了良好的国际环境，大大提升了中国的国际地位。

具体来说，根据中国对外战略中心的转移，近60年来，中国外交大致可分为六个阶段：

第一阶段，从中华人民共和国成立到20世纪50年代末，其战略重心是联合苏联，反对美国。为了同旧中国的投降卖国外交彻底决裂，根据当时的国际形势及中国的历史与现实，毛泽东提出了"另起炉灶"、"打扫干净屋子再请客"和"一边倒"三大外交决策。这三大方针着重解决新中国诞生后面临的三大问题：如何着手建立自己的对外关系；如何对待美帝国主义和其他资本主义国家；如何对待苏联和其他社会主义国家，这三大决策符合中国人民实现国家完全独立和维护世界和平的根本利益，为独立自主的新中国外交奠定了基础。尽管同苏联结盟是迫不得已的，它产生了一些负面影响，但在当时是利大于弊。我们在朝鲜、台湾地区和印度支那3条战线同美国的侵略政策和战争政策进行了坚决的斗争。我们高举和平旗帜，倡导和平共处五项原则，同许多民族国家建立了外交关系，在国际舞台上树立了自己的形象。

第二阶段，从20世纪60年代初到70年代初。这是中国外交经受严峻考验的阶段。我们的战略重心由联合苏联、反对美国转为既反对美国又反对苏联。这一阶段是国际关系大动荡、大分化的时期，国际形势发生很大变化。美国仍坚持敌视中国的政策，中美关系继续紧张对抗。由于苏联的大国沙文主义，中苏关系破裂。中国面临美国和苏联的严重威胁。在反对美国和苏联霸权主义的同时，中国大力支持被压迫民族的解放斗争，支持第三世界的不结盟运动，并且通过平等磋商、互谅互让的原则先后同缅甸、尼泊尔、蒙古、巴基斯坦和阿富汗等国家签订了边界条约，圆满解决历史上遗留下来的边界问题，并同法国建立了外交关系。但由于受到极"左"思潮的严重影响，对国际形势判断失误，强调"世界大战不可避免"、"世界大战迫在眉睫"，提出"战争引起革命，革命制止战争"的论点及"全世界人民团结起来，打倒帝国主义，打倒修正主义，打倒各国反动派"，"反对所谓'三降一灭'"[①]

[①] 林彪、江青、康生一伙诬蔑"文革"前17年执行的外交路线是"投降帝国主义、投降修正主义、投降各国反动派，扑灭人民革命"的"三降一灭"路线。

等口号,同不少国家发生外交纠纷,使社会主义中国的形象受到严重损害。

第三阶段,20世纪70年代初到70年代末,这是中国对外关系快速发展时期,战略重心是联合美国,反对苏联霸权主义。推行"一条线"战略方针。这一时期,苏联进一步加紧对中国的包围和威胁,中苏关系继续恶化。美国则调整战略,愿意改善中美关系,中美关系开始逐步实现正常化。中国恢复了在联合国的合法席位,同日本恢复了邦交并签署了中日和平友好条约。中国发展了同西欧、加拿大、澳大利亚和新西兰等发达国家的关系,同世界上大多数国家建立了外交关系。中国积极参与国际事务,坚决支持第三世界国家关于建立国际经济新秩序的斗争。毛泽东提出关于三个世界的战略思想。但由于"文化大革命"的干扰和破坏,中国仍坚持闭关自守政策,经济走到崩溃的边缘。直到1978年12月党的十一届三中全会才开始根本改变这种局面。

第四阶段,80年代初到80年代末,是中国外交出现崭新局面的时期。中共制定了"一个中心,两个基本点"的基本路线,为了实现我们"三步走"的宏伟目标,创造和维持和平稳定的国际环境,增强维护世界和平的力量,建设具有中国特色的社会主义,中国对外政策作了重大调整:第一,改变了对国际形势的估计,在战争与和平问题上作出了新的科学论断;第二,改变"一条线"的战略策略,不与任何大国结盟或建立战略关系,进一步强调独立自主;第三,不以社会制度和意识形态的差异论亲疏,不以哪个大国画线,愿意在和平共处五项原则基础上同所有国家建立友好关系。以是否有利于和平与发展作为判断国际事件是非的标准;第四,提出"一个国家,两种制度"的构想,先后同英国和葡萄牙签署了关于香港问题和澳门问题的联合声明,为圆满解决香港和澳门问题奠定了基础,为台湾与大陆的统一找到了切实可行的途径;第五,实行全方位的开放政策,把它作为一项长期不变的基本国策。强调开展经济外交,用良好的政治关系推动经济关系的发展,外交工作积极介入双边、多边的经济谈判,排除经济发展的障碍。由于实行这些调整,中国外交出现了崭新局面,中美、中日关系继续向前发展,中国与苏联、东欧国家实现了关系正常化,中国同第三世界的团结合作进一步加强。

第五阶段,20世纪80年代末到党的十六大,面对国际风云的巨大变化,中国坚决顶住以美国为首的西方国家的沉重压力,大力发展与周边国家的友好关系,坚持建设中国特色的社会主义。"六四"事件后,西方对中国进行集体制裁,东欧剧变,苏联解体,社会主义遭受严重挫折,中国面临严峻形势,对此,邓小平提出,对国际形势,要冷静观察、稳住阵脚、沉着应付①,强调"要冷静、冷静、再冷静,埋头实干,做好一件事,我们自己的事"②。邓小平随后又提出善于守拙,决不当头,韬光养晦,有所作为。特别是邓小平南巡讲话提出建立社会主义市场经济给全党全国人民巨大的鼓舞。十几年来,中国改革开放取得举世震惊的成就,国民经济持续高速发展,中国的国际战略地位空前提高,这一阶段可以分为几个小阶段:(1)从1989年到1993年,我们坚决顶住了西方的制裁,坚持改革开放方针,经受住了考验。由于韬光养晦、有所作为的战略方针,中国没有重演苏联的悲剧,而是使社会主义中国更加稳固地屹立在世界的东方,中国的政治更加稳定,经济继续发展,中国的国际关系更加广泛,日本、西欧相继取消了对中国的制裁,中国的周边环境得到很大改善,相继同沙特、新加坡、文莱、以色列和韩国等建立了外交关系,恢复了同印尼、越南的正常化关系。(2)1993年到1999年,我们抓住机遇,积极推进对外工作,1997年和1999年顺利实现了香港和澳门回归祖国,洗刷了100多年历史的耻辱。党的十五大把邓小平理论确立为马克思主义发展的新阶段,作为中国对内对外工作的长期指导方针。中美两国元首实现了互访,并宣布两国致力于建立建设性的战略伙伴关系,中美关系得到很大改善。中国同一系列国家确定了多种形式的伙伴关系,并大力倡导新安全观,摒弃冷战思维。在东南亚金融危机中,中国坚持人民币不贬值,为稳定亚洲金融形势做出了突出贡献,树立了负责任的大国风范,得到国际舆论的普遍好评。(3)2000年以来,这是中国外交空前活跃、开创大好局面的时期。2001年北京获得2008年奥运会的主办权,2001年,中国加入WTO,2002年上海获得世界博览会举办权。中国更加全面、积极地参与国际事务,经济持续高速、健康发展,成为世界和平与发展的重要推动力量。党的十六大把"三个代表"重要思想作为党的指导思想,与毛泽东思想、邓小平理论并列作为马克思主义在中国发展的又一个新阶段。我们提前实现了"三步走"的第二步,总体上实现了小康,并向全面建设小康社会阔步前进。

第六阶段,党的十六大以后,以胡锦涛为总书记的新一代领导集体紧紧把握世界发展潮流,提出以人为本、全面协调可持续发展的科学发展观,党

① 《邓小平文选》第3卷,人民出版社1993年版,第321页。
② 同上。

第一章 毛泽东和邓小平的外交思想、"三个代表"重要思想以及科学发展观是中国对外工作的指导方针

的十七大把科学发展观确立为马克思主义中国化的最新理论成果,与邓小平理论和"三个代表"重要思想一起构成为中国特色社会主义理论体系,科学发展观是在经济全球化形势下中国处理与世界关系的重大战略思想,对世界和平与发展将产生深远的战略影响。中国把"和平发展"作为国家发展战略和外交战略,外交上高举和平、发展、合作的旗帜,在外交实践中相继提出一系列新的思路和主张,丰富和发展了中国独立自主的和平外交政策。积极倡导公正、合理的新秩序观,认真实践以平等互利为核心的新发展观,推动树立以互信、互利、平等和协作为主要内容的新安全观,主张形成以尊重多样性为特点的新文明观[①],并提出了互助协作的新环保观,提出两个重要战略机遇期,坚持走和平发展道路。奉行"与邻为善"、"以邻为伴"、"睦邻、富邻、安邻"的周边外交,推行大国是关键、周边为首要、发展中国家是根本、多边机制是平台的外交战略,积极倡导构建和谐社会、和谐地区与和谐世界,树立了负责任大国的光辉形象。外交决策机制不断完善,中国外交呈现全方位、立体式、多层次蓬勃发展的可喜局面,极大地提升了中国在国际上的地位。体现了中国特色社会主义的外交风范。

二、新中国独特的外交风格

新中国建立以后,就同鸦片战争以来历届中国政府推行的耻辱外交、投降卖国外交彻底决裂。近60年来,中国外交在毛泽东、邓小平、江泽民、胡锦涛几代领导集体的亲自领导和路线指引下,经受住严峻的考验,取得了伟大的成就,并在长期外交实践中,形成了自己独特的外交风格。其中主要有:

第一,不畏强暴,坚持原则。这特别突出地表现在同美国和苏联的霸权主义斗争及坚持一个中国,反对两个中国或一中一台等问题上。在20世纪50—60年代,中国面临美国、苏联的重重压力,但中国人民毫不屈服,同霸权主义行径进行不屈不挠的斗争。台湾问题涉及中国主权、独立和领土完整的重大原则,对此我们毫不含糊,寸步不让。中国恢复联合国合法席位一直以驱逐台湾蒋介石集团的代表为先决条件。中国始终坚持只有美国与台湾断交、撤军、废约,中美关系才能实现正常化。第二,伸张正义、爱憎分明。

[①] 外交部政策研究室编:《中国外交(2006)》,世界知识出版社2006年版,第401—402页。

中国总是站在被压迫、受侵略的国家和人民一边,坚决支持他们争取民族独立和维护国家主权的斗争。反对一切形式的霸权主义和强权政治,主张在和平共处五项原则的基础上建立国际政治经济新秩序,维护联合国宪章的宗旨和公认的国际关系准则。第三,注重信义、说话算数。中国外交历来以信为本,做到言必信,行必果,光明磊落,不搞阴谋诡计。在美国打着"联合国军"旗号入侵朝鲜后,中国曾一再向美国提出警告,如美国军队越过"三八线",中国将不会坐视不救,但美国不以为然,认为中国不可能出兵,美军悍然越过"三八线",结果中国接受朝鲜提出的援助请求,毅然派出志愿军入朝参战。中国始终忠实履行同别国达成的各项协议,如中国在加入世贸组织时所做的庄严承诺,在入世后一一兑现,得到国际社会的赞誉。第四,求同存异,平等待人。在对外交往中,中国领导人总是以平等的身份、协商的口吻同别人磋商,不强加于人。各国社会制度、意识形态、发展水平千差万别,但要求和平、稳定、发展、合作,又是各国人民的共同愿望,因此中国提倡相互兼容而不是互相排斥,友好相处而不是欺凌对抗,求同存异而不是横加干涉。周恩来总理在万隆会议上真诚、忍耐的求同存异精神有口皆碑。第五,以和为贵,倡导和谐。"和合"是中华传统文化的精髓,新中国成立近60年来,我们在外交中把中华传统文化的"和合"思想进一步发扬光大。在新中国的外交实践中,"和"演化出和平、和睦、和善、和谐。"合"就是融合、合作、联合。中国坚持推行独立自主和平的外交政策。中国不仅是和平共处五项原则的倡导者,而且是和平共处五项原则的忠实执行者。中国坚持反对超级大国的霸权主义,一再向世界昭示中国决不做超级大国。强调和平与发展是当今时代的主题。中国坚定不移地走和平发展道路,按照科学发展观和平崛起。这不仅是中国对世界的庄严承诺,是中国特色社会主义发展道路永恒的战略选择,也是要利用世界的和平时机努力壮大自己,同时用自己的发展维护世界和平。中国外交高举和平、发展、合作大旗,积极倡导构建和谐社会、和谐地区、和谐世界。把传统文化的人文主义精神与现代人类文明的民主与科学结合起来。和平共处五项原则—和平发展道路—和谐世界,这是贯穿中国外交的一条红线。第六,与时俱进、开拓创新。中国能够根据国际形势的发展变化,及时调整自己的外交政策,顺应时代潮流,把原则性和灵活性巧妙地结合起来。中国领导人提出的"一个国家,两种制度"、"搁置主权,共同开发"、"结束过去,开辟未来"、"与邻为善,以邻为伴"、"睦邻、富邻、安邻"、"构建和谐世界"等构想,就是这种结合的生动体现。第七,考虑对方,争取双赢。外交当然首先是维护和争取本国的最大利益。中国领导人历来强调实现本国的根本利益要与尊重和考虑对方的利益连在一起,力求在双方的事务中求得公正和合理的解决办法,从而使双方都能在和平外交的活动中得到一种较为长久和巩固的利益。不仅反对大国沙文主义和霸权主义,也不搞狭隘的民族利己主义。中国正是本着互利互让的精神,圆满解决了中国与缅甸、尼泊尔、巴基斯坦、蒙古、俄罗斯、哈萨克斯坦、吉尔吉斯斯坦、塔吉克斯坦等邻国历史遗留下来的边界问题。第八,大而不霸、盛而不骄。中国一再强调,中国永远不做超级大国,邓小平1974年在联大会议上公开宣布:中国现在不是,将来也不做超级大国,如果中国变成一个超级大国……世界人民就应当同中国人民一道,反对它,打倒它。迄今为止,还没有哪一个大国敢以如此坦荡的态度表明自己决不搞霸权主义的决心。改革开放二十多年来,中国经济取得持续高速的增长,成为世界第四大经济体,但中国从不骄傲自满,总是以谦虚的态度对待其他小国、弱国,并且尽自己的能力帮助它们。周恩来在访问非洲时宣布的中国对外援助八项原则,以及2006年中非合作论坛峰会胡锦涛主席讲话中宣布的中国加强同非洲合作的八项举措,都是这种精神的充分体现。

外交风格是外交思想的形象表现,它不仅受国家的性质、民族文化传统的影响,更取决于领导人的学识、素质和修养。中国上述外交风格在国际社会享有崇高的声誉,对促进中国同世界各国的友好合作关系起了重要作用。

思考题

1. 为什么说邓小平理论、"三个代表"重要思想和科学发展观是中国化了的马克思主义?

2. 冷战后中国在对外工作中形成了哪些新论述、新思想、新主张?

第二章 独立自主是中国外交政策的基石

独立自主是中国对外政策的基石,也是毛泽东、邓小平外交思想的核心,是新中国外交与旧中国投降卖国外交最本质的区别。近60年来,无论国际风云如何变幻,我们始终坚持独立自主外交。它像一根红线,贯穿于中国外交的全过程。这一点充分体现了中国外交的连续性。邓小平继承了毛泽东独立自主的外交思想,并根据国际形势的变化,丰富和发展了毛泽东独立自主思想。冷战结束后,中国的独立自主外交又得到进一步完善和提高。独立自主外交是新中国的立国之本,也是中国走向世界的根基。

第一节 独立自主是新中国对外政策的一贯方针

一、独立自主是新旧中国外交的本质区别

一个国家对外政策的独立自主权,是国家主权对外职能的具体表现。独立自主既是民族独立的主要标志,也是国家主权的基本内涵。维护国家主权,就是要维护国家独立自主地决定自己对内对外事务的权利。没有独立自主,就没有一个民族和国家的自尊、自立、自信、自强,就谈不上在国际事务中的独立权和平等参与权。

独立自主是一条马克思主义的基本原则。邓小平指出:"独立自主才真

正体现了马克思主义。"①以马克思列宁主义为理论基础的中国共产党,坚决遵循马克思主义的这一基本原理,坚持独立自主的原则,十分珍惜自己的独立和主权,坚定不移地维护本国的独立、主权、领土完整、国家利益和民族尊严。

近代中国的屈辱历史给中华民族留下严重的心灵创伤,使中国人民特别珍惜自己的独立自主权利。中国是世界著名的文明古国,具有5 000年光辉灿烂的文明历史,对人类社会发展做出过极其辉煌的贡献,中国人民为此感到无比的自豪。可是,鸦片战争后,西方资本主义国家不断入侵中国,中国主权遭到侵蚀,领土支离破碎,租界、治外法权、不平等条约像毒蛇一样缠绕在中华民族身上。由于清政府、北洋军阀政府和蒋介石政府卖国求荣,推行"没骨头"、"软骨头"外交,中国独立沦丧,民族尊严遭践踏,国家主权被剥夺,成为人见人欺的半殖民地半封建社会。周恩来曾以"跪在地上办外交"来表达他对旧中国历届卖国政府屈辱外交的刻骨铭心。古代文明的辉煌和近代历史的屈辱形成了鲜明的反差,使中国人民对国家主权和民族尊严特别珍惜。经过几代人前赴后继、艰苦卓绝的斗争,中国人民终于取得了新民主主义革命的胜利,赶走了帝国主义,推翻了卖国政府,成立了中华人民共和国,"占人类总数四分之一的中国人从此站起来了"。中华民族"将再也不是一个被人侮辱的民族了"。中国历史由此开辟了一个新纪元。100多年来,中国人民第一次真正有了捍卫独立、维护尊严、保卫主权的机会。中国人民理所当然要彻底粉碎一个世纪以来帝国主义、殖民主义强加给中华民族的桎梏和枷锁,一扫过去屈辱外交的历史,以崭新的面貌屹立在国际舞台上,同一切损害自己主权、独立的阴谋进行坚决的斗争,这是中国外交独立自主的根本原因。

独立自主是中国革命取得胜利的最可宝贵的经验之一。中国革命与苏联虽然有着千丝万缕的联系。苏联通过共产国际指导中国革命。共产国际以苏联经验为样本,指导各国共产党的革命斗争。由于中国是半殖民地半封建国家,与苏联情况有很大差别,因此对中国革命的指导屡屡失误,给中国革命造成重大损失。以毛泽东为代表的中国共产党人正确分析了中国的状况,摒弃了共产国际的错误主张,把马克思主义的普遍真理与中国革命具体实际相结合,诞生了毛泽东思想,丰富和发展了马克思主义关于无产阶级

---

① 《邓小平文选》第3卷,第191页。

革命的理论。

抗日战争时期,独立自主为中国共产党组织抗日民族统一战线发挥了重要作用。毛泽东把保持党在统一战线的独立自主作为统一战线的基础。同共产国际"一切经过统一战线"的错误路线作斗争,强调指出,"我们的方针是统一战线中的独立自主。既统一,又独立",在敌后"更要独立自主地做"。正是在统一战线中维护了独立自主,中国共产党才能粉碎反动势力两次反共高潮,壮大了人民武装力量,最终取得抗日战争的伟大胜利,为新民主主义革命的胜利奠定了坚实基础。

抗战胜利前后,苏联共产党对中国共产党和毛泽东同志是不信任的。斯大林、莫洛托夫等苏共领导人在与美国领导人交谈时,多次把中国共产党形容为"人造奶油式的共产党人","不过是一群一旦经济处境改善就会忘记政治倾向的土地改革者"等等①。解放战争时期,斯大林又反对中国人民进行解放战争,要中国共产党把革命武装交给蒋介石,向国民党妥协。正如苏联要法共和意共所做的那样,苏联这种对中共的轻蔑态度和干涉中国革命的行为,给以毛泽东为首的中国共产党人留下了苦涩的记忆。毛泽东曾说过,"斯大林在最紧要的关头,不让我们革命,反对我们革命。""说你们不与蒋介石讲和,打内战的话,中国民族有灭亡的危险。"②以毛泽东同志为首的中国共产党,顶住了外来的压力,独立自主地作出了正确的决策,引导中国人民解放战争取得最后的胜利。毛泽东、周恩来事后多次谈到:"国际上有的朋友,对我们解放战争的胜利也半信半疑,劝阻我们就此止步,和蒋介石以长江为界,搞南北朝。"③"直到1949年,我们眼看就要过长江的时候,还有人阻止,据说千万不能过长江,过了,就会引起美国出兵,中国就可能出现南北朝,我没有听他们的。我们过了长江,美国并没有出兵,我们也没有出现南北朝。如果我们听了他们的,中国倒真有可能出现南北朝。"④这表明中国的独立自主的权利是中国人民经过长期的艰苦奋斗取得的,是无数革命先烈抛头颅、洒热血换来的,中国人民极其珍惜这一权利。中国实行独立自主的外交政策是历史的必然选择⑤。

---

① 转引自曲星:《中国外交五十年》,江苏人民出版社2000年版,第18页。
② 《毛泽东外交文选》,世界知识出版社、中央文献出版社1994年版,第324、326页。
③ 《党史通讯资料》,1982年第22期。
④ 《人民日报》,1979年1月2日。
⑤ 参见曲星:《中国外交五十年》第一章第一节。

二、中国始终坚持独立自主外交

独立自主是中国对外政策的基本立足点,是新中国外交的基石,也是毛泽东、周恩来、邓小平外交思想的核心。不依附于任何大国,不畏强暴,不怕鬼,不信邪,敢于顶住任何外来压力,坚决维护国家主权,始终把独立自主作为中国外交的核心内容,这在毛泽东到胡锦涛的历届中央领导集体的外交思想中是一致的。几十年来,无论形势多么严峻,压力多么巨大,我们始终坚持独立自主,表现出无产阶级的硬骨头精神,同旧中国的屈辱外交、投降卖国外交彻底决裂,正是这一点最充分地体现了中国外交的连续性。

早在1947年10月10日,毛泽东在起草《中国人民解放军宣言》中就明确宣布:"否认将介石独裁政府的一切卖国外交,废除一切卖国条约。"新中国建立前夕,毛泽东在政治协商会议筹备会上就指出:"中国必须独立,中国必须解放,中国的事情必须由中国自己做主张,自己来处理,不允许任何帝国主义国家再有一丝一毫的干涉。"①周恩来也明确指出:"我们对外交问题有一个基本的立场,即中华民族独立的立场,独立自主、自力更生的立场。"②作为新中国临时宪法的《中国人民政治协商会议共同纲领》也明文规定:中华人民共和国外交政策的原则是保障本国独立、自由和领土主权的完整,拥护国际的持久和平和各国人民的友好合作,反对帝国主义的侵略政策和战争政策,这些都表明了中国外交的独立自主精神。

1949年初,毛泽东提出"另起炉灶"和"打扫干净屋子再请客"两点指示,作为即将诞生的社会主义新中国外交的基本方针。"另起炉灶"的核心是不继承国民党政府与外国建立的外交关系,同旧的传统、习惯、联系完全割断。各国要同新中国建交,就必须要在平等、互利和互相尊重领土主权的基础上重新谈判。这是由于旧中国与西方列强的关系是通过一系列不平等条约使中国处于屈辱的国际地位。如果不彻底否定国民党政府旧有的外交关系,新中国将无法以崭新的姿态登上国际关系舞台,无法获取真正的独立地位。周恩来指出:"另起炉灶"这一方针"使中国改变了半殖民地

---

① 1949年9月21日,毛泽东在中国人民政治协商会议上的讲话。
② 《周恩来选集》上卷,人民出版社1980年版,第322页。

地位,在政治上建立起了独立自主的外交关系"①。

"打扫干净屋子再请客"政策的核心是把帝国主义在华特权与势力清除干净以后再谈与它们建立外交关系的问题。1949年2月,毛泽东在石家庄会见苏共中央政治局委员米高扬时,在谈到新政府对外政策方针时说:"我们这个国家,如果形象地把它比作一个家庭来讲,它的屋内太脏了。解放后我们必须认真地清理我们的屋子,从内到外,从各个角落以至门窗缝里,把那些东西打扫干净……再请客人进来。"②在中共七届二中全会上,毛泽东明确指出,我们应当采取有步骤地摧毁帝国主义在中国控制权的方针。不承认国民党时代一切卖国条约的继续存在,取消一切帝国主义在中国开办的宣传机关。周恩来在阐释毛泽东这一方针时指出:帝国主义总想保留在中国的特权,我们的方针是先把帝国主义在中国的残余势力清除一下,否则就会留下它们活动的余地。因此,我们要在建立外交关系以前,把"屋子"打扫一下,"打扫干净屋子再请客"③。中国共产党领导人对辛亥革命后孙中山遍访各国使馆请求承认,而各帝国主义国家却选择袁世凯的屈辱历史记忆犹新。新中国领导人的思想和行动是中华民族自豪感与百年受凌辱历史交织的产物,它充满了鲜明的独立自主的特点。当新中国宣布要"另起炉灶"和"打扫干净屋子再请客"时,美国人很难理解,认为中国人口众多,经济基础如此薄弱,没有美国和西方国家的援助,中国人怎么能活下去?1950年,中国收回美国在北京的兵营地产时,美国政府竟然要挟要撤回所有美国在华官方官员,没想到中国政府的回答竟是:"我们宁愿听到所有美国官方人员能够更快地离开中国。"④新中国成立后,中国政府采取一系列措施,彻底取消帝国主义在华特权,收回了外国在中国的兵营、地产,恢复了中国在关税政策和海关管理上的自主权,全部收回了中国领水主权。100多年来帝国主义对中国进行半殖民地统治的政治、经济和文化基础被基本清除干净,它为新中国同西方国家开展平等互利的政治、经济、文化往来奠定了新的基础。

建国初期,毛泽东对中国外交提出的另一个基本方针是"一边倒"。1950年2月签订的《中苏友好同盟互助条约》是这一方针的具体体现。应

---

① 《周恩来外交文选》,中央文献出版社1990年版,第49页。
② 师哲:《在历史巨人身边》,中央文献出版社1991年版,第379页。
③ 《周恩来外交文选》,第50页。
④ 《中华人民共和国对外关系文献集(1949—1950)》第1集,世界知识出版社1957年版,第97页。

该说,"一边倒"在当时是有其必要性的。《人民日报》在谈到中苏条约的意义时指出:"中苏两大国家的友谊用法律形式固定下来,使得我们有一个可靠的同盟国,这样就便利我们放手进行国内的建设工作和共同对付可能的帝国主义侵略,争取世界和平。"①"一边倒"的外交战略使中国提前20多年收回了苏联在华特权(按1945年蒋介石政府与苏联签订的《中苏友好同盟条约》,这些特权要存在到1975年),使新中国在以美国为首的帝国主义阵营敌视的国际环境中迅速巩固了新生的政权,增强了抵抗外来侵略干涉的实力。美国在朝鲜战争中不敢对中国发动大规模入侵,一个重要的因素就是中苏同盟的存在。"一边倒"战略还使中国获得了苏联宝贵的经济援助。1950年苏联以1‰的低利率向中国提供了3亿美元的贷款。1955年以2％的利率向中国提供14亿美元贷款。1950—1954年,来华援建的苏联和东欧国家专家达8 000多人,并为中国培训了技术和管理骨干7 000多人。中国从苏联、东欧国家获得4 000多项技术资料②。这些对中国的社会主义建设起了十分重要的作用,特别要指出的是,即使中国当时推行"一边倒"外交战略,但中国政府仍十分强调独立自主。毛泽东、周恩来一再告诫,中国要用自己的脑袋思考,要用自己的腿走路。周恩来强调"任何国家都不能干涉中国内政"。"外援如有利于中国当然要,但不能依赖,即使对于苏联和各人民民主国家,我们也不能有依赖之心"。"蒋介石失败的主要原因之一,就是一切依赖外援,这是前车之鉴"。"对兄弟国家战略上是要联合,但战术上不能没有批评。"③1949年《中共中央关于外交工作的指示》中,在规定不承认与国民党有外交关系的外国机构和人员的原则时,特别指出,对苏联和东欧国家使领馆的外交机关和人员,因尚未同我们建立正式外交关系,因此也只能作非正式的外交往来。后来中苏外交关系的实践表明,我们在推行"一边倒"外交战略时并没有放弃独立自主。

1956年的波兰事件和匈牙利事件中,中国不断提醒苏联注意改正自己的大国沙文主义错误。当听到苏联调动军队准备对波兰进行武装干涉时,1956年10月20日,毛泽东在中央政治局扩大会议上指出:"儿子不听话,老子打棍子。一个社会主义大国对另一个社会主义邻国武装干涉,是违反

---

① 《人民日报》,1950年4月13日。
② 引自《当代中国史研究》,1995年第1期。
③ 《周恩来外交文选》,第2页。

最起码的国际关系准则,更不要说违反社会主义国家相互关系准则,是绝对不能允许的。这是严重的大国沙文主义。"中共中央副主席刘少奇和总书记邓小平应邀访苏,中方向苏方坦率指出:在社会主义国家之间,必须承认和坚持独立自主和平等原则。在中国的建议下,苏联政府发表了《关于发展和进一步加强苏联同其他社会主义国家的友谊和合作的基础的宣言》,承认过去在处理社会主义国家间关系方面犯了错误,表示今后将遵守互相尊重主权和平等互利原则,并准备采取措施,"以消除破坏国家主权,经济上的互利和平等这一原则的任何可能性"。对此,中国政府发表声明指出,在社会主义国家相互关系中忽略平等原则,犯大国沙文主义错误,必然会带来严重后果①。1958年,苏联连续向中国提出建立长波电台和联合舰队两项损害中国主权的建议,企图在军事上控制中国,把中国外交纳入苏联全球战略的轨道。对此,中国坚决予以拒绝。毛泽东以异常坦率的语言向苏联驻华大使尤金表示中国的愤怒。他指出:"你们一直不相信中国人,斯大林很不相信。中国人被看做是第二个铁托,是个落后的民族。""搞海军合作社,就是斯大林活着的时候,我们也不干。我去莫斯科也和他吵过嘛!""要不然把全部海岸线都交给你们,把过去的旅顺、大连加以扩大。""把一万多公里的海岸线都交给你们,我们只搞游击队。""你们可以说我是民族主义,又出现了第二个铁托。如果你们这样说,我就可以说,你们把俄国的民族主义扩大到了中国海岸。"②对此,赫鲁晓夫百思不得其解,既然中国已经"一边倒"了,为什么还如此斤斤计较。他诘问毛泽东:"北大西洋公约组织国家在互相合作和供应方面并没有什么麻烦,可是我们这里——竟连这样简单的一件事都不能达成协议!"毛泽东回答说:"英国人和别的外国人已经在我们国土上呆了很多年,我们再也不想让任何人利用我们的国土达到他们自己的目的。"③1960年7月,苏联突然宣布撤走在华全部专家,撕毁两国政府124个协定、343个专家合同,废除257个科技合作项目,给中国建设造成难以弥补的损失,企图以此压中国人民屈服。9月,邓小平在同苏方会谈时表示:"中国共产党永远不会接受父子党的关系,你们撤退专家使我们受到了损失,给我们造成了困难……中国人民准备吞下这个损失,决心用自己双手的劳动来弥补这个损失,建设自己的国

---

① 《人民日报》,1956年11月2日。
② 《毛泽东外交文选》,第324、328、330页。
③ 《赫鲁晓夫回忆录》中文版,东方出版社1988年版,第671—672页。

第二章　独立自主是中国外交政策的基石

家。"①在中美关系正常化过程中,中国始终坚持,美国必须承认一个中国的原则,台湾是中国不可分割的一部分。美国必须同台湾断绝所谓"外交关系",从台湾海峡撤走一切美国武装力量,废除"美台""共同防御条约",正是由于中国坚持独立自主,要求美国完全满足中国提出的建交三原则,中美关系才能够实现正常化,因此,中美关系正常化经历了一个十分曲折的过程。

改革开放以后,邓小平不仅继承毛泽东的独立自主外交方针,而且把独立自主发展到一个崭新阶段。1982年9月,邓小平在中共第十二次全国代表大会上明确指出:"中国的事情要按照中国的情况来办,要依靠中国人民自己的力量来办。独立自主、自力更生,无论过去、现在和将来,都是我们的立足点。中国人民珍惜同其他国家和人民的友谊和合作,更加珍惜自己经过长期奋斗而得来的独立自主权利。任何外国不要指望中国做他们的附庸,不要指望中国会吞下损害中国利益的苦果。"②20世纪80年代中美关系的发展充分体现了我们的独立自主外交的基本原则。1980年美国总统大选时,共和党总统候选人里根公开声称,卡特与中国建交是对老朋友的"背叛",如他当选上台,将与台湾"重建官方关系"。对此,中国政府作出了强烈反应。邓小平在会见里根的竞选搭档、共和党副总统候选人布什时严正指出,"任何从中美关系现状倒退的言行,都将损害中美关系的政治基础,若以为中国怕苏联,有求于美,即使里根的有关言论付诸实施,中国也只好吞下,那完全是妄想。"里根上台后,加紧向台湾出售先进武器,对此,中国发出了强烈警告。1981年1月,邓小平在会见美国国会共和党副领袖史蒂文斯和美国总统出口委员会副主席陈香梅时表明了中国政府的严正立场。邓小平指出:"(如果)由于台湾问题迫使中美关系倒退的话,中国不会吞下去。中国肯定要做出相应的反应。我们说中美关系停滞不好,倒退更不好,但是一旦发生某种事情迫使我们的关系倒退的话,我们也只能正视现实。至于倒退到什么程度,那要看导致倒退的来势如何。这种话说多了并不好,但要明确一点,即在台湾问题上如果需要中美关系倒退的话,中国只能面对现实,不会像美国有些人所说的那样,只要出于反对苏联的战略会把台湾问题吞下去,这不可能。"③1981年3月和6月,美国前总统福特和国务卿黑格访华

---

① 转引自曲星:《中国外交五十年》,第260—261页。
② 《邓小平文选》第3卷,第3页。
③ 《邓小平文选》第2卷,人民出版社1994年版,第377页。

时,都向中国试探,如果美国同意向中国出售先进武器,中国是否会容忍美国向台湾出售武器,但中国的回答是毫不妥协的。中国宁愿不要购买美国的先进武器,也不能容忍美国向台湾出售武器。1982年2月,邓小平在接受《瞭望》周刊采访时,再次明确表示:"中国没有回旋的余地","实在不行,关系就倒退吧","没有什么了不起","我看中华民族还是存在的","现在我们等着瞧。我们对可能发生的任何情况都已经做好了准备"①。经过双方的谈判,1982年8月17日,中美签署了第三个联合公报(《八·一七公报》),美国在公报中正式承诺了"不寻求执行一项长期向台湾出售武器的政策,它向台湾出售的武器在性能和数量上将不超过中美建交后最近几年供应的水平,它准备逐年减少它对台湾的武器出售,并经过一段时间导致最后的解决。"②《八·一七公报》是中国独立自主外交政策的产物,它为中国在美国售台武器问题上与美国进行外交斗争提供了一个有力的法律武器。经过斗争,中国挫败了以里根上台为标志的美国亲台政治逆流,迫使美国政府放弃了恢复"美台"官方关系的图谋,在售台武器上做出"逐步减少,最终停止"的承诺,在对华技术转让方面放宽限制,从技术出口限制的P组(专为中国而设),上升到V组(美国友好的非同盟国),并一再重申美国遵守中美之间达成的三个联合公报的原则。

1989年"六四"事件后,以美国为首的西方国家对中国进行制裁,大有黑云压城城欲摧的气势。但邓小平大义凛然,处变不惊,坚决顶住西方的反华阴谋和苏东剧变给中国带来的巨大压力。他坚定地表示:"中国内政决不容许任何人加以干涉,不管后果如何,中国都不会让步。""中国本来是个穷国,为什么有中美苏'大三角'的说法? 就是因为中国是独立自主的国家。……就是因为我们坚持有中国特色的社会主义道路。否则,只能是看着美国人的脸色行事,看着发达国家的脸色行事,或者看着苏联人脸色行事,那还有什么独立性啊? 现在国际舆论压我们,我们泰然处之,不受他们挑动。"③"中国自己要稳住阵脚,否则人家就要打我们的主意。……要维护我们独立自主、不信邪、不怕鬼的形象。"④"世界上最不怕孤立、最不怕封

---

① 〔美〕罗伯特·S·罗斯:《风云变幻的美中关系(1969—1989)》,中央编译出版社1998年版,第257页。
② 《人民日报》,1982年8月18日。
③ 《邓小平文选》第3卷,第311页。
④ 同上书,第319—320页。

锁、最不怕制裁的就是中国……不管国际风云怎么变幻,中国都是站得住的。"① "像我们这样第三世界的国家,没有民族自尊心,不珍视自己民族的独立,国家是站立不起来的。……要中国来乞求(取消制裁),办不到。哪怕拖100年,中国人也不会乞求取消制裁。"② 正是在邓小平外交思想的指导下,中国坚持独立自主的外交原则,打破了西方的制裁,经受住了严峻的考验,中国不仅没有被拖垮,而且保持社会稳定,改革开放迈开更大步伐,经济上持续高速增长,国际地位不断提高。

江泽民在党的十四大报告中表示:"中国始终不渝地奉行独立自主的和平外交政策。维护中国的独立和主权,促进世界和平与发展,是中国外交的基本目标。在涉及民族利益和国家主权的问题上,我们决不屈服于任何外来压力。"在党的十五大报告中,江泽民指出:"要坚持邓小平的外交思想,始终不渝地奉行独立自主的和平外交政策。对于一切国际事务,我们都要从中国人民和世界人民的根本利益出发,根据事物本身的是非曲直,决定自己的立场和政策。""我们不把自己的社会制度和意识形态强加于人,也决不允许别国把他们的社会制度和意识形态强加于我们。"党的十六大报告指出:"不管国际风云如何变幻,我们始终不渝地奉行独立自主的和平外交政策。"东欧剧变、苏联解体后,美国认为中国的演变指日可待,因此对中国采取更加强硬的政策,企图以压促变。因此,中美关系风波迭起,双方在最惠国待遇、人权问题、美国售台武器和"美台"关系等一系列问题上斗争激烈,中国始终坚持独立自主,既反对美国的霸权主义政策,维护自己的独立、主权,又有理、有利、有节,斗而不破。从而使中美关系能克服一个个障碍,曲折发展。1995年,美国克林顿政府不顾中国的严正交涉,违背自己的承诺,允许台湾当局领导人李登辉以"私人访问"的名义到美国进行为期一周的访问,李登辉成为中美建交后第一位踏上美国领土的台湾当局最高官员。李登辉在美国大肆活动,与国会议员、地方官员和工商界人士举行会谈,鼓吹"两个中国",谋求"双重承认",使中美关系和两岸关系陷进一个新的漩涡。中国政府对美国允许李登辉访美作出了强烈反应,停止了中美之间高级官员访问和接触,召回了中国驻美大使,推迟了导弹控制技术方面和核能合作问题的专家磋商。两国关系

---

① 《邓小平文选》第3卷,第329页。
② 同上书,第331—332页。

降到建交以来的最低点。中国政府的严正斗争使克林顿政府认识到台湾问题的敏感性和严重性,并采取措施来修补受到严重损害的中美关系,表示允许李登辉访美并不代表美国对华政策将会发生变化。美国对中国不搞孤立、对抗、遏制,多次重申美国坚持一个中国的政策,将遵守中美三个联合公报,不搞两个中国或一中一台,不支持台湾独立,不支持台湾加入联合国。1999年5月,发生美国导弹袭击中国驻南斯拉夫大使馆的严重事件,侵犯了中国的主权与尊严,引起了中国人民的极大愤慨,中国政府发表声明,要求美国必须作出公开正式道歉,进行全面彻底调查,迅速公布调查结果,严惩肇事者。同时,中国决定:推迟中美两军高层交往,推迟中美防核扩散、军控和国际安全问题磋商,中止中美人权领域的对话。在中国人民的斗争下,美国政府虽然声称这一事件是"误炸",是一个"悲剧性的错误",克林顿总统多次向中国人民表示道歉,愿意对中国的人员伤亡和使馆损坏做出赔偿,保证将尽最大努力处理好这场"悲剧",使两国关系恢复正常发展。2008年10月,美国布什政府通知国会,承诺向台湾出售65亿美元武器,包括爱国者3型导弹和E-22000预警机等先进武器。对此中国政府向美方提出强烈抗议,并取消与美方的军事交流(包括高级将领互访、海军舰队互访、防扩散会谈等)。我们坚定不移地贯彻执行独立自主的和平外交政策,坚持反对一切霸权主义和强权政治,主持公道,伸张正义,不信邪,不怕压,对西方国家西化、分化、弱化中国的图谋,保持高度的警惕。正是由于中国政府以独立自主外交的坚定原则和灵活的策略,一次又一次地化解了各种威胁,捍卫了国家主权和民族尊严。

第二节　改革开放以来独立自主外交思想的发展与完善

1978年12月,党的十一届三中全会召开,中国进入了改革开放的新时期,党的工作重心转移到了经济建设上来。随着这一国内重心的转变和国际局势的变化,中国的外交政策也必须在以独立自主为核心的基础上进行调整,以适应改革开放的需要。中国领导人以其远见卓识为中国外交政策的调整做出了巨大贡献,使中国的独立自主外交有了更大发展,更加成熟,更趋完善,更为系统化、理论化,具有鲜明的特色。

改革开放以后,中国外交政策的新发展主要体现在以下几方面:即真正的不结盟;按事件本身的是非曲直进行科学判断,不以大国画线;自力更生与对外开放相结合。特别要指出的是,在冷战结束后,随着世界局势的变化,中国的外交思想又有了新发展,与世界各大国建立起新型的伙伴关系,坚持和平发展战略。

一、真正的不结盟

中华人民共和国成立后,在相当长的时间内,我们在国家主权和安全方面都处于面临严重威胁的国际环境中,中国对外战略的指导思想也是通过结成同盟或建立军事战略关系等手段来保卫自己的独立主权和维护世界和平。20世纪50年代的"一边倒"与苏联结盟,70年代"一条线"同美国建立反对苏联霸权主义的战略关系,就是这一战略指导思想的体现。随着国际关系和时代主题的变化,中国的主观认识也逐步深化。80年代初,邓小平提出了"不与任何大国或国家集团结盟或建立战略关系","不以意识形态定亲疏"为特征的调整。邓小平指出:"中国的对外政策是独立自主的,是真正不结盟。中国同任何国家没有结盟关系,完全采取独立自主的政策,中国不打美国牌,也不打苏联牌,中国也不允许别人打中国牌。"[①]他还鲜明地指出:我们不参加任何集团,不支持任何一国或一个集团去反对另一国或集团,不把自己绑到别人的战车上;我们同谁都来往,同谁都交朋友,全面改善和发展与世界各国的关系;中国实行完全独立自主的和平外交政策,坚决反对霸权主义,决不依附任何大国或国家集团。这是新中国成立以来中国对外政策所经历的最重要的调整,这不是单纯为应付客观形势变化而采取的应急措施,而是在总结了建国以来对外政策正反两方面的经验与教训,对什么样的外交战略最有利于中国国家利益有了更深刻的认识后,所采取的主动行动。这也不是一次短期的、策略性的调整,而是长期的,具有重要战略意义的调整,它不仅包括具体对外政策和国别政策的调整,而且首先在于外交战略指导思想的调整。在调整中,中国对时代主题的认识实现了从"战争

[①] 《邓小平文选》第3卷,第57页。

与革命"到"和平与发展"的重要转变①。

建国初期,我们同苏联签订《中苏友好同盟互助条约》,这在当时是不得已的,它的战略作用也是显而易见的。但结盟这种形式确有其固有的弊端,难以做到完全独立自主。因为,同盟的一方在另一方遭到进攻或进攻威胁时有义务予以援助,那它也就理所当然有权利了解另一方在重大问题上作出的决策。《中苏友好同盟互助条约》第四条就明确规定:"对有关中苏两国共同利益的一切重大国际问题,均将进行彼此协商。"②中苏关系破裂后,苏联对中国的基本指责之一,就是中国"顽固拒绝履行条约第四条","对苏联隐蔽了1958年中国准备炮轰台湾海峡岛屿的意图,没有通知苏联政府它打算对印度采取的军事行动,也没有提到从1955年以来举行的中美谈判,并且在一系列其他问题上也采取了同样的做法。"③况且在中苏谈判签订同盟条约的同时,根据苏联的要求,双方还签订了一个秘密的《补充协定》,内容是:在苏联的远东和中亚地区,中国的东北和新疆地区,"并不准第三国的资本或其公民以直接或间接形式所参加之工业、财政的、商业的及其他的企业、机关、会社与团体的活动。"④这实际上是要把中国东北和新疆作为苏联的势力范围。1958年7月22日,毛泽东在与苏联大使尤金谈话时,曾对此表示十分不满,他说:"在斯大林的压力下,搞了东北和新疆两处势力范围。"⑤这一秘密协定直到1956年才撤销。

对缔结同盟的有关各国来说,一旦决定结盟,双方在战略上各得所需的同时,也随之承担了相应的义务,而这种义务对结盟各方执行完全独立自主的对外政策不可能没有妨碍的。因为,缔约各方的角色被严格限定在敌我分明的对抗格局中,外交失去了必要的灵活性和主动性。由于同苏联结盟,共同对抗以美国为首的帝国主义阵营,必然使我们同一些国家关系僵化,使中国长期面临十分险恶的周边安全环境,正常、必要的政治、经济、科技、文化的交往受到很大限制,无法广交朋友。而且,联合一个超级大国反对另一个超级大国,容易被超级大国所利用,使一个超级大国通过打"中国牌"来增加同另一个超级大国对抗的筹码,从而使中国深深卷入超级大国的冷战。

---

① 《紫光阁》,1997年第9期。
② 《中华人民共和国外交关系条约集》第一集,世界知识出版社1957年版,第26页。
③ 〔苏〕奥•鲍•鲍里索夫等著:《苏中关系1945—1980》中译本,三联书店1982年版,第143页。
④ 裴坚章主编:《中华人民共和国外史1949—1956》,世界知识出版社1994年版,第25页。
⑤ 《毛泽东外交文选》,第323页。

这不仅加剧了东西方对抗,增加了世界大战的危险,而且损害了中国的国际形象和对外关系。同样,20世纪70年代的"一条线"战略的关键环节是同美国等西方国家建立针对苏联的战略关系。美国尽管大肆渲染苏联发动战争的危险,但它并没有,也根本不打算把共产党领导下的社会主义中国当成自己真正的盟友。中苏矛盾在美国眼里不过是两个共产党国家之间进行的、美国可以从中渔利的争斗。毛泽东曾经形象地对基辛格说,"你们踩着我们的肩膀上莫斯科"。中国寻求与美国建立军事战略关系的努力被美国认为是中国有求于美国,美国利用这种情况在中美双边关系和世界政治中大肆推行自己的霸权主义。这种现象到80年代初已发展到令人难以容忍的地步。这使中国认识到,在美苏处于"恐怖平衡"、对峙争霸、危及世界和平的世界格局中,中国作为一个有一定实力的大国,无论与哪一方结盟或建立战略关系,都有可能打破力量平衡,助长某一方的霸权主义倾向[1]。而不同任何大国结盟,不同它们建立战略关系,实行完全独立自主的外交政策,中国作为和平力量独立于两个超级大国之外,既对维护世界和平有重要意义,又使两霸的任何一方在处理对华关系时,因担心把中国"驱向对方"而有所收敛。正是由于实行了真正的不结盟政策,中国不再联合一个超级大国反对另一个超级大国,结果使中国较早摆脱了东西方冷战的纠葛,成为独立于东西方两大政治、经济、军事集团之外的一支重要力量,在国际舞台上发挥着日益重要的作用。中国在两个超级大国之间采取不结盟态度,使中国在处理同它们的关系时显得灵活主动,从而为中国的四个现代化建设创造了一个良好的国际环境。不与大国或国家集团结盟或建立针对第三国的战略关系,这是邓小平对中国外交战略指导思想的重大发展。

二、既反对霸权主义,又发展国家关系

反对霸权主义,维护世界和平,是毛泽东和邓小平国际战略思想的一个基本点,在这方面,两者是完全一致的。但是,邓小平在继承和发扬毛泽东反霸思想的同时,又大大发展了这一思想。长期以来,我们把霸权主义同帝国主义制度联系在一起,正如列宁所说:"帝国主义的一个重要特点就是几个大国都在争夺世界霸权",认为帝国主义是现代战争的根源,霸权主义是

---

[1] 曲星:《中国外交五十年》,第449页。

帝国主义制度的本质属性,搞霸权主义必然是帝国主义国家。美国搞霸权主义,那是因为美国是帝国主义国家。后来,苏联走上霸权主义道路,就把苏联称为"社会帝国主义",即打着社会主义招牌的帝国主义。事实上,霸权主义是指大国、强国欺侮、掠夺和支配小国、弱国,企图在一个地区甚至全世界称王称霸,充当地区和世界的主宰,把自己的利益凌驾于别国之上。霸权主义是在对外关系中践踏别国主权,破坏国际法准则的一种政策和行为,而不代表某种社会制度。帝国主义可能搞霸权主义,社会主义国家也可能搞霸权主义。20世纪80年代,我们重新肯定了苏联的社会主义性质,改变了过去对苏联"社会帝国主义"的定性,同时不放弃反对苏联在国际关系中的霸权主义行为,抛开了传统的理论约束,不以一个国家的社会制度来判断其对外政策,而是从事实出发,不论它的社会制度是什么,只要它搞霸权主义,我们就坚决反对。

在毛泽东时期,中国对外政策中反对霸权主义都是指向某个国家。20世纪50—60年代,美国对社会主义中国安全构成严重威胁,因此,当时反对霸权主义主要指反对美国为首的帝国主义国家。70年代,中苏关系恶化到严重地步,苏联在中苏边境陈兵百万,构成对中国安全的直接威胁,因此,反对霸权主义主要指反对苏联的霸权主义。对霸权主义国家,我们不发展同它们的国家关系。80年代以后,我们执行完全独立自主外交政策,中国仍然坚持反对霸权主义和强权政治,但这里所说的霸权主义不是固定地指某个国家,也不指向某种社会制度,而是反对霸权主义的政策和行径。邓小平指出:"谁搞霸权主义就反对谁。"霸权主义不会轻易退出历史舞台。

反对霸权主义的目的是要创造一种和平有序的国际环境,建立一种平等互利、合作的新型国际关系,要避免过去那种一搞反霸斗争就使国家关系完全对立的做法。我们始终反对美国的霸权主义,但同时,我们也十分重视改善和发展中美关系。邓小平指出:"尽管西方七国制裁我们,我们坚持一个方针……同美国继续打交道,搞好关系;同日本、欧洲国家也继续打交道,搞好关系。这一方针,一天也没有动摇过。"[①]江泽民指出:"增加信任,减少麻烦,发展合作,不搞对抗,是我们处理中美关系的基本政策。"这样做,符合中国长远的战略利益,有利于世界的和平和稳定。还有,在毛泽东时期,无论是联合苏联反对美国的霸权主义,还是联合美国反对苏联的霸权主义,以

[①] 《邓小平文选》第3卷,第359页。

及联合第三世界反对霸权主义,都强调要努力建立国际反霸统一战线。比如70年代实行"一条线"战略时,我们就提出建立一个包括中国、美国、西欧、日本和第三世界的国际反霸统一战线。改革开放后,我们不签订任何盟约,也不搞任何同盟,不领导也不参加任何反霸统一战线。80年代中苏关系正常化谈判后,我们重新确认苏联的社会主义性质。苏联曾一再要求中国"在社会主义大家庭的旗帜下重新团结起来","在重大问题上协商一致","对帝国主义采取鲜明的阶级立场",企图把中国重新纳入苏联"大家庭",与中国重建针对美国的战略同盟关系,但中国都予以拒绝。

三、不以意识形态定亲疏,对国际问题,按事件本身的是非曲直作判断

从新中国成立到20世纪70年代,无论是50年代的"一边倒",60年代的"反帝反修",70年代的"一条线"战略,都存在着以意识形态画线,"以美画线"或"以苏画线"的做法,这是和冷战期间国际关系(特别是美苏关系)带有浓厚意识形态的特点相一致的。改革开放以后,我们对外战略重大调整,执行完全独立自主的对外政策。在处理国家关系和国际问题时,不以意识形态定亲疏,对重大的国际事件,按照中国人民和世界人民的根本利益和事件本身的是非曲直作出判断和决定自己的政策。邓小平指出:"考虑国与国之间关系主要应该从国家自身的战略利益出发。着重自身长远的战略利益,同时也尊重对方的利益,而不去计较历史的恩怨,不去计较社会制度和意识形态的差别。并且国家不分大小强弱都相互尊重,平等相待。这样,什么问题都可以解决。用这样的思想来处理国家关系,没有战略勇气是不行的。"[①]1986年,邓小平在接受美国哥伦比亚广播公司著名记者华莱士的采访时指出:"中国观察问题不是看社会制度。中美关系是看中国和美国关系的具体情况来决定。中苏关系是看中国和苏联关系的具体情况来决定。"[②]现在世界上有近200个国家,社会制度、意识形态、价值观念、文化传统各不相同,世界丰富多彩的多样性是一件好事,不是坏事。根据联合国宪章的宗旨和原则,各国人民有权决定自己国家的社会制度和意识形态,社会制度和

---

① 《邓小平文选》第3卷,第330页。
② 同上书,第168页。

意识形态的差异不应成为发展国家关系的障碍,我们愿意在和平共处五项原则的基础上,同世界所有国家发展友好合作关系。所以当苏联、东欧发生剧变后,邓小平仍然强调,尽管苏联、东欧出了问题,但我们同苏联、东欧国家继续打交道,搞好关系的方针没有改变。我们完全尊重苏联、东欧人民的选择。苏联解体,成为15个独立国家,我们仍然坚持这一方针,同前苏联独立出来的国家继续发展关系,特别是同俄罗斯的关系有很大的发展,双方建立了面向21世纪的战略协作伙伴关系,双方高层互访频繁,并同俄、哈、吉、塔等国圆满解决了历史遗留的边界问题,结束了五国长达7 000多公里共同边界冲突和对峙的历史,"在亚洲大陆创立了新型的边境安全模式,即不仅要划定边界线,而且要在边境地区裁减军事力量,建立信任措施和增加军事透明度。"①这种新型边界模式,为维护世界和地区和平树立了良好的榜样。

对重大国际事件,我们坚持实事求是的思想路线,按照事件本身的是非曲直,独立自主地作出判断,决定对策。在国际事务中坚持正义、主持公道,不迁就于一时的事变,不拿原则作交易。中国判断是非的标准,不是看社会制度和意识形态,而是根据中国人民和世界人民的根本利益,看它是否有利于维护世界的和平与稳定,是否有利于发展各国人民的友好合作和促进世界各国经济的繁荣发展,是否推动人类社会的进步。有利的,我们就支持,不利的,我们就反对。我们不以哪个大国画线,不看哪个大国的脸色行事。谁搞霸权主义就反对谁,不论它是全球霸权主义,还是地区霸权主义,我们都反对。对苏联入侵阿富汗、越南侵略柬埔寨、美国出兵格林纳达、伊拉克吞并科威特,我们都是根据事件本身的是非曲直来表明我们的原则立场。邓小平指出:"谁搞霸权,我们就反对谁;谁侵犯别人的利益,我们就反对谁。我们讲公道话,办公道事。这样,我们国家的政治分量就更加重了。这个政策很见效,我们要坚持到底。"②事实证明,早在美苏冷战结束前10年,中国领导人已经超越了"冷战思维",为国际社会的和平与稳定做出自己的贡献。

四、既坚持自力更生方针,又实行对外开放政策

近现代中国之所以落后于世界,长期的闭关锁国是一个很重要的原因。

---

① 《人民日报》,1998年11月25日。
② 《邓小平文选》第3卷,第162页。

在建国以后,由于以美国为首的西方国家对中国实行封锁,客观上造成中国被动地与世界隔离。而国内也存在一些错误观点,认为独立自主、自力更生就是要关起门来搞建设;在十年动乱中,四人帮鼓吹"宁要社会主义的草,不要资本主义的苗"。这些历史的或是现实的原因无疑都曾对我们的对外工作产生过消极的影响。然而随着改革开放的到来,我们认识到闭关自守是不利于我们的发展的。邓小平指出,"现在的世界是开放的世界。中国在西方国家产业革命以后变得落后了,一个重要原因就是闭关自守。建国以后,人家封锁我们,在某种程度上我们也还是闭关自守,这给我们带来了一些困难。三十几年的经验告诉我们,关起门来搞建设是不行的,发展不起来。"①

在这样的认识的指导下,我们加大了对外开放的力度。但同时,我们更认识到对外开放是不能脱离本国的基础的,对外开放必须与自力更生相结合才能取得真正的成效。"像中国这样大的国家搞建设,不靠自己不行,主要靠自己,这叫做自力更生","在坚持自力更生的基础上,还需要对外开放,吸收外国的资金和技术来帮助我们发展。"②正确地处理独立自主、自力更生与对外开放的关系,无疑关系到中国的对外开放能否真正推动中国的进步与发展。

当今的世界,随着科学技术和经济全球化的飞速发展,已经成为了一个联系紧密的地球村。任何一个国家如果自外于这个世界,那么等待它的只能是贫穷与落后。我们要巩固和发展社会主义制度,要建立和完善社会主义市场经济,要实现现代化的战略目标,就必须对外开放。中国要发展,就需要技术的支持,资金的支持,智力的支持,而这些对于一个历经了十年动乱的国家来说在短期内是无法凭一国之力获得的,出路在哪里?邓小平找到了,那便是对外开放,学习外国的先进经验和长处,引进它们的资金。这同时也体现出了中国作为后发国家的优势,通过学习,少走弯路,以最少的时间来补回我们所失去的,以最快的速度向世界前列迈进。

但是对外开放,根基还必须是立足国内,自力更生。在对外开放的同时,要始终把维护国家的独立和主权放在首位,要保持清醒头脑,一方面不能全盘西化,不能照搬西方的一套,也不能照搬其他国家的做法;另一方面要坚决抵制外来腐朽思想的侵蚀,决不允许资产阶级腐朽生活方式在中国

---

① 《邓小平文选》第3卷,第64页。
② 《十五大报告辅导读本》,人民出版社1997年版,第318页。

泛滥。对外开放是必要的,但是中国也应当建立起自己的创新体制。因为如果总是依靠从外国引进,那么在技术上、经验上便会始终落后于他人,也会受制于人。那样便会损害中国的独立自主。中国之所以对外开放,根本目的在于是要使中国发展,使中国有更强的自立能力。中国只有能够更好地自力更生,也才能更好地对外开放。因为只有自己的能力增强了,别人才会尊重你,才会与你进行平等的合作。正如邓小平所指出的"独立自主,自力更生,无论过去、现在和将来,都是我们的立足点"。

实践证明,立足于自力更生基础之上的对外开放政策是正确的。我们要长期坚持这一政策。

五、建立新型伙伴关系

冷战结束后,国际局势发生重大变化,面对"一超多强"的国际现实,中国政府在发展与世界各国的关系中,努力构筑"伙伴关系"战略的对外关系框架,同世界上许多国家建立了各种类型的战略伙伴关系,为中国创造一个良好的国际环境发挥了积极作用,反霸斗争更具灵活性,很好地维护了国家利益,开拓了外交空间。这是在新的历史条件下中国外交的重大举措,也是邓小平非意识形态外交和全方位外交的新体现。1996年,中国与俄罗斯建立"平等信任,面向21世纪的战略协作伙伴关系";1997年与法国建立"全面伙伴关系";与美国确立了"致力于面向21世纪的建设性战略伙伴关系",后改为"建设性合作关系";与东盟建立"面向21世纪的睦邻友好互信伙伴关系"(2003年又签订了中国—东盟《面向和平与繁荣的战略伙伴关系》);与非统组织建立"面向21世纪长期友好、全面合作的伙伴关系";与加拿大、墨西哥建立"跨世纪的全面合作伙伴关系";1998年,与欧盟确立"面向21世纪的长期稳定的建设性伙伴关系"(2003年签署中欧《全面战略伙伴关系》);与日本建立"面向21世纪,建立致力于和平与发展的友好合作伙伴关系",后提升为"战略互惠关系";与南非建立"面向21世纪的建设性伙伴关系";与韩国建立"面向21世纪的合作伙伴关系",2008年上升为"战略合作伙伴关系"。这一系列伙伴关系的建立,一方面使得中国可以凭借同其他大国的合作伙伴关系抑制冷战后美国对中国的"遏制"战略;另一方面,中国和美国建立战略伙伴关系是中美关系的重大突破,有利于中美关系走向健康发展的轨道,增进两国的合作和协调,避免两国关系走向对抗。冷战后中国与其他国家的战略伙伴关系不同于冷战时期的结盟关系,它是新型的国家关系而不是军事同盟,是对冷战时期结盟、敌视、对抗的国家关系的否定。它的基本特点是:(1)平等互利,互相尊重;发展友好,互不对抗,不针对、不损害第三国,并促进各自同第三国发展关系;(2)着眼大局,面向未来,以协商和对话方式解决彼此存在的分歧和争端,不因分歧和矛盾影响国家关系的健康发展;(3)推动以经济、贸易、科技交流为重点的各个领域的合作;(4)建立元首互访、总理会晤、高层协商、热线联系等沟通协调机制①。伙伴关系是一种比一般合作关系更为密切、更加成熟的关系,互不为敌是伙伴关系得以建立的前提;具有共同利益是伙伴关系存在的基础;而为寻求共同利益而进行合作则是伙伴关系发展的基本动力。在和平共处五项原则基础上同各国的友好合作关系是中国对外关系中"战略伙伴关系"的基础。正是几十年来,特别是改革开放以来中国同世界各国友好合作关系的建立和维持,使中国在国际关系舞台上有了依托,能够更自信地与各大国建立各种形式的战略伙伴关系。

　　中国同各国建立的各种伙伴关系大致可以分为几种类型:中俄战略伙伴关系由于双方有着广泛的共同利益,在重大问题上有着一致和相近的看法,双方没有根本的利害冲突,能在各个领域开展良好的合作,在处理重大国际、地区和双边问题时,能平等磋商和相互配合。这种伙伴关系不是权宜之计,不会受一时一事的干扰,也不受意识形态、价值观念等因素的影响,是一种真正意义上全面合作型的战略伙伴关系。中国与韩国、乌克兰、哈萨克斯坦、加拿大、墨西哥、南非、非统组织、巴西等国家和地区组织之间的伙伴关系,相互没有根本利害冲突,双方有着广泛共同利益,在地区和双边领域进行深入的合作,这种伙伴关系是友好合作型的伙伴关系。中国与东盟、欧盟等国家和地区的伙伴关系,双方在国际关系和双边关系中有不少共同利益,能够在相互尊重、平等互利的基础上开展合作,但双方在某些问题上存在分歧,相互间的信任程度还需要进一步提高,这种伙伴关系属于协调型的伙伴关系。中国与美国、日本的伙伴关系,这些国家把中国看成潜在对手,在一些重大问题上双方存在明显分歧,有着不同的战略目标,但在维护全球和地区的和平与稳定,营造有利于自己的国际和地区环境,以及开展经济、科技、贸易方面的交流合作等方面具有共同的利益,必须进行协调和发展双

---

① 杨福昌主编:《跨世纪的中国外交》,世界知识出版社2000年版,第213页。

边关系,通过双方的共同努力,经过"建设性"的过程,有可能建立真正的伙伴关系,这种伙伴关系是实用主义型的建设性伙伴关系,具有动态特点[①]。

这些伙伴关系的建立,推动了国际政治中的良性互动,加深了各国间的相互了解,避免了一些不必要的曲折,对各国日益交叉的利益进行整合,建立起新的平衡。事实证明,中国提出的"面向21世纪的新型伙伴关系"模式显现出强大的生命力,为新世纪国际社会的和平与发展奠定了坚实的基础。这是在邓小平国际战略思想指导下中国外交对国际关系的重大贡献。

六、从"争取和平环境"到"和平发展战略"

1982年中共十二大明确提出,中国执行独立自主和平外交政策。从那以后,中国始终坚持这一外交战略和政策。如果从字面上看,中国的外交战略20多年来似乎没有什么变化。实际上,从20世纪80年代到现在,中国外交战略的内容和目标已有很大的发展变化。上世纪80年代提出这一外交战略,是基于邓小平对国际形势的判断。邓小平认为,和平与发展已成为时代的主题,随着各种和平力量的增长,世界有可能保持较长时间的和平局面。改革开放以后,中国最大的国家利益是促进国内经济发展和现代化建设,而发展经济和现代化建设需要一个稳定、和平的国际环境。外交是为国家利益服务的,因此,独立自主和平外交政策最根本、最实质的内容就是为国内经济发展和现代化建设创造和保持一个良好的国际环境。由于霸权主义是对世界和平的最大威胁,因此我们一再强调"反对霸权主义,维持世界和平"。进入21世纪后,随着全球化的深入发展和中国的和平崛起,中国日益成为一个负责任的国际大国,中国的外交政策不再仅仅考虑为本国的利益服务,也强调维护世界和平、促进共同发展。中国政府越来越把"和平发展"由对国际形势发展基本趋势的判断转化为自己的长期国家战略和外交战略。2002年党的十六大指出:"中国外交政策的宗旨,是维护世界和平,促进共同发展。我们愿同各国人民一道,共同推进世界和平与发展的崇高事业。"2007年10月,在党的十七大政治报告中,胡锦涛同志强调:"中国将始终不渝走和平发展道路,这是中国政府和中国人民根据时代发展潮流和自身根本利益作出的战略选择。""不管国际风云如何变幻,中国政府和人民

[①] 杨福昌主编:《跨世纪的中国外交》,第245页。

都将高举和平、发展、合作旗帜,奉行独立自主的和平外交政策……恪守维护世界和平,促进共同发展的外交政策宗旨。"温家宝指出:"中国社会主义现代化建设道路是一条和平发展道路。这条道路,就是利用世界和平的有利时机实现自身发展,又以自身的发展更好地维护和促进世界和平。"[1]"就是致力于在自身发展的同时实现与世界各国共同繁荣进步。"[2]十分清楚,当前中国和平发展战略既包含为中国现代化建设创造一个良好的国际和平环境,也包含维护世界和平,促进各国共同发展,即努力实现中国和世界的共同繁荣。努力实现中国和世界各国的和平、发展和合作已成为中国独立自主和平外交政策的主要内容和根本目标。充分显示了中国独立自主和平外交政策与时俱进的特色。从"争取和平环境"到"和平发展",是中国外交思想和战略方针的时代性发展[3]。

七、从以"反"字为外交主旋律到倡导构建和谐世界

新中国成立后,在相当长的时间里,中国外交一直以"反"字为主旋律。即总是以反对什么作为外交战略和政策的核心内容和目标。如20世纪50年代的"反帝"、"反殖";60年代的"反帝"、"反修"、"反对各国反动派";70年代以后的"反霸",改革开放后到党的十六大之前,党的历次代表大会和人代会上历年政府工作报告,都将"反对霸权主义,维护世界和平"作为中国外交政策的宗旨和根本方针、目标。这当然主要是同当时中国所处的历史环境有关。新中国成立后,先是美国对中国采取遏制、孤立和封锁政策,剥夺中国在联合国的合法席位。后来是苏联在中苏边境陈兵百万,使中国感到安全受到严重威胁。所以这种以"反"字为主旋律的中国外交有相当大的被迫成分。但是,作为国际大家庭的重要成员,特别是联合国安理会的常任理事国,如果总是以反对别的国家为主要宗旨,那如何在国际社会立足,如何能同世界各国友好相处和合作呢?这显然是不符合当今时代的历史潮流,因为在全球化条件下,世界各国的前途和命运已经紧密地联系在一起,世界不再盛行零和游戏,而是相互依赖,一损俱损,一荣俱荣。所以在进入新世纪

---

[1] 《人民日报》,2005年3月15日。
[2] 同上。
[3] 《现代国际关系》,2008年第2期。

后,中国外交的主旋律发生了明显变化。2002年党的十六大报告指出,"维护世界和平,促进共同发展"是中国外交的基本宗旨。"反霸"虽然仍作为中国外交的一个原则,但不再是宗旨、方针、主要内容和核心目标。十六大以后,中国外交高举和平、发展、合作的旗帜,坚定不渝地走和平发展道路,积极倡导构建和谐世界。在党的十七大政治报告中,胡锦涛强调指出:"共同分享发展机遇,共同应对各种挑战,推动人类和平与发展的崇高事业,事关各国人民的根本利益,也是各国人民的共同心愿。我们主张,各国人民携手努力,推动建设持久和平、共同繁荣的和谐世界。""在国际关系中弘扬民主、和睦、协作、共赢精神,政治上相互尊重、平等协商,共同推进国际关系民主化;经济上相互合作、优势互补,共同推动经济全球化朝着均衡、普惠、共赢方向发展;文化上相互借鉴、求同存异、尊重世界多样化,共同促进人类文明进步;安全上相互信任、加强合作,坚持用和平而不是战争手段解决国际争端,共同维护世界和平稳定;环保上相互帮助、协力推进,共同呵护人类赖以生存的地球家园。"温家宝访美时,在哈佛大学的演讲中说:"和谐而又不千篇一律,不同而又不彼此冲突;和谐以共生共长,不同以相辅相成。"[1]中国外交正沿着"和平发展"、"合作和谐"的道路活跃于国际舞台,中国将为构建一个和平、发展、合作、和谐的新世界做出越来越大的贡献[2]。

思考题

  1. 为什么中国要坚持独立自主外交?
  2. 改革开放以来独立自主外交有哪些重大发展?
  3. 新中国成立后,中国与苏联结成同盟关系,为什么说中国的外交是独立自主的?

---

[1]《人民日报》,2003年12月11日。
[2]《现代国际关系》,2008年第2期。

第三章　和平、发展、和谐是中国外交的基本目标

　　和平与发展是我们生存和富强的必要条件。只有在和平环境中取得长足发展，中华民族复兴才有希望。邓小平提出和平与发展是当今世界两大主题的科学论断，反映了世界发展变化的本质特征，体现了当代国际关系的基本内容，指明了世界已进入了和平与发展的历史时期，使中国的社会主义建设实现了从以战争与革命为时代主题向以和平与发展为时代主题的重大转变，为中国确定以经济建设为重点和推行改革开放提供了理论依据。和平与发展两大主题的提出，无论在理论上还是实践上都具有划时代的意义，它是对马克思主义国际战略思想的重大发展，特别是在时代问题上的重大突破。关于时代主题的判断，迄今还没有哪一种提法比和平与发展更确切、更富有感召力。只有正确认识时代的主题或时代特征，才能看清世界发展趋势和中国国情，才能正确理解和自觉执行建设中国特色社会主义的基本路线，集中精力，加快社会主义现代化的步伐，进一步加大改革和开放的力度，才能更好地总结历史的经验教训，避免发生重大失误和再走弯路。党的十六大以后，以胡锦涛为总书记的新一代中央领导集体，高举"和平、发展、合作"的外交旗帜，坚持科学发展观，走和平发展的道路，积极倡导构建和谐世界，为世界的和平、稳定、发展、繁荣做出突出贡献，展现了中国作为负责任的世界大国的光辉形象。

第一节　和平与发展是当今时代的两大主题

一、时代主题判断的失误曾使我们付出了沉重代价

列宁提出时代理论以后,各国共产党人都坚持列宁对时代的提法,毛泽东也是如此。1940年,毛泽东在《新民主主义论》一文中指出:"现在的世界,是处在革命与战争的新时代,是资本主义决然死灭和社会主义决然兴盛的时代。"资本主义已经"'日薄西山,气息奄奄,人命危浅,朝不虑夕',快进博物馆了。唯有共产主义的思想体系和社会制度,正以排山倒海之势,雷霆万钧之力,磅礴于全世界,而葆其美妙之青春"①。1948年,在《目前形势和我们的任务》中又说,"现在是全世界资本主义和帝国主义走向灭亡,全世界社会主义和人民民主走向胜利的历史时代。"②全国解放以后,毛泽东对时代的看法始终没有改变。20世纪60年代,随着中苏两党论战的加强,以毛泽东为代表的一些中国领导人,在关于时代、世界形势、战争与和平、世界革命等重大问题上,表现得越来越片面和绝对化。认为"当前正处在世界革命的一个新时代",是"无产阶级和资产阶级在全世界进行大决战的伟大时代",是"帝国主义走向全面崩溃和社会主义走向全世界胜利的时代"。"不是战争引起革命,就是革命制止战争","当前世界的主要倾向是革命",中国是"世界革命的中心",是"世界革命的根据地"等等。

随着毛泽东"左"倾思想发展,对世界大战的估计也越来越严重,强调"美苏的激烈争夺,总有一天要导致世界大战","战争迫在眉睫","我们要准备早打、大打,不仅准备打常规战争,而且要准备打核大战"。1968年11月28日,毛泽东在会见澳大利亚共产党(马列)主席希尔时说:"日本投降到现在23年了,再有5年,就是28年。28年不打仗吗?是战争呢?还是革命?是发生战争后引起革命呢,还是革命能够制止战争?现在既不打仗,又不革

---

① 《毛泽东选集》,人民出版社1966年版,第641、647页。
② 《毛泽东选集》,第1203、1204页。

命,这种状态不会持续很久了。"提出要"准备两面打",即"帝国主义和修正主义联合打,打核战争"①。强调要"深挖洞、广积粮、不称霸","备战、备荒、为人民"。

在这之前,1964年5月,中共中央召开会议,讨论第三个五年计划,本来第三个五年计划的主要目标是解决"吃、穿、用"的问题。但会上毛泽东提出要下决心搞三线建设。要求各省都要建立军事工业。毛泽东反复强调备战的重要性和迫切性。他说"要打仗了"。必须抓紧时间准备应付侵略战争。他甚至提出要不要搞三线建设,就如同大革命时期要不要到农村一样,是革命不革命的问题②。10月,毛泽东在给刘少奇、周恩来的一项批示中说,三线建设"是长远的战略性的大问题,现在不为,后悔莫及"③。并要求迅速贯彻下去。三线建设前后花了十多年时间,投入2 000多亿元,并且按"山、散、洞"原则布局。并提出"大分散、小集中","依山傍水扎大营"的指示。由于违背现代工业发展规律,难以正常运转,经济效益很低,许多已变成包袱④。

1969年3月,中苏两国在黑龙江的珍宝岛发生严重的武装冲突,两国关系恶化到严重地步。中国政府感到苏联的严重威胁,国内工作重点迅速集中到反击苏联突然入侵的准备上来。林彪乘机发布一号通令。中国认为苏联入侵和引发世界大战的可能性越来越严重。20世纪70年代初,美苏达成一系列限制核武器协议,召开了欧安会,东西方关系出现缓和。但中国继续断言"新的世界大战已经日益迫近",甚至对爆发世界大战的时间表作了基本估计。认为苏联是最危险的战争策源地,谋求建立"国际反霸统一战线"。由于强调世界大战的危险性,中国在一定程度上丢掉了和平的大旗。西欧的"和平主义运动"被简单斥责为"绥靖主义"思潮,裁军被简单否定为骗局。把和平等同于和平主义,把和平主义又与修正主义画等号,甚至在1975年的宪法中去掉了"维护世界和平"的提法。这使中国的国际形象遭到严重损害。直到1982年通过的新宪法才恢复了"为维护世界和平和促进人类进步事业而努力"的提法。

---

① 《毛泽东军事文选》第4卷,第520页。
② 曲星:《中国外交五十年》,江苏人民出版社2000年版,第370—371页。《党史研究参考资料》,1993年第3期。
③ 《建国以来毛泽东文稿》第11册,第196页。
④ 《科学决策知识讲座》,人民出版社1985年版,第153页。

正是由于对国际形势和战争与革命问题的判断出现偏差,使我们遭到了严重损失,特别是丧失了战后经济高速发展的大好时机(1953—1973年被认为是战后世界经济发展的黄金时期)。据1988年4月6日《人民日报》公布的材料,1955年,中国国民生产总值占世界份额的4.7%,而1980年下降到2.5%。1960年中国的国内生产总值与日本相当,而1980年只占日本的1/4。1960年美国的国内生产总值比中国多4 600亿美元,而1985年则超过中国36 800亿美元。20世纪50年代上半期,日本的人均产值超过中国一倍,1987年,日本已达人均2万美元,而中国只有300美元;韩国1961年人均产值83美元,不比中国高,而1987年则达到2 826美元,等于中国9倍多。结果使中国不仅大大落后于发达国家,而且落后于许多发展中国家。列宁指出:"实践比世界上任何理论上的争论更重要。"[1]几十年的实践证明,由于在时代问题上的偏差,我们付出了多么高昂的代价。其实,在中共"九大"政治报告提出"决不可以忽视美帝、苏修发动大规模侵略战争的危险性",号召全党和全国人民"要作好充分准备,准备他们大打,准备他们早打,准备他们打常规战,也准备他们打核大战"的时刻,在珍宝岛中苏边境发生严重武装冲突的时刻,陈毅、叶剑英、徐向前、聂荣臻四位元帅,根据周恩来的指示,从1969年3月1日至10月18日,共举行了25次国际形势讨论会,并于3月18日、28日、7月11日、9月17日,向中央呈送了4份研究报告,阐述了对国际形势的基本观点。在3月18日提出的《对战争形势的初步估计》的报告中,老帅们以战略家的眼光指出,"在可以预见的时期内,美帝、苏修单独或联合发动大规模侵华战争的可能性都不大"。1969年8月,中苏在新疆铁列克提爆发大规模武装冲突,中共中央下达了加强战备的命令,大修防核工事,四位老帅在9月17日又向中央提交了《对目前形势的看法》报告,仍然认为"在《对战争形势的初步估计》中提出的看法没有错,苏修不会发动大规模侵华战争","苏修不敢挑起反华大战","美帝的战略重点在西方,它把中国看成是'潜在威胁'",建议中央接受美国关于恢复中美大使级会谈的要求[2]。遗憾的是,几位老帅对国际形势的真知灼见并没有被接受。

---

[1] 《列宁全集》第4卷,第663页。
[2] 参见曲星:《中国外交五十年》,江苏人民出版社2000年版,第446—447页。以及《环球同此凉热——一代领袖们的国际战略思想》,中央文献出版社1993年版,第155—156页。

二、世界大战可能避免,维护和平是有希望的

如何判断世界范围的战争与和平问题,历来是观察和估量国际形势,制定和执行内外政策时必须关注和解决的首要问题。20世纪60年代以来,毛泽东过高估计了世界战争爆发的危险性,把大量人力、物力、财力投入到备战之中,不仅使我们的经济建设受到很大影响,中国的国际形象受到损害,而且又促进和加深了在国内坚持"以阶级斗争为纲"的"左"的政策,带来了灾难性的后果,这是一个沉痛的教训。

邓小平实事求是地分析了当时国际形势发展中的重大变化,在战争与和平问题上逐渐形成了新的判断。1977年12月28日,他在中央军委会议上指出:"我们有可能争取多一点时间不打仗。"80年代初,世界形势又发生许多新的变化,邓小平对战争与和平问题进行了更深入更全面的思考,对发生新的世界大战的可能性、霸权主义与现代战争的关系、战争因素与和平因素的消长等问题,作了更精辟更透彻的论述。1983年3月,邓小平在同中央领导人谈话时说:"大战打不起来,不要怕,不存在什么冒险的问题。以前总是担心打仗,每年总要讲一次。现在看,担心过分了。"1984年11月,他又指出:"讲战争危险,从毛主席那个时候讲起,讲了好多年了。粉碎'四人帮'后我们又讲了好久。现在我们应该真正冷静地做出新的判断。这个判断,对我们是非常重要的。首先就是我们能够安安心心地搞建设,把我们的重点转到建设上来。没有这个判断,天天诚惶诚恐,怎么还能够安心搞建设?"①1985年6月,邓小平在中央军委扩大会议上讲话时指出:"这几年我们仔细观察了形势,认为就打世界大战来说,只有两个超级大国有资格,一个苏联,一个美国,而这两家都还不敢打。首先,美苏两家原子弹多,常规武器也多,都有毁灭对手的力量……谁也不敢先动手。其次,苏美两家还在努力进行全球战略部署,但都受到了挫折,都没有完成,因此都不敢动。……世界和平力量的增长超过战争力量的增长。这个和平力量,首先是第三世界,我们中国也属于第三世界。第三世界的人口占世界人口四分之三,是不希望战争的。这个和平力量还应该包括美苏以外的发达国家,真要打仗,他们是不干的呀!美国人民、苏联人民也是不支持战争的。世界很大,复杂得

---

① 转引自《邓小平外交思想学习纲要》,世界知识出版社2000年版,第22—23页。

很,但一分析,真正支持战争的没有多少人,人民是要求和平,反对战争的。""由此得出结论,在较长时间内不发生大规模的世界战争是可能的,维护世界和平是有希望的。根据对世界大势的这些分析,以及对我们周围环境的分析,我们改变了原来认为战争的危险很迫近的看法。"[1]1987—1988年,邓小平对外宾说,他对总的国际形势的看法是:"争取比较长期的和平是可能的,战争是可以避免的。""如果世界和平的力量发展起来,第三世界国家发展起来,可以避免世界大战。"在会见朝鲜、罗马尼亚客人时,他又特别指出:"看来第三次世界大战可以在比较长的时间里避免。我们社会主义国家要把这个问题看得很清楚。要利用这个机会,借助一切力量,把经济搞好。""世界总的趋势是和平力量在发展"[2],"如果下一世纪50年里,第三世界包括中国有一个可喜的发展,整个欧洲有一个可喜的发展,我看那个时候可以真正消除战争的危险。"[3]

邓小平关于新的世界大战可以避免、世界和平能够维护的分析和判断,是以冷静观察世界大势为基础,以客观分析国际上各种力量的相互关系为依据的。这些分析和判断,是邓小平对马克思主义国际关系理论的创造性运用和发展,为中国坚持不懈地开展和平外交,在相当长的一个历史时期内一心一意地进行社会主义现代化建设提供了科学依据。

三、邓小平关于两大主题的论断

20世纪80年代以来,邓小平全面深入地分析了世界上的各种矛盾及其相互关系,紧紧抓住了国际社会面临的最本质最核心的问题,适时而鲜明地提出了和平与发展是当今世界两大战略问题的科学判断。早在20世纪80年代初,邓小平就开始思考当代世界的和平与发展问题及其相互关系。1984年10月31日,在会见缅甸总统吴山友时,邓小平再次强调:"国际上有两大问题非常突出,一个是和平问题,一个是南北问题。还有其他许多问题,但都不像这两个问题关系全局,带有全局性、战略性的意义。现在世界上北方发达、富裕,南方不发达、贫困,而且相对地说,富的愈来愈富,穷的愈

---

[1] 《邓小平文选》第3卷,第127页。
[2] 转引自《邓小平外交思想学习纲要》,第25页。
[3] 《邓小平文选》第3卷,第233页。

来愈穷。南方要改变贫困和落后,北方也需要南方发展。南方不发展,北方还有什么市场?资本主义发达国家遇到的最大问题是发展速度问题,再发展问题。所以南南合作还有一个意义,可以推动南北合作。"①1985年3月4日,邓小平在会见日本商工会议所访华团时指出:"现在世界上真正大的问题,带全球性的战略问题,一个是和平问题,一个是经济问题或者说发展问题。和平问题是东西问题,发展问题是南北问题。概括起来就是东西南北四个字。南北问题是核心问题。欧美国家和日本是发达国家,继续发展下去,面临的是什么问题?你们的资本要找出路,贸易要找出路,市场要找出路,不解决这个问题,你们的发展总是要受到限制。……现在世界人口是四十几亿,第三世界人口大约占四分之三。其余四分之一的人口在发达国家……共十一二亿人口。很难说这十一二亿人口的继续发展能够建筑在三十多亿人口的继续贫困的基础上。当然,第三世界有一部分国家开始好起来,但还不能说已经发达了,而大部分国家仍处于极其贫困的状态,它们的经济问题不解决,第三世界的发展、发达国家的继续发展,都不容易。……总之,南方得不到适当的发展,北方的资本和商品出路就有限得很,如果南方继续贫困下去,北方就可能没有出路。"②1987年5月,邓小平对联合国秘书长德奎利亚尔说:中国的政策也和联合国一样,"是把战争与和平问题,南北的经济发展问题,以及建立国际经济新秩序的问题,作为主要任务"。这样的政策,"抓住了要害"③。20世纪80年代末90年代初,国际关系发生重大变化,两极格局瓦解,冷战宣告终结。1990年3月,邓小平说:"现在旧的格局在改变中,但实际上并没有结束,新的格局还没有形成。和平与发展两大问题,和平问题没有得到解决,发展问题更加严重。"④1992年春,他在著名的南巡讲话中又特别谈到:"世界和平与发展这两大问题,至今一个也没有解决。"⑤20年来国际形势的发展变化,完全证实邓小平的真知灼见。

邓小平关于和平与发展是当代世界两大问题的思想一经提出,就得到国内外的广泛支持和认同。1987年党的十三大把这个思想概括为"和平与

---

① 《邓小平文选》第3卷,第96页。
② 同上书,第105—106页。
③ 转引自《邓小平外交思想学习纲要》,第33页。
④ 同上书,第353页。
⑤ 同上书,第383页。

发展是当代世界的主题"。1992年党的十四大又把和平与发展问题提高到"时代主题"的高度来认识。1997年党的十五大把邓小平这一重要思想称之为:"当今时代的主题"和"时代特征"。作为时代特征的和平与发展,包含着两层意思,一是说它们反映世界历史一定阶段的主要内容、基本特征和发展趋势,是不以人们意志为转移的客观存在。二是说它们符合世界人民和各国的共同利益,因而是全世界进步力量和人民群众以至大多数国家为之奋斗和努力争取的目标。这里所说的和平,是指没有发生世界大战。邓小平说:"我们讲的战争不是小打小闹,是世界战争。"①美国有学者指出,核时代的和平,"就是没有大规模的战争,没有核战争"②。当代世界主题的和平是指整个世界的和平,指不打世界大战,不打核战争,而不包括局部战争和地区冲突。因为局部战争过去有、现在有、将来也还难以避免。作为当代世界主题的发展,是指世界范围的发展,既包括社会主义国家的发展,也包括资本主义国家的发展。发展中国家迫切需要发展,发达国家同样也要求发展,发展包括经济、政治、科技、社会、文化各方面。但主要是指经济发展。

和平与发展是关系到人类命运和前途的两大根本问题,是全世界人民的共同理想和奋斗目标,和平与发展两大主题是密切相连不可分割的,和平是发展的前提,发展是和平的保证,两者是辩证统一的,没有一个和平环境,各国经济不可能得到发展。在一个战乱不息、动荡不安的情况下,任何国家都无法进行经济建设和实现社会进步,战争只能造成经济文化的停滞和破坏,如果爆发核大战,那就连人类的生存都成问题,更谈不上发展。只有在长期稳定的和平环境中,经济才能得到发展。正如邓小平所说:"要发展自己,只有在和平环境里才有可能。""只有争取到和平环境,才能比较顺利地发展。"反过来,如果没有发展,和平就没有保证,不能想象,世界能够在经济萧条,到处饥荒、灾祸频仍,人民生活极其贫困的条件下实现真正的和平。要维持和平,就必须求得不断发展。发展是硬道理。发展不仅是每个国家繁荣昌盛的基础,也是人类文明迈向更高阶段的基础,没有全人类协调、平衡、坚实的经济和社会发展,就没有持久的世界和平与稳定,已经实现的和平与稳定也难以巩固。所以,邓小平强调和平与发展是带有战略性与全局

---

① 邓小平:《建设有中国特色的社会主义》(增订本),人民出版社1987年版。
② 《世界经济与政治内参》,1986年第8期。

性的问题,必须从全人类的高度去认识和解决。

邓小平关于和平与发展是当代世界两大主题的论断,突破了关于时代问题传统框框,标志着我党对当今世界总体形势看法的重大转变,是对马克思主义理论的重大贡献,为中国的对外方针、政策、战略、策略奠定了理论基础,其意义之重大,是怎么估计也不会过分的。

当今时代的主题从战争与革命转变为和平与发展,是由于第二次世界大战后,特别是20世纪60年代以来世界形势的重大变化。

从战争方面看,首先列宁提出帝国主义之间战争不可避免的观点不再适用了。"二战"后,帝国主义之间没有爆发战争。因为战后初期,资本主义世界占支配地位的只剩下美国一家,其他主要资本主义国家在军事上都要依靠美国的保护,在一个国家居于支配地位的情况下,帝国主义之间是不可能发生世界大战的。后来,由于苏联的强大,资本主义国家需要联合起来对付苏联,以及经济国际化的高度发展,各资本主义国家相互依赖、相互渗透不断加深,再加上主要资本主义国家间的国际调节,使它们只能长期处于又合作又竞争的关系中,殖民体系彻底瓦解后,使它们没有可能也没有必要再为争夺殖民地而战。这些就是战后主要资本主义国家间没有发生战争的主要原因。其次,美苏两个超级大国也没有爆发全面战争,是由于和平力量的增长超过战争力量的增长,第三世界是维护世界和平的主力军,在国际事务中的作用越来越大,成为超级大国战争政策的严重阻碍。美国侵越战争的失败就是一个典型事例。越来越多的国家,包括参加两大军事集团的东西欧国家,都成了维护世界和平的力量,这一切使战争势力处于极端孤立的境地,同时核武器的迅速发展,大大增加了战争的破坏程度,可能导致交战双方互相毁灭,在核战争中不可能有胜利者,大家诅咒核武器,然而核武器却成了制约战争的重要因素,使拥有最强大的核武器的超级大国不敢轻举妄动。正是由于这些因素的制约,两个超级大国不敢发动世界大战。从70年代开始,美苏关系趋向缓和,签订了一些军控协定,召开了欧安会。到80年代中期,双方关系从激烈对抗为主转为全面竞争和对话为主,军备限制势头增强,一些局部战争和地区冲突逐步得到和平解决,国际形势趋向缓和,大战的危险性进一步下降。

再从革命的角度看,世界革命的形势和进程也发生重大变化。广大殖民地半殖民地取得独立后,并没有走上社会主义道路。而在资本主义国家,现代资本对生产关系和上层建筑进行了改革和改良,使一些妨碍发展的因素得以减弱,一些固有矛盾趋于缓和,资本主义发展进入一个新阶段。由于国家的宏观调控,企业的改革与调整,信息化的发展,国民收入一定程度上的再分配。由于执行改良主义的福利政策,在一定程度上阻止了劳动人民的绝对贫困化,工人阶级的经济和文化生活得到改善,限制了社会集团的不满和反抗的增长,从而保持了长期的相对稳定局面。随着经济、社会、文化的发展,广大劳动群众的思想观念也发生很大变化,他们关心的不是去变革现有的社会制度,而是要求社会关系和生活方式的民主化,提高生活水平。加上社会主义国家经济发展和社会民主化走了弯路,大大削弱了社会主义的影响和吸引力。资本主义国家的共产党缺乏广泛的群众基础,对劳动人民影响减弱。因此,较长一段时期以来,在资本主义国家根本不存在无产阶级革命的形势和条件。世界革命形势长期处于低潮。20世纪70年代以来,随着人类历史上规模最大、范围最广、层次最高、影响最深远的新技术革命的开展,给人类带来了前所未有的机遇和发展条件,也提出了严峻挑战。各国都竞相把发展经济放在最首要的地位。国际竞争的重心转向经济、技术方面,各国更加重视综合国力的增强。其核心就是发展科技和经济。"科学技术是第一生产力"的观点日益为世界所接受,经济和科技在国际政治、军事和外交等方面发挥越来越重要作用。发展——这一时代的主题也就自然而然地凸现出来。另外,资本主义也并非为列宁所讲的已经"垂死",而是还有较强的生命力。战后世界经济的高速发展以及对人类社会发展具有深远影响的新技术革命,主要的并不是出现在社会主义国家,而是诞生在资本主义国家,今后相当时期科技进步的中心还是在那里,现代资本主义对生产关系的调整,改良证明是可能的。资本主义生产关系还能容纳生产力的发展,而不是严重阻碍生产力发展的桎梏。马克思指出:"无论哪一种社会形态,在它们所能容纳的全部生产力发挥出来以前,是决不会灭亡的。"[①]最后,经济全球化进入一个新阶段,成为世界经济发展的重要推动力量,无论什么国家,都只有积极参与全球化,才能跟上世界潮流,取得经济快速增长。全球化加速了世界统一大市场的形成和技术的扩散普及,把世界连成一体,加深了相互依存,增加了各国的共同利益,使协调和合作成为国际关系主流,并促进世界多极化的发展。经济全球化和世界多极化成为当代世界

---

① 《马克思恩格斯全集》第13卷,第9页。

第三章 和平、发展、和谐是中国外交的基本目标

两大趋势,是维护和平、促进发展,推动人类历史进步的重要因素。

和平与发展是世界各国人民的根本利益所在,世界要和平、国家要发展、社会要进步、经济要繁荣、生活要提高,已成为各国人民的普遍要求,成为不可抗拒的历史潮流。

四、和平与发展是带有战略性和全局性的问题

和平问题之所以带有战略性和全局性,是因为它直接涉及人类的生存问题,与世界的命运紧密相关。20世纪上半期,人类遭受两次世界大战的浩劫。第一次世界大战席卷30多个国家,卷入人口超过15亿,造成2 000多万人死亡,2 000多万人伤残的巨大灾难。第二次世界大战规模更大,后果更惨重。共有60多个国家、20多亿人口卷入战争,仅中国和苏联伤亡的人口就达6 000万左右,物质财富的破坏更是难以估量。"二战"后,美苏双方展开全面的冷战,疯狂进行军备竞赛,特别是核军备竞赛不断升级,使两国的核武器的总当量超过120亿吨烈性炸药的当量。使全世界人民笼罩在核战争的恐怖气氛中。到80年代末,全世界的现役军人达2 900万,一年军费开支高达11 000多亿美元,有2 000多万人死于各种局部战争和冲突之中。美苏争夺世界霸权,既是国际局势紧张的总根源,也是爆发世界大战的主要威胁。因此,解决世界和平问题,归根结底是要缓和因美苏争霸而造成的国际紧张局势,消除因两霸对抗而产生的战争威胁,这一问题实质上就是东西方关系问题①。发展问题之所以带有战略性和全局性,是因为它不仅与发展中各国人民的进步事业,同时也与全人类的文明进程密切相关。发展中国家的首要任务是发展经济。发展中国家取得政治独立后,面临发展民族经济、取得经济独立的繁重任务,由于长达几个世纪的殖民统治,饱受帝国主义的掠夺和剥削,发展中国家生产水平低下,大多处在前工业化阶段,经济发展水平很低,由于受到不公正、不合理的旧的国际经济秩序的影响,发展中国家不得不在资金、技术、工业生产资料等方面严重依赖于西方国家,不得不接受以不合理的国际分工为特征的国际生产体系,以不等价交换为特征的国际贸易体系和由国际垄断资本所控制的国际货币金融体系,从而使南北差距进

---

① 转引自《邓小平外交思想学习纲要》,第34—35页。

一步扩大。据世界银行统计,1950年发达国家人均国民生产总值是发展中国家的24.3倍,1995年上升为60.6倍;发达国家的恩格尔系数(食品在消费中所占的比重)在10%左右,而发展中国家在50%以上;从教育水平看,成人识字率,发达国家在95%以上,而发展中国家仅35%,受高等教育人数,发达国家占三分之一,而发展中国家仅十五分之一;全球仍有13亿人口处于绝对贫困之中,有10多亿处于文盲状态,每年死于饥饿的人口达2 000万,世界上3个最富有的人的私人财产,超过所有最不发达国家的国民生产总值。世界上最富的20%的人口和最穷的20%的人口的贫富差距,1960年是30倍,1990年上升为60倍,1997年又高达74倍。最不发达国家的数目,1960年是24个,1990年上升为42个,到2000年增加到49个,其中非洲34个,亚洲9个,太平洋地区5个,拉美1个。以上情况表明发展中国家必须把发展经济置于首位,只有始终不渝地尽快把经济搞上去,奋起直追,才能缩小与发达国家之间的差距。只有把经济搞上去,才能从根本上改变在世界经济上的从属地位,才能对未来的世界经济发挥更大的作用和影响。其次,发达国家也需要经济持续发展。"二战"后,发达国家凭借巨大的经济、技术优势,通过不合理的国际经济旧秩序,操纵国际经济组织,垄断了世界工业品市场和技术贸易市场,在国际金融体系中处于支配地位。但发达国家在世界经济的发展与变革中,充满着困扰和斗争,存在一系列问题和矛盾以及发达资本主义国家之间激烈的经济战(贸易战、投资战、货币战等)。由于科学技术日新月异的发展,谁能在高科技领域的竞争中获胜,谁就可能在经济竞争中立于不败之地。发达国家为了在激烈的斗争中独占鳌头,都在制定和实施发展战略和科技战略,不断调整内外政策,加速调整产业结构和产品结构,以提高本国的综合国力,这就势必把持续发展置于首位。再次,在经济全球化和区域集团化两大趋势的作用下,各国经济联系变得空前密切,相互渗透、利益交错、互相依存,荣损与共。对任何国家来说,把经济发展问题摆在首位,积极参与国际分工、合作和竞争,把本国经济发展与世界经济发展结合起来,不仅是某个国家的事,而且是一个关系到世界各国和整个国际社会的事。世界各国都把经济置于国家发展战略的首要地位,都在寻求制订最佳经济政策,建立最有效的经济体制和运行机制,调整和实现最合理的经济结构和产业结构。所以邓小平强调"发展问题是核心"。发展问题就是南北关系问题,不从根本上解决这一问题,全世界的经济发展就要受到严重阻碍。

第三章　和平、发展、和谐是中国外交的基本目标

五、和平与发展两大主题至今一个也没有解决

1992年邓小平在南巡讲话中强调:"世界和平与发展这两大问题,至今一个也没有解决。"①冷战后,国际主要力量的消长和大国战略的调整,导致国际关系呈现新的战略态势,世界和平问题表现出新的特点。美国成为唯一的超级大国,处于大国战略关系的轴心。美国既加强与西欧、日本的战略同盟,又与中国、俄罗斯发展关系。因此,世界大战的可能性进一步减弱,世界总体和平有保证。另一方面,由于美国处于超强地位,没有哪一个大国对美国构成威胁,于是美国独霸世界的野心更强烈,强权政治和霸权主义又有新发展。美国为实现独霸全球的野心,大力推进美日同盟地区化和北约功能全球化。美日通过安全关系再定义和防卫合作新指针,使双边同盟从保护日本安全转向美日共同介入"周边事态",发挥"远东北约"作用,以便主宰亚太安全。通过"北约战略新概念",使北约从保卫盟国安全转向在世界各地动武。这样在欧亚两翼形成可以在全球范围内协同美军作战的战略基地。这种通过加强军事同盟主宰和平的冷战思维,无助于世界和平②。同时,世界一些地区的局部战争和冲突此起彼伏,造成巨大的人员伤亡和物质破坏。仅1993年卢旺达内战,就导致数十万人丧生。以美国为首的北约对南联盟的科索沃战争,造成了18 000人伤亡,投下了1.3万吨炸弹,100万人沦为难民,摧毁了南联盟赖以生存和发展的绝大部分基础设施,使南联盟遭受上千亿美元的直接经济损失,南联盟经济倒退几十年,巴尔干、欧洲乃至全世界的和平与稳定面临极为严峻的考验③。经济全球化已成为最根本和最主要的特征之一,全球化的基本标志是信息化、市场化和资本等生产要素流动的自由化,它的根本动力是科技革命,市场经济是它的催化剂。有利于各国经济技术的密切联系,也是促进世界和平与稳定的一个积极因素,它对全球经济将产生巨大影响,将出现全球性生产、全球性贸易和全球性标准的激烈竞争。但全球化给各国带来的好处极不平衡。由于发达国家已从工业经济向知识经济发展,美国则率先进入了

---

① 《邓小平文选》第3卷,第383页。
② 参见杨福昌主编:《跨世纪的中国外交》,世界知识出版社2000年版,第207—208页。
③ 转引自《邓小平外交思想学习纲要》,第37页。

知识经济时代,而发展中国家大多处于从农业经济向工业经济过渡的阶段,许多国家还处于落后的农业经济阶段。发达国家在经济全球化中起主导作用。全球化发展的信息技术基础掌握在发达国家手里。发达国家的跨国公司是全球化的主要推动力量(跨国公司控制全球生产的40%,贸易的60%,技术转让的70%,国际投资的90%),全球金融网络受发达国家控制,全球化规则由发达国家制定。发达国家控制着世界贸易组织、国际货币基金组织和世界银行等主要国际经济组织,在全球生产、贸易、金融体系中处于绝对优势地位。南北差距进一步拉大,"数字鸿沟"加剧。发展中国家的经济主权和经济安全面临新的挑战。联合国秘书长安南指出:"工业发达国家不能用牺牲贫穷国家来解决自己的问题。"世界银行行长沃尔芬森警告说:"如不对全球化出现的问题加以防范,世界稳定就会受到损害","如不关注贫困和贫富不均的问题,和平将是不可能的。"[1]如果南北差距继续拉大,不利于全球经济的健康发展,也不利于世界的和平稳定,不仅发展中国家受害,发达国家也难以持续发展。这说明,和平与发展仍是21世纪人类社会面临的主要问题,解决这两个问题仍是全世界人民共同的奋斗目标。

第二节 中国是维护世界和平的重要力量

邓小平在提出和平与发展是当今世界两大问题的同时,对中国的国际战略地位和作用做了深刻的阐述,强调中国是维护世界和平和地区稳定的坚定力量。

一、维护世界和平是中国坚定不移的基本国策

邓小平反复强调,"中国现在是维护世界和平和稳定的力量,不是破坏力量,中国发展得越强大,世界和平越靠得住。"[2]"中国的发展是和平力量

---

[1] 《经济日报》,2000年6月7日。
[2] 《邓小平文选》第3卷,第104页。

的发展,是制约战争力量的发展"①。这是因为:首先,争取世界和平是中国对外政策的基本目标,这是由中国社会主义性质决定的。邓小平指出:"我们搞的是有中国特色的社会主义,是不断发展社会生产力的社会主义,是主张和平的社会主义。"②中国作为一个和平力量,"现在这个力量还小,等到中国发展起来了,制约战争的和平力量将会大大增强。我可以大胆地说,到本世纪末,中国能达到国民生产总值翻两番的目标……达到小康水平,那时中国对于世界和平和国际局势的稳定肯定会起比较显著的作用。"③认为"中国政府信奉的意识形态旨在摧毁类似美国这样的政府,这样的观点至少不是80年代的观点,也不是70年代的观点,而是恢复了60年代以前的观点"。中国外交政策的基本方针是独立自主的和平外交。对于国际事务,我们都是从中国人民和世界人民的根本利益出发,按照事件本身的是非曲直作出判断,决定对策。中国判断是非的标准就是看其是否有利于维护世界和平和促进经济发展。其次,中国坚决反对军备竞赛,积极主张裁军。1954年4月28日,周恩来在日内瓦会议上就提出:"为了和平的利益,必须停止扩张军备,实行普遍裁军,禁止使用原子武器、氢武器和其他大规模毁灭性的武器。"④1964年10月,中国爆炸第一颗原子弹后,中国政府在世界上第一个庄严承诺,无论在什么情况下,都不首先使用核武器,不对无核国家使用核武器,并阐明中国关于全面禁止和彻底销毁核武器的一贯立场。中国积极支持许多中小国家建立无核区与和平区的主张。1973年8月签署了《拉丁美洲禁止核武器条约》第二号附加议定书。支持建立印度洋和平区、"南亚无核区"、"中东无核区"、"非洲无核区"的努力。20世纪80年代,中国裁减军队总额100万,90年代又裁减50万。中国反对在外层空间进行军备竞赛,主张外空非军事化。中国支持全面禁止核试验条约。主张防止核武器扩散,中国是无化学武器国家,并一贯主张坚决禁止和彻底销毁一切化学武器和生物武器。中国主张,为了保证国际和平、安全与稳定,各国都不应谋求超出合理防御所需要的常规军备,各国军备只适用于防御,而不能用来对别国进行武装侵略和干涉。再次,中国的最优先的任务是进行社会主义现代化建设,努力实现三步走的战略目标,争取到2050年左右

---

① 《邓小平文选》第3卷,第128页。
② 同上书,第328页。
③ 同上书,第105页。
④ 《裁军问题选辑》,世界知识出版社1958年版,第568页。

达到中等发达国家的水平。而进行现代化建设,没有一个和平的国际环境是不行的。邓小平指出:"我们维护世界和平,不是在讲空话,是基于我们自己的需要,当然也符合全世界人民的需要,特别是第三世界人民的需要。"他还指出:"我们把争取和平作为对外政策的首要任务。争取和平是世界人民的要求,也是我们搞建设的需要。"[1]"我们自己也确确实实需要一个和平的环境。……寻求一个和平的环境来实现四个现代化。这不是假话,是真话。这不仅符合中国人民的利益,也是符合世界人民利益的一件大事。"[2]邓小平这些思想,既反映了世界人民要和平、谋发展的愿望和当今世界和平与发展的时代主题,也体现了中国人民谋求世界和平的真诚用意。表明了中国维护世界和平与稳定同中国社会主义现代化建设之间的有机统一性。许多外国学者认为,邓小平外交思想的核心,就是"以确保有利于经济发展的和平国际环境为目的展开的全方位外交"。美国学者石池雨在《中国对外政策的精髓》一书中认为:"邓小平外交着眼于维护一个良好的和平国际环境,以利于中国的现代化建设。"[3]鲍罗·肯尼迪在《大国的兴衰》中指出:"和平是邓的经济战略的核心;战争,哪怕是局部战争,也会导致把资源转移到满足军队需要方面,从而打乱中国'四个现代化'的先后顺序。"[4]日本学者高明生认为,邓小平认为发展经济才是解决国际和国内问题的核心,从而把为了经济建设要确保和平的国际环境作为对外政策的基本方针。这一思想贯穿于中国改革开放的全过程[5]。最后,霸权主义是世界战争的主要根源,是对世界和平的最大威胁,中国一贯坚决反对霸权主义。邓小平指出:"我们奉行独立自主的正确的外交路线和对外政策,高举反对霸权主义、维护世界和平的旗帜,坚定地站在和平力量一边,谁搞霸权就反对谁,谁搞战争就反对谁,所以,中国的发展是和平力量的发展,是制约战争力量的发展。"[6]邓小平强调,搞社会主义,就绝对不能搞扩张主义、霸权主义。"打着社会主义旗号实行霸权主义正是取得了政权的马列主义党背叛社会主义原则的最显著标志。"[7]在这个问题上,我们决不可以有丝毫的偏离和动摇。中国反对霸权

---

[1] 《邓小平文选》第 3 卷,第 50 页。
[2] 《邓小平文选(1975—1982)》,第 205 页。
[3] 〔美〕石池雨:《中国对外政策的精髓》,纽约圣马丁出版社 1990 年版,第 556 页。
[4] 〔美〕鲍罗·肯尼迪:《大国的兴衰》,求实出版社 1980 年版,第 556 页。
[5] 《国外中共党史研究动态》,1996 年第 2 期。
[6] 《邓小平文选》第 3 卷,第 128 页。
[7] 《邓小平文选》第 2 卷,第 172 页。

主义的决心和行动,是世人皆知的,无论是冷战期间美国侵略朝鲜、越南,苏联入侵阿富汗、越南出兵柬埔寨的霸权行为,还是冷战后美国在中东、巴尔干和拉丁美洲的霸权主义行径,中国都坚决反对。

二、走和平发展道路是中国的必然选择

坚定不移地走和平发展道路,按科学发展观实现和平崛起,这是中国对世界的庄严承诺,是中国特色的社会主义发展道路,也是中国永恒的战略选择。

早在20世纪80年代,邓小平就一再强调,"我们搞的是有中国特色的社会主义,是不断发展社会生产力的社会主义,是主张和平的社会主义。"2003年12月26日,胡锦涛主席在纪念毛泽东诞辰110周年座谈会的讲话中明确提出,坚持中国特色的社会主义道路,就要坚持走和平发展的道路[1]。2004年2月24日,胡锦涛再次强调,中国要坚持和平崛起的发展道路和独立自主的和平外交政策。2003年12月10日,温家宝总理访美期间,在哈佛大学发表的演讲和2004年3月14日全国"两会"结束后举行的记者招待会上,都阐述了中国和平崛起的主要含义。指出,中国的和平崛起就是要利用世界和平的大好时机努力壮大自己,同时用自己的发展维护世界和平;中国的崛起,基点放在自己的力量上,独立自主,自力更生,艰苦奋斗,依靠广阔的国内市场,充足的劳动力资源和雄厚的资金储备,以及改革带来的机制创新;中国的崛起离不开世界,中国将坚持对外开放政策;在平等互利的原则下,同世界各国友好地发展经贸往来;中国崛起需要很长时间,恐怕要多少代人的努力奋斗;中国崛起不会妨碍任何人,也不会威胁人,也不会牺牲任何人,中国现在不称霸,将来强大了也永远不会称霸[2]。2005年12月,国务院新闻办公室发表了《中国的和平发展道路》白皮书。系统阐明了中国和平发展的历史必然性,指出和平发展是中国现代化建设的必由之路。它是基于中国国情的必然选择,是基于中国历史文化传统的必然选择,也是基于当代世界发展潮流的必然选择。努力实现和平的发展、开放的发展、合作的发展、和谐的发展,是我们的主张、原则和追求。中国的和平发

---

[1] 《人民日报》,2003年12月27日。
[2] 新华社北京2004年3月14日电。

展道路,将把国内发展与对外开放统一起来,把中国发展与世界发展联系起来,把中国人民的根本利益与世界人民的共同利益结合起来,对内构建一个公平、正义的和谐社会,对外倡导构建一个持久和平、共同繁荣的和谐世界①。

中国的和平发展道路是基于中国国情的必然选择,虽然经过20多年的高速发展,取得了很大成就。但是中国仍然是一个发展中国家,人均GDP还比较低,刚刚从温饱总体进入小康,还有几千万人处于贫困状态。实现全面小康,达到中等发达国家水平,还要几十年时间,要真正崛起,恐怕要经过一代又一代人民的艰苦努力,只有坚持走和平发展道路,才是实现中国富强、人民幸福的必由之路。

中国的和平发展道路,是基于中国历史文化传统的必然选择,中华文化是一种崇尚和平的文化。英国著名文明史学家汤恩比,在对世界各种文明进行比较之后说,他研究过许多文明,发现中华文明不仅历史悠久,而且拥有无与伦比的同化力量和再生力量,最重要的是,中国这个东方大国从来没有对其疆域之外表现过帝国主义野心,是一个大而不霸的大国。中华民族曾创造了光辉灿烂的古代文化,科学技术在长达千年的时间里居世界领先地位。中国文化曾直接间接影响了全世界,尤其是四大发明,对欧洲影响极大。特别值得指出的是,中国文化传播到欧洲和世界,不是像西方资本主义那样,用武力进行侵略扩张。中国向远方输送丝绸,开通了著名的丝绸之路,却没有派出远征军去征服世界;中国发明了火药,制造烟火庆祝歌舞升平,却没有用它制造枪炮侵略别人;中国的祖先发明了罗盘,却没有用它制造兵船横行四海②。中华文化的人文精神、价值理想是"和",儒家、墨家、道家都倡导"和"或"和合",作为化解天与人、国与国、人与人以及不同文明冲突的最佳方式。"和合"是中华文化的精髓。新中国一直奉行的和平共处五项原则以及近年来中国大力倡导构建和谐社会、和谐地区、和谐世界,就是中华传统文化优秀精华的发扬光大。

中国的和平发展道路,也是基于当今世界发展潮流的必然选择。求和平、促发展、谋合作是各国人民的共同心愿和共同使命,是不可阻挡的历史潮流。国际社会在探索和实践中,更加深刻地认识到,应该站在时代发展和人类进步的高度,以合作谋和平,以合作求发展,努力扩大各国利益的汇合

---

① 上海国际问题研究所《2006 国际形势年鉴》,上海辞书出版社 2006 年版,第 505 页。
② 曲星:《中国外交五十年》,江苏人民出版社 2000 年版,第 3 页。

点,寻求互利共赢。温家宝总理在首届东亚峰会上讲话指出:"合作是新形势下共同发展的必由之路。唯有合作,我们才能超越彼此分歧;唯有合作,我们才能不断扩大共同利益;唯有合作,我们才能有效应对各种挑战,抵达共赢的彼岸。合作是当今时代的一个重要趋势,我们应从战略高度看待和推进地区和全球的合作……才能顺应时代潮流。"[①]当今世界,传统安全与非传统安全相互交织,安全问题的跨国性、相关性、突发性日益增强,一国的安全与地区和全球安全紧密相联,单边主义、武力至上行不通;经济全球化使各国经济相互依存不断加深,要解决全球化带来的问题,必须加强合作,才能有效防范经济和金融风险,实现共同发展。国际社会多领域、多层次、多渠道的合作,已成为越来越多国家的现实选择,各国人民对和平、发展、合作的追求,已汇成时代潮流。和平、发展、合作已成为新时期中国外交的旗帜,这是中国国家性质和全面建设小康社会、落实科学发展观的根本任务决定的,是不可能改变的。

中国的和平发展道路,超越了近代以来大国崛起的发展模式。第一次世界大战时期的德国,第二次世界大战时期的德国和日本,以及冷战时期的苏联,它们走的都是挑战霸权、扩充军备、争夺势力范围的战争崛起之路,所以都失败了,中国决不会走它们的老路。中国历史上深受战争和内乱的苦难,深知和平之宝贵,发展之重要,倍加珍惜和平的国际环境,坚决摒弃近代以来后起大国依靠战争打破原有国际体系、依靠实行对外扩张、以夺取霸权的崛起道路,而是走一条争取世界和平的国际环境来发展自己,又以自身的发展来维护世界和平的崛起道路。不期求以自己的文明取代别国的文明,不期求以自己的政治体制和价值观念取代别国的政治体制和价值观念,不期求以自己的发展模式取代别国的发展模式,而是在求同中谋发展,在存异中求和谐。

中国要实现和平崛起,必须毫不动摇地推进以社会主义市场经济和社会主义民主政治为基本内涵的经济政治体制改革,以形成实现和平崛起的制度保证;必须大胆借鉴吸收人类文明成果而又坚持弘扬优秀的中华文明之精髓,以形成实现和平崛起的精神支柱;必须周到细致地统筹兼顾各种利益关系,以形成实现和平崛起的社会环境。

当前的国际环境,为中国的和平崛起提供了难得机遇,其中包括和平

[①] 《人民日报》,2005年12月15日。

与发展的时代主题不会改变,中国卷入一场大规模的地区性战争的可能性不大,大国之间合作面在扩大,中国周边安全环境良好等等,我们要倍加珍惜这些有利条件,牢牢抓住战略机遇期。对中国的和平崛起,大多数国家表示欢迎。认为中国不是前苏联,中国不搞意识形态输出,不搞势力范围,不搞军事同盟,不搞领土扩张,中国的社会主义是改革的社会主义,开放的社会主义,自我完善的社会主义。2004年国际学术界提出"北京共识"概念,认为中国建立了一个更加平等的发展模式,为发展中国家带来了希望。

  国际上也存在一些势力,对中国的迅速崛起怀有戒心。一些敌视中国的势力更是炮制了形形色色的"中国威胁论"。诸如"中国超级大国论"、"极权威胁论"、"经济挑战论"、"军事扩张论"、"文明冲突论"等等,有意妖魔化中国,诋毁中国形象。其实,这些都是别有用心的奇谈怪论,根本站不住脚,因而遭到国际有识之士的反对。欧洲议会发展与合作委员会主席萨比指出:"中国奉行的和平共处等外交原则在维护世界和平方面发挥了积极作用,中国的强大绝不会对世界构成威胁。"前日本防卫研究所战史部长星岛久夫发表文章说:"虽然'中国威胁'的论调甚嚣尘上,但我长期以来一直作为'美国战略'、'美国国防'和国际安全保障问题的专门研究人员,对中国进行考察,得不出这种结论。""成为'威胁'的该是别国,而不是中国。"① 韩国学者李映周在《中国的新外交战略和韩中关系》一书中系统批驳了"中国威胁论"的谬论。他指出:"认为中国在21世纪强大起来必然构成对外扩张,威胁别的国家的观点是荒谬的。"他特别批评了把"中国威胁"同社会主义制度相联系的观点。他说:"中国的社会主义与苏联的社会主义有其不同特点,中国的社会主义制度建立在半封建半殖民地基础上,有着长期受人欺侮的历史;而苏联的社会主义制度诞生于俄国帝国主义的废墟中,因此俄罗斯的民族沙文主义是根深蒂固的。社会主义中国的历史地位决定了它憎恨侵略、反对干涉、同情弱小民族,不会去威胁其他国家。特别是改革开放以来,中国强调中国特色的社会主义,明显吸收了苏联社会主义的沉痛教训。……中国把中国特色社会主义综合概括为对内发展生产力的社会主义,对外主张和平的社会主义,特别是把维护世界和平同社会主义统一起来,具有深刻的含义。"除了

---

① 《国际观察》,1994年第5期。

第三章 和平、发展、和谐是中国外交的基本目标

维持和平部队,"他们在国外没有一兵一卒,也不乘任何国际冲突之机,谋取本国私利。中国强调维护以主权为中心的国家利益,更多是防御性的,是针对外来干涉而发的"①。即使一向对中国怀有很深政治偏见的美国兰德公司,在2000年出版的《理解中国大战略》一书,也不能不承认,中国的国内体制决定中国的大战略是内向型的,即维持国内的稳定与繁荣,而不会把寻求势力范围放在首位。该书认为中国的大战略是威慑防止战争而不是寻求扩张。中国的大战略是一个高度务实的、淡化意识形态的、和所有国家都保持友好关系的战略;是尽量避免战争,不穷兵黩武,但推进军事现代化的战略。美国常务副国务卿佐利克在2005年9月21日发表的那篇具有很大影响的演讲中也承认,"中国不是前苏联,没有帝国式的扩张战略"②。

与公开宣扬"中国威胁论"不同,近年来国际上有些人大肆夸大中国的经济实力,企图"捧杀"中国。2007年5月,美国中央情报局公布一份报告,说按实际购买力计算,中国已大大超过日本,居世界第二。说中国只需要2年就可超过美国,在2009年成为世界第一大经济强国。美国《侨报》对此发表评论。指出:这是"中国威胁论"的变种,中国赶超美国的条件远不具备,中国要警惕被捧杀。美国《时代周刊》2007年年终特刊的封面是中国个头最高的篮球运动员姚明的全身照,姚明脚边是一个篮球大小的地球。暗示中国巨人是否会将地球像篮球一样玩弄于股掌之中。英国《经济学家》杂志在"2008世界展望"报告中称,2008年将是全球政治、经济"脱美入中"的第一年,即从"美国主导的世界秩序"变为"中国主导的世界秩序"。如此等等。

事实已经证明并将不断继续证明,中国正在沿着和平发展的道路阔步向前。它带给世界的不是威胁、扩张和战争,而是和平、发展与合作。走和平发展道路是中国必须长期坚持的战略选择,也是必须长期坚持的外交方针。胡锦涛在党的十七大政治报告中强调指出:中国将始终不渝走和平发展道路,这是中国政府和人民根据时代发展潮流和自身根本利益作出的战略抉择。不管国际风云如何变幻,中国政府和人民都将高举和平、发展、合作旗帜,奉行独立自主的和平外交政策,恪守维护世界和平,促进共同发展

---

① 〔韩〕李映周:《中国的新外交战略与韩中关系》,时事出版社1997年版,第144—147页。
② 美联社华盛顿2005年9月21日电。

的外交政策宗旨。

三、摒弃冷战思维,倡导和实践新安全观

东欧剧变、苏联解体距今已十余年。冷战早已成为历史,但是冷战的思维定式却深深地植根于某些国家和政客的心中,他们处处以冷战的眼光来看待所发生的变化并将冷战时的行动风格保留至今。冷战思维的突出特点是以意识形态作为判断危险来源的标准,依靠加强军事同盟来提高自身的安全系统。这不仅阻碍世界的和平与发展,而且把世界拖入军备竞赛的泥潭。

冷战后,中国一再强调,要营造一个和平的世界,必须摒弃冷战思维,倡导集体安全,建立新的安全机制。冷战时期的安全机制是以军事同盟为基础、增加军备为手段的军事平衡机制。而中国倡导的新安全机制则是以维护和平与安全为目标,以平等参与和和平相处为宗旨,以建立信任措施为核心,以对话合作为手段的新型机制。"上海五国"机制,以及由此发展而成的上海合作组织就是朝这一方向发展的成功范例。

自苏联解体以后,原来属于苏联范围的中亚地区陷入了动荡之中,原教旨主义、毒品、恐怖活动纷纷在这片土地上开花结果,不仅严重威胁了该地区各国的国家稳定与安全,还影响了与之相邻的中国与俄罗斯。同时,由于众所周知的历史原因,中国、俄罗斯、哈萨克斯坦、吉尔吉斯斯坦、塔吉克斯坦之间还存在着边界、安全等问题。1996年,在中国的倡导下,五国在中国的上海进行了第一次首脑会晤,就共同面对的问题进行了讨论,并签署了《关于在边境地区加强军事领域信任的协定》和《关于在边境地区相互裁减军事力量的协定》,为冷战后区域安全合作开了先河。1997年4月,中俄共同提出建立新安全观的倡议:提倡实现共同安全而不是对付共同威胁,提倡和平解决争端而不是诉诸武力,超越差异,扩大共识而不是以意识形态画线[1]。这种新安全观认为,一个国家是否对世界和平构成威胁,不在于它拥有什么实力,而在于奉行什么样的政策,国家安全合作的基本目标应是维护世界和地区的和平与稳定,安全合作的最重要原则是不针对第三方,不干涉别国内政,平等协商。经过五年的发展,

---

[1] 《人民日报》,1997年4月24日。

"上海五国"机制日趋完善。它的发展历程体现了一种具有鲜明时代特征的精神,即睦邻友好、平等互利、团结协作、共同发展。2001年6月,中、俄、哈、吉、塔、乌六国元首在上海再度聚会,签署协议,建立"上海合作组织"以取代"上海五国"机制。这是在新安全观下所成立的第一个新型的合作安全组织。

以上海合作组织和原来的"上海五国"机制为代表的合作安全同以北约和美日同盟为代表的结盟机制形成了鲜明的对比。前者是新型的安全模式,后者是冷战时期的安全模式;前者不针对第三国,而后者以第三国为假想敌目标;前者以避免军事冲突为目标,后者以威慑敌人和赢得军事冲突为目标;前者以建立信任措施为手段,后者则以加强军事机器为手段;前者靠协商一致进行合作为保证,后者则以军事同盟条约为保证;前者成员国之间完全平等,后者则是美国说了算。

另一方面,随着冷战的结束,全球化进程的加快,旧有的以军事安全为核心的安全观念正在逐步解体,生态环保、恐怖主义、走私贩毒等一系列全球问题的出现,需要人们的安全观加以扩展、转换与充实,建立起综合安全的观念。综合安全是一个广泛的概念,它包括了经济安全、金融安全、信息安全、文化安全、生态安全、跨国犯罪的预防、核扩散的防止。这一概念的建立将有利于国际环境的稳定,有利于各国的发展,有利于人类生活水平的提高。

1997年的亚洲金融危机,可以说使人们深刻地感受到了冷战后安全观念需要改变的迫切性。在短短几个月内,亚洲的新兴国家在金融领域遭到了国际炒家的沉重打击,数十年的积累毁于一旦,这既是有关各国的安全观念未及时转换的恶果,也是各国未能有效协作,导致相继跌入泥潭。这就使我们认识到综合安全的重要性。2007年因美国次贷危机引发的全球金融风暴再次证明了这一点。综合安全与合作安全是一致的,在现今的世界上,一个国家的安全与否是与其他国家或本地区的安全紧密联系在一起的。单纯依靠原有的安全观来进行防范是收效不大的,必须建立起"有福同享,有难同当"的共同意识。而这样的一种意识在"上海五国"机制中已得到了充分的表现。这亦是"上海五国"机制取得成功的原因,因为它深切地体会到了时代的要求,将合作安全与综合安全融为一体。

2002年8月6日,中国发表了《中国关于新安全观的立场文件》,指出,新安全观提出寻求安全的新方法,军事手段已不是获得安全的唯一途径,而且并非是最重要的途径。寻求安全多样化,特别把经济、外交视为营造持久安全的重要途径。新安全观还特别强调了非传统安全的重要性。新安全观的合作形式灵活多样,可以是具有较强约束力的多边安全机制,可以是具有论坛性质的多边安全对话,或是旨在增进信任的双边安全磋商,还可以是具有学术性质的非官方安全对话。国际政治不再是零和博弈,一国的安全政策应寻求双赢或多赢的结果,而不是单边优势。总之,新安全观是综合安全观、发展安全观、合作安全观、共同安全观。

时至今日,新安全观不仅已成为中国解决国际安全问题的根本指导思想和价值观,而且日益为国际社会所接纳。

第三节　发展是振兴中华的第一要务

实现中华民族的伟大复兴,是近代以来中国人民梦寐以求的社会政治理想。中华人民共和国成立后,在中国共产党领导下,中国人民为了实现这一理想进行了艰苦卓绝的顽强奋斗。以毛泽东为核心的第一代领导集体确立崭新的社会主义制度,为实现中华民族伟大复兴奠定了政治基础;以邓小平为核心的第二代领导集体带领人民实行改革开放,建设有中国特色社会主义,为中华民族伟大复兴开辟了一条新的前进道路,实现了从贫穷到温饱的跨越;以江泽民为核心的第三代领导集体和以胡锦涛为总书记的党中央高举邓小平理论旗帜,贯彻"三个代表"重要思想,提出科学发展观,把中华民族复兴大业推到新的历史阶段:实现了总体上从温饱到小康的历史性跨越,并为全面小康而奋斗。为中华民族的伟大复兴奠定了雄厚的物质基础;实现了从计划经济到社会主义市场经济的历史性突破,为中华民族的伟大复兴提供了体制制度保证;实现了从打开国门到走向世界的历史性变迁,为中华民族的伟大复兴创造了良好的外部环境;实现了马克思主义中国化新的历史性飞跃,为中华民族伟大复兴提供了强大的思想理论武器。认真贯彻科学发展观,努力实现全面建设小康社会,构建和谐社会与和谐世界的宏伟目标,将使中华民族复兴伟业出现崭新局面,并将对世界的和平与发展产生巨大而深远的影响。

第三章　和平、发展、和谐是中国外交的基本目标

一、发展是硬道理

"发展"问题是当今时代的主题,是世界各国共同关注的焦点。作为具有5 000年历史的世界文明古国,中国曾为世界文明和生产力发展做出巨大贡献,创造了举世闻名的辉煌。鲍罗·肯尼迪指出:"在中古时期的古代文明中,没有一个国家的文明比中国更先进更优越。"①中国经济总量曾占世界第一位。直到清朝初期,中国仍是东亚最强大的国家。到18世纪后半期,西方工业革命,经济迅速发展,而清朝统治者不看世界巨变,夜郎自大,与世隔绝,沉湎于天朝尽善尽美的自欺欺人的虚幻世界里,在短短的100多年时间里就大大落后于西方国家,成为任人宰割的羔羊。孙中山对这个历史教训刻骨铭心。他在20世纪20年代曾大声疾呼:"中国几千年来是世界上头一等的强国……到了现在怎么样呢?我们中国成了世界上顶弱、顶贫的国家,现在世界上,没有一个看得起中国的。""要赶快想想法子来挽救……不然,中国就会沦为亡国亡种的地位。"②但腐败的北洋军阀和蒋介石国民党政府根本无力完成这一历史任务。新中国成立后,中国共产党为实现这一伟大使命,带领全中国人民进行了艰苦卓绝、继往开来的顽强拼搏。1964年周恩来总理在第三届人大政府工作报告中,第一次正式提出要在20世纪末实现农业、工业、国防和科学技术四个现代化,但这一设想还没有来得及实施就发生了"文化大革命"。"四人帮"胡说什么"四个现代化实现之日,就是资本主义复辟之时",使中国经济一度濒于崩溃的边缘,科学技术与世界先进水平的差距愈拉愈大。

党的十一届三中全会提出改革开放的伟大决策,强调把全党工作的重点转移到以经济建设为中心的轨道上来,邓小平提出"发展是硬道理"、"社会主义根本任务是发展生产力"的著名论断。他认为,在各种现代化中,经济现代化是基础和核心,是一个涉及社会主义的吸引力、关系到中华民族生存资格的问题。江泽民在党的十三届四中全会上指出:"国家的昌盛,人民的富裕,说到底是经济实力问题。国际竞争,说到底也是经济实力的

---

① 鲍罗·肯尼迪:《大国的兴衰》(中文版),中国经济出版社1989年版,第4页。
② 《人民日报》,2001年6月25日。

竞争。"①邓小平提出发展是硬道理的重要思想,是对中国和世界其他国家发展正反两方面历史经验的规律性总结,我们必须长期坚持。要增强综合国力,改善人民生活,离不开发展;巩固和完善社会主义制度,增强社会主义的凝聚力和生命力,离不开发展;保持社会稳定,实现国家长治久安,离不开发展;提高国际竞争力,在国际较量中掌握主动权,离不开发展;完成祖国统一大业,实现中华民族的伟大复兴,也离不开发展。改革开放以来,特别是冷战结束后,我们党和政府解决遇到的种种困难和问题,都是用发展的办法解决。为了确立中国经济发展的长期目标,邓小平从中华民族的未来着想,进行了跨世纪的战略思考,并把中国的发展放在世界环境中,同发达国家进行比较,明确提出了"三步走"的发展目标,并为全党所采纳。中共十三大报告阐述了邓小平"三步走"的战略构想,即第一步,到20世纪80年代末,国民生产总值比1980年翻一番,解决人民的温饱问题;第二步,到20世纪末,使国民生产总值再翻一番,人民生活达到小康水平;第三步,到21世纪中叶,人均国民生产总值达到中等发达国家的水平,人民生活比较富裕,基本实现现代化。三步走的战略部署,是实现中国现代化历史过程中的三大战略发展阶段,每个阶段都有具体目标和具体要求,同时三大战略发展阶段又承上启下,不可分割。邓小平一再指出,要认清形势,把握机遇,真抓实干,加快发展速度,争取每隔几年上一个台阶。

2002年5月31日,江泽民在中央党校省部级干部进修班毕业典礼上的讲话中提出要把发展作为党执政兴国的第一要务。进一步表明了我党始终坚持以发展为己任、以兴国为目标、以富民为取向的历史使命感和政治责任感,而且进一步说明在党面临的各种繁重任务中,发展始终是第一位的任务、根本的任务、中心的任务,更加突出了发展在我们党执政兴国的重要地位。紧紧把握住发展这一执政兴国的第一要务,就从根本上把握了人民的愿望,把握了社会主义现代化建设的本质。发展是解决中国所有问题的关键。江泽民指出:"经过全党和全国人民20多年的艰苦努力,我们胜利实现了现代化建设'三步走'战略的第一、第二步目标。一个十二亿多人口的发展中大国,人民生活总体上达到了小康水平,这是改革开放和现代化建设的丰硕成果,是中华民族发展史上一个新的里程碑。纵观全局,21世纪头一

---

① 《江泽民论有中国特色社会主义(专题摘编)》,中央文献出版社2002年版,第89页。

二十年,对中国来说,是必须紧紧抓住并可大有作为的重要战略机遇期。"①党的十六大报告强调:发展要有新思路,改革要有新突破,开放要有新局面,各项工作要有新举措。一切妨碍发展的思想观念都要坚决冲破,一切束缚发展的做法和规定都要坚决改变,一切影响发展的体制弊端都要坚决革除。十六大以后,以胡锦涛为总书记的新一代中央领导集体,强调要深入贯彻落实以人为本、全面协调可持续发展的科学发展观,努力实现经济社会又好又快发展。坚持走科技含量高、经济效益好、资源消耗低、环境污染少、人力资源优势得到充分发挥的新型工业化道路,加快调整经济结构、转变经济发展方式、加快发展循环经济、加快建设资源节约型和环境友好型社会,建立适应可持续发展的要求的生产方式和生活方式,努力促进社会经济系统和自然生态系统良性循环,促进经济社会全面进步和人的全面发展。

发展是一个系统工程,包括经济、政治、思想、文化、精神文明等各个方面。而经济发展是基础和核心。我们所谋求的发展就是以经济建设为中心,经济政治文化相协调的发展;是物质文明、政治文明、精神文明共同进步的发展;是不断提高人民群众生活水平,最大限度地维护人民群众切身利益的发展;是紧紧把握时代脉搏,紧跟科技革命潮流,积极参与经济全球化,大胆吸收和借鉴人类文明优秀成果的发展;是经济效益、社会效益和生态效益相统一的可持续发展,同时也是促进人的全面发展的发展②。

二、实施科教兴国战略,建设创新型国家

我们党历来重视科学技术,从20世纪50—60年代提出"向科学进军"的号召,到80年代提出"科学技术是第一生产力"的论断,再到90年代提出实施"科教兴国"战略,建设创新型国家,党不断深化对科技重要性的认识。

20世纪50年代,我们党提出"向科学进军"的号召,在以毛泽东为核心的党的第一代领导集体的带领下,我们取得"两弹一星"的骄人业绩,对提高中国的国际地位起了重要的影响。

邓小平一贯高度重视科学技术对经济发展的巨大作用,提出了"科学技术是第一生产力"这个光辉论断,创造性地发展了马克思主义关于生产力理

---

① 《人民日报》,2002年6月1日。
② 《求是》杂志,2002年第24期。

论的基本原理,把人们对科学技术重要性的认识提高到一个崭新阶段。1978年邓小平主持召开了全国科学大会,并提出了"现在科学技术正在经历着一场伟大的革命"的精辟论断。他指出:"现在科学技术不只是在个别的科学理论上、个别的生产技术上获得了发展,也不只是有了一般意义上的进步和改革,而是几乎各门科学技术领域都发生了深刻的变化,出现了新的飞跃,产生了并且正在继续产生一系列新兴科学技术。"①1988年,他又强调指出:"现在世界的发展,特别是高科技领域的发展一日千里,中国不能安于落后,必须一开始就参与这个领域的发展。""中国必须发展自己的高科技,在世界高科技领域占有一席之地。"②"我们要实现现代化,科学技术远远落后怎么行?"③因此,我们对于发展高科技重要性的认识,不仅要着眼于经济发展的需要,而且还必须从整个国际战略全局的高度去拓展和深化。

冷战结束后,以江泽民为核心的党的第三代领导集体进一步发展了邓小平的"科学技术是第一生产力"的思想,提出和实施"科教兴国"战略,把它作为党的重要治国方略。"科教兴国"战略是保证中国国民经济持续、快速、健康发展的根本措施,是实现"三步走"战略目标的根本保证,也是实现中华民族伟大复兴的必由之路。当今世界经济发展的一个突出特点,就是科学技术在经济发展中的作用越来越大。以信息技术为主要标志的高新技术革命来势迅猛,高科技向生产力的转化越来越快,高新技术产业在整个经济中的比重不断增加,经济与科技的结合日益紧密,国际科技、经济交流合作不断扩大,产业技术升级加快,国际经济结构加速重组,科技经济越来越趋于全球化,创造了新的技术经济体系,产生新的生产管理和组织形式。面对这种形势,各国(特别是大国)都抓紧制定面向新世纪的发展战略,抢占科技和产业制高点。各大国纷纷设立国家科技委员会或科技领导小组,由国家元首或政府首脑担任主席。1995年5月6日,中共中央、国务院颁布《关于加速科学技术进步的决定》,明确提出"科教兴国"战略的重大决策。在随后召开的全国科技大会上,江泽民指出:"科教兴国,是指全面落实科学技术是第一生产力的思想,坚持教育为本,把科技和教育摆在经济、社会发展的重要位置,增强国家的科技实力及向现实生产力转化的能力,提高全民族的科技

---

① 《邓小平文选》第2卷,第87页。
② 《邓小平文选》第3卷,第279页。
③ 《建设有中国特色社会主义》(增订本),第32页。

文化素质,把经济建设转移到依靠科技进步和提高劳动者素质的轨道上来。"①实施科教兴国战略,是党中央、国务院总结历史经验和根据中国现实情况作出的重大战略部署。如果说,把全党工作重点转移到以经济建设为中心的轨道上来,保证了第一步战略目标的实现,那么,把经济建设进一步转移到依靠科技进步和提高劳动者素质的轨道上来,保证了第二步战略目标的胜利实现,并为实现第三步战略目标奠定了坚实的基础。1996年3月,八届全国人大四次会议批准的《国民经济和社会发展"九五"计划和二〇一〇年远景目标纲要》,将实施科教兴国战略作为"九五"计划和长远规划的重要内容。1997年9月,党的十五大再次将实施科教兴国战略作为中国改革和发展的重要指导方针。

邓小平指出:"现在要进一步解决科技和经济结合的问题。所谓进一步,就是说,在方针问题、认识问题解决之后,还要解决体制问题。"②江泽民强调,科技工作要面向经济主战场,科技进步只有同经济和社会发展紧密结合起来,才能具有强大的生命力,把科技促进生产力发展摆在经济建设的首要位置,推进科技体制改革,形成科技与生产紧密结合的机制。在开发研究、高新技术及其产业、基础性研究三个方面合理配置力量,推进科技成果商品化、产业化、国际化,充分发挥应用与开发研究对经济建设的推动作用。

科技进步和创新是生产力发展的关键因素,因此,发展高科技,不仅要善于学习,更要善于创新。历史证明,人类社会经济文化的每一次重大发展,都依赖于科学的重大发现和技术的重大发明。科学发现为技术发明和工程技术进步源源不断地提供新知识、新概念、新理论、新方法。技术创新则是科学发展与产业革命之间的桥梁和纽带。每次重大的科学发现所引起的技术突破,都引发生产力的巨大进步和社会的深刻变革。邓小平指出:"掌握新技术,要善于学习,更要善于创新。"③"我们要以世界先进的科学技术成果作为我们发展的起点。"④在国际市场上,不仅事关国防安全的关键技术难以引进,而且涉及主导产业和装备制造业的尖端技术也难以引进,必须依靠自己的力量建立自主创新的技术发展体系。1995年5月26日,江泽民在全国科技大会上强调:"创新是一个民族进步的灵魂,是国家兴旺发

---

① 《人民日报》,1995年5月27日。
② 《邓小平文选》第3卷,第108页。
③ 同上书,第51页。
④ 《邓小平文选》第2卷,第129页。

达的不竭动力。如果自主创新能力上不去,一味靠技术引进,就永远难以摆脱技术落后的局面。"①胡锦涛指出:"提高自主创新能力,建设创新型国家。这是国家发展战略的核心,是提高综合国力的关键。要坚持走中国特色的自主创新道路,把增强自主创新能力贯彻到现代化建设各个方面。"②"科学的本质就是创新……整个人类历史,就是一个不断创新、不断进步的过程。没有创新,就没有人类的进步,就没有人类的未来。"③自主创新关系到国家和民族命运,关系到中国国际地位的提升,关系到整个人类未来。

实施科教兴国,关键是人才。随着新技术革命的发展,世界资源开发的重心已由物质资源向人力资源开发转移,物质资源的竞争让位于人才的竞争、智力的竞争。邓小平对于人才对发展科技的重要性,有许多精辟的论述。他说:我们要实现现代化,"必须有知识、有人才。没有知识,没有人才,怎么上得去。"④他还指出:"改革经济体制最重要的,我最关心的,是人才。改革科技体制,我最关心的,还是人才。"⑤

党的十六届五中全会提出,要把增强自主创新能力作为科技发展的战略基点和调整产业结构、转变增长方式的中心环节,致力于建设创新型国家。党的十七大进一步把自主创新提升到国家发展战略核心的高度,提出转变经济发展方式。从过去的转变增长方式改为转变发展方式,虽然只有两字之差,但含义十分深远,内容更加丰富、全面。转变增长方式主要指从粗放式增长模式转为集约型增长方式,而转变经济发展方式除涵盖这层意思外,还包括对发展理念、促进经济增长需求的结构和产业结构提出要求。转变经济发展方式,就是要形成与科学发展观要求相一致的发展方式。

改革开放30年来,中国经济增长年均9%以上,但经济增长严重依赖资金高投入的状况没有根本改变,严重依靠资源高消耗的状况没有根本改变,严重依赖引进技术没有根本改变,核心技术和关键技术受制于人没有根本改变。目前中国技术对外依存度50%以上,科技进步对经济发展的贡献率仅30%左右(发达国家一般占70%以上)。美国哈佛大学国际发展中心和《世界经济论坛》合作完成的《全球竞争力报告(2001—2002年)》对世界

---

① 《江泽民论有中国特色社会主义(专题摘编)》,中央文献出版社2002年版,第243—244页。
② 胡锦涛在中共十七大上的政治报告。
③ 江泽民2002年8月5日会见诺贝尔奖获得者时的讲话。
④ 《邓小平文选》第2卷,第40页。
⑤ 《邓小平文选》第3卷,第108页。

75个国家和地区主要竞争力指标进行评估,中国排在第43位,其主要影响因素是创新政策和创新体系落后。中国高科技产业大而不强的矛盾十分突出。知识产权和技术标准的缺点,创新能力的薄弱和创新环境的缺失,已成为制约中国高科技产业发展的瓶颈。2006年日内瓦世界经济论坛公布的全球竞争力排名,中国只列第54位(印度第43位)。长此以往,中国高新技术产业将失去核心竞争力,在国际产业分工中处于劣势,沦为跨国公司的低端要素市场和"加工车间",直接影响中国经济结构的调整和持续发展能力。为了改变这种状况,中共中央、国务院制定了《国家中长期科学和技术发展规划纲要(2006—2020年)》,明确提出到2020年中国进入创新型国家行列的奋斗目标,使中国经济发展转到主要依靠科技进步上来①。科技进步对经济增长的贡献率达60%以上,研发投入占GDP的比重2.5%以上(2007年中国大中型企业的科研经费仅占产值的0.76%,更不用说中小型企业了)。《纲要》是新时期指导中国科技发展的纲领性文件,确定了"自主创新、重点跨越、支撑发展、引领未来"的指导方针,自主创新是贯穿其中的一条主线。《纲要》提出了五个战略重点:一是把能源资源和环保技术放在优先地位;二是把掌握装备制造业和信息产业核心技术的自主知识产权作为提高中国产业竞争力的突破口;三是把生物技术作为未来高技术产业迎头赶上的重点;四是加快发展航天和海洋技术;五是加强基础科学和前沿技术研究。

2006年1月,中共中央、国务院召开了全国科学技术大会。胡锦涛总书记和温家宝总理分别在大会上发表了重要讲话。胡锦涛强调:建设创新型国家,必须实施正确的指导方针,努力走中国特色的自主创新道路,坚持把提高自主创新能力摆在突出位置,加快国家创新体系建设,发展创新文化,建设资源节约型和环境友好型社会②。温家宝指出:没有科技的发展和创新,就不可能真正走上科学发展的道路。国际竞争从根本上说是科技竞争。自主创新是科技发展的灵魂,是一个民族发展的不竭动力,是支撑国家崛起的筋骨③。胡锦涛在党的十七大报告中指出:要加大对自主创新的投入,着力突破制约经济社会发展的关键技术。加快建设国家创新体系,支持基础研究、前沿技术研究。加快建立以企业为主体、市场为导向,产学研

---

① 《求是》杂志,2006年第2期。
② 新华社北京2006年1月6日电。
③ 新华社北京2006年1月9日电。

相结合的技术创新体系,引导和支持创新要素向企业集聚,促进科技成果向现实生产力转化。

培养大批创新型人才是建设创新型国家的关键。人才资源是永不枯竭的第一资源,是经济增长的动力资源,也是经济增长的后劲所在。人才资源是一种战略资源。围绕着创新型人才展开的争夺,越来越成为国际竞争的焦点。发达国家在全世界不断加强在全世界搜寻、吸引、利用人才的力度,使包括中国在内的发展中国家人才缺乏的状况日趋严重,所以,我们必须以国际化眼光来培养人才、吸引人才、留住人才、使用人才,营造鼓励创新的环境,实施知识产权战略,利用国际科技资源,努力吸引和造就世界一流科学家和科技领军人才,大力培养一线的创新人才。创新型领军人才是民族脊梁,提高全民科学素质是创新型人才辈出的重要社会基础,必须大幅度提高广大劳动者的科学素质,努力营造创新型人才辈出的社会环境。目前中国公民科学素质还比较低,具有基本科学素质的人口仅占总人口的 2%,农村还不到 1%。要把提高全民科学文化素质作为全面建设小康社会的重要目标,努力实施"全民科学素质行动计划纲要"。

创新是多层次的,包括科研院所的原始性创新,企业进行的技术创新和广大工人农民的群众性创新活动。要从这三个层次加强创新人才队伍建设。形成开放、流动、竞争、协作的创新体系。坚持理论创新、体制创新、管理创新、科技创新。要在中国劳动力富裕优势的基础上实现产业优化,建立起人才数量优势,改变产业落后面貌和国际分工的不利地位,实现经济结构和产业结构调整,达到国际分工地位提升。要从加工经营向品牌经营和创新经营转变,加快自主创新品牌建设。

三、全面建设小康社会

党的十六大深刻分析了中国面临的新形势新任务,明确提出要紧紧抓住 21 世纪头 20 年的重要战略机遇期,集中力量全面建设惠及十几亿人口的更高水平的小康社会的宏伟目标,丰富了邓小平"三步走"战略思想和社会主义初级阶段的理论,对凝聚人心、鼓舞斗志、加快推进中国社会主义现代化建设,具有十分重要的意义。党的十七大从新的历史起点出发,对中国发展提出新的更高要求,为全面建设小康社会进一步指明方向,展现了中国特色社会主义的壮丽前景。

第三章　和平、发展、和谐是中国外交的基本目标

全面建设小康社会的宏伟目标,内涵十分丰富,既包括实现经济总量的增长,也包括经济体制的完善;既涉及物质文明的发展,也涉及政治文明、精神文明的发展;既着眼于提高人民的生活水平和生活质量,也着眼于促进人的素质的提高和人的全面发展;既强调社会和谐与全面进步,也强调人与自然的和谐和可持续发展能力的不断增强。其中最根本的是坚持以经济建设为中心,不断解放和发展生产力。最关键的是用大约20年时间,实现国内生产总值比2000年翻两番。党的十七大坚持中国特色社会主义的经济建设、政治建设、文化建设、社会建设的基本目标和基本纲领,提出增强发展协调性,扩大社会主义民主,加强文化建设,加快发展社会事业,建设生态文明等新要求,进一步丰富了全面建设小康社会内涵,体现了以人为本,全面可持续发展的科学发展观。

20世纪80年代,邓小平提出"三步走"的发展战略,经过全党全国人民的共同努力,我们已经实现了第一步、第二步发展目标,全国人民总体实现小康。第三步战略目标实现时间达50年,跨度比较大,有必要再划分几个小阶段。党的十六大明确提出用20年全面实现小康社会的阶段性目标,既同邓小平的战略构想相衔接,又根据新的形势深化了邓小平分阶段实现现代化的重要思想。进一步丰富了关于社会主义初级阶段的理论①。

要在21世纪头20年实现国内生产总值翻两番,走什么样的工业化道路是我们面临的重大课题,党的十六大提出要走新型工业化道路。所谓新型工业化,是相对于传统工业化来讲的。首先,发达国家都是在工业化后推行信息化,而我们则在工业化过程中推进信息化,以信息化带动工业化,以工业化促进信息化,实现生产力跨越式发展。其次,传统工业化大多以消耗能源、牺牲环境为代价,先发展,后治理。我们强调在工业化过程中注重生态建设和环境保护,处理好发展与人口、资源、环境的关系。再次,发达国家工业化过程中注重机械化、自动化,出现高失业率,我们要处理好资本、技术密集型产业与劳动密集型产业的关系,高新产业与传统产业的关系,虚拟经济与实体经济的关系,在推进工业化的同时扩大就业。总之,新工业化道路就是科技含量高,经济效益好,资源消耗低,环境污染少,人力资源得到充分发挥的工业化道路②。

---

① 《求是》杂志,2002年第24期。
② 《人民日报》,2002年11月11日。

全面建设小康社会,必须有发达的农业作支撑。中国70％人口是农民,没有农民的小康就没有全国人民的小康,没有农村的现代化就没有国家的现代化。要实现全面建设小康社会的宏伟目标,最繁重、最艰巨的任务在农村。2003年1月,中央农村工作会议强调,要把解决好农业、农村和农民的问题作为全党工作的重中之重,放在更加突出的位置,努力开创农业和农村工作的新局面。全面建设小康社会,重点和难点都在农村,这是由中国基本国情决定的。从总体上看,目前农村生产力水平不高,农民生活水平比较低,还有几千万人尚未摆脱贫困;农村社会事业发展长期滞后,教育文化和医疗事业亟待改善;城乡差距和地区差距仍有扩大趋势。改变农村落后面貌,推进农村小康建设,任务十分艰巨。建设现代农业,发展农村经济,是全面建设小康社会的重大任务。十六大以来,连续几年党中央的第一号文件都是有关"三农"的问题,说明中央对解决"三农"问题极为重视,从2006年起彻底取消了农业税。实行了一系列支农、惠农政策。我们必须从国民经济发展全局出发,统筹城乡经济社会发展,正确处理"三农"问题,使农业和农村的发展与工业化和城镇化进程相适应。优化农业和农村经济结构,培育农村经济发展新的增长点,发挥城市对农村的带动作用。

胡锦涛2007年6月25日在中共中央党校的讲话中强调,全面建设小康社会,是我们党和国家到2020年的奋斗目标,是全国各族人民根本利益所在,必须坚定不移为之奋斗。全面建设小康社会的宏伟目标,是一个既具有时代精神,又具有中国特色的目标;是既实事求是,切实可行,又鼓舞人心,催人奋进的目标。

第四节 以科学发展观统领全局,构建和谐社会

一、树立和落实科学发展观

当代中国社会经历了三个阶段的发展观:革命发展观、改革发展观、科学发展观。

以胡锦涛为总书记的新一代中央领导集体,准确把握了时代特征、世界

大势和中国国情,吸收了人类发展史上的先进经验,提出了科学发展观的理论。科学发展观作为我们党马克思主义中国化的最新理论成果,开拓了中国特色社会主义理论发展的新境界,是对马克思主义、列宁主义、毛泽东思想、邓小平理论和"三个代表"重要思想的忠实继承和创造性发展,是马克思主义与时俱进的理论品质在当代中国又一次生动而具体的展现。它着眼当代中国发展的总趋势和总要求,把社会主义的发展方向、改革开放的发展道路、新型工业化的发展模式和为人民谋利造福的发展目的科学地结合起来,开拓了强国富民的新思路和新境界,对世界的和平、发展、合作、和谐将产生积极和深远的影响①。

2004年3月10日,胡锦涛在中央人口资源环境座谈会上,首次系统阐述了科学发展观的原则和内涵。他指出:"坚持以人为本、全面协调、可持续的发展观,是中国共产党以邓小平理论和'三个代表'重要思想为指导,从新世纪新阶段党和国家事业发展全局提出的重大战略思想。"②2007年6月25日,胡锦涛在中共中央党校的讲话中,对科学发展观进行高度概括,指出:"科学发展观,第一要义是发展,核心是以人为本,基本要求是全面协调可持续,根本方法是统筹兼顾。"这是对科学发展观的内涵所作的最全面、最深刻、最简明的概括。强调发展是第一要义,体现了党坚持把发展作为执政兴国第一要务的理念,说明科学发展观的精神实质首先在发展;强调以人为本是核心,表明科学发展观的基本精神就是发展为了人民、发展依靠人民、发展成果由人民共享;强调基本要求是全面协调可持续,表明科学发展观的实质就是要追求符合经济社会发展规律的又好又快的发展;强调基本方法是统筹兼顾,表明科学发展观的实质就是要统筹城乡发展、区域发展、经济社会发展、人与自然和谐发展、国内发展与对外开放,坚持生产发展、生活富裕、生态良好的文明发展③。

科学发展观的提出是中国改革开放深入发展的必然要求。改革开放30年来,中国的经济发展取得了骄人成绩,2005年GDP达2.25万亿美元,年均增长9%以上,成为世界第四大经济体。但从全局看,中国经济仍未摆脱粗放型发展,存在诸多矛盾。资源消耗高与人均资源少之间的矛盾突出,

---

① 《求是》杂志,2006年第19期。
② 新华社北京2004年3月10日电。
③ 《求是》杂志2007年第24期。

中国的土地、耕地和森林等资源人均占有量在世界各国排名在100位之外，矿产资源中的石油、天然气、铜、铝等人均占有量不到世界平均水平的1/10，而且浪费严重。资源的产出率、回收率、综合利用率低。单位产值能耗达世界平均水平二倍以上。以2003年为例，中国GDP占世界总数的4%，但消耗世界钢铁的27%、水泥40%、煤炭31%。其次，环境污染严重，水源污染、大气污染、固体废弃物污染均十分严重，全国水域可供饮用的水源（三类水质）仅占38%，而丧失使用价值的重度污染水源（5类水质）高达30%。全国2/3的城市属中度污染城市，每年垃圾排放量达11亿吨（且年增7%以上）。未经处理的固体废物堆放量有60亿吨。90%以上城市噪声超标。生态系统日益恶化，沙漠化面积扩大，森林质量下降，草场退化严重，生物物种不断减少，荒漠化土地达260多万平方公里，且每年以2 500平方公里的速度扩展，自然灾害频繁，造成巨大经济损失。再次，区域发展失衡，城乡之间、东部与中西部之间、城市各阶层之间贫富差距拉大，利益失衡。这些问题显示，中国经济仍然处于依靠高投入、高能耗、高污染的增长模式。这种粗放型发展难以为继，为了13亿人民的福祉，为了中华民族的生存发展、长远利益和根本利益，为了赢得世界的信任和尊重，中国必须从粗放型发展向科学发展转变①。作为坚持走和平发展道路的社会主义国家，不能把矛盾向外转嫁，只能内部消化，唯一的办法就是实施科学发展观。

科学发展观具有马克思主义面向整个人类文明的理论特征，吸收了世界不同类型国家在发展上的经验教训。它吸收了发达国家战后发展的经验教训，从经济增长论到综合发展论，从增长极限论到可持续发展论的理论与实践的发展轨迹；也借鉴了发展中国家发展的经验教训，认识到既要吸收发达国家的发展成果和经验，又不能照搬照抄，必须从本国实际出发，探索自己的发展道路。同时，它着眼于当今经济全球化的发展趋势，既积极融入又坚持独立自主，既扩大开放又立足自主创新；它坚持发展的客观性和价值性的统一，把发展的要求同坚持社会主义制度结合起来，走中国特色的社会主义发展道路②。

科学发展观的鲜明特点，在于把人的全面发展与科学发展统一起来，把为谁发展与依靠谁发展统一起来，把党的领导作用与人民群众的主体地位

---

① 《国际问题研究》，2006年第2期。
② 《求是》杂志，2006年第9期。

统一起来。以人为本是科学发展观的核心,以实现人的全面发展为目标,从人民群众的根本利益出发谋发展、促发展,不断满足人民群众日益增长的经济、政治、文化权益,让发展的成果惠及全体人民。

要理解和把握科学发展观的精神实质,必须做到党中央提出的四个准确认识,即准确认识国际国内的发展环境;准确认识中国发展的阶段性特征;准确认识中国经济社会发展面临的主要问题;准确认识实现中国经济社会又快又好发展的基本条件①。科学发展观是和平的发展观,合作的发展观,和谐的发展观。贯彻科学发展观,必须坚持和平发展的原则,倍加珍惜战略机遇期,倍加珍惜和平的国际环境。必须坚持合作发展的原则,促进民主、平等、互利、共赢的发展。必须坚持和谐发展的原则,在求同中谋发展,在存异中求和谐。贯彻和落实科学发展观,又好又快的发展是本质,"五个统筹"是关键,改革创新是保证。

二、构建社会主义和谐社会

2006年10月,中共十六届六中全会通过了《中共中央关于构建社会主义和谐社会的决定》,明确提出到2020年构建社会主义和谐社会的目标。《决定》对构建社会主义和谐社会的重要性和紧迫性,指导思想、目标和任务作了详尽的说明。胡锦涛在党的十七大报告中指出:"深入贯彻落实科学发展观,要求我们积极构建社会主义和谐社会。社会和谐是中国特色社会主义的本质属性。科学发展与社会和谐是内在统一的。没有科学发展就没有社会和谐,没有社会和谐也难于实现科学发展。"这为我们如何构建社会主义和谐社会指明了方向。

改革开放30年来,中国经济社会发展取得了举世瞩目的成就,但面临的问题也相当严峻,大量社会矛盾积累,贫富悬殊,利益冲突加剧,国际社会各种矛盾也呈加剧趋势,精神生活方面的道德、信仰、社会诚信存在诸多问题,说明社会还不和谐。这些社会问题的解决要求我们提出相应的政治理念,和谐社会就是这样的理念。

我们要构建的和谐社会,是在中国特色社会主义道路上,中国共产党领导全体中国人民共同建设、共同享受的和谐社会。胡锦涛指出:"我们要建

---

① 《求是》杂志,2006年第9期。

设的社会主义和谐社会,应该是民主法制、公平正义、诚信友爱、充满活力、安定有序、人与自然和谐相处的社会。"①构建社会主义和谐社会是中国特色社会主义总体布局的完善,要在全社会倡导和谐理念,建设和谐文化,加强诚信道德建设,倡导人与人和睦相处。为了建设这种和谐社会,我们既需要大力发展经济,并公平地分配经济发展的成果;而且需要建成公平与正义原则的政法体系;同时还需要建设惠及每个公民的社会保障体系以及完备的社会服务体系。

构建社会主义和谐社会是一个系统工程。一个社会的和谐,必须做到物质生产、人的自身生产、精神生产、社会关系再生产之间存在平衡,社会是一个有机体,社会要素互相联结,社会和谐问题本质上是如何形成最佳社会合力问题;必须加强民主法制建设,构建一个民主、廉洁、高效的政府,建立科学的决策机制以及人民利益的反映机制和协调机制,加强公共领域建设;必须培养国民的公共精神,建设和谐文化。社会主义核心价值体系是建设和谐文化的根本。《决定》指出:"马克思主义指导思想、中国特色社会主义共同理想,以爱国主义为核心的民族精神和以改革为核心的创新精神,社会主义荣辱观,构成社会主义核心价值体系的基本内容。"②这种核心价值体系下培养出来的国民的公共精神,是既承认个人利益的正当性又能超越个人私利的公利精神,是维护并增进公共利益的精神,是遵循"己所不欲,勿施于人"和"人所不欲,勿施于人"的原则精神,是在全球化时代促进人类共同利益的精神。

党的十六届六中全会通过的《决定》把和谐社会界定为社会主义的一个本质属性,说明我们党把构建社会主义和谐社会看作是决定中国现在和未来的一项重大战略决策,其意义非常深远。《决定》具有极强的现实针对性,说明建设社会主义和谐社会不只是一种理想,而且是改变现有各种不和谐状况的现实运动。胡锦涛指出:"科学发展、社会和谐是发展中国特色社会主义的基本要求,是实现经济又好又快发展的内在需要,必须坚定不移地加以落实。"③

构建社会主义和谐社会是贯穿中国特色社会主义事业全过程的长期历史任务,也是一项前无古人的伟大事业,是造福全体人民的伟大事业,只有

---

① 《世界2006年鉴》,中国财政经济出版社2006年1月版,第34页。
② 《人民日报》,2006年10月12日。
③ 胡锦涛2007年6月25日在中共中央党校的讲话。

动员广大人民群众共同参与,才能使这一宏伟目标成为现实,只有让广大群众从和谐社会建设中得到实惠,才能使建设和谐社会成为广大群众的自觉行动,离开和谐社会共建,发展成果的共享就失去根基和源泉。离开发展成果共享,和谐社会的建设就失去意义和动力,把共同建设、共同享有贯穿于和谐社会建设全过程就能不断推进我们的伟大事业。

我们是在经济市场化和不断促进政治民主化的条件下构建和谐社会,它并不是要回避和排斥矛盾和斗争,而是要使斗争理性化、文明化,最终达到矛盾的解决。我们相信,在科学发展观的统领下,一个富强、民主、文明、和谐的社会主义社会一定能在中国实现。

思考题

1. 正确判断时代主题有什么重要意义?
2. 时代主题由战争与革命转变为和平与发展的根据是什么?
3. 为什么说发展问题是核心问题?
4. 合作安全与同盟安全的区别何在?
5. 为什么要把发展作为我们振兴中华的第一要务?
6. 树立科学发展观的重要意义何在?

第四章 和平共处五项基本原则是指导中国外交的基本原则

　　互相尊重主权和领土完整、互不侵犯、互不干涉内政、平等互利、和平共处五项原则,科学地阐明了国家在当代国际关系中所应享有的基本权利和所必须承担的国际义务,高度概括了国际法的基本原则,完全符合联合国宪章的宗旨和原则的基本精神,用最简洁的语言把当代国际关系中应有的本质特征作了最清楚的描述。中国是和平共处五项原则的倡导者和忠实执行者,并在实践中不断丰富和发展。和平共处五项原则已成为世界各国公认的国际关系基本准则,显示了强大的生命力。无数事实证明,只要遵守和平共处五项原则,社会制度不同的国家可以友好相处,平等合作;如果违背和平共处五项原则,即使社会制度相同的国家也可能出现对抗,甚至爆发战争。和平共处五项原则是中国对国际关系理论的重大贡献。

第一节　中国是和平共处五项原则的倡导者

一、和平共处五项原则的提出及其内涵

　　中国提出和平共处五项原则,并把它作为中国处理与其他国家关系的基本原则,绝非偶然。早在抗日战争末期,1945 年,毛泽东就指出:"中国共产党的外交政策的基本原则,是在彻底打倒日本侵略者,保持世界和平,互相尊重国家的独立和平等地位,互相增进国家和人民的利益及友谊这些基础之上,同各国建立并巩固邦交,解决一切相互关系问题,例如配合作战、和

第四章 和平共处五项基本原则是指导中国外交的基本原则

平会议、通商、投资等等"①,这里包含了相互尊重国家独立、平等、互利等原则。1949年1月,中华人民共和国成立前夕,毛泽东在审阅中共中央关于外交工作的指示时,又把不干涉内政作为一项最重要的原则提了出来。1949年4月,在英国军舰侵入中国领土并向中国人民解放军开炮事件发生时,毛泽东又从国家利益的角度,提出了"互相尊重主权和领土完整"的原则,在开国大典上,毛泽东把前面提到的重要原则,作为新中国与外国政府建立外交关系的三个原则,"凡愿遵守平等、互利及互相尊重领土主权等项原则的任何外国政府,本政府均愿与之建立外交关系"②。

新中国成立后颁布的一些重要外交文件也分别提出了相关的原则。如毛泽东在阐述"另起炉灶"方针的时候,就提出:"中国人民革命军事委员会和人民政府愿意考虑同各外国建立外交关系,这种关系必须建立在平等互利、互相尊重主权和领土完整的基础上。"③1950年签订的《中苏友好同盟互助条约》也把"平等互利、互相尊重国家主权和领土完整及不干涉内政的原则"写进条约中。

最早完整地提出和平共处五项原则的是周恩来总理。他在1953年12月31日代表中国政府与印度政府代表团谈话时提出了和平共处五项原则:互相尊重领土主权、互不侵犯、互不干涉内政、平等互惠、和平共处。1954年日内瓦会议期间,周恩来应邀访问印度和缅甸,又多次阐述了和平共处五项原则。访问结束后,在中印、中缅两国总理联合声明中,共同倡导把和平共处五项原则作为指导两国关系的基本原则,并强调,这些原则也适用于处理与亚洲和世界各国的关系。在联合声明中,把五项原则中的"平等互惠"改为"平等互利"。1955年万隆会议期间,周恩来在阐述和平共处五项原则时又把"互相尊重领土主权"改为"互相尊重主权和领土完整"。至此,和平共处五项原则的表述方式便确定下来。和平共处五项原则首次在国际文件中出现是1954年4月29日签署的《中印关于中国西藏地方和印度之间的通商和交通协定》。同年6月28日,中印两国总理联合声明的颁布成为和平共处五项原则的正式纪念日。随后,中国把和平共处五项原则载入自己国家的宪法。

---

① 《毛泽东外交文选》,第43页。
② 同上书,第116页。
③ 《毛泽东选集》第4卷,第1461页。

建国初期,毛泽东提出中国外交的"三大方针",建构了中国独立自主和平外交的原则框架,而和平共处五项原则为新中国确立了一项长期基本的外交方针,是对"三大方针"的继承、发展和完善。对打破美国对新中国的封锁和包围,消除周边国家对中国这个社会主义大国兴起的恐惧、疑虑和误解,对于发展中国同世界各国的关系,开创中国外交新局面,具有重要的意义。

和平共处五项原则是一个不可分割的有机整体,包含丰富而深远的内容,其本质是反对侵略和干涉,否定霸权主义和强权政治,维护国家的独立和主权,保障世界和平,促进世界经济的发展与繁荣。正如中印两国总理联合声明所说:"如果这些原则不仅适用于各国之间,而且适用于一般国际关系中,它们就将形成和平和安全的坚固基础,而现时存在的恐惧和疑虑,则将为信任感所代替。"①中缅两国总理联合声明则指出:"如果这些原则能为一切国家所遵守,则社会制度不同的国家的和平共处就有了保证。"②

"互相尊重主权和领土完整"是五项原则的首要原则。主权是指一个国家按照自己的意志独立地处理内部和外部事务而不受其他国家干涉的权利,是国家的根本属性。主权原则是国际法最基本的原则。主权独立和领土完整是任何一个国家生存和发展的前提,也是各国间平等交往的必不可少的条件。它是和平共处的基础。

"互不侵犯"是指国家之间不得以任何理由和借口使用武力去侵犯别国的主权独立和领土完整。侵略战争是破坏国际和平的严重罪行,互不侵犯原则就是反对这种罪行,主张用和平方法解决国际争端。

"互不干涉内政"是指任何国家不得通过政治、经济、军事、文化等手段干涉别国内部事务。各国人民有权自己选择政治、经济制度和意识形态,任何国家不得以任何借口强迫别国接受自己的政治、经济制度、价值观念和发展模式,不得组织、鼓励和怂恿旨在推翻别国政权的颠覆和恐怖活动。

"平等互利"是指国家不论大小、贫富、强弱,一律平等,要求国家之间在各种交往中,彼此都以主权国家平等相待,反对以大欺小、以强凌弱、以富压贫。不能由一两个大国操纵和垄断国际事务,要求在国家相互交往中(特别

---

① 《人民日报》,1954 年 6 月 29 日。
② 《人民日报》,1954 年 6 月 30 日。

是经济交往),互惠、互利、公平、合理、等价交换,反对损人利己、弱肉强食、巧取豪夺、剥削他国,平等和互利是密切联系的。平等是互利的条件,互利是平等的结果。

"和平共处"是实现前四项原则的出发点和目标。总之,和平共处五项原则,和平共处是总原则,其他四项是实现这一原则的条件。五项原则中,第一项是前提,后三项是第一项的补充,最后一项是落脚点。或者说,前四项是手段,最后一项是目的。和平共处五项原则将四项要求和一项目标有机地结合在一起,规定了相互对等的约束条件,兼顾了当事各方的利益,它超越意识形态、价值观念和社会制度,从而为世界各国实行和平共处、共同发展奠定了坚实的基础。

二、和平共处五项原则的思想渊源

和平共处思想最早是列宁提出的,五项原则是对列宁和平共处思想的继承和发展。社会主义国家外交政策应是和平外交政策,和平共处是社会主义总体和平外交的反映。列宁提出和平共处的基本依据是,社会主义革命可以首先在一个或几个国家取得胜利,因此,在相当长的时间内仍然要同世界其他资本主义国家并存。处理社会主义与资本主义国家的关系,双方应当和平共处。

周恩来代表中国政府提出的和平共处五项原则,也是在抗美援朝战争胜利后,社会主义力量与资本主义力量在全球处于"均势"状态下酝酿的,最初也只适用于处理不同社会制度国家,即社会主义国家与资本主义世界中的民族独立国家的关系,以及运用和平共处五项原则争取和平的国际环境以利于国内社会主义建设等。若就这些方面而论,其理论来源于列宁的和平共处思想。但是,列宁的和平共处思想只是一项短期的策略原则,而和平共处五项原则是作为中国处理同世界上一切国家关系的长期基本原则,五项原则是对列宁和平共处思想的发展[①]。

其次,和平共处五项原则弘扬了中华传统文化的精华,有其深厚的中国文化根源,同中国传统文化的影响有密切关系。中华文化是一个多民族的文化共同体,是各区域、各民族文化的荟萃。中原华夏文化与吴越、

---

① 徐成芳:《和平方略》,时事出版社 2001 年版,第 90 页。

巴蜀、荆楚、齐鲁、赵燕、岭南文化交融,并和蒙、藏、回、壮等许多民族的文化共生演进而成。中华文化既是华夏民族与周边民族文化融通的产物,也是儒家文化与诸子百家学说思想兼容并进的结晶,呈现出多元的复合文化形态。中华文化的普遍图腾符号——龙的形象,就是这种多元性的表现。它角似鹿,头似驼,眼似龟,面似蛇,腹似蜃,鳞似鱼,爪似鹰,掌似虎,耳似牛①。汉族文化与其他兄弟民族文化相互交融、相互促进,共同创造了灿烂的中华文明。各兄弟民族的文化,既有中华文化的共性,又保留有自己民族的个性,在祖国的文化百花园中各显异彩,更显中华文化的绚丽多姿。文化传统是不死的民族魂,文化传统就是民族精神。中华文化有许多光彩照人的优良传统和崇高品质,和平精神就是它的一个突出特点。中华文化的人文精神、价值理想是"和"。儒家、墨家、道家都倡导"和"或"和合",作为化解天与人、国与国、家与家、人与人以及不同文明冲突的最佳方式。和合是中华文化的精髓,而和合的理论基础是"兼相爱"或"仁者,爱人"的人类友好精神。这种友好精神的准则就是孔子所说的"夫仁者,己欲立而立人,己欲达而达人","己所不欲,勿施于人"②以及"和为贵"。千百年来,中华民族追求的就是在自己的故土上过着安宁而稳定的生活。以耕读传家自豪,以穷兵黩武为戒。《论语》所谓"善人为邦百年,亦可以胜残去杀矣"③。墨子所谓"若使天下兼相爱,国与国不相攻,家与家不相乱,盗贼无有……若此则天下治"④。这些便是中华民族圣贤与庶民百姓的理想。中华文化把天与人、国与国、人与人之间的和谐、协调作为最高原则,达到"天下大同"的普遍和平境界。德国著名哲学家费尔巴哈对中国传统文化曾作过这样的评论:"中国的圣人孔夫子说……'己所不欲,勿施于人'……在许多由人们思考出来的道德原则和训诫中,这个朴素的通俗的原理是最好的,最真实的,同时也是最明智而且最有说服力的。"⑤中国共产党十分重视要正确对待民族传统。毛泽东在《改造我们的学习》一文中,批评了只知背诵马列主义词句的教条主义者和言必称希腊数典忘祖的人。指出对待传统文化的正确态度是"取其

---

① 罗愿:《尔雅翼·释龙》。
② 《颜渊》,《论语集注》卷六。
③ 《论语·子路》。
④ 《墨子·兼相爱》。
⑤ 转引自《国际观察》,1996 年第 2 期。

第四章 和平共处五项基本原则是指导中国外交的基本原则

精华,去其糟粕",批判地加以继承,既反对夜郎自大、故步自封,又反对民族虚无主义;在外交上主张站稳民族立场,反对排外和惧外媚外两种错误态度,强调既要树立民族自尊心、自信心,又要向外国学习,善于与人合作。1954年10月,毛泽东在同印度总理尼赫鲁谈互利合作时,曾引用孟子的话说:"中国古代的圣人之一孟子曾经说过:'物之不齐,物之情也',这就是说,事物的多样性是世界的实况。马克思主义也是承认事物的多样性的,这是同形而上学不同的地方。国与国之间不应该互相警戒……"而应该"合作","我们在合作方面得到一条经验:无论是人与人之间、政党与政党之间、国与国之间的合作,都必须是互利的,而不能使任何一方受到损害。如果任何一方受到损害,合作就不能维持下去。正因为这个原因,我们的五项原则之一就是平等互利"①。1963年周恩来在会见外宾时,曾简要概括了中国人办外交的哲学思想。主要有:第一,要等待,不要将己见强加于人。第二,决不开第一枪,人家可以先对我不好,我们决不会先对人家不好。第三,凡是对我们友好的国家,我们就以更友好的态度对待他们;如果敌视我们,我们就以同样态度进行抵抗,也就是说,友好在先,抵抗在后,"来而不往非礼也"。否则别人就会把我们看成懦弱可欺。第四,"退避三舍",你来,我先退,给你警告;再来,再退,再给警告,但事不过三。周恩来强调指出:"我们中国人办事,就是根据这样一些哲学思想。这些哲学思想,来自我们的民族传统。"②

再次,国际法基本原则和《联合国宪章》宗旨和原则的精神,是和平共处五项原则的国际法思想渊源。国家主权不可侵犯、平等、领土完整、国家独立是国际法公认的基本原则,特别是作为联合国组织的根本法、当代国际关系和国际法重要文件的《联合国宪章》是当代国际法的集大成者。宪章规定了联合国的宗旨(载第一条):维持国际和平及安全;发展国际间以尊重人民平等权利及自决原则为根据之友好关系;促成国际合作,以解决国际间属于经济、社会、文化及人类福利性质之国际问题;以联合国作为协调各国行动之中心,以达成上述目的。为了实现联合国各项宗旨,宪章第二条规定了联合国及其会员国应遵循七项原则:各会员国主权平等;真诚地履行宪章义务;和平解决国际争端;禁止以武力相威胁或使用武力;集体协助;确保会

---

① 《毛泽东外交文选》,第167页。
② 《周恩来外交文选》,第327—328页。

员国遵守上述原则；不干涉别国内政。这些原则成为国际法的基本原则。它所确认的主权平等、互不干涉内政和以和平方式解决国际争端等项原则与和平共处五项原则在本质上是一致的。但是，长期以来，联合国宪章的宗旨与原则以及一些公认的国际法基本准则并没有得到认真贯彻执行，而且常常遭到霸权主义和强权政治的践踏和破坏，它们制造形形色色的"侵略有理"、"新干涉主义"等论调。中国提出和平共处五项原则正是为了贯彻联合国宪章的宗旨和原则，以及其他国际法基本原则，而且进一步充实和丰富了国际法准则。

第二节　中国忠实执行并不断发展和平共处五项原则

中国不仅积极倡导和平共处五项原则，而且始终坚持按这些原则来处理与其他国家的关系，并在实践中不断丰富和发展和平共处五项原则。使和平共处五项原则从指导与邻国关系扩大到同第三世界国家的关系；从指导不同社会制度国家间关系到相同社会制度国家间关系；从指导同友好国家间关系到同推行霸权主义国家的关系；并创造性地把和平共处五项原则应用到祖国统一大业；冷战结束后，又提出以和平共处五项原则作为建立新的国际政治经济新秩序的基础。进入新世纪后又积极倡导新安全观，构建和谐地区和和谐世界。迄今，中国已同 100 多个国家在建交公报、条约、协定或其他双边和多边关系文件中写进了和平共处五项原则。毛泽东强调，和平共处五项原则，"是一个长期方针，不是为了临时应付。这五项原则是适合中国的情况的，中国需要长期的和平环境"[1]。他还指出，"中国的外交政策是以和平共处五项原则为基础的。为了和平建设的利益，我们愿意和世界上一切国家，包括美国在内，建立友好关系"[2]。

和平共处五项原则开始主要用于处理中国与民族独立国家间关系以及

---

[1] 《毛泽东外交文选》，第 186 页。
[2] 同上书，第 246 页。

民族主义国家的关系,并获得巨大成功。其首要成果便是解决了中国与印度关于历史遗留的西藏地方问题。1955年的万隆会议是中国成功运用和平共处五项原则的一个典型范例。由于美国在中国与会问题上散布种种谬论、台湾蒋介石集团对中国代表团的暗杀活动以及一些国家对社会主义的不了解和疑惧,一些国家对中国进行了攻击和指责,导致会议气氛十分紧张。如果由此挑起争论,就有可能转移会议反帝、反殖的主题,使会议不欢而散。但周恩来并未进行驳斥,而是作了一个针对性很强的、既坚持原则又充满和解精神的精彩发言,开宗明义地阐述中国代表团"求同存异"方针。他指出:"中国代表团是来求团结而不是来吵架的","中国代表团是来求同而不是来立异的"。"在亚非国家中是存在有不同的思想意识和社会制度的,但这并不妨碍我们求同和团结"。针对有的国家提出中国可能利用华侨进行颠覆活动的问题,周恩来指出:"中国古话说:己所不欲,勿施于人。我们反对外来干涉,为什么我们会去干涉别国内政呢?"这个发言把会议气氛拉回到预定的主题上,大大推动了会议的进展,受到了各国代表团的热烈赞扬。连原先指责中国的代表团都承认,周恩来的"这个演说是出色的、和解的,表现了民主精神"①。在会议最后阶段讨论会议宣言时,印度、缅甸提出把和平共处五项原则写进宣言。有的代表团提出,和平共处一词是共产党用的词汇,反对把和平共处五项原则写进宣言,形成僵局。周恩来表示,重要的是这么多亚非国家聚在这里,一致呼吁和平,证明和平愿望得到世界上多数国家支持,也证明战争可能推迟甚至避免。至于和平共处的措词,若认为是共产党用词,可以换一个词汇,用联合国宪章序言中的"和平相处",五项原则的写法可以修改,数目可以增减,并提出了建设性意见,会议在中国代表团建议的基础上达成了关于促进世界和平与合作的决议和宣言。万隆会议终于克服重重障碍,取得了成功,把和平共处五项原则写进了会议最后公报,扩大为十项原则。强调尊重一切国家的主权和领土完整,在承认一切大小国家的平等和不干涉他国内政等十项原则基础上,彼此实行宽容、和平相处,发展友好合作。

鉴于社会主义国家间关系的经验教训,中国在外交工作中,不仅把五项原则用于中国与非社会主义国家的关系,而且还逐渐地用于社会主义国家之间,尤其是要求苏联用五项原则精神来处理社会主义国家间的关系。在

---

① 谢益显主编:《中国当代外交史》,中国青年出版社1997年版,第103页。

周恩来和毛泽东的不断坚持下,苏联也表示接受了五项原则的精神。苏联政府1956年10月30日发表宣言,表示要根据完全平等、尊重领土完整、国家独立和主权、互不干涉内政等项原则,发展和进一步加强同其他社会主义国家的友谊和合作。声明特别指出,"社会主义国家的相互关系更应该建立在五项原则的基础上"①。中国政府于11月1日发表《关于苏联政府1956年10月30日宣言的声明》,对苏联的宣言给予肯定和支持。同时指出:"互相尊重主权和领土完整、互不侵犯、互不干涉内政、平等互利、和平共处五项原则,应该成为世界各国建立和发展相互关系的准则。社会主义国家都是独立的主权国家,同时又是以社会主义的共同理想和无产阶级国际主义精神团结在一起的。因此社会主义国家的关系就更应该建立在五项原则的基础上。"②正式宣布将和平共处五项原则扩大为社会主义国家间关系的准则。这对当时认为社会主义国家间关系上,无产阶级国际主义高于一切的观点是一个重大的突破,过去一直把国际主义视为神圣的原则,和平共处五项原则不适用于社会主义国家间关系。赫鲁晓夫曾说:"当我们说共处时,指的是社会主义国家同资本主义国家的共处。这些力量相互对立,它们之间存在着对抗性矛盾,为了使这些矛盾不致引起战争,就需要共处……简而言之,共处原则的目的就是不准打仗。""至于社会主义国家,它们之间没有对抗性的矛盾,没有斗争和仇视……"因此,将"共处"一词用于社会主义国家之间的相互关系未必恰当。"在它们之间的关系中起作用的,是友谊和互助的原则、无产阶级国际主义的原则"③。周恩来指出,社会主义各国是有共同理想和目标的,它们的关系是以国际主义原则为基础的,但同时,社会主义国家也是一般意义上的国家,是以独立为基础的主权国家,因此,它们之间的关系又是以民族平等为基本原则的④。社会主义国家关系也要遵循和平共处五项原则,这是周恩来的重大理论贡献。

中国还积极将和平共处五项原则推广运用于处理与西方发达国家,包括推行霸权主义国家的关系,试图与之实现和平共处。早在1954年

---

① 塔斯社1956年10月30日电。
② 《人民日报》,1956年11月1日。
③ 安·葛罗米柯:《和平共处——苏联对外政策的列宁主义方针》,三联书店1956年第一版,第3页。
④ 《周恩来外交文选》,第195页。

第四章　和平共处五项基本原则是指导中国外交的基本原则

10月周恩来对来访的日本文化代表团说:"美国如果愿意和平共处,我们也欢迎,我们并不排斥美国,我们愿意同它们和平合作,是它们不愿意同我们合作。"①万隆会议期间,周恩来又发表了声明:"中国人民不要同美国打仗。中国政府愿意同美国政府坐下来谈判,讨论和缓远东紧张局势问题,特别是和缓台湾地区紧张局势问题。"这个声明立刻震动了万隆,并传遍全世界,充分表达了中国人民的和平愿望。周恩来一再指示要按照和平共处五项原则搞好接待工作,他说:"我们跟西方国家改进关系,在政治上是和平,在经济上是贸易。……我们可以根据这两条跟西方国家结成统一战线……我们和英国是有同有不同的,我们的态度是求同而不求异。当然不同的地方,双方都不能去掉,不能要求双方改变立场和放弃立场,那是违背和平共处五项原则的。""不要跟它们争论马克思主义学说,争论社会主义制度的问题,讽刺、挖苦它们是不必要的……要向它们说明我们不干涉别的国家的内政,革命不能输出,各国的社会制度是由本国人民自己选择的。""我们要讲求实际,目的是为了推进中英关系,争取和平合作。"②只有真正贯彻和平共处五项原则才能表现出如此自信宽容的大国外交风范。中国政府多次表示中日之间可以根据和平共处五项原则促进关系正常化。后来,和平共处五项原则都写进了中国与美、英、日等大国的建交公报和联合声明中。

到了20世纪80年代,解决香港、澳门、台湾等历史遗留问题,早日实现祖国的完全统一成为中国三大战略任务之一。邓小平创造性地运用和平共处五项原则,提出了"一国两制"的伟大构想。将国与国之间关系的原则运用于处理一个国家之内不同社会制度地区之间的关系。在一个中国之内,大陆实行社会主义制度,港澳台实行资本主义制度,两种制度间不存在谁吃掉谁的问题,而且还要长期共存、相互促进、共同发展。这合乎大陆、港澳台以及整个中华民族整体利益的需要。"一国两制"构想体现的和平共处是一种特殊的和平共处关系。一方面,它是以社会主义制度为主体,是具有单一主权的和平共处。国家主权归属中央政府,港澳台特别行政区虽具有高度自治权但仅为地方政府;另一方面,它是国际条约、宪法和部门法律保障下的和平共处。如邓小平同志所言:"根据中国自己的实践,我们提出'一个国

---

① 《周恩来外交文选》,第92—93页。
② 同上书,第82页。

家,两种制度'的办法来解决中国的统一问题,也是一种和平共处。""和平共处原则不仅在处理国际关系问题上,而且在处理自己的内政问题上,也是一种好办法。"①1997年和1999年,香港和澳门顺利回归,这是和平共处五项原则结出的硕果。

1988年,冷战即将结束,两极格局即将崩溃,邓小平又提出在和平共处五项原则基础上,建立和平、稳定、公正、合理的国际政治、经济新秩序,这是和平共处五项原则的又一重大发展。1988年9月,邓小平在会见斯里兰卡总理普雷马达萨时率先提出,"现在需要建立国际经济新秩序,也需要建立国际政治新秩序"。12月21日,邓小平在会见印度总理拉吉夫·甘地时说:"建立新的国际秩序,霸权主义、集团政治或条约组织是行不通了,那么应当用什么原则来指导新的国际关系呢?""中印两国共同倡导的和平共处五项原则是最经得起考验的","应当用和平共处五项原则作为建立国际政治新秩序的准则"②。

和平共处五项原则之所以能作为建立国际政治经济新秩序的基础,这是因为:

第一,它符合战后国际关系中逐步形成的基本趋势,如国际格局多元化趋势,国际关系民主化趋势,世界经济一体化趋势等。冷战秩序与这些趋势是相悖的。

第二,它概括了国际法中尊重主权和不干涉内政这些最主要的基本原则,符合联合国宪章的宗旨和有关准则,同时又有重大发展,反映了新型国际关系最本质的特征,是一个既简明又比较完整的体系。

第三,和平共处五项原则是一套完整的国家行为规范,比其他国际性、区域性的法律原则更全面、更合理。邓小平同志说:"还是五项原则最好,非常明确,干净利落,清清楚楚。我们应当用和平共处五项原则作为指导国际关系的准则,作为指导国与国之间关系的准则。"

第四,和平共处五项原则完全、彻底、全部摆脱了旧国际关系中的不公正、不合理的因素和消极影响,同霸权主义和强权政治针锋相对,最能反映世界各国特别是广大发展中国家的共同愿望,最能体现时代的特点,最符合所有国家和人民的根本利益。战后的历史和现实证明,在国际关

---

① 《邓小平文选》第3卷,第96—97页。
② 同上书,第282—283页。

系中,无论什么"阵营"、"集团"、"大家庭"、"同盟国"等所有以社会制度划分阵线或以价值观念定亲疏的做法,都是靠不住、行不通的。唯有普遍恪守和平共处五项原则,才能维持正常的国家关系,才能建立公正的国际关系秩序[①]。

冷战结束后,中国积极推动树立以互信、互利、平等和协作为主要内容的新安全观,通过平等协商化解矛盾,通过互利合作寻求共同安全,是新形势下和平共处五项原则的新发展,应成为构建新世纪国际安全结构的理论基础。

进入新世纪,中国大力倡导构建和谐世界理念。和谐世界外交理念内涵十分丰富,要求各国间以平等互利为核心,以民主、和睦、协作、共赢为原则处理相互关系,政治上相互尊重,平等协商,共同推进国际关系民主化;经济上相互合作,优势互补,共同推动经济全球化朝均衡、普惠、共赢方向发展;文化上不同的文明相互借鉴,求同存异,共同促进人类文明进步;安全上相互信任,加强合作,共同维护世界和平稳定。这是和平共处五项原则在新形势下的发扬光大。赋予和平共处五项原则以新意,拓展和深化了和平共处五项原则的内涵。

从和平共处五项原则提出以来,中国在对外交往中,始终恪守和平共处五项原则。按照五项原则的精神,中国同缅甸、巴基斯坦、尼泊尔、阿富汗、蒙古等国签订了边界条约,解决了历史上遗留下来的边界问题。苏联解体后,中国又按照和平共处五项原则同俄罗斯、哈萨克斯坦、吉尔吉斯斯坦、塔吉克斯坦等彻底解决了边界问题。中国真诚地希望在和平共处五项原则基础上,同世界各国建立和发展友好合作关系。在国际事务中,中国以和平共处五项原则为指导,积极参与,主持公道,伸张正义,运用和平共处五项原则解决国际争端和地区冲突。根据和平共处五项原则,中国坚持主张苏联从阿富汗撤军,认为这是政治解决阿富汗问题的关键,为恢复阿富汗独立、主权、中立和不结盟地位进行了不懈的努力。中国主张和支持伊朗和伊拉克本着互谅互让、平等协商的精神,通过谈判,公平、合理地解决两国争端,为两国实现和平共处做出了应有的贡献。为政治解决柬埔寨问题,中国和安理会其他常任理事国以及东盟国家等一起,经过多次磋商,制定了5个文件,得到了第45届联大的核准,并为柬埔寨各方

---

① 参见田曾佩主编:《改革开放以来的中国外交》,世界知识出版社1993年版,第635、16页。

所接受,做出了重大贡献。中国主张通过政治途径公正、合理、全面解决中东问题,以色列应撤出它所占领的阿拉伯领土,巴勒斯坦人民的合法民族权利应得到恢复,巴勒斯坦及各阿拉伯国家同以色列应该相互承认,阿拉伯和犹太两个民族应和平共处。美国应从韩国撤军,让朝鲜人民自己在没有外来干涉的情况下,通过对话,和平解决统一问题。在1994年的朝鲜核问题上,中国积极促成朝美达成关于朝鲜核问题的框架协议。2003年朝鲜核问题又导致朝美关系紧张,中国在支持朝鲜半岛无核化的同时,做了大量劝说和促谈工作,希望朝美通过对话,和平解决问题。促成了朝核问题的六方会谈机制,并取得重大成果。海湾危机发生后,中国明确反对伊拉克侵吞科威特,要求伊拉克无条件地从科威特撤军,恢复科威特的独立、主权、领土完整和合法政府,同时力主和平解决危机,并为此尽了自己最大的努力。海湾战争爆发后,中国强烈呼吁有关各方采取克制态度,希望和平解决冲突,尽早结束海湾战争,以防止战争升级和蔓延而给海湾和中东国家带来不应有的灾难与破坏。中国作为联合国安理会常任理事国,积极参加联合国解决地区冲突、推动国际合作、维护世界和平的各种活动。在2002年伊拉克问题上,中国积极主张通过政治手段解决伊拉克问题,为促成联合国通过1441号决议做出了自己的贡献,支持联合国核监会和国际原子能机构对伊进行武器核查。美英发动对伊战争后,中国积极呼吁立即停止战争,重新回到政治解决的途径。中国同样希望,世界上所有国家在相互关系中,都能严格遵循和平共处五项原则,坚决反对违背这些原则的行为,只有这样,国际局势才能缓和,世界和平才能得到维护。

总之,半个世纪以来,和平共处五项原则以其鲜明的科学性,广泛的兼容性和坚实的稳定性,经久不衰,影响深远。

和平共处五项原则早已载入《中华人民共和国宪法》,成为中国外交政策的基本原则。在五项原则基础上,我们同170多个国家建立了外交关系,与200多个国家和地区开展了经贸、科技、文化交流与合作;同绝大多数邻国解决了边界问题,维护了周边地区的和平与稳定;对亚非拉发展中国家提供了不附加政治条件的经济、技术援助,增进了友谊。我们愿与不同社会制度、不同发展程度的国家改善和发展互利合作关系,为维护世界和平促进共同发展做出贡献。所有这些都同中国坚定地、真诚地、创造性地坚持和平共处五项原则密不可分。

第四章 和平共处五项基本原则是指导中国外交的基本原则

第三节 和平共处五项原则具有强大的生命力

在国际政治舞台上,政治家、外交家提出的这样那样的理论、原则不在少数,然而随着时间的推移,能够站得住的不是很多,但和平共处五项原则却经受住了历史的考验,得到越来越多国家的赞同,成为现代国际法的基本内容之一①。正如钱其琛所指出的,和平共处五项原则超越意识形态和社会制度,作为战后国际关系中强权政治、冷战共处的对立物,反映了世界各国尤其是中小国家的普遍愿望,因而显示出强大的生命力。

和平共处五项原则之所以能经受国际风云的考验,日益放射出灿烂的光芒,这是由于:首先,和平共处五项原则提供了相同的和不同的社会制度的国家建立和发展关系的正确指导原则。它是国家生存和发展的基础,相互交往的前提。主权是国家的最基本属性,领土完整同国家主权不可分割。任何国家都有独立自主地选择和完善适合本国国情的政治、经济、文化制度的权利,都有独立自主地制定本国内外政策的权利,都有独立自主地捍卫国家主权和领土完整的权利,都有独立自主地享受国际事务中平等互利的权利。如果说,互相尊重主权和领土完整是和平共处五项原则的核心,那么,互不侵犯、互不干涉内政、平等互利、和平共处,则是对核心的根本保证。为了保证国家主权和领土完整,必须排除武力和武力威胁,互不侵犯,必须尊重不同社会制度共存的事实,不得以任何借口干涉别国内政,必须把平等互利结合起来,要求事实上的平等,必须承认共处的必然性,和平的普遍愿望,真正和平共处②。

其次,和平共处五项原则是反对霸权主义的锐利武器。长期以来,国际关系体制都有一个共同特点,就是由一两个或几个强国操纵国际事务,推行霸权主义和强权政治,这是一切旧国际秩序的要害和本质特征。少数强国为了谋求地区和世界霸权,尔虞我诈,进行激烈的争夺,酿成两次世界大战

---

① 谢益显主编:《中国当代外交史》,第98页。
② 梁守德、洪银娴:《国际政治学理论》,北京大学出版社2000年版,第264—265页。

和无数次地区战争,使世界各国人民饱受惨绝人寰的灾祸。"二战"后,美国凭借其强大的经济、军事实力和核武器的垄断地位,推行独霸世界的全球战略,发动冷战,挥舞原子大棒,大搞核讹诈,使整个世界笼罩在核战争的恐怖之中。各国人民强烈要求改变这种状况,维护世界和平,和平共处五项原则应运而生,它完全符合世界人民的这种愿望和要求。和平共处五项原则主张和平,主张平等,反对侵略,反对干涉,每一条原则都与霸权主义和强权政治针锋相对,是反对霸权主义和强权政治的锐利武器,有力地维护了发展中国家的利益,促进了南北关系的发展。邓小平指出:"新的政治秩序就是要结束霸权主义","现在确实需要以和平共处五项原则作为新的国际政治、经济秩序的准则。现在出现的新的霸权主义、强权政治是不能长久维持的。少数国家垄断一切,这一形式过去多少年没有解决任何问题,今后也不能解决任何问题"①,"应该用和平共处五项原则来代替霸权政治","最经得起考验的不是霸权政治,不是集团政治,而是和平共处五项原则"②。

再次,和平共处五项原则符合和平与发展的时代潮流。和平与发展是当今时代的两大主题,是世界人民的共同愿望。国际新秩序必须能够维护世界和平和促进人类的经济发展繁荣。和平共处五项原则有利于实现这一崇高目标。互相尊重主权和领土完整、互不侵犯、互不干涉内政这三项原则,是处理各国政治关系的基本准则。按照这些原则,各国就能和平相处,国家之间有什么矛盾和争端,也可以通过对话、谈判、调解、仲裁等方式和平解决,而不是使用武力,兵戎相见,这样,世界和平就有可靠的保障。平等互利是指导各国经济、贸易关系的基本准则,各国在平等的基础上,开展经济合作和贸易交流,互惠互利,而不是损人利己、尔虞我诈,就能实现各国经济发展和繁荣。当今世界,经济全球化和区域化正在成为世界经济发展的潮流,为了促进各国、各地区的经济发展,各国、各地区在经贸关系中必须恪守平等互利和地区开放的原则,消除国际贸易中各种形式的歧视,摒弃利用经济、金融杠杆,将有损于其他国家合法民族利益的政治条件强加于人的企图。和平共处五项原则既适合于建立和平、稳定的国际政治新秩序,也适合于建立公正、合理的国际经济新秩序。中共十五大报告明确指出:"要致力于推动建立公正合理的国际政治新秩序。这种国际新秩序,是以和平共处五

---

① 《邓小平文选》第 3 卷,第 360 页。
② 1988 年 9 月 21 日邓小平会见斯里兰卡总理普雷马达萨时的讲话。

项原则为基础的,符合联合国宪章的宗旨和原则,反映了和平与发展的时代潮流。"

最后,和平共处五项原则能够适应世界多极化和多样性的需要。国际关系多极化趋势不可阻挡,它有助于建立一个平衡、稳定、民主、不对抗的新秩序,客观上符合所有国家的根本利益。和平共处五项原则主张国家不分大小、贫富、强弱,一律平等,主张世界事务由各国协商解决,反对少数大国操纵和垄断国际事务,这有利于世界多极化的建设。当今世界的丰富多彩、多种文化并存与互补,是人类不断发展的主要动力之一。江泽民同志指出:"世界是多样化的,世界是多姿多彩的,各国的历史条件、社会制度、发展水平、文化传统、价值观念都不尽相同,这些差异不应是发展正常国家关系的障碍,而应成为加强相互交流与合作,促进共同发展的动力。在国际交往中绝不允许把自己国家的社会制度和意识形态强加于别的国家,强加于人是行不通的。"[1]地球上有上千个民族、200多个国家、地区和多种多样的文化传统、价值观念,世界丰富多彩的多样性是一件好事,不是坏事。各国之间,各种文化之间可以相互交流,取长补短,共享人类文明的成果。不能要求世界只有一种文明,一种社会制度,一种发展模式,一种价值观念。各个国家,各个民族都能为人类文明的发展做出贡献。应当充分尊重不同民族、不同宗教、不同文明的多样性,世界发展的活力恰恰在于这种多样性的共存。邓小平指出:"国际关系新秩序的最主要的原则,应该是不干涉别国的内政,不干涉别国的社会制度,要求全世界所有国家都照搬美、英、法的模式是办不到的。世界上那么多伊斯兰国家就根本不可能实行美国的所谓民主制度,穆斯林人口占了世界人口的五分之一。中华人民共和国不会向美国学习资本主义制度,中国人口也占了世界人口的五分之一。还有非洲,非洲统一组织的强烈的普遍的呼声就是要求别国不要干涉它们的内政。……所以现在确实需要以和平共处五项原则作为新的国际政治、经济秩序的准则。"因为和平共处五项原则"能够为不同制度的国家服务,能够为发达程度不同的国家服务,能够为左邻右舍服务"[2]。

"上海五国"的发展便是一个典型的范例。中国、俄罗斯、哈萨克斯坦、吉尔吉斯斯坦、塔吉克斯坦5个不同社会制度和不同发展阶段的国家按照

---

[1] 江泽民2000年9月6日在联合国千年首脑会议上的讲话。
[2] 《邓小平文选》,第360页。

和平共处五项原则,进行了很好的合作,解决了边界问题,使长达7 000多公里的边界成为和平稳定的边界。五国的合作也从边界问题扩大到政治、经济、安全各个领域。"上海五国"机制不断发展。2001年6月15日,五国加上乌兹别克斯坦宣布成立"上海合作组织",使"上海五国"合作机制又取得重大进展。

而且,和平共处五项原则并不排斥其他公认的国际关系原则,如反对种族主义和扩张主义,反对输出革命和输出反革命,各国人民有权选择自己的政治制度、意识形态和发展模式,裁减军备等原则。同时,和平共处五项原则也随着时代的发展不断丰富、充实和完善。

50多年来,和平共处五项原则已被公认为国际关系准则、国际法的基本原则,并为不同社会制度和不同发展水平的国家所接受。发展中国家由于有各自的历史经历和处境,最能认清和平共处五项原则的重要性和正确性,因而积极支持和拥护和平共处五项原则。1955年4月6日,16个亚洲国家在新德里举行的亚洲国家会议的决议中指出:"完全支持中印两国总理宣布的并得到其他许多国家支持的五项原则","完全相信,这五项原则构成了各国相互了解和和平共处的坚实基础。会议"要求亚洲和世界各国政府同意把这些原则作为它们同所有国家关系的基础"。1961年9月,第一次不结盟国家首脑会议发表的宣言认为,"和平共处原则是代替'冷战'和可能发生的全面核灾难的唯一办法,这些原则必须成为一切国际关系的基础"。1964年10月,第二次不结盟国家首脑会议通过的宣言要求联合国把和平共处五项原则法典化。

20世纪70年代,美国、日本、西欧等发达国家都明确表示接受和平共处五项原则。1972年2月,中美《上海公报》宣布:"中美两国的社会制度和对外政策有着本质的区别,但是双方同意,各国不论社会制度如何,都应该根据尊重各国主权和领土完整、不侵犯别国、不干涉别国内政、平等互利、和平共处的原则来处理国与国之间的关系。"1978年12月,《中美建交公报》和1982年8月17日的《联合公报》又一再确认了这些原则。1972年9月中日两国政府的联合声明中,明确规定以和平共处五项原则为基础建立长久的和平友好关系。1978年8月签订的《中日和平友好条约》的第一条就重申,在和平共处五项原则基础上发展两国关系。1984年9月,中英两国政府在关于香港问题的联合声明中指出,和平共处五项原则是处理国际关系问题的一个好办法。1989年5月,在宣布中苏两党两国关系正常化

第四章 和平共处五项基本原则是指导中国外交的基本原则

的《联合公报》中指出,两国声明"在相互尊重主权和领土完整、互不侵犯、互不干涉内政、平等互利、和平共处的国与国之间关系的普遍原则的基础上发展相互关系"。几十年来,中国与100多个国家签署的各类文件中明确写上了和平共处五项原则。事实说明,国家关系的好坏,不在于是否有相同的社会制度和意识形态,而决定于是否切实遵循和平共处五项原则。中国和苏联、越南都是社会主义国家,有相同的社会制度和意识形态,但却长期处于紧张对立,甚至兵戎相见,爆发严重的武装冲突。后来正是和平共处五项原则促使中苏、中越关系正常化,结束过去,开辟未来。这说明和平共处五项原则适合于处理一切国家之间的关系。

联合国大会通过的许多宣言和决议,都以不同形式和文字接受和采纳和平共处五项原则的内容和精神。如1974年12月,联合国大会通过的《各国经济权利和义务宪章》明确宣布,指导各国经济、政治和其他关系的原则是:(1)各国主权、领土完整和政治独立;(2)所有国家主权平等;(3)互不侵犯;(4)互不干涉;(5)公平互利;(6)和平共处等等。在国际舞台上,不少国际政治家都提出了这样那样的理论、原则,但其中大部分都随着时间的流逝而被人遗忘。然而和平共处五项原则却经受住了历史的考验,至今仍是国际社会讨论的热门话题,是许多国家赞同的建立国际政治经济新秩序的基本原则。这是中国对现代国际关系和国际法理论的独特贡献之一。正如邓小平所说:"处理国与国之间关系,和平共处五项原则是最好的方式,其他方式,如'大家庭'方式,'集团政治'方式,'势力范围'方式,都会带来矛盾,激化国际形势,总结国际关系的实践,最具有强大生命力的就是和平共处五项原则"。"运用和平共处五项原则,甚至可以消除国际争端中的一些热点、爆发点"①。

总之,和平共处五项原则之所以有如此强大的生命力,从根本上说,就是因为它概括了国际法中最主要的原则,符合《联合国宪章》的宗旨和原则,符合国际关系的本质要求和当今世界格局的发展趋势,符合世界各国人民的根本利益,符合时代的发展潮流,它是和平的原则,发展的原则。它同霸权主义和强权政治针锋相对,受到大多数国家的支持和拥护,即使不愿执行和反对和平共处五项原则的势力也不得不在口头上承认和平共处五项原则,这说明和平共处五项原则深得人心,具有很大的吸引力。当今世界,要

---

① 《建设有中国特色的社会主义》(增订本),第84—85页。

和平、求发展、促合作,已成为人心所向、奔腾不息的时代潮流,和平共处五项原则必将为世界的和平与发展做出新的贡献。

思考题

1. 中国为什么提出和平共处五项原则?
2. 50多年来和平共处五项原则有哪些新发展?
3. 为什么和平共处五项原则具有强大的生命力?

第五章　对外开放是中国长期的基本战略方针

对外开放是新时期中国外交的基本战略方针,是中国实现社会主义现代化的一项基本国策,对外开放战略是邓小平对当代世界经济和科技的发展趋势进行深入观察和分析,对国内外历史经验教训进行深刻总结的结果,在这一战略方针的指导下,中国形成了全方位、多层次、宽领域的对外开放格局,取得了举世瞩目的辉煌成就。冷战结束后,党中央根据形势变化的要求,将对外开放战略不断发展和深化,使其显示出强大的生命力。

第一节　对外开放是历史发展的必然趋势

一个开放的全球性经济体系的形成,是生产力水平不断提高的结果,是人类历史发展的必然趋势。

根据马克思主义的论述,世界市场的形成是机器大工业发展的产物。

英国的工业革命首先是一场纯粹的技术革命,这场技术革命极大地推动了生产力的发展,使得人类社会在短短几十年的时间里创造的财富超过了以往几百年里的积累。更重要的是,它推动了世界各国之间的贸易,使世界市场初具雏形。"大工业建立了世界市场,就把全球各国的人民,尤其是各文明国家的人民,彼此紧紧地联系起来,致使每一国家的人民都受着另一国家的事变的影响。"[①]"大工业建立了由美洲的发现所准备好的世界市场。

---

① 《马克思恩格斯选集》第1卷,人民出版社1972年版,第221页。

世界市场使商业、航海业和陆路交通得到了巨大的发展。这种发展又反过来促进了工业的扩展。"①

工业革命带来的变化不仅仅局限于生产和贸易活动,而且将民族和国家的生存和发展问题提上了议事日程。马克思、恩格斯在《共产党宣言》中指出:"不断扩大产品销路的需要,驱使资产阶级奔走于全球各地。……资产阶级,由于开拓了世界市场,使一切国家的生产和消费都成为世界性的了。……新的工业的建立已经成为一切文明民族的生命攸关的问题;这些工业所加工的,已经不是本地的原料,而是来自极其遥远的地区的原料;它们的产品不仅供本国消费,而且同时供世界各地消费。旧的、靠本国产品来满足的需要,被新的、要靠极其遥远的国家和地带的产品来满足的需要所代替了。过去那种地方的和民族的自给自足和闭关自守状态,被各民族的各地方的互相往来和各方面的互相依赖所代替了。物质的生产是如此,精神的生产也是如此。……"②马克思、恩格斯还指出,随着贸易自由的实现和世界市场的建立,各国人民之间的民族隔绝日益消失了。

英国工业革命的直接后果是导致了西方资本主义的迅猛发展。资本和自由劳动力的结合创造了大量的剩余价值,而获取剩余价值的可能性和对它不可遏止的欲求导致资本的跨国流动,导致资本在世界范围内不断寻求消费市场。这种资本主义生产链条的内在动力极大地推动了开放经济体系的形成和发展。

工业革命使世界开放的格局发生了极大的变化,使整个世界成为开放的世界。它改变了旧的国际分工,建立了新的国际分工,它使殖民地国家手工业破产,变成了单纯的原料供应地和发达国家商品销售的市场,发达国家的原料主要不是来自国内,而是远隔重洋的海外。蒸汽机在航运上的应用,制造了轮船,开辟了各大洲的航线,扩大了海外贸易,加强了各大洲的往来和联系(18世纪初,从英国旅行到印度要20个月,而19世纪中叶只要2个多月)。电报的发明和电报体系的建立,加快了生产和商业的信息传递。机器产品的便宜和交通运输业的变革是夺取国外市场的武器。工业革命开拓了越来越广阔的国际市场,建立了真正的世界市场。

---

① 《马克思恩格斯选集》第1卷,人民出版社1972年版,第221页。
② 同上书,第254—255页。

第五章　对外开放是中国长期的基本战略方针

由于世界市场的建立,一切国家的生产和交换都成为世界性的。19世纪下半叶,随着电力的发明和使用,企业生产规模进一步扩大,产品产量大幅度增加,汽车、飞机、电影、收音机相继出现,铁路长度成倍增加,苏伊士、巴拿马运河相继开通,从而使各大洲更紧密地联系在一起。资本的迅速积聚和集中,自由资本主义转变为垄断资本主义,出现了金融寡头,形成了遍布世界的银行网,资本输出也迅猛增长。发达资本主义国家用廉价的商品以及资本再加上大炮,打开了殖民地市场的大门,许多封闭落后的国家纷纷卷入世界市场的激流。到了"二战"后资本主义世界的开放进入了一个新的阶段。

马克思主义认为,对外开放是世界历史发展的总趋势。资本主义社会是一个开放的社会,社会主义是建立在资本主义充分发展的基础上,因此,社会主义更应是一个开放的社会,在《德意志意识形态》一书中,马克思、恩格斯指出:人类的历史是向世界历史转变的历史,随着生产力的发展,人们狭隘地域性的存在必然要发展为世界历史性的存在。"各国相互影响的活动范围在这个发展进程中越来越扩大,各民族的原始闭关自守状态则由于日益完善的生产方式、交往以及因此自发地发展起来的各民族之间的分工而消灭得愈来愈彻底,历史也就在愈来愈大的程度上成为全世界的历史"。恩格斯在《反杜林论》中指出,摆脱了资本主义框框的社会主义(在对外开放方面)可以比资本主义更大地向前迈进。马克思、恩格斯还特别指出了在东方经济、文化不发达的国家如何实现社会主义、建设社会主义和迈向共产主义的东方社会理论。该理论以俄罗斯、中国和印度等国家为研究对象。马克思、恩格斯指出:东方社会(或亚洲社会)具有和西方不同的特点,它有可能不通过资本主义制度的卡夫丁峡谷而直接过渡到社会主义。但东方国家的无产阶级在取得社会主义革命胜利之后,必须吸取资产阶级新取得的"一切肯定成就",不能脱离世界而孤立存在。如果脱离世界而孤立存在,如果要仅仅依靠自己的力量取得西方长期进步才取得的成就,那这种社会必将灭亡,我们对此是毫无疑问的。马克思、恩格斯指出,"这不仅适用于俄国,而且适用于处于资本主义以前的发展阶段的一切国家"①。马克思、恩格斯预言:开放将使太平洋经济连成一片,太平洋两岸将来也会人烟稠密、商业兴旺、工业发展,那时太平

---

① 《马克思恩格斯全集》第21卷,第50页。

洋起的作用将与现在大西洋起的作用,与古代地中海起的作用一样,成为世界交通的大航路①。

十月革命后,列宁根据俄国经济不发达和处于资本主义包围的情况指出:"社会主义不同世界发生联系是不能生存下去的。"②列宁认为只有通过实行对外开放,打破封锁,从资本主义国家获得资金、技术、设备、人才和管理方法,才能真正建设起强大的现代的社会主义。这个思想最集中地体现在他提出的关于什么是社会主义的著名公式中,列宁在《〈苏维埃政权当前任务〉一文的大纲》中写道:苏维埃政权+普鲁士的铁路管理制度+美国的技术和托拉斯组织+美国的国民教育等等等等=总和=社会主义③。列宁强调:"已经夺取政权的工人阶级要把资产阶级所积累的最丰富的,从历史的角度讲是我们必然需要的全部文化、知识和技术,由资本主义的工具变成社会主义的工具。"④"社会主义能否实现,取决于我们把苏维埃政权和苏维埃管理组织同资本主义最新的进步的东西结合的好坏。"⑤列宁批判过"不向资产阶段学习也可以建成社会主义的观点",指出,这是中非洲居民的心理,"我们不能设想,除了建立在庞大的资本主义文化所获得的一切经验与基础上的社会主义以外,还有什么别的社会主义。"⑥为了引进外国的先进技术和管理经验,列宁实行租让制,高薪聘请外国专家,他认为,实行租让制是利用资本主义国家资本,引进先进技术和管理方法,学习先进技术的好办法,列宁指出:"学会欧美科学中一切真正有价值的东西,这就是我们头等的最重要的任务。"⑦

1980年,邓小平在《党和国家领导制度的改革》的讲话中指出:"我们的制度将一天天完善起来,它将吸收我们可以从世界各国吸取的进步因素,成为世界上最好的制度。"⑧开放性,是社会主义制度本身内在具有的特性,要坚持社会主义,就要坚持对外开放。

---

① 《马克思恩格斯论中国》,人民出版社1957年版,第189页。
② 《列宁全集》第41卷,人民出版社1986年第二版,第167页。
③ 《列宁全集》第34卷,人民出版社1985年第二版,第520页。
④ 同上书,第357页。
⑤ 同上书,第511页。
⑥ 同上书,第252页。
⑦ 《列宁全集》第43卷,人民出版社1987年第二版,第209页。
⑧ 《邓小平文选(1975—1982)》,人民出版社1983年版,第297页。

第二节　邓小平对外开放的思想的理论依据

中国要走向现代化,必须搞两个开放,一个对内开放(邓小平说,改革就是搞活,对内搞活就是对内开放),一个对外开放,这是中国经济体制改革不可分割的两个基本方面,是决定当代中国命运的历史性决策,也是建设中国特色社会主义的重要体现。改革开放,是新时期中国最鲜明的特点,是社会主义中国的强国之路。

对外开放,是邓小平在深刻分析当今世界政治、经济的发展变化,系统总结国际国内经济发展的历史经验的基础上提出的重大决策,是对马克思主义理论的继承和创造性发展。

一、对外开放是当今世界政治、经济发展的客观要求

邓小平指出:"现在的世界是开放的世界","中国的发展离不开世界"①。第二次世界大战以来,世界经济进入了一个崭新的发展阶段,世界更加开放了,世界经济国际化和一体化成为一个显著的特点。

首先是生产的高度国际化,其突出表现是生产的专业化协作从一国范围向国际范围扩展。促进国际分工的日益深化,形成了三个不同层次的国际分工格局。美、日、欧等发达国家处于第一层次,重点发展高技术产业。新兴工业化国家和地区处于第二层次,在发展资本密集型产业的同时,致力于发展某些高技术产业。广大发展中国家和地区处于第三个层次,既发展劳动密集型产业又积极发展资本密集型和技术密集型产业。

其次是市场的高度国际化,生产高度国际化必然带来市场高度国际化,其突出表现是国际贸易迅猛发展。世界各国和地区都更深地被卷入国际市场。世界市场容量空前扩大,世界贸易增长大大地超过了生产的增长,达到了历史的新高峰,世界贸易成为带动世界经济发展的一个重要因素,贸易增长除了靠科技进步之外,主要是靠开放性的贸易政策,在这方面关税和贸易

---

① 《邓小平文选》第3卷,第64、78页。

总协定(GATT)以及它的发展——世界贸易组织(WTO)发挥了很重要的作用,国际贸易从商品贸易发展到技术贸易、服务贸易。

再次是金融的高度国际化,生产和市场的国际化必然导致金融的高度国际化。跨国银行集团快速发展,其海外分支机构遍布全球,以国际信贷和直接投资为主要形式的资本输出空前增长,形成了纽约、伦敦、东京、巴黎、香港等世界金融中心,金融资本的流动几乎达到光的速度,现在每天交易量超过2万亿美元。金融的国际化、全球化,就规模和速度来看,远远超越了生产、贸易等物质经济领域的国际化,它已成为一种越来越脱离物质经济领域,相对独立的国际经济活动形式。

跨国公司在经济活动国际化中起了关键作用,现在全球有6万多家大跨国公司,子公司达几十万家,不仅发达国家有,发展中国家也涌现出一批跨国公司。跨国公司是世界贸易、生产、金融以及其他经济活动的主要承担者,跨国公司是国际资本的主要来源,是国际技术转让的首要媒介。它控制了世界生产的40%,国际贸易的60%,技术转让的80%以上和国际直接投资的90%,目前,跨国公司对外投资总额近两万亿美元。

世界经济一体化是当今世界经济发展的一个重要特点,所谓经济一体化,就是国家之间通过设立一套机构,在经济方面打破国界,实行不同程度的合作与调节,使各国在生产、流通、分配等领域向着结成一体化的方向演变,科技与经济不受国界的限制已成定律,各国纷纷把发展经济作为国家中心战略,实行开放政策,积极进行国际经济合作,力求自身更快发展,经济一体化的最大进展是关税与贸易总协定发展成世界贸易组织。世界贸易组织目前有140多个成员,并有不少国家申请加入,该组织对世界经济和国际贸易具有重大影响,它以积极的姿态推动世界贸易向更高程度的一体化方向发展,推动世界经济开放地、稳定地、繁荣地步入新世纪。

地区经济集团化是当今世界经济又一发展趋势,是世界经济一体化的有机组成部分。欧盟(EU)是目前最完备、一体化程度最高的地区集团,现已有27个成员国,其对外贸易总额占世界40%以上,1999年开始发行统一货币——欧元,正在成为经济货币同盟,并向政治和外交一体化方向发展,欧盟一体化成为不可逆转的潮流,为地区集团的发展提供了范例。美国、加拿大、墨西哥结成的北美自由贸易区(NAFTA),是全球最大的自由贸易区,并将发展成美洲自由贸易区。北美自由贸易区的建立使世界经济区域集团化色彩更加鲜明,影响进一步扩大。亚太经合组织(APEC)是目前最具活力的区域经济集团,它在协调亚太地区经济关系方面取得重大进展,形成了独具特色的"亚太经合组织方式"。发展中国家也组成许多地区性经济集团,如拉美的南锥体、安第斯共同市场、中美洲和加勒比共同市场,非洲的西非经济共同体,亚洲的东南亚同盟、南亚区域合作联盟等。

总之,在战后,发达资本主义国家开放进一步深化,发展中国家大步走向开放,对外开放已成为当今世界的大潮流,整个世界越来越走向开放,任何国家要使自己的经济得到更快发展,都必须对外开放,参与国际经济大循环。正如邓小平所说,"现在的世界是开放的世界","中国的发展离不开世界"。"世界在变化,我们的思想和行动也要随之而变"[①]。对外开放,这是世界经济一体化、全球化条件下发展经济的客观要求。

二、对外开放是总结国际国内历史经验得出的必然结论

邓小平对外开放思想,是对中国历史经验进行科学总结的产物。在中国历史上,有过开放带来繁荣的经验,也有过长期闭关自守导致贫穷落后的教训。邓小平在谈到中国历史时语重心长地说:"现在任何国家要发达起来,闭关自守都不可能。我们吃过这个苦头,我们的老祖宗吃过这个苦头。……如果从明朝中叶算起,到鸦片战争,有300多年的闭关自守,如果从康熙算起,也有近两百年。长期闭关自守,把中国搞得贫穷落后,愚昧无知。"[②]中国历史上是一个世界著名的文明古国,曾创造过灿烂辉煌的中华文明,科学技术在长达千年的时间里居世界领先地位。在哲学、文学、艺术、医学等领域都取得巨大成就,特别是中国的四大发明,对世界影响极大。在古代,中国还是比较开放的。汉代张骞、班超通西域,开辟了闻名遐迩的"丝绸之路",开展了中国对西亚和欧洲的贸易。到唐代对外贸易非常发达。东与朝鲜、日本,西与中亚、西亚诸国,南与印度洋各国,都有通商贸易往来,唐代的首都长安成为著名的国际化大都市。长安的鸿胪寺就接待过70多个国家的外交使团。唐代的国子学和太学,接纳过3万多外国留学生,仅日本留学生最多时就达万人以上。当时长安城中的各国侨民,加起来占总人口

---

① 《邓小平文选》第3卷,第274页。
② 同上书,第90页。

5%左右①。元朝时,东西方联系仍十分密切。到明初,郑和7次下西洋,就是发展同南洋、南亚和非洲东海岸各国的友好关系,发展海外贸易。到嘉靖以后,则实行严厉的海禁政策。而清代一开始就奉行闭关政策,1717年康熙颁布了闭关办法以后,这一政策继续实行。它严重阻碍了中国商品的出口,阻碍了中国商品经济的发展,扼杀了中国人民的生机和进取精神。实行闭关政策,拒绝接受外国的先进技术和文明,使中国原来科学文化的领先地位日益丧失,越来越落后,停滞倒退,愚昧无知。1840年鸦片战争后,帝国主义用大炮轰开了中国封闭的大门,各帝国主义列强迫使中国签订了700多个严重侵犯中国主权的不平等条约,中国被迫实行了被侵略被掠夺的丧权辱国的开放,严重阻碍了中国民族工商业的发展,使中国沦为半殖民地半封建的社会。

邓小平指出:"中国在西方国家产业革命以后变得落后了,一个重要原因就是闭关自守,建国以后,人家封锁我们,在某种程度上我们也还是闭关自守,这给我们带来了一些困难。三十几年的经验教训告诉我们,关起门来搞建设是不行的,发展不起来。"②新中国成立以后,我们对外部世界的关系基本上是闭关自守的。这客观上是由于在20世纪50—60年代以美国为首的西方国家对中国长期奉行遏制加孤立的政策;对中国实行封锁禁运,使中国难以打开国门。60年代中苏关系破裂后,苏联为了迫使中国就范,割断了与中国的经济合作关系,在相当长的时间内,中国同世界上主要国家都处于高度紧张的对抗关系,这使中国难以同它们进行正常的经济交流。邓小平指出:"我们建国以来长期处于同世界隔绝的状态。这在相当长一个时期不是我们自己的原因,国际上反对中国的势力,反对中国社会主义的势力,迫使我们处于隔绝、孤立状态。"③从主观上看,相当一段时期内,由于我们党在国内建设上"左"的指导思想,片面理解独立自主、自力更生的方针,这种片面理解导致我们长期实行闭关自守。特别是在20世纪60—70年代,当新技术革命浪潮蓬勃兴起,世界经济快速发展的时期,我们却坚持以阶级斗争为纲,批判搞经济建设是"唯生产力论",是"修正主义",引进和学习西方技术和资金是"卖国主义"、"崇洋媚外"、"洋奴哲学"。"四人帮"甚至提出

---

① 沈福伟:《中西文化交流史》,上海人民出版社1985年版,第15页。
② 《邓小平文选》第3卷,第64页。
③ 中共中央宣传部:《邓小平同志建设有中国特色社会主义理论学习纲要》,学习出版社1985年版,第46页。

什么"宁要社会主义的草,不要资本主义的苗"。妄自尊大,盲目排外,邓小平在回忆那段历史的时候说:"闭关自守不行,'文化大革命'时有个'风庆轮事件',我跟'四人帮'吵过架,才一万吨的船,吹什么牛!1920年我到法国去留学时,坐的就是5万吨的外国邮船。"①正是在这些主客观因素的作用下,我们的国门迟迟没有打开,没能正确处理与外部世界的经济关系,所以我们的经济与世界各国的差距越拉越大,在"文化大革命"时期甚至走到了崩溃的边缘。我们不仅仅大大落后于发达国家,而且大大落后于一些发展中国家,正如邓小平指出:"从1957年下半年开始,我们犯了'左'的错误,'左'的错误持续了20年。这20年中,中国处于停滞状态,主要表现在生产不发展,人民生活没有改善。"中国过去的教训是对外搞了闭关自守,对内搞了以阶级斗争为纲,忽视了发展生产力②。

与中国一样,外国也有改革开放经济快速增长、闭关自守导致落后的经验教训。俄国原来是一个落后封闭的国家,19世纪下半叶开始,实行"改革开放",废除农奴制,引进国外资金,很快进入资本主义工业国家的行列。日本长期奉行闭关锁国政策,规定日本人不能离开本岛,不得建造能到海洋航行的大船,因而一直处于落后挨打局面。明治维新以后,从国外购买汽船,筹措国外贷款引进西方科学技术和管理经验,发展工业,扩大进出口贸易,很快走上了资本主义强国的道路。第二次世界大战中,日本经济遭到毁灭性的破坏,战后日本推行对外开放政策,扩大进出口贸易,引进国外先进技术,利用外资,发展跨国公司,进行资本输出,结果很快实现经济起飞,到20世纪60年代末就成为西方第二大经济强国。邓小平以中国和日本在参与经济国际化上的不同而带来截然相反的两种结果为具体例证,说明开放的必要性,他指出:"拿中国来说,50年代在技术方面与日本差距也不是那么大,但是我们封闭了20年,没有把国际市场竞争摆在议事日程上,而日本却在这个期间变成了经济大国。"③韩国是亚洲对外开放较早的国家,它利用外资,大力推行出口导向型战略,引进和消化国外先进技术,建立各种出口加工区,并大力开展劳务输出,结果韩国很快成为新兴工业化国家,成为闻名世界的亚洲"四小龙"之一,新加坡、泰国、马来西亚、巴西等国家也是通过

---

① 《邓小平文选》第3卷,第367页。
② 邓小平会见门格斯图的讲话,《人民日报》,1988年6月23日。
③ 《邓小平文选》第3卷,第274页。

对外开放政策,经济上取得引人注目的快速增长。而在社会主义苏联,斯大林在《苏联社会主义经济问题》一书中提出两个平行市场的理论。他认为第二次世界大战后,由于社会主义阵营的存在并与资本主义阵营相对立,因而"就有了两个平行的也是互相对立的世界市场"①。两个市场看法的提出是一种分裂的、孤立的世界观的体现。在当时情况下,作为一种加强社会主义阵营的口号,作为前苏联控制一批社会主义国家不合理分工的借口,这种看法很流行。实践证明,两个平行市场的理论是错误的,不搞市场经济,不参与国际经济竞争,结果使苏联、东欧国家的经济发展受阻碍,跟不上世界经济科技发展的步伐,这也是东欧剧变、苏联解体的根本原因。列宁指出:"有一种力量胜过任何一个跟我们国家作对的政府或阶级的愿望、意志和决定,这种力量就是世界共同的经济关系。"②社会主义国家过去一个最大失误就是忽视了这种关系,搞了闭关自守。

由于长期的闭关自守,成为过去中国人头脑中一个根深蒂固的僵化和半僵化的观念,因此邓小平强调要深刻总结闭关自守的教训,正确认识当今世界的重大变化,从根本上改变我们对世界的传统观念,树立起新的世界观、国际观,彻底改变闭关自守的状态,坚决实行对外开放政策。

三、对外开放是实现社会主义现代化的必由之路

对外开放是巩固和发展社会主义制度的需要,是建立和完善社会主义市场经济的需要,也是实现现代化战略目标的需要。

邓小平反复强调指出:社会主义阶段的最根本任务是发展生产力,社会主义的首要任务是发展生产力,社会主义的第一个任务是发展社会生产力。这是对中国社会主义建设经验教训和社会主义矛盾进行分析得出的最主要的结论,是解决当代中国一切问题的关键。邓小平指出,多年来我们吃了一个大亏,社会主义改造基本完成了,还是以阶级斗争为纲,忽视发展生产力。"马克思主义的基本原则就是要发展生产力"。"毛泽东同志是伟大的领袖,中国革命是在他的领导下取得成功的。然而他有一个重大的缺点,

---

① 《斯大林选集》下卷,人民出版社1979年版,第561页。
② 《列宁全集》第42卷,人民出版社1987年第二版,第332页。

第五章　对外开放是中国长期的基本战略方针

就是忽视发展生产力"①。直到十一届三中全会,才把全党工作重点转移到社会主义现代化建设上来,集中力量发展生产力。为此,邓小平提出了社会主义现代化建设的主要任务,制定了实现这一任务的经济发展"三步走"战略。这是一个宏伟的战略目标,而对外开放政策,是实现这一目标的必要条件。1984年10月,邓小平谈到三步走的战略部署时说:"实现这样一个目标,也不是很容易的。讲大话,讲空话都不行,要有一整套对内对外的正确方针和政策才能实现,党的十一届三中全会以来,我们选定了对内经济搞活,对外经济开放的政策,要实现这个目标,没有这个政策是不可能的。"②同月,在中央顾问委员会会议上又强调:"没有对外开放政策这一着,翻两番困难,翻两番之后再前进更困难。"③实行对外开放,必须正确对待资本主义社会创造的现代文明成果。社会主义作为后起的崭新的社会制度,只有大胆吸收、借鉴资本主义文明成果,加以消化、创新,才能加快发展,赢得同资本主义相比较的优势。但在过去长时期内,我们在对待资本主义问题上,往往只看到社会主义同它对立和斗争的一面,而很少看到社会主义同它还有学习、借鉴、合作和利用的一面,这种认识和态度,不利于社会主义的发展。邓小平提出:"社会主义要赢得与资本主义相比较的优势,就必须大胆吸收和借鉴人类社会创造的一切文明成果,吸收和借鉴当今世界各国包括资本主义发达国家的一切反映现代社会化生产规律的先进经营方式、管理方法。"④在我们推行"左"的路线时期,正是世界科技革命蓬勃兴起,经济结构进行大调整,资本主义各国进入一个新的快速发展的黄金时代。而我们由于大批"崇洋媚外"、"投降卖国"、"洋奴哲学",搞闭关自守,结果遭到一场严重的灾难,社会主义中国与资本主义的生产力发展水平、科技发展水平、人民生活水平等方面的差距进一步拉大,对此,邓小平深感痛心。他指出:"中国要谋求发展,摆脱贫穷和落后,就必须开放。……我们从1957年以后,耽误了20年,而这20年又是世界蓬勃发展的时期,这是非常可惜的。"⑤他认为,像中国这样的世界经济国际化的迟到者,更加要有一种积极参与国际经济活动的紧迫性。他说:"我们已经耽误了20年,影响了发展,还要再耽误

---

① 《邓小平文选》第3卷,第116页。
② 《建设有中国特色的社会主义》(增订本),人民出版社1984年版,第66页。
③ 《邓小平文选》第3卷,第90页。
④ 同上书,第373页。
⑤ 同上书,第266页。

20年,后果不堪设想。"①只有对外开放,参与国际分工体系,才能更快地提高生产率,加速经济发展,才能更好地运用国际资源,获得比较利益。

邓小平突破了把市场经济与社会主义对立起来的传统观念,奠定了社会主义市场经济的理论基础,为社会主义生产力的快速发展找到了一个新的手段。长期以来,人们把市场经济看作资本主义的本质属性,认为它与社会主义水火不相容。邓小平突破了人们固有的传统认识,明确指出:"社会主义和市场经济之间不存在根本矛盾。问题是用什么方法才能更有力地发展社会生产力。""计划多一点还是市场多一点不是社会主义与资本主义的本质区别。计划经济不等于社会主义,资本主义也有计划;市场经济不等于资本主义,社会主义也有市场。计划和市场都是经济手段。"②从而确立了市场经济在社会主义制度下的作用。强调中国要建立社会主义市场经济。市场经济从来都是开放的经济。在封闭条件下,不可能建立现代市场经济体系。中国要建立社会主义市场经济体系,必要条件之一就是扩大对外开放。邓小平说:"中国是一个大的市场,许多国家都想同我们搞点合作,做点买卖,我们要很好利用。这是一个战略问题。"③全球市场经济化是经济全球化的基础,20世纪80年代末以来,市场经济在全世界迅猛扩展,占世界人口一大半的原有和现有社会主义国家和60多个发展中国家推行了以市场为导向的改革,市场经济在全球范围内形成和发展,从而掀起经济全球化的高潮。市场化不仅是一个国家走向世界和参与全球化的起点,也是整个人类社会进步的必由之路,要使经济迅速发展和赶上世界潮流,就必须尽快实现和完善市场经济。中国在改革开放之前之所以落后,就是因为没有实行市场经济,搞闭关自守。由于没有实行市场化和对外开放,脱离和排除国际市场,置身于世界经济主流之外,不能参与国际分工和促进生产力国际化,因而吃了大亏。现在我们搞社会主义市场经济,就是要参与国际经济大循环。就是要在平等互利的基础上积极扩大对外交流与合作,充分利用国际国内两个市场、两种资源,优化资源配置,提高经济效益,加快中国经济发展,不断提高中国的国际竞争力。

20世纪80年代以来,世界经济全球化势头越来越强劲,经济一体化、

---

① 《邓小平文选》第3卷,第274—275页。
② 同上书,第148、373页。
③ 《邓小平外交思想学习纲要》,第97页。

全球化成为推动世界经济增长的主要因素之一,一国经济发展的成败快慢,在很大程度上看其是否参与一体化及参与程度。冷战后,世界经济一体化出现又一个飞跃,一方面是宏观层次的国际化在 WTO 成立后进入一个新阶段,另一方面体现微观层次一体化的跨国公司有了高度发展。我们不能违背当代经济发展的这个逻辑,必须积极参与国际经济交流与合作。

邓小平指出:"现代科学技术的发展使科学与生产的关系越来越密切了。科学技术作为生产力,越来越显示出巨大的作用。"[1]邓小平发展了马克思关于生产力的基本原理,提出了科学技术是第一生产力的著名论断,为我们对外开放,引进国外先进科学技术,开展国际科学技术合作提供了理论基础。中国是一个发展中国家,科学技术落后,又面临实现社会主义现代化的宏伟任务,引进国外先进技术,开展国际科技合作与交流,具有特别重要的意义。邓小平指出,"我们要实现现代化,关键是科学技术要能上去,科学技术远远落后怎么行?要承认落后,承认落后,就有希望了。现在同发达国家相比,我们的科学技术整整落后了 20 年,因此,我们要向资本主义发达国家学习先进的科学、技术、经营管理方法以及其他一切对我们有益的知识和文化,闭关自守、故步自封是愚蠢的。"[2]西方发达国家技术进步对经济增长的贡献率是 60%—80%,发展中国家的平均水平是 35%,而中国只有 30%,不仅远远低于发达国家,而且低于发展中国家的平均水平。

当今世界,知识经济蓬勃发展。知识经济是建立在知识的生产、分配和使用上的经济,是继农业经济、工业经济之后出现的一种新的经济形态,西方发达国家高度重视发展知识经济。科技与经济的联系十分密切,它们通过实施大规模的知识战略,建立了较完善的知识基础设施,使知识经济的快速发展有了良好的基础。商品化、市场化的程度大大提高,知识渗透到经济活动中的广度和深度大大拓展,不断调整产业结构,实现了产业升级,以信息技术为代表的高新技术产业迅速崛起,逐步形成知识经济格局,这对发展中国家形成了极大的挑战,也提供了宝贵的机遇。正如世界银行在世界发展报告中形象比喻的那样,发展中国家"要么搭上车,要么更落后",就看你能否抓机遇,迎接挑战。

---

[1] 《邓小平文选(1975—1982)》,第 84 页。
[2] 《建设有中国特色社会主义》(增订本),第 32 页。

在知识经济中，信息产业发展最为迅速，包括新材料、计算机、网络、自动控制、激光、通讯、光电子、人工智能等都以异乎寻常的速度向前推进，成为世界经济社会发展新的巨大的增长动力，推动了人类社会向信息化时代迈进，成为世界产业结构调整、升级的基本力量，如美国信息产业在国民经济中所占比重还不到10%，但对经济增长所做的贡献率超过了1/3，比过去美国经济的三大支柱（钢铁、汽车和建筑业）加在一起的贡献率还要高。如果我们能够加入世界知识经济发展潮流，信息化将给我们带来极大的机遇。首先，信息化为中国高起点推进工业化提供了可能，信息技术是最具渗透作用和增值作用的技术，在传统工业领域具有广泛的运用性，这为中国较高起点发展和改造传统工业提供了条件，并可能跳过发达国家工业化发展的一些技术阶段，从而大大缩短工业化的进程。党的十五届五中全会强调要"以信息化带动工业化，发挥后发优势，实现社会生产力的跨越式发展"。其次，信息化使中国可以充分使用世界最新的科技成果，为中国获取、利用和传播知识与信息提供了空前的机遇。由于中国具有一定的教育基础和人才条件，完全可以利用信息化追赶发达国家。如移动通讯技术从模拟式发展到数字式，发达国家用了10年时间，中国仅用不到5年，移动通讯用户达一亿多户，成为世界最大的移动通信市场之一。再次，信息化加快了发达国家资金、技术向外扩散的速度，这使我们有可能更多地利用来自发达国家的直接投资和以信息化武装起来的工业技术，加快我们的现代化步伐。邓小平指出"现在世界的发展一日千里，每天都在变化，特别是科学技术，追都难追上"。"总之，不要关起门来，我们最大的经验就是不要脱离世界，否则社会信息不灵，睡大觉，而世界技术革命却在蓬勃发展。"[①]把自己封闭起来，连信息都不灵，只能越来越落后，只有坚持对外开放，使国内经济与国际经济优势互接互补，并不断创新，才能赶上世界经济和科技发展。由于科技发展的日新月异，世界经济交往的频繁密切，世界变小为"地球村"，各国的发展与命运日益相互依存、休戚与共。在这样一个时代，与世隔绝是愚蠢的，是根本违背国家利益的。

总之，邓小平总是把中国放在世界体系、世界全局中去考虑，把中国作为世界体系中一个不可分割的组成部分。可以说世界眼光是邓小平外交指导原则的重要方面。

---

① 《邓小平文选》第3卷，第290页。

第三节 对外开放政策的辉煌成就及其发展

党的十一届三中全会作出对外开放的重大决策,开辟了中国对外开放的新纪元,为中国经济和社会发展注入了新的活力,经过20多年的努力,中国初步形成了全方位、多层次、宽领域的对外开放格局,取得了辉煌的成就。

一、全方位、多层次、宽领域的对外开放格局

中国的对外开放政策,是全方位的对外开放政策。1984年11月1日,邓小平在中央常委座谈会上指出,"对外开放,我们还有一些人没有弄清楚,以为只是对西方开放,其实我们是三个方面的开放,昨天我同缅甸总统吴山友谈话,讲到三个方面的开放,一个是对西方发达国家的开放,我们吸引外资、引进技术等等主要从那里来。一个是对苏联和东欧国家的开放,这也是一个方面……。还有一个是对第三世界发展中国家开放,这些国家都有自己的特点和长处,这里有很多文章可做。所以,对外开放是三个方面,不是一个方面。"①实行全方位对外开放,最大的好处在于博采众长,补己之短,立于主动地位。西方发达国家经济实力雄厚,资金充裕,技术先进,对发达国家开放主要是为了更好地引进资金、技术。50年代苏联帮助中国建设156个项目,对苏联开放,有利于对这些传统工业企业进行改造更新。第三世界虽然不少是贫困国家,但它们都有自己的特点,都有通过合作取得发展的强烈愿望,和它们开展经济、科技、贸易方面的交往,有利于南南合作,有利于促进外贸市场多元化,可以在动荡多变的国际形势下减少风险,有利于冲破贸易保护主义和区域集团的排他性措施,扩大市场,有利于抵制台湾当局的"弹性外交"。我们既要大力开拓欧美等发达国家市场,也要大力开拓非洲、拉美、独联体、东欧、中东市场,确保经济贸易合作的稳步发展。

---

① 《邓小平文选》第3卷,第99页。

中国对外开放是多层次的开放,中国各地区经济发展不平衡,发展条件差异较大,采取多层次的对外开放,是中国迅速走向世界,推进中国经济同世界经济接轨的过程。邓小平身体力行,亲自领导了中国对外开放的实践。1979年决定对广东、福建两省的对外经济活动实行特殊政策和优惠措施。1980年决定在深圳、珠海、汕头、厦门设置经济特区。1984年开放14个沿海港口城市。1985年分两步走开放长江三角洲、珠江三角洲、闽南厦漳泉三角地区和辽东半岛、胶东半岛。1988年设立海南省,建立海南经济特区。1990年开发浦东和开放满洲里、丹东、绥芬河、珲春4个北部口岸。1992年决定以上海浦东为龙头,开放5个沿海城市,并开放哈尔滨等4个边境、沿海地区省会城市及11个内陆省会城市。1999年宣布实施西部大开发。2006年在天津设立滨海经济区。形成了有重点、多层次、全方位的对外开放格局,沿海—沿江—沿边—内陆开放战略的实施,使中国的对外开放达到一个新的境地。

中国的对外开放,还是一个宽领域的开放,不只是一个经济概念,而且是涵盖经济、政治、科技、文化各个领域的全方位开放,不仅适用于社会主义物质文明建设,而且适用于精神文明建设。中共十四大提出中国实行社会主义市场经济,实现了经济体制与国际接轨。中共十五大提出"依法治国",注意向西方学习"法制"观念,拓宽了对外开放领域,加大对外开放力度,在政治、军事、安全等领域都实现不同程度的对外开放。当然,精神文明的对外开放,不是对别国的文明简单的模仿照搬,而是要消化、改造、扬弃创新。邓小平指出:"我们要有计划、有选择地引进资本主义国家的先进技术和其他对我们有益的东西,但是我们决不学习和引进资本主义制度,决不学习和引进各种丑恶和颓废的东西。"[1]30年来,中国的对外开放经历了三个阶段:20世纪80年代初,以经济特区的设立为标志,对外开放进入第一阶段;90年代初,以上海浦东的开发、开放为标志,对外开放进入第二阶段;21世纪初,以中国加入WTO为标志,中国的对外开放迎来了崭新的第三阶段。30年来,中国对外开放体现了三个大转变,第一,由有限范围和有限领域内的开放转为全方位的开放;第二,由以试点为特征的政策性开放转为法律框架下的开放;第三,由单方面为主的自我开放转变为中国与世贸组织成员之间双方的相互开放。

---

[1] 《邓小平文选》第2卷,第168页。

二、对外开放的伟大成就

30年来,中国实现了对外开放的历史性飞跃,为全世界所瞩目,中国形成了由沿海到内地,由一般加工业到服务业的内容丰富、形式多样、各种对外经济交往互相融合、互相促进的全方位、多层次、宽领域的对外开放格局,国民经济由封闭和半封闭状态走向开放型经济,并向广度和深度推进。

外贸体制朝着"统一政策、放开经营、平等竞争、自负盈亏、工贸结合、推行代理制"的方向不断深化,对外经济贸易进入了一个欣欣向荣的大发展时期。外贸总额迅速增加,市场不断扩大,进出口贸易总额从1978年的206亿美元增加到2007年的2.17万多亿美元,增长了105倍,在世界排名由第32位猛跃到第3位,从1978年占世界贸易总额的不到1%上升到8%,贸易伙伴由1978年的几十个增加到目前的近300个,对外开放口岸由原来的少数几个增加到200多个,关税平均水平由40%下降到15%并逐步下降到10%以下,非关税壁垒也大幅度减少,人民币实现了贸易经常项目下的可兑换,引进技术达几万项。到2008年9月中国的外汇储备达到1.9万亿美元,整个对外经济贸易渠道拓宽,方式更加灵活,技术贸易实现引进和输出的双向发展,整个对外经济贸易形成了商品、资金、技术、劳务紧密结合,相互促进的局面,外贸经营主体多元化,由经营许可制向自主登记制转变,初步形成涵盖全社会,各物质生产部门共同参与的空前活跃的大经贸格局,建立了全国统一的大市场,利用外资,对外开放承包工程。对外投资等从无到有,从小到大,不断发展。中国于1979年颁布《中华人民共和国中外合资经营企业法》,1986年颁布《关于鼓励外商投资的规定》,1995年发布《指导外商投资方向暂行规定》和《外商投资产业指导目录》,1998年提出进一步扩大对外开放,提高利用外资的若干意见,破除了许多旧的思想框框束缚,开辟了利用外资的新领域,援外方式不断改进,正向互利合作发展。20多年来,外商投资的规模和领域不断扩大,外资来源的国家和地区持续增加。全球500家最大企业已有480多家进入中国,资金、技术密集型的大型项目和基础项目迅速增加,平均单项外商投资规模不断提高(如美国摩托罗拉公司在天津的投资达100亿元人民币,美国通用汽车公司在浦东投资达15亿美元),外商投资地带正从沿海地区向中西部地区发展,利用外资已成为中国国民经济乃至社会生活中不可分割的重要组成部分。截至2007年,中国共引进外资7 700多亿美元,连续10年成为吸收外商直接投资最多的发展中国家,2002年已超过美国成为世界外资投入最多的国家。外资企业63万多家。中国同200多个国家和地区有资金合作,至2007年中国向150多个国家提供经济技术援助,中国在海外投资遍布160多个国家和地区。至2007年底,中国在境外投资金额773亿美元,同100多个国家的上千个城市建立友好城市关系,同100多个国家签署政府间科技合作协定,与200多个国家和地区建立了科技合作关系,同近200个国家建立了教育交流和合作关系。中国同绝大多数国际组织特别是联合国发展系统建立了广泛的合作关系,参与了许多区域性经济组织的合作,形成了双边、多边经贸关系相互促进、共同发展的生动局面。

实行对外开放,对中国国民经济的发展发挥了重要作用,首先是推动了经济技术水平的提高,推动了产业和产品经营结构的大调整。中国出口商品从以原料、能源和初级产品为主转为制成品占80%以上。我们通过国际经济技术交流合作,吸收了先进技术和管理经验,在更高的起点上开发、创新,赶上世界经济技术的发展水平,中国在航天、造船、石化、家电、汽车(到2006年汽车出口已超过进口)以及轻工等领域的发展就是有力的证明。出口产品由简单劳动密集型向劳动密集型和资本、技术密集型产品并重转变。其次,发挥比较优势,提高国民经济运行的整体效益,获得比较利益,发展自己。根据李嘉图的"比较成本论"和赫克歇尔-俄林的"禀赋资源说",国际经济交流并非基于各国"绝对优势"的相拼,而是基于各国"比较优势"的互换。无论何种国家,都会有自己的比较优势,都可以利用自己具有的相对优势的经济资源从事生产和国际交换,获得自己的比较利益。中国的比较优势是市场优势、劳动力优势和资源优势,我们通过对外开放,同发达国家的资金优势、技术优势和管理优势等实行比较优势互换,并在动态发展中,不断发掘和运用新的比较优势,以在国际经济交往中获得越来越多的比较利益。我们正是通过这种比较优势的交换,引进先进技术,加快中国水利、能源、交通、通讯等基础设施建设,加快企业技术改造,促进了机械、电子、汽车、建筑业务等支柱产业的发展,促使中国经济持续、稳定、高速的发展。从1979年到2007年,中国GDP平均年增长9.4%以上,经济总量居世界第四位。到2007年人均国内生产总值2 300多美元,人民生活达到小康水平,综合国力有很大提高,被誉为中国奇迹和"中国现象"。2006年中国经济对世界经济增长的贡献率达到15%。2007年中国已超过美国对世界经济的贡献率,成为世界经济的引擎。联合国《2005年世界经济形势与展望》报告指出:"中国将继续成为全球和东亚经济的火车头。"①2005年1月3日英国《泰晤士报》载文指出:"虽然美国仍是当今世界上最强的经济体,但正在改变世界经济的是中国而不是美国。"再者,有利于改善中国的国际环境,提高中国的国际地位。冷战结束后各国转向以经济科技为核心的综合国力竞争,经济合作关系日益成为巩固国家关系的重要手段,对外经济贸易发展有利于中国加强同世界各国的了解和友好关系,制约别国对我采取不友好的敌视行动,创造建设社会主义现代化的良好的国际环境。苏东剧变后,美国一些反华势力千方百计想破坏中美关系,而双方日益增长的经贸合作成为阻止中美关系恶化的制衡器和推动中美关系发展的稳定器。中国与各国经贸关系对遏制台湾当局的"弹性外交"起了重要作用,随着中国经济的快速发展,综合国力不断加强,中国的国际威望日益提高。北京奥运会的成功举办充分体现了这一点。最后,引进了竞争意识。竞争是市场经济的灵魂,没有竞争,就不会有发展和进步。我们对外开放,参与国际竞争,在国内同三资企业和进口产品竞争,这就迫使国有企业建立现代企业制度,降低成本,提高效益,改进经营方法。这有利于国有企业深化改革,促进发展,加快实现两个根本性转变,提高国际竞争力。

三、实施西部大开发——邓小平对外开放理论的新发展

加快开发西部地区,是全国发展的一个大战略、大思路。改革开放以来,沿海发达地区运用自身较好的经济基础、优越的地理位置和国家支持的政策,经济和社会发展已经积累了相当实力。现在,加快中西部地区开发的时机已经到来。这是一项面向21世纪的大战略,实施西部大开发是党中央切实贯彻邓小平提出的关于中国经济发展两个大局的战略构想的重大举措,是建设中国特色社会主义新局面的重要战略部署。1988年9月,邓小平在一次讲话中提出"两个大局"的构想,他指出:"沿海地区要加快对外开放,让这个拥有两亿人口的广大地带较快地先发展起来,从而带动内地更好地发展,这是一个事关大局的问题。内地要顾全这个大局,反过来,发展到一定时候,又要求沿海拿出更多力量来帮助内地发展,这也是个大局,那时

---

① 《经济参考报》,2005年1月31日。

沿海也要服从这个大局。"①并提出到 20 世纪末全国达到小康水平的时候,突出解决东西部发展不平衡的问题。邓小平这一思想,是一个伟大的战略构想,完全符合中国实际。改革开放以来,我们的经济发展正是按照这个战略构想进行的。在 20 世纪与本世纪之交,东部地区经过 20 多年的发展,经济实力大大增强,并积累了丰富的实践经验,而东西部的发展差距正在扩大。因此,实施西部大开发不仅有了条件,而且十分紧迫。1999 年党中央、国务院把开发西部地区作为一项重大战略任务提出来,既有重大的现实主义,也有深远的历史意义。

实施西部大开发是全面实现中国现代化的需要,到 21 世纪中期,基本实现现代化是我们的既定目标。而这一战略目标的实现,有赖于全国各地区的共同发展。只有东部地区的发展,西部地区长期处于落后状态,将影响全国经济的发展。西部大开发是中国现代化建设的重要组成部分,也是进一步推进中国现代化建设的一个突破口,正如江泽民所说,没有西部地区的繁荣昌盛,就不可能达到我们中华民族的伟大复兴,没有西部地区的基本现代化,就不能有整个国家社会主义现代化的最终成功。实施西部大开发,为投资和消费提供了广阔的市场,可使东西部相辅相成,互相促进,为中国持续、稳定、高速发展创造良好条件,并为实现各民族共同发展、共同繁荣提供有力的保证。

西部地区开发的模式,要适应建立社会主义市场经济体制的要求,充分考虑国内市场供求态势的变化和未来趋势,充分考虑经济全球化和新的对外开放环境,充分考虑知识经济时代的来临。实施西部大开发,中央当然要加大投入,但更主要的是依靠社会投资,包括地区外、国外的投资。这些投资是按市场经济规律流动和配置的,国内市场竞争态势已发生了重大变化,由卖方市场向买方市场转化,不少传统产业和产品过剩。随着经济全球化进程加快,中国对外开放进一步向纵深发展,在全新的对外开放环境下,西部地区市场不仅将融入国内统一大市场,还将逐渐融入国际大市场。这既给西部提供新的机遇,也使西部地区面临新的挑战,这就要求西部开发要有新思想,特别需要有创新精神,需要技术创新、组织创新、管理创新。首先是观念创新,创新是经济发展、生产力增长和人民生活水平提高的基本驱动力,创新在西方国家被视为经济增长的发动机。西部地区要树立新的发展

---

① 《邓小平文选》第 3 卷,第 273—274 页。

观,科技落后是西部地区经济落后的重要症结之一。要依靠科技进步促进西部开发,西部地区具有一定科技人力资源,但计划经济特征的科技体制大大限制了科技人员才能和潜力的发挥,因此,体制创新是西部科技发展的先决条件。要通过市场机制实现物质资源的优化配置,建立多元化的研究开发机构,与产业界联合,支持科研人员的创新、创业,坚决摒弃重物轻人的落后观念,形成以人才和智力资本为核心的科技、经济和社会发展新格局,开创出适合西部的可持续发展的道路,真正实现西部的大开发、大发展,使中国的改革开放迈进一个新的阶段。

四、加入WTO,中国对外开放进入一个新阶段

加入WTO,是中国扩大对外开放的必然选择。WTO是当今世界上唯一的处理国与国之间贸易纠纷的国际组织,有140多个成员,与国际货币基金组织和世界银行一起,并称世界经济的三大支柱,其主要职能是制定和规范国际多边贸易规则,组织多边贸易谈判,解决成员之间的贸易争端。加入世贸组织,进一步扩大对外开放,对促进中国国民经济的发展具有重要意义。加入世贸组织,中国将进一步扩大对外开放领域,增加贸易政策和管理的透明度,按国际通行规则办事。这将在国际上进一步树立中国改革开放和负责任大国的形象,增强国内市场对外国投资者的吸引力,营造良好的国际环境,能够使中国在多边、稳定、无条件的最惠国待遇原则下,进行国际贸易。可以享受其他国家和地区开放市场的好处,国与国之间的歧视性贸易限制将逐步取消,这有助于发展中国具有比较优势的产业,扩大出口,有利于促进中国经济结构调整和产业升级,更好地利用国外资金、技术和管理经验,提高中国企业的管理水平,增强中国的国际竞争力;有利于中国全面参与全球性生产和国际分工,加强中国与跨国公司的合作,利用跨国公司的销售渠道和营销网络,开拓国际市场;有利于中国利用国际贸易多边争端解决机制,避免与其他国家特别是主要发达国家的贸易摩擦和冲突;有利于贸易非政治化,发展中国的正常对外贸易①。加入世贸组织,也将给中国带来严重挑战,开放市场会给中国的一些产业(如粮食、汽车、金融服务行业等)面临严重的竞争压力,中国的对外经贸管理(如关税、市场准入、市场开放等)

---

① 《求是》杂志,2000年第4期。

将受到制约,我们要积极抓住机遇,推进经济体制和增长方式两个根本性转变,努力提高对外开放水平,增强综合国力和国际竞争力,迎接挑战。

进一步完善对外开放格局。加入世贸组织后,中国对外开放将出现明显变化,将从以数量增加为主的开放方式向提高质量和竞争力为主的集约型开放方式转变,"国际市场国内化"将面临国内市场国际化的冲击,这就要求我们必须根据新形势,进一步扩大开放,全面创新对外开放体制,灵活调整开放范围、开放方式和开放战略,完善全方位、多层次、宽领域的对外开放格局。

从开放范围看,以前中国区域开放主要是东南沿海,沿边、沿江和内陆中心虽有一定开放政策支持,还没有形成明显的开放气候,产业和行业的开放主要是在传统部门。加入WTO后,开放范围将不断扩大,这不仅表现在向西部市场的开放区域的延伸,而且要增加开放领域,有步骤地开放贸易市场,逐步扩大电信、银行、证券、商业、外贸、旅游、音像等服务领域的开放,按照国民待遇原则逐步允许外商进入,引导和鼓励外商投资于农业基础设施、环保产业和高新技术产业,提高利用外资的质量和水平,对外开放将向深度和广度拓展。

从开放方式看,加入WTO后,中国的贸易和资本开放方式势必作重大调整,过去依靠高关税和带有计划经济痕迹的非关税措施实行贸易保护的格局将要改变,关税将明显下调,与国际惯例相背离的某些非关税措施将逐步取消。我们必须学会利用低关税税率和规范化非关税手法来调节外部资源的进出,学会在国际惯例约束下推行走出去战略。

从开放战略看,加入WTO后,一是中国要改变过去那种用市场换技术的战略,实施用技术换技术的战略,包括建立良好社会信用在内的投资环境来换取外国的先进技术和资本,并在引进的基础上加强自主开发,在实施产品走出去的战略时,努力实施产业对外转移。二是要更新利用外资的战略,减少对外国政府和国际金融机构的依赖,努力通过向外发行债券和股票的方式从海外货币和资本市场融资,提高外商参与国内企业并购的兴趣,逐步允许外商进入国内资本市场,扩大证券化投资在外资中的比例。三是更新对外投资战略,在实施资本走出去战略时,拓宽对外投资渠道,创新对外投资方式,根据国际资本流动的变化趋势,灵活运用对外投资工具,包括产业、证券和其他金融品种投资等。

要实现对外开放战略的调整,关键是加快开放体制的创新,中国目前开放体制缺乏弹性,适应国际市场能力低下,机构交叉职能重叠,权力过分集中,同向竞争等,加入WTO后,要努力解决这些体制问题①。要加快建立适应社会主义市场经济体制和国际通行规则要求的经济贸易法律体系,加快培养适应新世纪国际经济竞争的人才队伍,加快实现中国由贸易大国向贸易强国的转变,在国际竞争中争取更加有利的地位,加快市场化、现代化和国际化的进程。党的十六大强调要"引进来"与"走出去"相结合,实施"走出去"战略,这是对外开放新阶段的重大举措,它将使对外开放出现一个新局面,将形成一批有实力的跨国企业参与国际经济竞争。到2005年中国对外投资已达370亿美元。

五、对外开放是中国长期的基本国策

对外开放不是权宜之计,而是必须长期坚持的方针,1984年10月党的十二届三中全会通过的《中共中央关于经济体制改革的决定》中强调对外开放是中国"长期的基本国策"。党的十三大把对外开放作为一个具有长远意义的指导方针,这是由中国现代化建设长远目标决定的。邓小平指出:"对内经济搞活,对外经济开放,这不是短期的政策,是个长期的政策,最少50年到70年不会变。为什么呢?因为我们第一步是实现翻两番,需要20年,还有第二步,需要30年到50年,恐怕是要50年,接近发达国家的水平。""到那时,就更不会变了。即使是变,也只能变得更加开放。否则,我们自己的人民也不会同意。"他强调,要实现20世纪翻两番和更长远的目标,离开对外开放政策不可能。对外开放,面向世界,是一项跨世纪的贯穿好几代人的伟大事业,它给中国现代化建设带来巨大的利益,随着中国经济融入全球化,中国必然更加开放,邓小平说:"中国执行开放政策是正确的,得到了很大的好处,如果说有什么不足之处,就是开放得还不够,我们要继续开放,更加开放。"②1992年,联合国贸易与发展组织发表了一份关于开放程度与经济增长关系的调查报告,该报告把48个国家按开放程度不同分成三组进行比较,第一组是低关税和低非关税壁垒的国家;第二组是中等或高关税但低非关税壁垒的国家;第三组是中等或高关税、高非关税壁垒的国家。结果是

---

① 参见《求是》杂志,2000年第20期。
② 《邓小平文选》第3卷,第79页。

在1973—1989年,第一组出口增长率8.5%,GDP增长率5.1%;第二组出口增长率7.8%,GDP增长率4.6%;第三组出口增长率3.5%,GDP增长率3.6%。世界贸易组织总干事鲁杰罗1997年4月28日在《华尔街日报》发表文章指出,根据哈佛大学两位教授对117个发展中国家1970—1989年经济发展的调查,较开放的发展中国家平均增长4.5%,而较封闭的发展中国家增长率仅为0.7%。邓小平指出:"对内开放、对外开放的政策不变,如果这些都变了,我们要在本世纪末达到小康水平,在下世纪中叶达到中等发达国家水平的目标就没有希望了,现在国际垄断资本控制着世界的经济,市场被它们占了,要奋斗出来很不容易,像我们这样穷的国家要奋斗出来更不容易,没有开放政策、改革政策,竞争不过。……我们的开放政策肯定要继续下去,现在是开放得不够,我们的开放、改革是很不容易的事情,胆子要大,要坚决,不开放、不改革没有出路,国家现代化建设就没有希望。"①他还指出:"我们现在路子走对了,人民高兴,我们也有信心,我们的政策是不会变的,要变的话,只会变得更好,对外开放政策只会变得更加开放,路子不会越走越窄,只会越来越宽,路子走窄的苦头,我们是吃得太多了,如果我们走回头路,会回到哪里,只能回到落后贫困的状态。"②"重要的是,切不要把中国搞成一个关闭性的国家,实行关闭政策的做法对我们极为不利,连信息都不灵通,现在不是讲信息重要吗?确实很重要,做管理工作的人没有信息,就是鼻子不通,耳目不灵,再是绝不能重复回到过去那样,把经济搞得死死的。"③邓小平说:"如果开放政策在下一世纪前50年不变,那么到了后50年,我们同国际上的经济交往更加频繁,更加相互依赖,更不可分,开放政策就更不会变了。"④就是说,对外开放政策要永远执行下去。

邓小平的对外开放思想,是解决发展中国家与世界体系难题的突破。当代有两种现代化理论,西方理论家认为,世界体系是任何一个国家发展的有利条件,不发达国家落后的根源在于它们没有有力的政策融入国际体系,只要全盘运用西方发达国家的发展模式,全盘西化,不发达国家就可以很快发展起来。一些发展中国家照此办事,推行全盘西化,但结果不但未能使它

---

① 《邓小平文选》第3卷,第218—219页。
② 同上书,第29页。
③ 同上书,第306—307页。
④ 同上书,第103页。

们迅速走上强国之路,反而使其经济恶化,国民生产总值和人民实际生活不断下降,导致悲剧性的结局。另一种是发展中国家的中心—外围理论,拉美经济学家普雷维什、埃及的阿明等认为,在世界经济体系中,发达国家处于核心、主导地位,发展中国家处于外围、依附地位,这是一种不平等关系。正是外围的贫穷和依附,才能保证中心的富裕繁荣,因此发展中国家要摆脱贫困,必须脱离现存世界体系,推行经济保守主义,割断同发达国家的经济关系。阿明提出,要同国际经济和世界市场决裂,于是不少民族国家纷纷割断同宗主国的经济联系,但结果也不理想。失去了国际分工促进生产发展的效能,付出更大的代价,使发展中国家与发达国家的差距越拉越大,于是发展中国家与世界体系关系的问题成了一个难题。邓小平的对外开放思想解决了这个难题,邓小平既肯定世界体系给发展中国家带来机会,也看到它可能造成的危害(1997年东南亚金融危机充分说明了这一点)。关键是要趋利避害,发展中国家既不能搞全盘西化,也不能拒绝和割断与世界经济的联系,而是要善于用自己的比较优势来获得比较利益,要正确选择对外开放的途径,既积极又谨慎,既要大胆参与经济一体化、全球化,又要坚决维护自己的经济主权和安全,建立规范成熟的对外开放体系。同时继续努力,争取改变不公正不合理的国际经济旧秩序,建立公正、合理的国际经济新秩序,邓小平的对外开放思想体现了理论与实践的高度统一,体现了世界经济交往的基本原则与各民族国家特殊性相结合的辩证统一。为发展中国家提出一条实现现代化的新途径,具有重要的意义。胡锦涛在党的十七大报告中指出:新时期最鲜明的特点是改革开放。改革开放是决定当代中国命运的关键抉择,是发展中国特色社会主义,实现中华民族伟大复兴的必由之路。只有改革开放才能发展中国,发展社会主义,发展马克思主义。改革开放是当代中国的主旋律,是贯穿中国特色社会主义理论体系的一条红线。中国特色社会主义之所以具有蓬勃的生命力,就在于它是实行改革开放的社会主义。中国特色社会主义道路,是在改革开放的伟大实践中拓展并越走越宽阔的。温家宝总理指出:"中国的对外开放使全国十几亿人民得到实惠,如果少了,就会贻误国家发展,丧失人心。这是中国对外开放长期性的根本基础。对外开放不仅有利于中国的发展,也有利于世界的发展,只有双赢互利的开放才能持久,才能有利于各国人民的根本利益,促进世界和平与繁荣。"①

---

① 2007年11月19日温家宝在新加坡国立大学的演讲。

六、按照科学发展观的要求,全面提升对外开放水平

30年的对外开放,取得了很大成就,但也存在许多问题,面临严峻挑战。我们要从对外开放的成就和现实出发,按照科学发展观的要求,探索更高阶段和更高效益的开放理念,不断提升对外开放水平。

从对外贸易看,中国是世界上贸易发展最快的国家,2004年已成为世界第三贸易大国,2007年对外贸易总额达2.17万亿美元。但我们还不是贸易强国。主要面临的挑战是:(1)中国出口走的是加工制造模式,原材料主要靠进口,加工后再出口(60%的原料靠进口),2007年加工贸易进出口9860亿美元,占全年中国贸易总额45%以上。这种大进大出的模式的结果是加工利润很低,仅4%—5%。(2)经济增长过分依赖出口,1990年出口占GDP的16%,2001年上升到23%,2005年又上升到40%,经济受外部市场影响大,带来很大风险。(3)中国出口产品主要靠价廉取胜,国内出口企业过度压低价格,进行恶性竞争,而且出口市场过于集中,其结果是遭受反倾销起诉严重,1995—2005年中国遭受700多件反倾销起诉,涉及金额500多亿美元,现世界上每5件反倾销案就有一件涉及中国。(4)中国产业结构不合理,在国际分工中处于不利地位,出口产品中劳动密集型产品所占比重过大。中国出口5千万双鞋才能换回一架美国波音737客机,芭比娃娃玩具出口每只仅2美元,而美国市场售价是19美元。(5)出口产品质量问题突出,不仅造成了重大经济损失,而且由于这些产品大部分是与日常生活有关的食品、玩具和饲料,容易引起公众的关注,因此严重损害了中国产品的形象。(6)创新意识和自主品牌意识不强。这一方面是由于我们走的是加工制造模式,依赖外来订单生产,缺乏自主权;另一方面由于开发研究需要大量资金,投入大,风险高,而且拥有有专利权的产品后,树立自有品牌需要开拓市场渠道,面临激烈的国际竞争。所以国内不少厂家觉得还是引进现成的技术、设备比较保险。

要改变这种状况,外贸指导政策应从以出口创汇为核心转变为进出口创新为核心。从简单追求出口数量扩张转向集约型出口的发展模式,把优化出口结构放在首位,大力发展高新技术产品出口,以更多获取技术扩散效应和国际产业分工利益,推动中国传统产业结构调整。高附加值的产品在出口产品中的比重是反映一国经济实力和产业竞争力以及所获贸易利益的

重要标志。使外贸逐步由外延型增长向内涵型增长转变。要改变出口退税政策,由普遍退税转向只对有创新和自主知识产权的技术密集型和创新性的劳动密集型出口产品退税,以提高骨干产业的国际竞争力。要改变出口市场过分集中的状况,不断开拓新市场。长期大量贸易顺差会导致贸易条件趋于恶化,应保持进出口基本平衡,以减轻人民币升值的沉重压力。要理性处理贸易纠纷,不要把一般贸易纠纷提高到"民族尊严"的高度来理解,避免激化矛盾和互相报复,主动倡导建立与主要贸易伙伴的高级别磋商机制。要加快转变外贸增长方式,立足以质取胜。大力促进加工贸易转型升级,大力发展服务贸易。

在利用外资方面,存在的主要问题有:(1)外商直接投资结构不合理,产业结构处于低水平;(2)为追求引进外资数量,各地出台优惠政策进行攀比,造成引进外资成本提高,国家宏观经济效益下降;(3)各地开发区泛滥,造成土地等资源严重浪费,经济与社会发展的协调性被破坏。

要按照科学发展观要求,创新利用外资方式,优化利用外资结构,提高利用外资水平,更好地发挥外资作用。为此,利用外资要从注重数量向注重质量转变;利用外资的优惠政策要从普遍优惠向产业优惠转变,把外资引导到国家优先发展的产业中去,要在利用外资中实现科技进步和自主技术创新,引进外资不能依赖外资;发挥利用外资在推动自主品牌、产业升级、区域协调发展等方面的作用。引进外资要从政策优惠向规范投资环境转变,依靠制度和软环境的改善创造国际资本进入的条件,而不是依靠优惠让利;利用外资形式要从注重直接投资向以直接投资为主的多种投资形式转变。在发挥外资在经济增长的作用的同时,努力争取外资在产业先进性、技术含量、产业关联度、低消耗等方面达到更高水平。

在"走出去"战略方面,党的十六大强调要"引进来"与"走出去"相结合。但至今我们的"走出去"战略发展缓慢,这反映出中国还比较缺乏懂得世界的企业家。中国企业缺乏发展跨国经营的战略优势,缺乏开发国际市场的经验,中国企业还没有真正进入现代世界全球化经营状态。要创新对外投资和合作方式,支持企业在研发、生产、销售等方面开发国际化经营,加快培育中国的跨国公司和国际知名品牌。

要建立现代企业制度,以扭转中国在国际化人才争夺中的不利地位。要采用国际上现代企业通行的跨国经营的竞争模式,改变在国内生产然后出口向外销售的传统模式。要在各种现代服务贸易市场中提高占有率,避免集中在承包工程市场上国内企业搞自相残杀的恶性竞争。要努力扩大在发展中国家的投资,在当地生产、当地销售,这有利于带动中国的劳务输出,发挥中国劳动力充裕的优势。

总之,我们必须按照科学发展观的要求,从有利于以人为本、全面协调和可持续发展的理念,对开放战略进行提升,从粗放型低效益的开放模式向精细型高效益的开放模式发展,使模式创新成为开放新阶段的战略主题,树立新开放观。不断探索新的开放道路,使中国的对外开放成为体现科学发展观的重要组成部分。使中国不仅是贸易大国,而且成为贸易强国,不仅是吸收外资的大国,而且成为对外投资的大国。

思考题

1. 中国为什么要实行对外开放政策?
2. 改革开放以来中国对外开放取得哪些重大成就?
3. 加入WTO后中国对外开放进入一个新阶段,这个新阶段的主要标志是什么?
4. 实施"走出去"战略有什么重要意义?

第六章 "一国两制"是实现祖国统一大业的根本途径

洗雪百年国耻,实现祖国完全统一,是全体中国人民长期的共同心愿,中国人民为此进行了艰苦的努力。邓小平以马克思主义战略家的胸怀,从中华民族根本利益出发,以求真务实的精神,创造性地提出了"一国两制"的伟大构想,为实现祖国和平统一大业找到了切实可行的途径。"一国两制"构想不仅为推动祖国的和平统一做出了重大贡献,而且对世界各国解决历史遗留问题提供了榜样,是对马克思主义国家学说的创造性发展,具有极其重要的现实意义和理论意义。

第一节 毛泽东、周恩来和平统一祖国的思想

中国是具有悠久历史的文明古国,曾创造了光辉灿烂的古代文明,鸦片战争以后,中国陷入了外族入侵的腥风血雨之中,人民受蹂躏,国土被宰割,整整一个世纪,爱好和平的中国人民没有享受一天和平安宁的生活,英帝国主义通过三个不平等条约,割占了香港九龙,强租了新界。葡萄牙殖民主义者用欺诈的手段,强占了澳门。穷凶极恶的日本军国主义,通过《马关条约》,霸占我神圣领土台湾,使中国的领土支离破碎。对此,中国人民感到奇耻大辱,为了夺回被占领土,实现祖国完全统一,中国人民进行了不屈不挠的斗争。即使是北洋军阀和蒋介石政府,也都没有承认那些不平等条约,并试图恢复沦丧的领土,但由于它们腐败无能,根本无法完成这一历史重任。1919 年巴黎和会,作为战胜国,中国政府提出

收回德国在山东的特权和租借地。但列强根本不考虑中国的要求,竟然把德国在山东的权益转归日本,这激起了中国人民的无比愤慨,导致了"五四运动"的爆发。1921年12月华盛顿会议,中国代表再次提出废除各国在华租借地的议案,仍然毫无结果。《九国公约》使中国成为多国共同宰割的半殖民地。第二次世界大战期间,中国参加同盟国对法西斯作战,为打败日本军国主义承担了极大的民族牺牲,做出了重大贡献。1943年中美英三国首脑召开开罗会议,罗斯福答应战后把日本占领的中国领土归还给中国。蒋介石乘机提出香港问题(当时也在日本占领之下),英国首相丘吉尔当即跳了起来,说:"不行,香港是英国领土,不能讨论。"蒋介石只得忍气吞声,不敢再提。

中华人民共和国的成立是中国自近代以来备受欺凌、残破不全的政治命运的终点,又是追求祖国完全统一的起点。新中国成立后,以毛泽东为核心的第一代领导集体就为祖国的统一大业殚思竭虑。建国初期,由于考虑到中国实际情况,对香港采取机动灵活的和平策略。为争取有利于建设的国际环境,认为维持香港现状,对稳定局势,安定人心,保留与西方国家的联系渠道和打破帝国主义的封锁更加有利。周恩来指出:香港总有一天我们是要收回的。但中国内地要进行社会主义建设,香港可以作为内地同国外进行经济联系的基地,可以通过它吸收外资,争取外汇,所以目前保持香港这个阵地有好处。针对国外有人对我们的港澳政策提出责难,毛泽东表示:"至于香港,英国没有多少军事力量,我们要占领是可以的。……我们暂时不准备动它。""我们不动它并不是永远不动它。英国现在安心,将来会不安心的。"1960年,中央明确提出了"长期打算,充分利用"的港澳工作方针,即暂时不改变香港现状,充分利用香港的特殊地位,为中国的社会主义建设、外交战略以及对台工作服务。中国政府多次公开声明关于香港问题的原则立场:香港是中国的领土,中国政府不承认帝国主义强加的三个不平等条约,主张对这个历史遗留下来的问题,在条件成熟时经过谈判和平解决,在未解决之前维持现状[①]。

对台湾问题,毛泽东、周恩来的态度是十分明确而坚决的,即一定要实现祖国的统一,但其方针经历一个从武力解放台湾到确立和平统一的过程。"武力解放台湾"首先是作为中国人民解放战争后期的作战任务提出的,

---

① 《人民日报》,1967年3月8日。

第六章 "一国两制"是实现祖国统一大业的根本途径

1949年9月,中国人民政治协商会议通过的起临时宪法作用的《共同纲领》明确规定:"中华人民共和国中央人民政府负责将人民解放战争进行到底。解放中国全部领土,完成统一中国的事业。"1950年初,中国人民解放军已经做好各项工作准备解放台湾。这一阶段,中央奉行的是通过战争清除国民党在台湾的统治,依靠社会主义制度统一台湾,实行"一国一制"。6月25日朝鲜战争爆发使得该计划搁置。1953年朝鲜战争结束后,中共中央再次提出解放台湾、统一祖国的部署,由于以美国为首的外国势力的阻挠,这一问题的解决一再拖延下来。20世纪50年代中期,在国际形势趋缓、国内建设需要一个和平安定的环境,台湾问题因美国武装干涉而复杂化的大背景下,中共第一代领导集体适时调整了对台工作方针,提出争取用和平方式解放台湾。毛泽东首先提出在爱国主义的基础之上,海峡两岸中国人团结起来,为和平解放台湾,实现祖国的完全统一而奋斗;提出"和为贵"、"爱国一家"、第三次国共合作等政策主张。周恩来在回答缅甸总理吴努关于中共与台湾关系问题时,明确表达了和平统一祖国的愿望:"只要蒋介石同意中国和平统一,同意和平解放台湾,并且派代表来北京谈判,我们相信即使蒋介石本人,中国人民也可以宽恕他。但蒋介石必须承认中央人民政府,不能自称代表中国。"1956年1月30日,周恩来在政协二届二次会议上正式宣布:"凡是愿意走和平道路的,不管什么人,也不管他们过去犯过多少罪过,中国人民都将宽大对待,不咎既往;凡是在和平解放台湾这个行动中立了功的,中国人民都将按照立功大小给予应得的奖励。"1956年6月,周恩来在一届人大三次会议上正式提出,"愿意同台湾当局协商和平解放台湾的具体步骤和条件,并且希望台湾当局在他们认为适当的时机,派遣代表到北京或适当的地点同我们开始这种商谈"。1957年7月,中共中央发出《关于加强和平解放台湾的指示》,显示了和平统一祖国的决心和诚意。这一时期的具体政策包括了:省亲会友,来去自由;既往不咎,立功受奖;国共合作,爱国一家;和平解放;互不破坏①。至此对台工作从一般号召进入提出协商阶段。1960年,毛泽东在中共中央政治局常委会上提出,台湾只要回归祖国,除外交必须统一于中央外,所有军政大权、人事安排大权均由台湾当局掌握。1963年周恩来进一步概括了大陆对台原则,经毛泽东审定确定为"一纲四目"。"一纲"即台湾必须统一于中国;"四目"即台湾回归祖国后,除外交必

---

① 王凤超主编:《"一国两制"的理论与实践》,经济科学出版社1998年版,第19页。

须统一于中央外,所有军政大权人事安排均由蒋介石决定;所有军政及建设经费不足之数,由中央拨付;台湾社会改革可以从缓,协商解决;双方互约,不派人进行破坏对方团结之事①。这一方针有力推动了对台工作的进展,但由于当时国际环境和国内环境的制约,特别是由于"文化大革命"对争取和平解放台湾工作的干扰和破坏,这些设想未能付诸实施。这些具有非凡胆略的战略决策,体现了毛泽东、周恩来高瞻远瞩的博大胸怀,为以后"和平统一、一国两制"构想提供了理论来源。

第二节 邓小平"一国两制"的伟大构想

一、"一国两制"构想的提出

20世纪70年代末,中国的发展进入了一个新阶段,实现祖国统一步伐随着时代的更新而加快,我们党和政府对实现统一的方针有了新的发展。1978年11月,邓小平在访问缅甸时,明确表示,在解决台湾问题时,我们会尊重台湾的现实。比如台湾的某些制度可以不动,美日在台湾的投资可以不动,那边的生活方式可以不动等,这已经可以看出"一国两制"的思路。1979年元旦,全国人大常委会发表《告台湾同胞书》,呼吁大陆与台湾之间的和谈尽快达成,指出"首先应当通过中华人民共和国政府和台湾当局之间的商谈结束军事对峙状态,以便为双方任何一种范围的交往接触创造必要的前提和安全的环境"②。提出两岸尽快实现通航、通邮、通商。同年1月,邓小平在访美时,向美国参、众两院议员解释了中国对台湾的立场:我们不再用"解放台湾"这个提法了,只要台湾回归祖国,我们将尊重那里的现实和现行制度。1981年9月30日,全国人大常委会委员长叶剑英向新华社记者发表谈话,进一步提出台湾回归祖国实行和平统一的9条方针,第一次阐明了台湾的社会经济制度、生活方式以及同国外经济文化关系"三不变"政策,内容更为具体全面,更具有操作性。指出:为了尽早结束中华民族陷于

---

① 王凤超主编:《"一国两制"的理论与实践》,经济科学出版社1998年版,第21页。
② 《人民日报》,1979年1月1日。

分裂的不幸局面,我们建议举行中国共产党和中国国民党两党对等谈判,实行第三次合作,共同完成祖国统一大业。国家实现统一后,台湾可作为特别行政区,享有高度的自治权,并可保留军队。中央政府不干预台湾地方事务。台湾现行社会、经济制度不变,生活方式不变,同外国的经济、文化关系不变。1982年底,五届全国人大五次会议通过的《中华人民共和国宪法》增加了设立特别行政区的规定,为"一国两制"的和平统一祖国模式提供了法律依据。同时,中国政府还采取实际行动,缓和两岸紧张关系,如停止对金门、马祖的炮击,停止空飘、海飘宣传品。最高人民法院和最高人民检察院宣布不再追诉去台人员建国前的罪行等,充分表明中国政府和平解决台湾问题的诚意。1984年2月22日,邓小平会见美国乔治城大学战略与国际问题研究中心代表团时说,"世界上有许多争端,总要找个解决问题的出路。我多年来一直在想,找个什么办法,不用战争手段而用和平方式,来解决这种问题。我们提出的大陆与台湾统一的方式是合情合理的。统一后,台湾仍搞它的资本主义,大陆搞社会主义,但是,是一个统一的中国。一个中国,两种制度。香港问题也是这样,一个中国,两种制度。……世界上的许多争端用类似这样的办法解决,我认为是可取的。否则始终顶着,僵持下去,总会爆发冲突,甚至武力冲突。如果不要战争,只能采取我上面讲的这类的方式。这样能向人民交代,局势可以稳定,并且是长期稳定,也不伤害哪一方"①。至此,"一国两制"的基本思想已经形成。1984年六届全国人大二次会议通过的《政府工作报告》,正式使用了"一个国家,两种制度"的提法。

二、"一国两制"构想的内涵

"一国两制"是邓小平提出的用以指导解决中国历史上遗留下来的香港、澳门回归祖国和台湾与大陆统一的战略构想、战略方针及一整套步骤的措施,其主要内容可概括为以下几个方面:

第一,"一国两制"的基础和政治前提是一个中国,即全中国的领土完整和主权不可分割。邓小平指出:"我们承认台湾地方政府在对内政策上可以搞自己一套。台湾作为特别行政区,虽是地方政府,但同其他省、市以至自治区的地方政府不同,可以有其他省、市、自治区所没有而为自己所独有的

---

① 《邓小平文选》第3卷,第49页。

某些权力,条件是不能损害统一的国家利益。"但我们不赞成"完全自治"的提法①。"一个国家",在香港和澳门问题上,主要是恢复行使主权的问题。主权是国家的根本属性,没有主权,也就谈不上是一个国家。在国家统一问题上,没有行使主权,也就等于没有统一。1982年9月24日,邓小平在会见英国首相撒切尔夫人时严肃地指出:"关于主权问题,中国在这个问题上没有回旋余地。坦率地讲,主权问题不是一个可以讨论的问题。"②"一个国家",在台湾问题上,主要是国家的统一问题,一个国家不可能同时存在两个享有主权的政治实体,否则,任何形式的统一都是虚假的。台湾是中国的一个组成部分,中国政府在同外国建立外交关系时的一个根本原则,就是要承认一个中国的立场,不能与台湾保持和发展任何官方关系。香港、澳门和台湾特别行政区尽管享有高度自治权,但自治不是没有限度的,其限度就是不能背弃"一个国家"的前提,在法律上就体现为特别行政区政府的法律地位只能是地方政府,而不是与中央政府对等的政治实体。总之,"一国"是"两制"的内在统一性,不能在没有"一个国家"的前提下片面谈"两种制度"问题。"一国两制"的根本宗旨就是实现国家的统一,而不能偏离"一国"这一质的规定性。

第二,"一国两制"的核心是和平统一祖国,两种制度长期共存。"一国两制"构想要解决的核心问题是祖国统一问题。香港、澳门和台湾问题是帝国主义侵略中国的产物,统一是中华民族历史的必然,实现祖国统一是中华民族一切有爱国心的中国人的共同利益和共同愿望,也是每个中国人的历史责任。但是,由于历史的原因,大陆与港澳台形成了两种不同的社会制度,大陆实行社会主义制度,港澳台实行资本主义制度,在这种情况下如何处理两种制度的关系,和平实现祖国统一,是中国面临的一个难题。邓小平指出:"中国面临的实际问题就是用什么方式才能解决香港问题,用什么方式才能解决台湾问题。""是社会主义吞掉台湾,还是台湾宣扬的'三民主义'吞掉大陆?谁也不好吞掉谁。"因为"如果用社会主义来统一,就很难做到各方面都满意,即使勉强接受了,也会造成混乱局面"。这是我们所不希望看到的,如果用资本主义来统一,那也不现实,要中国大陆放弃社会主义道路,历史不答应,中国人民不答应。而且"国家主体是很大的主体",

---

① 《邓小平外交思想学习纲要》,第109—110页。
② 《邓小平文选》第3卷,第12页。

"能用一千几百万人口的台湾的现行制度来统一 10 亿人口的大陆吗"? 这显然是"太缺乏现实感了"①。正是基于上述情况,邓小平提出"一国两制"的构想。"一国两制"兼顾了国家统一和维护台港澳繁荣稳定这个中华民族的民族大局,使各方的利益得到有效的保障。香港、澳门回归祖国后,港澳人民摆脱了外国殖民统治的屈辱地位,享有高度自治权,港人治港,澳人治澳,真正当家作了主人。台湾虽不处于外国殖民统治,但统一对台湾的社会发展有好处,"一国两制"也符合大陆改革开放的实际,可以一心一意搞建设,发展生产力,而且"一国两制"也充分考虑了有关国家的利益,邓小平说,用"一国两制"解决统一问题,"应该不仅是香港人民可以接受的,而且在香港的其他投资者首先是英国也能够接受,因为对它们也有好处"②。在台湾问题上,"如果用'一国两制'的办法,不仅解决了中国的统一,美国利益也不致受损害"③。正因为"一国两制"照顾到了各方的利益,符合各方社会进一步发展的内在要求,因此它是解决中国统一问题的最合理可行的办法。

第三,"一国两制"的主体是社会主义。在一个完整、统一的国家里并存的两种制度中,主体是社会主义,社会主义制度是"一国两制"的基础。坚持一个中国即中华人民共和国一个国家,意味着只能有一个主权,只能有一个中央政府,中央政府是主权的唯一代表者和执行者。这是实行"一国两制"不可动摇的原则。主体的社会主义体现的是"一国两制"构想两个方面的质的规定性。"一方面,社会主义国家里允许一些特殊地区搞资本主义,不是搞一段时间,而是搞几十年,成百年。另一方面,也要确定整个国家的主体是社会主义。"④以社会主义为主体实行"一国两制"是中国基本国情的客观要求,邓小平说:"'一国两制'除了资本主义,还有社会主义,就是中国的主体、10 亿人口的地区坚定不移地实行社会主义。……这是个前提,没有这个前提不行。"⑤邓小平解释说:"试想,中国要是改变了社会主义制度,改变了中国共产党领导下的具有中国特色的社会主义制度,香港会是怎样? 香港的繁荣和稳定也会吹的,要真正能做到 50 年不变,50 年以后也不变,就

---

① 《邓小平文选》第3卷,第101、59、102、86、103、97页。
② 同上书,第13页。
③ 同上书,第97页。
④ 《邓小平文选》第6卷,第219页。
⑤ 同上书,第103页。

要大陆这个社会主义制度不变。"①这两个不变是辩证的统一,这是"一国两制"的本质体现。

第四,"一国两制"的基本方针长期不变,且有法律保证。统一后,在台湾、香港、澳门设立特别行政区。特别行政区政府除国防、外交权属于中央外,享有高度的自治权,包括行政管理权、立法权、独立的司法权和终审权。原有的社会经济制度、生活方式,同外国的经济文化关系不变,法律基本不变,私人财产、房屋、土地、企业所有权、合法继承权和外国投资都受法律保护,台湾比香港、澳门更宽,作为中国对香港、澳门恢复行使主权的象征,中央政府向香港、澳门派驻军队。但台湾可以保留军队,中央政府不派军队去。保证香港、澳门、台湾现行资本主义制度不变,这是"一国两制"这一国家统一构想的重要内容,也是"一国两制"构想所具有的创造性的主要体现。保证现状不变,两种制度和平共处,有利于国家和平统一。因为大陆与台港澳在社会制度上的差异,是历史形成的,是一种客观存在,都有其现实的经济、社会和文化基础。邓小平指出:"不保证香港和台湾继续实行资本主义制度",就"不能和平解决祖国的统一问题"②。保证现行资本主义制度不变,是台港澳统一后继续保持繁荣稳定的关键。"根据香港和台湾的历史和实际情况,不保证香港和台湾继续实行资本主义制度,就不能保持它们的繁荣与稳定"。"因此,我们在香港问题上,首先提出要保证其现行的资本主义制度和生活方式,在1997年后50年不变"③,"一个萧条的香港、后遗症很多的香港,不是我们所希望的香港"④。恢复主权后,只有保持香港的现行制度,香港才能保持其金融、贸易、航运、信息、自由港等国际中心的地位,保持现行制度不变,有利于在国家统一后保持台港澳社会的稳定。针对某些人担心我们的政策会变的顾虑,邓小平在会见香港特别行政区基本法起草委员会委员的讲话中,强调指出:"香港在1997年回到祖国以后50年政策不变,包括我们写的基本法,至少要管50年。我还要说,50年以后更没有变的必要。香港的地位不变,对香港的政策不变,对澳门的政策也不变,对台湾的政策按照'一国两制'方针解决统一问题后50年也不变,我们对内开

---

① 《邓小平文选》第6卷,第218页。
② 《邓小平文选》第3卷,第67页。
③ 同上。
④ 《邓小平文选》第3卷,第101—102页。

第六章　"一国两制"是实现祖国统一大业的根本途径

放和对外开放政策也不变。"①保持现行制度不变,已经以宪法和法律的形式被肯定下来。之所以保持长期不变,首先是因为"这些政策见效、对头、人民都拥护。既然是人民拥护,谁要变人民就会反对"②。其次,"如果有什么要变,一定是变得更好,更有利于香港的繁荣与发展,而不会损害香港人的利益"③。

三、"一国两制"构想的伟大意义

邓小平"一国两制"的科学构想为实现祖国的统一大业找到了一个切实可行的途径。香港和澳门的顺利回归洗刷了中国人民100多年来的奇耻大辱。不仅为世界各国提供了国家间和平解决历史遗留问题的一个范例,而且为国际上许多问题的解决提供了有益的经验,是对世界和平与发展的重大贡献,是马克思主义的普遍真理同中国的具体实际结合的产物,是对马克思主义国家学说的创造性发展。虽然"一国两制"构想是为解决中国统一问题而推出的,但它所涉及的问题,如主权问题、和平问题、发展问题、国家结构问题、社会制度问题、国家统一问题等,都是当前国际关系中一些重大问题,都是国际性的。因而具有重大的历史意义和国际意义。邓小平在评价香港特别行政区的基本法的意义时指出:"说它具有历史意义,不只对过去、现在,而且包括将来;说国际意义,不止对第三世界,而且对全人类都具有长远意义。"④"一国两制"构想所具有的实际意义已超越了解决中国统一问题的范畴,而且有长远的普遍意义和国际意义⑤。

第一,"一国两制"是实事求是思想的产物。一切从实际出发,理论联系实际的实事求是的思想是马克思主义的精髓,是邓小平理论的核心。邓小平同志从不固守教条而是把实事求是贯穿于探索与实践的过程中,不断丰富自己的思想体系,开拓自己的思维空间,开创新的发展思路。"一国两制"构想是党的十一届三中全会以来实事求是思想路线的产物,

---

① 《邓小平文选》第3卷,第215页。
② 同上书,第72页。
③ 同上书,第31页。
④ 同上书,第352页。
⑤ 林尚立、刘建军、陈玉刚著:《一个国家,两种制度》,上海人民出版社1997年版,第6—7页。

是对马克思主义实事求是原则的创造性运用和发展。邓小平对国际形势、社会历史发展进程以及港澳台的社会实际作了深刻的考察分析,清醒地认识到资本主义制度在长时期内仍将适合于港澳台地区的发展,这些地区的居民也愿意保留其原有的制度,中国内地的现代化建设也需要学习和利用这些地区的资金技术及管理经验等人类社会优秀的文明成果。在一定程度上考虑英国、葡萄牙的既得利益,将有利于谈判和坚持中国收复主权的正义立场。邓小平同志做出了在祖国统一的前提下,允许港澳台地区资本主义制度长期不变的决策,既坚持了社会主义的原则立场,维护了民族的根本利益,又从现今的实际出发找到了各方都可接受的具体方法,找到了祖国和平统一的切实可行的方式方法,将完成祖国统一大业同保持港澳台的繁荣稳定统一起来。邓小平说:"如果'一国两制'是一个对国际上有意义的想法的话,那要归功于马克思主义的辩证唯物主义和历史唯物主义,用毛泽东主席的话来讲就是实事求是。"①"一国两制"构想的提出"不是一时的感情冲动,也不是玩弄手法,完全是从实际出发的"②。"一国两制"是邓小平尊重客观现实,对台湾、香港、澳门的生产方式和社会制度进行实事求是的分析之后提出来的科学构想。

第二,"一国两制"是中国特色社会主义的重要体现。邓小平指出:"我们搞的是有中国特色的社会主义,所以才制定'一国两制'的政策,才可以允许两种制度存在。"③我们的社会主义制度是有中国特色的社会主义制度,这个特色很重要的一个内容就是对香港、澳门、台湾问题的处理,就是'一国两制'。这是个新事物,这个新事物不是美国提出来的,不是日本提出来的,不是欧洲提出来的,也不是苏联提出来的,而是中国提出来的。这就叫做中国特色④。这个中国特色,就是以社会主义为主体实行"一国两制"。虽然,"一国两制"的构想是基于建设中国特色社会主义理论和实践的基础上形成的,它本身所包含的精神和思想正是建设中国特色社会主义理论和实践的具体体现。是建设中国特色社会主义发展战略的产物。邓小平指出:在"一国两制"条件下,"在小范围内容许资本主义

---

① 《邓小平文选》第3卷,第101页。
② 同上书,第60页。
③ 同上书,第217页。
④ 同上书,第218页。

第六章 "一国两制"是实现祖国统一大业的根本途径

存在,更有利于发展社会主义"①。

第三,"一国两制"是和平共处五项原则的创造性运用。中国和印度、缅甸政府倡导的和平共处五项原则,是国际法的基本原则,是马克思主义国际战略理论宝库中一颗光辉灿烂的明珠。邓小平提出的"一国两制"构想创造性地运用和发展了和平共处五项原则,将国与国之间关系的原则扩大到处理一个国家之内不同社会制度地区之间的关系。在一个中国之内,大陆实行社会主义制度,港澳台实行资本主义制度,两种制度间不存在谁吃掉谁的问题,而且还要长期共存、相互促进、共同发展。这合乎大陆、港澳台以及整个中华民族整体利益的需要。"一国两制"构想体现的和平共处具有和平共处原则的最一般特征即和平解决国际争端,平等相待,互利合作等。同时"一国两制"下的和平共处又具有不同于国家间和平共处关系的特点,而是一种特殊的和平共处关系。一方面,它是以社会主义制度为主体,是具有单一主权的和平共处。另一方面,它是国际条约、宪法和部门法律保障下的和平共处。如邓小平同志所言:"根据中国自己的实践,我们提出'一个国家,两种制度'的办法来解决中国的统一问题,也是一种和平共处。""和平共处原则不仅在处理国际关系问题上,而且在处理自己的内政问题上,也是一种好办法。"②邓小平认为,用"一国两制"来解决台湾、香港、澳门问题,不仅能实现中国的统一,而且有助于世界的和平。1984年邓小平谈到中美关系时说,一旦用"一国两制"方法解决了台湾问题,对太平洋地区和世界和平,也是一件很好的事情。

在"一国"内实现"两制"和平共处,和平发展,有经济和社会关系的基础。大陆与台港澳之间在经济管理体制和经济运行方式方面有许多的共同点。有的学者将其概括为四同:一是同阶段,即同处商品经济发展阶段(但发展水平和所有制不同);二是同规律,即都依据价值规律管理经济;三是同机制,都以市场为协调经济发展的主要机制;四是同特征,都以竞争和开放为经济运行的主要特征③。这些共性为"两制"在"一国"内的和平共处提供了良好的基础

第四,"一国两制"发展了统一战线思想,统一战线是无产阶级政党为实

---

① 《邓小平文选》第3卷,第96—97页。
② 同上。
③ 周毅之、施汉荣:《香港与一国两制》,中国社会科学出版社1988年版,第24页。

现自己在一定时期内的战略任务,而与一切可以团结的阶级、党派、团体结成联盟,是无产阶级夺取胜利和建设事业胜利的重要武器。统一战线的本质在于最大限度地团结一切可以团结的力量,求同存异,调动一切积极因素。邓小平依据统一战线理论提出的"一国两制"构想又进一步发展了统一战线理论,使它在社会主义新时期具有新性质、新任务、新对象、新特点和新内容。"一国两制"对统一战线思想的发展主要体现在两个方面,一是扩大了统一战线的基础,建国后统一战线是在社会主义政治基础上的各阶级和集团的联盟,政治基础是社会主义,即以拥护社会主义为前提条件;而新时期统一战线即扩大为爱国主义基础上两种社会制度间的所有拥护祖国统一的爱国者的联盟,政治基础是爱国,以拥护祖国统一为前提条件。具有超越社会制度和意识形态的特征。这就有利于团结一切可以团结的力量。二是新时期统一战线的范围更加广泛。统一战线的对象不仅限于大陆,香港、澳门回归后,统一战线扩大到香港、澳门同胞,台湾统一后又扩大到台湾同胞,包括台湾当局和所代表的资产阶级在内的各阶级、政党的最广泛联盟,即团结数千万港澳台同胞、海外侨胞及所有希望祖国统一和富强的人士。这使统一战线在广度和深度上都有了新发展。

第五,"一国两制"为世界各国提供了国家间和平解决历史遗留问题的新经验和新思路,符合和平与发展的历史潮流。当今世界形势急剧变化,各种矛盾纵横交错,不仅有历史问题、现实问题,还有领土边界问题,争端热点此起彼伏,不断扩大。邓小平曾一再表示,要把"一国两制"提到国际层面来考虑,作为解决国际争端稳定世界局势的一个新办法提出来。他指出:"世界上一系列问题都面临着用和平方式来解决还是运用非和平方式来解决的问题,新问题就得用新办法来解决。""世界上有许多争端,总要找个解决问题的出路。我多年来一直在想,找个什么办法,不用战争手段而用和平方式,来解决这种问题,我们提出的大陆与台湾统一的方式是合情合理的,统一后,台湾仍搞它的资本主义,大陆搞社会主义,但是,是一个统一的中国,一个中国,两种制度,香港问题也是这样。……世界上的许多争端用类似这样的办法解决,我认为是可取的,否则始终顶着,僵持下去,总会爆发冲突,甚至武力冲突。如果不要战争,只能采取我上面讲的这类方式。这样能向人民交代,局势可以稳定,并且是长期稳定,也不伤害哪一方。"[①]邓小平

---

① 《邓小平文选》第3卷,第49页。

第六章 "一国两制"是实现祖国统一大业的根本途径

还说："世界上这里那里有许多疙瘩,很难解开。"我们"要找出一个能为各方所接受的方式,使问题得到解决"。"我们提出'一个国家,两种制度'的构想,也考虑到解决国际争端应该采取什么办法",应该说,"有些国际争端用这种办法解决是可能的"[1]。例如,台湾问题是中美关系的主要障碍,甚至可能发展成为两国关系中爆发性的问题。而采用"一国两制"的办法,不仅解决了中国的统一,美国利益也不致受损害。这对太平洋地区和全世界的和平稳定,也是一件很好的事情。"一国两制"体现了"互利"、"互让"的原则,体现了对各方都有利的原则。正如一位香港学者评论道:"'一国两制'代表中国政治思维的一个基本转变……从强调扩充与完善自我,变为强调开放与包容。"[2]"一国两制"着眼于求大同,存小异。把问题放到整个时代背景中加以考察,找出争端双方共同的利益,并由此出发找出解决的办法。"一国两制"着眼于维持和平,平等协商,不轻易以武力方式解决分歧。这些都是"一国两制"方式为国际争端的解决提供的有益思路。邓小平又将这些有益的思路扩展到国与国之间领土争端的解决中。对中、越、菲、马之间的南沙群岛问题和中日之间的钓鱼岛问题等提出了"搁置争议,共同开发"的主张,成为目前处理这些争端问题最现实可行的途径。

"一国两制"一经提出就受到了世界舆论的重视和赞誉,被认为是解决当今世界难题的最佳方法,香港和澳门问题的圆满解决更充分肯定了它的世界意义。英国前首相撒切尔夫人称赞道:"中国领导人提出的'一个国家,两种制度'的概念是富有想象力的。协议在国际上受到十分积极的欢迎,说明人们承认它为世界提供了经验。"[3]美国战略研究中心认为"一国两制"将成为超过美国需要10年完成的"星球大战"的"超级战略"。联合国秘书长佩雷斯·德奎利亚尔说:"在紧张和对抗不幸地笼罩着世界许多地区的时候,对香港未来地位的谈判取得成功,将毫无疑问地被认为是在当前国际关系中,有效的、静悄悄外交的一项极为突出的范例。"[4]朝鲜民主主义人民共和国主席金日成呼吁:朝鲜南北双方也可学习香港方式,各维持现行的经济制度不变,实现和平统一。

"一国两制"的意义远远超过了它所解决的现实政治问题。它为解决世

---

[1] 《邓小平文选》第3卷,第68页。
[2] 《二十一世纪》,1997年第6期。
[3] 《当代中国的马克思主义》(下册),国防大学出版社1995年版,第550页。
[4] 《红旗》,1984年第20期。

界上国家之间、一国之内的历史遗留争端开创了有效的途径。为和平解决国际争端提供了有益的线索和思路,成为当今顺应时代潮流,有利于世界和平与发展的具有伟大意义的思想理论。

第六,"一国两制"发展了马克思主义的国家学说。"一国两制"所表达的是一种新的国家观念和国家理论,是马克思主义理论与中国社会主义具体实践相结合的产物,它所包含的新见解、新观点,是对马克思主义国家学说的重大发展,其发展主要体现在以下几个方面:首先,"一国两制"维护了国家主权与高度自治的统一。其次,"一国两制"发展了马克思主义关于国家制度的理论。再次,"一国两制"扩展了国家职能的具体内容。最后,"一国两制"突破了传统的单一制国家结构模式,丰富了国家结构的具体形式,是对马克思主义国家学说发展的一个新贡献。

第三节 "一国两制"在香港、澳门的成功实践

党的十一届三中全会后,中国政府认为对香港恢复行使主权的时机已经成熟,随即将这一问题提上议事日程,并决定把原先为解决台湾问题而设想的"一国两制"构想首先应用于香港问题的解决。邓小平不仅是"一国两制"的伟大设计师,而且指导了香港问题解决的全过程。从"一国两制"构想的提出到在香港问题上成功实践的整个过程,显示了邓小平既是一个伟大战略家又是一个成功实践者所具有的远见卓识和丰富的政治经验。

一、《中英关于香港问题的联合声明》的签署

1982年9月24日,邓小平与英国首相撒切尔夫人就香港问题举行了会谈。会谈一开始撒切尔夫人就抛出她的第一张王牌,"有关香港的三个条约在国际法上仍然有效"。保持香港现有的政治地位,是中国"四化"建设获得成功的必要条件,如果中国取代英国管治,香港就会崩溃。对此,邓小平讲了解决香港问题的三个关键问题:"一个是主权问题;再一个问题,是1997年后中国采取什么方式来管理香港,继续保持香港繁荣;第三个问题,是中国和英国两国政府要妥善商谈如何使香港从现在到1997

年的 15 年不出现大的波动。"①这三个问题实际上就是为随后中英谈判确定的三个主要议题,而邓小平对每个问题的阐述,就成为我方在香港问题谈判上的指导原则。此后,中英两国政府代表团的 22 轮会谈,都是按照邓小平定下的基调进行的,邓小平指出:"主权问题不是一个可以讨论的问题。……1997 年中国将收回香港,就是说,中国要收回的不仅是'新界',而且包括香港岛和九龙。中国和英国就是在这个前提下来进行谈判,商谈解决香港问题的方式和办法。如果中国在 1997 年,也就是中华人民共和国成立 48 周年后还不能把香港收回,任何一个中国领导人和政府都不能向中国人民交代,甚至也不能向全世界人民交代。如果不收回,就意味着中国政府是晚清政府,中国领导人是李鸿章。"②"任何中国政府都应该下野,自动退出政治舞台,没有别的选择。"③所以中国不久将正式宣布收回香港这个决策。针对撒切尔夫人断言"如果中国取代英国管治,香港就会崩溃"的论调,邓小平严正加以驳斥:"保持香港繁荣,我们希望取得英国合作,但这并不是说,香港继续保持繁荣必须在英国的管理下才能实现。香港继续保持繁荣,根本上取决于中国收回香港后,在中国的管辖之下,实行适合于香港的政策。香港现行的政治、经济制度都可以保留。……香港仍将实行资本主义。"④"如果在 15 年的过渡时期内香港发生严重的波动,怎么办?那时中国政府将被迫不得不对收回的时间和方式另作考虑,如果说宣布要收回香港就会像夫人说的'带来灾难性的影响',那我们要勇敢地面对这个灾难,做出决策。希望从夫人这次访问开始,两国政府官员通过外交途径进行很好的磋商,讨论如何避免这种灾难,我相信我们会制定出收回香港及应该实行的,能为各方面所接受的政策。"⑤第一张王牌失灵,撒切尔夫人又抛出第二张王牌——"以主权换治权"。说什么为了维持香港的繁荣,要求延长英国对香港的管治,说英国政府愿意与中国政府另订新约,承认中国对香港的主权。这理所当然遭到邓小平的拒绝,他指出,主权与治权是不可分割的。1997 年中国恢复对香港行使主权,是包括恢复行政管理权在内的完整主权,而不是名义上

---

① 《邓小平文选》第 3 卷,第 12 页。
② 同上书,第 12 页。
③ 同上书,第 12—13 页。
④ 同上书,第 13 页。
⑤ 同上书,第 14 页。

的主权。这次会谈使英国政府认识到中国政府坚决维护国家主权的严正立场。1983年3月,英国首相给中国总理来信,表示双方可在中国建议的基础上探讨香港的永久性安排。这样,谈判才纳入了以中国政府关于解决香港问题的基本方针政策为基础进行讨论的轨道,进入了如何使香港保持平稳过渡、保持繁荣稳定的主题。在谈判中,英方反复强调"英国管治是香港繁荣的关键","撤销英国管治,香港繁荣就会崩溃"等。企图在1997年后继续统治香港这个"英王皇冠上的宝石"。为了给中国施加压力,1983年9月英国大量抛售港币,使港币同美元的比价从7.1∶1下降到10∶1,香港立即出现投机挤兑风波,社会开始动荡。撒切尔夫人在伦敦接受记者采访时宣称:"香港由于前途不明,正面临着重大的金融和政治动荡。"并鼓吹香港独立,说什么"许多与新加坡差不多的地区也早已独立很久了"[①]。企图以此说明:离开了英国,香港将会多么可怕!对此,中国在揭露英国卑劣伎俩的同时,邓小平通过来访的英国前首相希思转告撒切尔夫人,要她改变态度。并由中国政府公开声明,无论中英谈判结果如何,中国政府不迟于1984年9月公布对香港的政策,给谈判画了一条"死线"。中国国务院港澳办公室主任郑重宣告:"中国政府决不允许香港独立,1997年7月1日一定要收回香港。"英国才软下来。从1983年12月起,谈判进入以中国"12点方案"为基础的轨道:即如何收回,如何过渡,如何保证回归后的繁荣稳定等。但英国仍不甘心失败,撒切尔夫人又抛出第三张王牌,所谓在香港"建立民主架构,谋求香港自治",企图实现"英式港人治港",主张香港"最大限度自治",把未来的香港变成英国能够影响的某种独立或半独立的政治实体。同时,英方还反对中国在香港驻军。邓小平生气地责问:既然香港是中国的领土,为什么不能驻军?连这点权力都没有,还算什么中国领土!英方还要求回归后,英国向香港派驻"英国专员"代表机构,持有香港身份证的英国官员可以担任香港"公务员系统中直至最高层官员"的职务。这些当然遭到中方拒绝,但中方以大局为重,也充分照顾英国在香港的利益。经过艰苦复杂的谈判。1984年9月18日,中英两国政府终于就香港全部问题达成协议,9月26日草签了中英《关于香港问题的联合声明》和《中华人民共和国政府的对香港

[①] 解力夫:《国门红地毯——新中国外交五十年》,世界知识出版社1999年版,第1031—1032页。

的基本方针政策的具体说明》、《关于中英联合联络小组》和《关于土地契约》3个附件,12月19日两国总理正式签署了《联合声明》和3个附件。1985年5月27日互换了批准书,《联合声明》开始生效。《联合声明》以中国提出的12点方案为基础:1997年7月1日中国恢复对香港行使主权,成立特别行政区,直属中央政府;特区实行高度自治,港人治港;保持香港社会制度、生活方式不变,法律基本不变;照顾英国及其他国家在香港的投资利益,中英谈判取得圆满成功。这与邓小平对整个谈判过程亲自领导和掌舵分不开,邓小平为整个谈判定下了议程,为中方的谈判立场定了基调,而且每当谈判双方在重大问题上发生争执时,总是邓小平出面把握方向。邓小平在整个谈判过程中显示了坚定的原则性和高度灵活性的结合,显示了极其丰富的政治经验和智慧,以及对事态发展的深刻洞察力和宏观把握与控制全局的能力①。邓小平在总结香港谈判获得成功的原因时说:主要有两点,一是"一国两制"方针的正确。"香港问题能够解决好,还是由于'一国两制'的根本方针或者说战略搞对了"。二是国家强盛是实现国家统一的基本保证。他指出,谈判之所以能取得成功,"并不是我们参加了谈判的人有特殊的本领,主要是我们这个国家这几年发展起来了,是个兴旺发达的国家,有力量的国家,而且是个值得信任的国家"②。《联合声明》的签署,是中国外交的一大胜利,具有重大的意义。它有利于香港的长期稳定与繁荣,有利于祖国的统一大业和四个现代化建设,有利于远东和世界的和平,并为和平谈判解决国际争端提供了新的经验。

二、香港胜利回归,"一国两制"成功实践结硕果

1997年7月1日凌晨,中英两国政府举行了隆重的政权交接仪式,江泽民主席出席了政权交接仪式。随着米字旗的降落,五星红旗和香港特区紫荆花区旗冉冉升起,英国在香港一个半世纪的殖民统治宣告结束,中国恢复了对香港行使主权,中华民族一个多世纪的耻辱得到洗雪,香港进入了一个历史新纪元。江泽民同志发表讲话,指出:香港政权交接,这是中华民族的盛事,也是世界和平与正义事业的胜利。1997年7月1日这一天将作为

---

① 林尚立等:《一个国家,两种制度》,第189—190页。
② 《邓小平文选》第3卷,第85—86页。

值得人们永远纪念的日子载入史册。江泽民重申,香港回归后,中国政府将坚定不移地执行"一国两制"、"港人治港"、"高度自治"的方针。他相信,特区政府和香港同胞一定能够管理和建设好香港,保持香港长期繁荣稳定,创造更加美好的未来。香港回归后,尽管遇到了东南亚金融危机等突发事件,但"一国两制"实施顺利,特区政府与中央政府合作良好,香港政治稳定,经济保持了繁荣局面,经受住了金融危机的考验。美国商会的调查表明,高达96%的该会成员对特区政府充满信心。88%的外资公司表示仍以香港作为亚太运营总部。香港回归前,由于西方媒体的歪曲报道,造成香港同胞对"一国两制"的恐惧,一时间香港社会一片混乱。香港同胞纷纷迁往国外定居,掀起一股"移民潮"。可是,香港回归后,香港如常,香港还是原来的香港。于是原来迁走的香港人又纷纷回到香港,变当年的"移民潮"为"回流潮"。2000年7月1日,香港回归3周年那一天,美国《国际先驱论坛报》记者汤姆·普雷特发表了《香港仍然是自由的》一文,文章说:现在香港人"和过去一样自由",他们不仅可以"随心所欲的批评政界人士",而且"尽可以积攒收入和财产"。他在文章中举例说,3年前他在香港看到两个"宛如惊弓之鸟的女人"。由于对香港回归"深感恐惧",不惜花巨资在新加坡购买了"逃亡"住宅。3年后,汤姆·普雷特又在香港碰到那两个女人,她们"仍然过着自由幸福的生活"。她们在新加坡的"逃亡"住宅却空着,等待出售。2001年8月8日,美国国务院发表的一份报告承认:香港回归后,特区政府致力于维持香港独特生活方式,香港仍享有高度自治权。有权根据自己的社会和经济利益做出各项决定,依旧是亚洲最自由的城市之一。香港社会自由开放,市民享有基本公民权利,包括新闻自由、集会自由、法制、独立的公务员队伍。经济上打击侵犯知识产权,继续扮演地区金融中的重要角色①。回归后的实践证明,"一国两制"方针,不仅有利于维护香港各阶层的利益,也有利于保持香港作为国际金融、贸易、航运中心的地位。2003年6月30日,内地与香港签订了《内地与香港关于建立更紧密经贸关系的安排》的协议。内地与香港贸易往来将实行零关税,它至少为香港转入内地的货物每年节省40亿关税,内地将给予香港企业更多的准入空间。对内地来说,这将是中国演习和学习应对加入WTO后国外企业冲击的一次机会。它表明新一代中央领导集体毫不动摇地继续贯彻"一国两制"、"港人治港"、

---

① 《文汇报》,2001年8月10日。

第六章 "一国两制"是实现祖国统一大业的根本途径

高度自治的方针和香港基本法,它既是中央对香港的经济支持,也是对大陆市场完全对外资开放的"实战演习"。这个《安排》受到香港同胞的热烈欢迎,也得到国际舆论的高度评价。2007年7月1日,香港回归十周年,在这前后,国际舆论对香港回归十年来的表现给予高度的评价。英国《泰晤士报》撰文指出:"1997年香港回归中国时,它作为世界上一个重要的金融中心的地位看来不保,然而今天,随着这片土地走近回归十周年纪念日,香港的地位甚至比十年前更加重要了。"①香港回归时担任英国首相的布莱尔承认:"香港过去10年保持了繁荣与稳定。"②香港最大的外国商会——美国商会会长梅三乐说:"'一国两制'在香港取得很大成功,在今天看来,香港的前途一片光明。"③美国《时代》周刊刊登香港回归10周年专文,指出,回归10年来,香港经历金融危机、禽流感、非典等。《财富》杂志曾糟糕而错误地预测,香港回归中国会导致其"死亡",(按:1995年美国《财富》杂志曾断言:"香港回归之日,就是香港灭亡之时",并以"香港之死"作为封面专题。)然而香港现在比过去任何时候都更具活力。香港是一个搏动的生命体,由世界上最富有创造精神的人们组成,这一点永远都不会改变。中国内地正变得自由和开放,可以给香港带来可能连做梦也没有想到过的机会④。回归后,香港连续10年被美国传统基金会和华尔街日报的经济自由度指数评为全球最自由经济体。2005年起香港已晋升为世界三大贸易中心之一。到2006年6月,外国公司在香港设立地区总部和地区办事处的有3 845家(1997年是2 514家)。2007年洛桑世界经济竞争力报告,香港排第3位。回归10年来,原移民到美、加、澳等国的50多万居民已有一半多又回到香港。到2007年6月,香港已加入200多项多边国际公约,与134个国家和地区互免签证或落地签证,许多重大国际会议在香港举办。陈冯富珍当选为世界卫生组织总干事,成为执掌国际组织的第一个中国人。香港大学在回归10周年前夕对市民进行的民意调查显示,78%香港居民对"一国两制"有信心,81%对香港前途有信心,89%对祖国前途有信心。如果说,1997年是形式回归,那么现在已经是真正的"心理回归"了。正如香港特首曾荫权所说:现在是香港20年来最好的情况。"一国两制"的构想显示了无比强

---

① 新华社香港2007年6月27日电。
② 新华社香港2007年6月26日电。
③ 同上。
④ 〔美〕《时代》周刊2007年6月7日。

大的生命力。

三、澳门顺利回归祖国

由于香港的示范作用和葡萄牙政府的明智务实态度,解决澳门问题要比香港问题容易得多。1979年中葡建交时,两国政府就澳门问题达成原则谅解。葡政府承认澳门是葡萄牙管理下的中国领土,双方同意在适当时候通过两国政府间谈判解决澳门问题。1986年开始关于澳门问题的谈判,通过四轮谈判就达成协议。1987年4月13日,中葡两国总理在北京正式签署了《关于澳门问题的联合声明》,中国依据"一国两制"思想,颁布对澳门的基本方针。1993年3月,《中华人民共和国澳门特别行政区基本法》颁布,中葡关于澳门问题的联合联络小组工作状况一直较好,在澳门过渡期面临的语言文字、公务员、法律及澳门参加国际组织等一系列问题上取得进展,并成功解决了澳门国际机场建设的融资和航空协定范本等问题。1999年12月20日,中国恢复了对澳门行使主权,这是中国外交又一胜利,祖国统一大业又向前迈进了一步,再一次显示了"一国两制"的强大生命力。澳门回归是欧洲国家占领中国领土的最后终结,也是占领亚洲领土的最后终结。香港和澳门问题的相继解决,给祖国最终完全统一指明了道路。

第四节 "江八点"和"胡六点"是对"一国两制"思想的发展和完善

"一国两制"在香港、澳门的成功实践,证明了邓小平这一科学构想是实现祖国完全统一的最佳模式,使我们更坚定了解决台湾问题的信心和决心。事实证明,邓小平提出的"一国两制"的科学构想不仅是可行的,而且是成功的。中国政府在依法治国轨道上保持香港的地位和繁荣稳定,是对台湾当局做出的最好承诺。只要沿着这一轨道去实现国家的完全统一,必定为台湾的发展提供最有力的法律保障[1]。

---

[1] 林尚立等:《一个国家,两种制度》,第232—233页。

第六章 "一国两制"是实现祖国统一大业的根本途径

一、江泽民的八点主张继承和发展了邓小平的"一国两制"思想

1995年1月30日,江泽民发表了《为促进祖国统一大业的完成而继续奋斗》的重要讲话,精辟地阐述了邓小平关于"和平统一,一国两制"思想的深刻内涵,就现阶段发展两岸关系,推进祖国和平统一进程提出了八点重要主张。江泽民指出:坚持一个中国的原则,是实现和平统一的基础和前提,反对任何制造"台湾独立"的言论和行动;对台湾同外国发展民间经济文化关系不持异议,但反对台湾搞以"两个中国"、"一中一台"为目的所谓"扩大国际生存空间"的活动;进行海峡两岸和平统一谈判可以吸取两岸各党派、团体有代表性的人士参加,作为第一步,双方可先就正式结束两岸敌对状态进行谈判并达成协议,谈判的名义、地点、方式等问题,可以通过平等协商解决;中国人不打中国人,中共不承诺放弃使用武力,决不是针对台湾同胞,而是针对外国势力干涉中国统一和搞"台湾独立"阴谋的;大力发展两岸经济交流和合作;欢迎台湾当局领导人以适当身份前来访问,我们也愿意接受邀请,前往台湾①。

江泽民八点主张把握了邓小平同志"和平统一,一国两制"的精髓,体现了与时俱进的鲜明的时代特征,具有很强的现实针对性和前瞻性,是对"一国两制"构想执行10多年来新鲜经验的总结,是对邓小平"和平统一,一国两制"理论和实践的新贡献。八点主张提出以来,两岸关系风云变幻,以江泽民为核心的党的第三代中央领导集体审时度势,准确把握内外形势,及时作出重大部署,领导中国人民同形形色色的"台独"和分裂主义进行坚决斗争。从李登辉访美到民进党上台,从李登辉的"两国论"到陈水扁的"一边一国论",我们都以八点主张为依据,成功地稳住了两岸关系。积极推动两岸人员往来,经济文化交流持续深入发展,巩固了两岸关系的基本格局。

二、胡锦涛的六点意见使"一国两制"的内涵更加充实和完善

2008年12月31日,胡锦涛在纪念《告台湾同胞书》发表30周年座谈会上发表重要讲话,提出进一步发展两岸关系的六点意见。这六点意见的具体内容包括:第一,恪守一个中国,增进政治互信。胡锦涛指出:两岸复归

---

① 《人民日报》,1995年1月31日。

统一,不是主权和领土再造,而是结束政治对立。两岸在事关维护一个中国框架这一原则问题上形成共同认知和一致立场,就有了构筑政治互信的基石,什么事情都好商量。第二,推进经济合作,促进共同发展。胡锦涛指出:两岸同胞要开展经济大合作,扩大两岸直接"三通",厚植共同利益,形成紧密联系,实现互利双赢。我们期待实现两岸经济关系正常化,推动经济合作制度化,为两岸关系和平发展奠定更为扎实的物质基础,提供更为强大的经济动力。两岸可以为此签订综合性经济合作协议,建立具有两岸特色的经济合作机制,以最大限度实现优势互补、互惠互利。第三,弘扬中华文化,加强精神纽带。胡锦涛指出:中华文化在台湾根深叶茂,台湾文化丰富了中华文化内涵。台湾同胞爱乡爱土的台湾意识不等于"台独"意识。我们将继续采取积极措施,包括愿意协商两岸文化教育交流协议,推动两岸文化教育交流合作迈上范围更广、层次更高的新台阶。第四,加强人员往来,扩大各界交流。胡锦涛指出:两岸同胞要扩大交流,两岸各界及其代表性人士要扩大交流,加强善意沟通,增进相互了解。对于任何有利于推动两岸关系和平发展的建设性意见,我们都愿意作出积极回应。第五,维护国家主权,协商涉外事务。胡锦涛指出:对于台湾同外国开展民间性经济文化往来的前景,可以视需要进一步协商。对于台湾参与国际组织活动问题,在不造成"两个中国"、"一中一台"的前提下,可以通过两岸务实协商作出合情合理安排。解决台湾问题、实现国家完全统一是中国内部事务,不受任何外国势力干涉。第六,结束敌对状态,达成和平协议。胡锦涛指出:为有利于两岸协商谈判、对彼此往来作出安排,两岸可以就在国家尚未统一的特殊情况下的政治关系展开务实探讨。为有利于稳定台海局势,减轻军事安全顾虑,两岸可以适时就军事问题进行接触交流,探讨建立军事安全互信机制问题。我们再次呼吁,在一个中国原则的基础上,协商正式结束两岸敌对状态,达成和平协议,构建两岸关系和平发展框架。

全国政协主席贾庆林指出,胡锦涛的重要讲话是新形势下指导对台工作的纲领性文件,对进一步做好对台工作具有十分重要的指导意义。讲话的核心内容,就是在继承中央对台工作大政方针的基础上,首次全面系统地阐述了两岸关系和平发展的思想,提出了推动两岸关系和平发展的六点意见,科学回答了为什么要推动两岸关系和平发展、怎样推动两岸关系和平发展的重大问题。讲话体现了中央对台工作大政方针的一贯性和连续性,体现了对两岸关系发展规律的深刻认识,体现了构建两岸关系和平发展框架的战略思考,体现了我们为两岸同胞谋福祉、为台海地区谋和平、为中华民族谋复兴的决心和诚意。

胡锦涛提出的六点意见在台湾岛内产生了强烈反响,岛内舆论普遍认为讲话有利于两岸关系维持和平发展局面。一是认为讲话释出大陆促进两岸关系和平发展的重大善意,充分体现出大陆对台政策积极务实,是今后一个时期大陆对台政策的总体方向。国民党主席吴伯雄表示,胡总书记正面响应扩大台湾国际空间、建立两岸军事互信机制、达成和平协议等议题,国民党乐见这些承诺,盼在可见的未来逐步获致具体成效。他认为,两岸进入和谐相处新阶段,国民党将持续支持两岸协商,追求和平发展的两岸关系。二是马英九当局和国民党正面积极回应胡锦涛讲话,表现出推动两岸关系和平发展的高度期待。马英九办公室表示,"我们乐见两岸能在和平发展的主轴上,务实促进两岸协商、交流与互惠,为终结两岸敌对状态,增进相互了解与合作开创新的契机","当前两岸正处在政经发展的关键阶段,因此珍惜与巩固和平应是两岸的共同利益和愿望,我们期许两岸能以更多智慧、理解、创意和包容来共同处理并克服障碍,继续开创两岸新格局"。此外,岛内学界肯定讲话有助于促进两岸关系发展,有利于合理解决岛内民众十分关切的扩大台湾国际空间等诸多问题。

国际舆论对胡锦涛的六点意见也基本给予了积极的评价,认为其有利于台海形势的和平与稳定。

胡锦涛的六点意见在坚持一个中国基本原则的同时,体现了高度的灵活性,充分考虑了台湾同胞的意愿,充分反映了大陆人民对台湾同胞的诚意和善意,也体现了中共对台政策与时俱进,不断开拓创新,使"一国两制"理论不断充实和完善,有利于促进两岸关系的和平发展。

第五节 同"台独"分裂势力进行坚决斗争,推动两岸关系的和平发展

一、"台独"分裂势力是和平统一的最大障碍

一个中国原则是中国政府对台政策的基石,是实现祖国和平统一的基

本前提。台湾问题是内战遗留下来的,迄今两岸尚未正式结束敌对状态,为了祖国统一,中国政府完全有权采用任何必要的手段实现祖国的完全统一。中国政府坚持和平统一方针,是因为它有利于两岸的共同发展,有利于两岸同胞感情的融合和团结,有利于亚太和平和稳定,是最好的统一方式。和平统一是基于一个中国的原则,坚持这个原则,就使两岸双方有了共同的基础和前提,可以通过平等协商,找到双方解决政治分歧的办法。如果否认一个中国原则,图谋将台湾从中国领土分裂出去,那就使和平统一的基础和前提不复存在,就失去了和平统一的条件。

李登辉上台之初,一再公开表示,台湾当局的基本政策是"只有一个中国而没有两个中国的政策","我们一贯主张中国应该统一,并坚持'一个中国'的原则",台湾当局颁布的《国家统一纲领》等文告,也明确写着:"只有一个中国","大陆与台湾均是中国的领土","在一个中国的原则下,以和平的方式解决一切争端","促成国家统一,应是中国人共同的责任"[①]。1992年大陆海峡关系协会和台湾海峡关系基金会就一个中国原则达成了重要共识,这就是"九二共识"并实现了海协会会长汪道涵和海基会理事长辜振甫于1993年在新加坡举行会晤,再次确认一个中国原则。1998年海基会领导人访问大陆,与海协会领导人在上海举行会晤,开启了两岸政治对话。但后来,李登辉逐步背离一个中国原则,相继抛出"一国两府"、"两个对等政治实体"、"台湾已经是主权独立的国家"、"台湾与大陆是国与国之间的关系,至少是特殊的国与国之间的关系"。在李登辉的纵容下,"台独"势力迅速发展。在李登辉的主导下,台湾当局采取一系列实际的分裂步骤。在政治体制方面,力图通过"宪政改革"将台湾改造成"一个独立的政治实体",以适应制造"两个中国"的需要;在外交方面,不遗余力地进行以制造"两个中国"为目的的所谓"拓展国际生存空间"的活动,大搞所谓"弹性外交"、"银弹外交",并推动所谓"参与联合国"的活动;在军事方面,大量购买先进武器,台当局成为冷战后美国武器的最大买主,并谋求加入美国战区导弹防御系统(TMD),企图变相地与美、日建立某种形式的军事同盟;在思想文化方面,宣称台湾文化主流不是中华文化,而是日本在台湾殖民统治的皇民文化,推行"文化台独",大搞"脱中国化",图谋割断两岸同胞的思想文化纽带。1999年李登辉出版《台湾的主张》一书,公然鼓吹要把中国分成7块各自享有"充分自主权"的区

---

① 《人民日报》,2000年2月22日。

第六章 "一国两制"是实现祖国统一大业的根本途径

域,随后公开抛出"两国论"。彻底暴露了自己的"台独"庐山真面目。

2000年代表"台独"势力的民进党陈水扁上台后,开始还信誓旦旦作出"四不一没有"的承诺,即:不会宣布台湾独立,不会改变所谓"国号",不会推动李登辉的"两国论"入宪,不会推动改变现状的"统独公投",也没有废除"国统会"和"国统纲领"的问题。但他的所作所为表明,他毫无诚信,自食其言,是一个彻头彻尾的伪君子。他的"四不一没有"纯粹是骗人的鬼话。他进行各种"台独"活动,并从隐性"台独"走向公开"台独",从渐进"台独"向"急独"转变。2002年8月3日,陈水扁抛出"一边一国论",是李登辉"两国论"的变种。从2003年开始,陈水扁一再宣称要在台湾搞什么"制宪公投"、"防卫性公投"、"和平公投",扬言要就"统独"问题举行"全民公投"。陈水扁还提出"中华民国四阶段论",企图建立一个"新的国家共同体",同时加速推动两阶段"宪政改造"工程,先"公投制宪",然后"独立建国",并强化两岸敌对关系,提出所谓"一个原则,三个坚持,五个反对"(一个原则是保台湾;三个坚持是坚持"民主改革",坚持台湾"主体意识",坚持建立完整国家;五个反对是反对一个中国原则,反对"一国两制",反对"九二共识",反对海峡两岸同属一个国家,反对《反分裂国家法》)。2005年3月全国人大通过《反分裂国家法》后,陈水扁大肆攻击,诬蔑该法是"战争法"、"侵略法"。攻击大陆是台湾安全的"最大威胁"。2006年2月,陈水扁又宣布终止"国家统一纲领"和"国统会"的运作。2007年6月以来,陈水扁一再鼓动搞所谓"以台湾名义加入联合国的公投",加紧进行"台独"挑衅。"去中国化"更是愈演愈烈,中国语言文学系被荒唐地划入外文系,故宫博物馆改名为台湾博物馆,故宫文物被称为"国内外文物",护照国籍也改为台湾。事实证明,陈水扁已彻底背叛自己的"四不一没有"的承诺,成为发展两岸关系的最大障碍,是地地道道的两岸关系的麻烦制造者,使"台独"分裂路线主宰了台湾当局的两岸政策。

二、坚决遏制"台独"分裂活动,推动两岸关系健康发展

"一国两制"的核心是坚持一个中国的原则。这是中国政府对台政策的基石,也是实现和平统一的前提条件。江泽民八项主张的第一条就强调,坚持一个中国的原则,是实现和平统一的基础和前提,反对制造任何"台湾独立"的言论和行动。中国政府一直坚决捍卫一个中国原则,对以李登辉和陈水扁为代表的"台独"势力的分裂活动进行坚决斗争。1995年美国政府允

许李登辉到美国进行分裂活动,违背中美三个"联合公报"所遵循的"一个中国"原则,中国政府予以严厉谴责,为了警告"台独"分裂势力,中国人民解放军举行了大规模的军事实弹演习。李登辉抛出"两国论"后,中国政府和人民同声谴责,针对"台独"分裂势力企图通过"法律"形式落实"两国论"的活动,中国政府严正指出:这是极其严重和危险的分裂步骤,是对和平统一的极大挑衅,如果这一图谋得逞,中国和平统一将变得不可能。这场斗争形成了海内外中国人"围歼""两国论"的强大攻势,世界上大多数国家重申坚持一个中国政策。美国政府也重申一个中国政策和不搞两个中国,不支持台湾独立,不支持台湾加入任何必须由主权国家参加的国际组织的"三不"承诺。使台湾当局被迫表示不会依照"两国论"修改所谓"宪法"和"法律"。显示出中国政府和中国人民捍卫国家主权和领土完整的坚强信心。

陈水扁上台后,从隐性"台独"走向公开"台独",从"渐独"转为"急独","台独"分裂路线主宰了台湾当局的两岸政策,台湾政治生态发生重大变化。以胡锦涛为总书记的中央领导集体审时度势,高瞻远瞩,对台工作实施了一系列重大决策,坚决遏制"台独"图谋,促使两岸关系健康发展。明确了"反独"是我们相当长时期内对台工作的首要目标。2005年3月4日,胡锦涛提出了新形势下两岸关系的四点意见:(1)坚持一个中国原则决不妥协;(2)争取和平统一决不放弃;(3)贯彻寄希望于台湾人民的方针决不改变;(4)反"台独"分裂活动决不动摇。随后不久,2005年3月14日,第十届全国人大第三次会议通过了《反分裂国家法》,该法在强调我将尽最大努力争取和平统一前景的最大诚意后,在第8条明确规定:"台独分裂势力以任何名义、任何方式造成台湾从中国分裂出去的事实,或发生将会造成台湾从中国分裂出去的重大事变,或和平统一的可能性完全丧失,国家将采取非和平方式或其他必要措施,捍卫国家主权和领土完整。"胡锦涛的四点意见和《反分裂国家法》是新一代中央领导集体对台政策的核心思想和基本框架,既最大限度表明我务实发展两岸关系的诚意、善意和新意,又通过立法形式体现我维护国家主权和领土完整决不容忍"台独"的坚定信心,给"台独"分裂势力以沉重打击。《反分裂国家法》是中国历史上第一部以法律形式规范反对"台独"和促进统一的特别法。标志着我进入以法遏独、以法促统的新阶段。2006年2月陈水扁宣布终止《国统纲领》和《国统会》运作后,胡锦涛主席严厉谴责陈水扁的"台独"分裂行径,指出:这是对国际社会普遍坚持的一个中国原则和台海和平的严重挑衅,是走向"台独"道路上迈出的危险的一步。

第六章 "一国两制"是实现祖国统一大业的根本途径

2007年3月4日,陈水扁抛出"四要一没有"的主张,声称"台湾要独立"、"台湾要正名"、"台湾要新宪"、"台湾要发展"、"台湾没有左右路线"。3月5日,中台办、国台办负责人发表讲话,指出陈水扁变本加厉鼓吹"台独"主张,其目的是要进一步鼓动通过所谓"宪改"谋求台湾"法理独立",蓄意挑衅祖国大陆,制造两岸关系紧张,以此转移焦点,摆脱困境,牺牲台湾同胞利益,其图谋绝对不会得逞。为了动员台湾各种政治力量共同遏制"台独",促进两岸关系的健康发展,中国共产党主动邀请台湾一些党派领导人访问大陆,开辟两岸多党对话新机制。应胡锦涛总书记邀请,国民党主席连战于2005年4月率领国民党代表团到大陆进行"和平之旅"的访问,连战与胡锦涛会谈后,两党达成两岸和平发展的"五项共同愿景"。5月,台湾新民党主席宋楚瑜又率领新民党代表团访问大陆,进行"搭桥之旅",宋楚瑜与胡锦涛会谈后,两党达成六点共识。7月,台湾新党主席郁慕明率团访问大陆,进行"民族历史之旅"。这些是自1949年以来两岸政党最高领导人的首批历史性会晤,也是两岸关系交流史和党际关系交流史的大创举,在世界引起了广泛的影响。台湾岛内媒体全程报道了连战和宋楚瑜在大陆的一切活动,将大陆的对台政策全面完整地传达给台湾民众,使台湾民众对大陆的对台政策有一个全面、直接、客观的了解,使陈水扁的两岸对抗政策遭到沉重打击。中共有关方面负责人还表示,只要台湾当局承认一个中国原则的"九二共识",两岸谈判即可恢复,而且什么都可以谈,可以谈正式结束两岸敌对状态问题,可以谈台湾在国际上与其身份相适应的经济文化社会活动发展空间问题,也可以谈台湾的政治地位问题。大陆也欢迎民进党成员以适当身份访问大陆,只要承认一个中国原则,不管他曾经说过什么,也不管他曾经做过什么。近年来,中央政府还采取一系列惠及台湾同胞的新举措,如节日两岸包机直航,开放台湾农产品进大陆,对在大陆就读的台湾学生享受与大陆学生同等待遇,并为在大陆就读的台湾学生设立奖学金。同意台湾四家航空公司飞往欧洲和东南亚的航班途中经批准可飞越大陆上空,以及向台湾赠送大熊猫等。使台湾民众切身感受到大陆对台工作的善意和诚意。胡锦涛明确提出,"和平发展理应成为两岸关系的主题"。"实现两岸关系和平发展,基础是坚持一个中国立场,目的是为两岸同胞谋福祉,途径是深化互利双赢的交流合作"①。由于陈水扁的"台独"冒险挑战了美国"不统不独"

---

① 胡锦涛2008年3月4日参加政协台盟、民革联组会讨论时的讲话。

的底线,干扰了美国的全球战略,中美在反对"台独"冒险、维护台海局势的和平与稳定方面有共同利益。为了减少美方在台湾问题上的干扰因素,更有效地反对和遏制"台独",以胡锦涛为总书记的新一代领导集体对对台政策作了重要调整,采取更务实、灵活的策略,提出与美国一起共同遏制"台独"(相关内容参见本书第九章第五节)。中美两国在反对"台独"问题上进行一定程度的协调和合作,不仅有利于遏制"台独"分裂势力的冒险,有利于维护台海地区的和平,而且有利于促进中美关系的发展,减少台湾问题上美国因素的干扰。

中国政府采取的上述对台政策,可以概括为以民为本两手硬。以民为本:即真诚地尊重、相信和依靠台湾人民。两手硬:以最大诚意尽最大努力争取和平统一的前景,同时,决不允许"台独"分裂势力以任何名义、任何方式把台湾从中国分裂出去①。这一政策得到台湾多数民意的支持和认同。连战、宋楚瑜等访问大陆后,台湾的民意调查显示,4/5以上的受访民众赞成两岸建立和平稳定的互动架构,3/4受访民众赞成设立"两岸和平发展委员会"。在2005年台湾"三合一"选举和县、市长选举中,民进党都遭到重创,陈水扁的个人声望在岛内十大政治人物中排名最后一位,支持度跌至20%以下。陈水扁的"急独"路线甚至得不到民进党内主流意见的支持。国际社会对大陆的对台方针政策也有了更全面和具体的了解,增强了国际社会对中国政府反对"台独"、和平统一的同情和支持。

由于中央政府的积极推动,所以尽管受到"台独"势力的阻挠,两岸关系仍不断得到发展,特别是在人员交往和经贸领域。20世纪80年代以来,两岸交往有很大发展,从1987年到2007年底,到大陆探亲、旅游、交流的台湾同胞达4 500多万人次,2007年两岸间接贸易额达1 024亿美元。台湾对大陆出口依存度从20世纪90年代的17%上升到2005年的38%,大陆已成为台第一大出口市场。台商在大陆开办的企业达7万多个,投资金额实际到位400多亿美元。两岸互通邮政电信取得很大进展,海上、空中通航也取得局部进展。大陆成为台湾第一大岛外投资地和贸易顺差的主要来源,仅2007年两岸贸易中,台湾就有426亿美元顺差。台商赴大陆投资出现几个趋势:(1)投资金额逐步增大,资金到位率逐步上升,投资方向从短期性经济行为向中长期经济行为转变。(2)投资产业从劳动密集型向资本、技

---

① 《台湾研究》,2006年第1期。

术密集型转变。从过去的制鞋、纺织成衣、塑料加工发展到目前的印刷电路板、手机、笔记本电脑等。电子电器业占台商投资的一半。(3)投资地域从东南沿海及华南向长江沿岸、华中、西南和东北辐射扩散,并逐步发展整体地域开发,以团队模式进行大陆投资。(4)台商大陆经营当地化趋势日益加强,产品在大陆销售和机器设备及原材料在大陆采购均已超过一半。(5)台商在大陆投资加快向服务业延伸,2003年后增加的投资有一半以上在服务业。台最大电子产品通路商联强已成为大陆第二大信息通路商。两岸的劳务合作、技术合作、金融业务往来也逐步展开,使海峡两岸经济交往向全方位、多层次方向发展。利益互补机制是两岸经济合作的客观基础。全国人大及常委会、国务院、地方政府制定一系列法律、法规和规章,保障台胞的正当权益。推动两岸经贸关系快速发展。

  由于陈水扁当局的"台独路线"遭到两岸同胞的强烈反对和国际社会的反对、谴责(有160多个国家表示反对陈水扁的"入联公投"),民进党在2008年台湾地区领导人选举中遭到可耻的失败。国民党马英九当选台湾地区领导人,台海局势出现了重大积极变化,两岸关系面临难得的重要机遇。2008年4月29日,胡锦涛在会见连战时提出发展两岸关系的十六字方针:"建立互信,搁置争议,求同存异,共创双赢"。马英九上任后,宣布以"九二共识"发展两岸关系,表示两岸关系"不是国与国的关系"。2008年5月26—31日,台湾国民党主席吴伯雄访问大陆,进行"雨过天晴"之旅。与胡锦涛举行会谈。这是台湾地区执政党主席首次访问大陆。6月11—14日,台湾海基会董事长江炳坤到北京与海协会长陈云林举行了由于李登辉的"两国论"而中断了9年的两会磋商,并签署了两岸周末包机和开放大陆居民赴台旅游两项协议,并就两会在两岸互设办事处达成共识。胡锦涛在会见江炳坤时,提出以"平等协商,善意沟通,积累共识,务实进取"作为两岸协商的原则。两岸关系取得重大进展。2008年11月3—7日,大陆海协会长陈云林访台,与台湾海基会董事长江炳坤再次举行会谈,签署了海上、空中直航和邮政合作等协议,两岸同胞企盼30年的"三通"得以实现,两岸关系取得突破性进展。

三、争取早日实现祖国的完全统一

  崇尚统一,维护统一,是中华民族历经5 000年的历史和文化深深根植的民族意识。中国民主革命的伟大先行者孙中山先生坚决主张维护国家主权和统一,反对一切分裂祖国的行为。他一再强调:"中国是一个不可分割的整体","国家统一是历史发展和人民意向的主流"。他指出:"统一是中国全体国民的希望。能够统一,人民便享福,不能统一,便要受害。"①我们要牢记孙中山先生的遗教,继承和发扬他的爱国思想、革命意志和进取精神,中国政府将继续贯彻"和平统一,一国两制"的基本方针。遵照江泽民的八点主张、胡锦涛的六点意见和十六字方针,进一步全面发展两岸关系,更加积极地推动两岸人员往来和经济、文化等各项交流。台湾同胞具有光荣的爱国主义传统。他们说,两岸同胞都是炎黄子孙,语言相通没障碍,文化一致有基础,习惯一样不相悖,感情相融是一家。"台独"分裂势力妄图把台湾从中国分裂出去的图谋,是违反台湾同胞意愿的。2008年台湾"立委"和领导人选举结果就是这种意愿的体现。世界各国的华侨华人也纷纷集会,反"台独",促统一。

我们已经超越了国共两党合作和冲突的历史,从根本上把握台湾地区与大陆关系发展的主动权。我们还要超越两岸关系本身,从世界发展的角度,不断充实"一国两制"内涵,创新统一模式,细化"两制"内容,以高超的智慧发展并完善未来中国的统一模式,构建两岸互信、双赢合作机制,争取中华民族的伟大复兴。大陆将以自身物质文明、政治文明、精神文明建设的成果,赢得台湾同胞的尊重和真诚希望统一的民意②。以一种与时俱进的新视野推动两岸关系的健康发展。虽然当前涉台的国际环境仍然是复杂的,美国仍然向台湾提供保护,美、日坚持把台湾问题作为牵制中国的战略筹码。但总体上说,当前的涉台国际环境有利于防止和遏制"台独"是基本方面。国际社会越来越清楚地认识到中国《反分裂国家法》的基本目标是反对"台独",而反对"台独"有利于台海局势的和平稳定。随着中国的和平崛起、和谐崛起、科学崛起,涉台问题的国际环境将向有利于进一步遏制"台独",促使中国实现完全统一的方向发展。

在一个中国的原则下,我们将同主张发展两岸关系的台湾各党派、团体和人士更广泛地交换意见,进行两岸对话与谈判。把广大台湾同胞求和平、求安全、求发展的意愿同争取两岸和平统一的前景结合起来,阻止分裂祖国

---

① 《人民日报》,1996年11月13日。
② 孙哲:《崛起与扩张——美国政治与中美关系》,法律出版社2004年版,第291页。

的一切图谋。实现国家的完全统一,是国家和民族的根本大义、大理、大利。一个中国的原则不可动摇,在包括两岸同胞和海外侨胞在内的全体中国人民的共同努力下,中国的完全统一一定能够实现。

思考题

1. 邓小平提出"一国两制"的理论依据是什么?
2. "一国两制"对国际关系的发展有什么重要意义?
3. 为什么要坚持一个中国原则来处理台湾问题?

第七章　加强和促进与发展中国家的团结合作是中国外交的基本立足点

　　第三世界的崛起是战后国际关系的重大事件,中国作为发展中的社会主义国家,加强与发展中国家的团结合作,始终是中国外交坚定不移的基本原则。毛泽东、邓小平高度评价发展中国家在国际关系中的地位与作用,在处理同发展中国家关系中,坚持爱国主义和国际主义相结合,形成了许多独特的优秀传统。改革开放以后,中国与发展中国家的关系得到进一步发展,形式更多样,内容更丰富,进入了一个新的阶段。

第一节　毛泽东的第三世界理论是对马克思主义的民族殖民地理论的发展

　　对民族殖民地在世界无产阶级革命中的作用,马克思经历了一个逐步深化的认识过程。开始,他曾认为民族殖民地的解放只能是发达资本主义国家无产阶级革命的结果。后来,马克思通过实践认识到,民族殖民地的解放运动并不总是资本主义国家无产阶级革命的副产品,在一定条件下还可能成为发达国家革命的推动力。马克思指出,英国的对华侵略战争引起了中国太平天国革命,而这场革命又必将反过来对英国并通过英国对整个欧洲产生巨大的影响。"欧洲各国人民下一次的起义,他们下一阶段争取共和自由和争取比较廉洁的政体的斗争,在更大程度上恐怕要取决于天朝帝国(欧洲的直接的对立面)目前所发生的事件。"①他预言:"中国革命将把火星抛到现代工业体系的即将爆发的地雷上,使酝酿已久的普遍危机爆发,这个普遍危机一旦扩展到国外,直接随之而来的将是欧洲大陆的政治革命。"②虽然在马克思恩格斯年代,殖民地在国际关系中尚处于完全无权的地位,但马克思和恩格斯已敏锐预见到民族殖民地反抗资本扩张的正义斗争对整个世界革命进程的深远影响,开始把民族殖民地的解放斗争同资本主义国家无产阶级的政治革命有机地联系起来。

列宁继承和发展了马克思主义。在列宁、斯大林时代,资本主义进入帝国主义阶段,全世界的殖民地已被瓜分完毕,所有国家和民族都以这种或那种方式卷入了资本主义国际关系体系。帝国主义时期国际关系这种基本格局的形成,使民族殖民地在国际政治中的作用发生重大变化。对殖民地的争夺已成为决定世界战争与和平的主要问题。民族殖民地问题已成为世界无产阶级革命总问题的一部分,殖民地人民已和社会主义国家及帝国主义国家无产阶级一起成为在国际关系中同帝国主义对抗的主要政治力量。列宁强调:"斗争的结局归根结底取决于这一点:俄国、印度、中国等等构成世界人口的绝大多数。"③就是说,占人类绝大多数的被压迫民族和被压迫人民的斗争决定着世界斗争的结局。但是,在这一时期,帝国主义国家在整个国际关系中占统治地位,殖民地半殖民地国家在国际关系中仍处于完全依附的地位。因此,列宁、斯大林在肯定弱小民族是反帝斗争中的一个因素的同时,基本上还是强调了这一斗争的从属性。列宁称之是"帮助反帝的真正力量即社会主义无产阶级登上舞台的一种酵母、霉菌"。斯大林强调民族殖民地问题"只有和无产阶级革命相联系并在无产阶级革命的基础上才能得到解决。"没有把民族殖民地人民的解放运动看作是一股自主的政治力量。

"二战"后,亚非拉民族解放运动蓬勃发展,殖民体系土崩瓦解,上百个原殖民地和半殖民地国家获得独立,30多亿人口挣脱了殖民主义枷锁。帝国主义"任意摆布人类命运,任意宰割亚非国家的时代,已经一去不复返了"①。第三世界的崛起成为战后国际关系的重大事件,如何评估这一事变给整个世界的政治格局和国际关系带来的新变化,如何给新兴国家的性质

---

① 《马克思恩格斯选集》第2卷,第1页。
② 《马克思恩格斯全集》第9卷,人民出版社1961年版,第114页。
③ 《列宁选集》第4卷,人民出版社1972年版,第710页。
④ 毛泽东在苏联最高苏维埃庆祝十月革命40周年会议上的讲话。

和作用准确定位,是摆在马克思主义者面前的重大课题。在这方面,毛泽东、邓小平做出了突出贡献。

毛泽东分析了战后国际形势,分析了国际斗争的格局,分析了世界各种基本矛盾和政治力量的分化组合,提出了"三个世界"划分的思想。

毛泽东关于三个世界划分的理论,经历了从中间地带理论到两个中间地带理论,再到三个世界划分理论的发展过程。这个过程从1946年算起,到1974年止,历时28年。这28年是大量位于中间地带的国家发展壮大、民族意识崛起、维护自身利益、同大国强权政治抗争的过程,更是世界多极化趋势日益显露的过程。

继苏维埃俄国之后,中华人民共和国等一批新兴的社会主义国家出现在战后的国际舞台上,改变了原有的宗主国——殖民地的单一结构,也改变了帝国主义国家一统天下的局面。帝国主义国家在国际关系中占统治地位的局面发生了改变。

第二次世界大战结束后,世界逐渐形成分别以苏联和美国为首的东西方两大阵营对抗的格局,美国等西方国家以"遏制共产主义"为借口,实行冷战政策。毛泽东透过东西方冷战的意识形态表象,看到了美国等西方国家的战略意图。

针对美国反苏反共和第三次世界大战即将爆发的喧嚣,1946年8月,毛泽东在同美国记者安娜·路易斯·斯特朗的谈话中,深刻地指出:"这种宣传,是美国反动派用以掩盖当前美国帝国主义所直接面对着的许多实际矛盾,所放的烟幕。""美国和苏联中间隔着极其辽阔的地带,这里有欧、亚、非三洲的许多资本主义国家和殖民地、半殖民地国家。美国反动派在没有压服这些国家之前,是谈不到进攻苏联的。"①而美苏两国争夺的重点,也正是在包括欧洲在内的广大中间地带。他还指出:"美国反共是把它当作个题目来做文章,以达到他们另外的目的,首先是占据从日本到英国的这个中间地段。美国在北美洲处在这个中间地段的那一边,苏联和中国处在这一边。美国的目标是占领处在这个广大中间地带的国家,欺负它们,控制它们的经济……"

毛泽东在战后第一次对世界格局所作的分析,揭露了美国鼓吹冷战的实质。尽管这种分析的视角以美苏对抗为背景,但是与尔后欧洲共产党和

---

① 《毛泽东选集》第4卷,第1137页。

工人党会议将整个世界格局简化为两个阵营的斗争相比,毛泽东首次提出的"中间地带"的观点,更符合战后国际格局的实际。同时,也揭示了将导致战后国际格局进一步变化的潜在矛盾:资本主义阵营内部的矛盾以及殖民地、半殖民地国家与帝国主义国家之间的矛盾。

20世纪50年代中期,苏伊士运河事件又证明了战后世界格局中,除了存在帝国主义和社会主义国家之间的矛盾之外,还存在着其他矛盾。毛泽东认为,从苏伊士运河事件可以看出当前世界斗争的重点,是帝国主义假借反共产主义之名争夺亚洲非洲的地盘。在这种争夺过程中,帝国主义国家之间的矛盾也显现出来。由此,毛泽东分析出当时世界存在着两类矛盾和三种力量:"两类矛盾,一类是帝国主义跟帝国主义之间的矛盾,即美国跟英国、美国跟法国之间的矛盾,一类是帝国主义跟被压迫民族之间的矛盾。三种力量,第一种是最大的帝国主义美国,第二种是二等帝国主义英、法,第三种就是被压迫民族。"①

进入60年代,毛泽东认识到,"中间地带国家各式各样,各不相同,但美国统统想把它们吞下去"②。

毛泽东明确提出了"两个中间地带"的观点,指出:"中间地带有两部分:一部分是包括亚洲、非洲和拉丁美洲的广大经济落后国家,一部分是包括以欧洲为代表的帝国主义国家和发达的资本主义国家。这两部分都反对美国的控制。在东欧多国则发生反对苏联控制的问题。"③

"两个中间地带"理论相对于"中间地带"的理论而言,有明显的发展。在毛泽东的观察视野里,世界格局的变化更加明确了,世界不是单纯的两个阵营的对立。亚非拉国家被称为"第一中间地带",是因为它们要求独立解放,而成为反对美苏争霸的力量,其他发达资本主义国家被称为"第二中间地带",是因为它们也都不满美苏的控制。

在这里,毛泽东明确提出了中间地带各国人民反对美苏两个超级大国的问题。由于中美关系敌视没有改变,中苏关系又日趋恶化,中国感到来自美苏两方面的巨大压力。毛泽东看到了中国与中间地带广大国家所具有的共同点。看到了中国外交在中间地带可以大有所为。因此,中国一方面着

---

① 《毛泽东文集》第7卷,人民出版社1999年版,第188页。
② 《毛泽东外交文选》,第48页。
③ 同上书,第508页。

重与亚非拉民族独立国家发展关系,中国同亚非国家的关系有了实质性的进展,就是从这时期开始,中国外交的立足点,开始建立在亚非拉发展中国家之中。同时与西欧国家关系也有进一步发展,除巩固原已建立的国家的关系外,同法国建立了外交关系,与意大利、奥地利互派了商务代表①。

中苏关系的巨变使毛泽东深入审视了先前提出的三大力量,他认为世界局势正出现"大动荡、大分化、大改组"。随着苏联霸权主义愈演愈烈,毛泽东断言苏联已堕落为"社会帝国主义"。美苏两国的地位被突出,其他国家被分为要求独立解放、反对美苏争霸的亚非拉国家和其他发达资本主义国家。

同时,从20世纪50年代中期开始,新兴的亚非拉民族独立国家逐步成为一股联合的独立政治力量登上世界舞台。1955年万隆会议,1961年不结盟运动的诞生,以"77国集团"为代表的一系列发展中国家国际组织的成立,表明民族国家的意识开始觉醒,标志着第三世界的形成。它越来越多地在国际事务中执行既不依附于美国也不从属于苏联的独立自主的外交路线,使战后美苏两极对峙的世界格局大为改观,成为向旧的国际政治经济秩序挑战的主要力量。1973年石油武器的运用具有划时代的重要意义,它表明南北双方经济上处于相互依赖状态。一旦发展中国家掌握自己的命运,可以给整个国际关系带来深刻的影响,并将对旧的国际秩序形成巨大冲击。毛泽东通过对国际形势的长期观察,深入分析国际各种基本矛盾和政治力量的分化组合,提出"三个世界"划分的思想。

毛泽东1974年2月在同赞比亚总统卡翁达谈话时说:"我看美国、苏联是第一世界。中间派,日本、欧洲、加拿大,是第二世界。咱们是第三世界。""第三世界人口很多。亚洲除了日本都是第三世界。整个非洲都是第三世界,拉丁美洲是第三世界。"②他第一次向外宾阐明了三个世界划分的问题。毛泽东认为,随着国际力量的重新组合,苏联已经变成了社会帝国主义,和美国一样成为霸权主义超级大国,是新的世界战争的策源地。中国对于威胁最大的霸权主义国家,执行最广泛的反霸统一战线。三个世界的划分是这条外交路线的战略依据③。

---

① 曲星:《中国外交五十年》,第271—272页。
② 谢益显:《中国外交史》(1949—1979),河南人民出版社1988年版,第443页。
③ 张植荣等编著:《邓小平外交》,海南出版社1996年版,第54页。

第七章　加强和促进与发展中国家的团结合作是中国外交的基本立足点

第一世界是两个超级大国。它们都想称霸世界,控制亚非拉和其他发达国家,它们"是新的世界战争的策源地。它们两家都拥有大量核武器。它们进行激烈的军备竞赛,在国外派驻重兵,到处搞军事基地,威胁着所有国家的独立和安全。它们都不断对其他国家进行控制、颠覆、干涉和侵略。它们都对别国进行经济剥削,掠夺别国财富,攫取别国的资源"。

第二世界是一般发达国家,它们有两重性,一方面通过国际经济旧秩序剥削第三世界,另一方面又受超级大国的控制和威胁,具有摆脱超级大国控制、维护国家独立主权的要求,是第三世界反霸斗争可以争取和团结的力量。第三世界是广大发展中国家,长期遭受殖民主义、帝国主义压迫和剥削。它们取得了政治上独立,但面临发展经济、巩固独立的艰巨任务。它们受压迫最深,反对压迫、谋求解放和发展的要求最强烈,是反帝、反殖、反霸的主要力量[①]。

从马克思的民族殖民地理论到毛泽东的第三世界理论,他们研究的对象都是历史上长期受到剥削和压迫的民族和人民,他们都尝试解释民族殖民地的苦难根源,尝试寻找改变现状的办法。毛泽东提出的第三世界理论是对马克思和列宁的民族殖民地理论的发展。

马克思和列宁在进行民族殖民地的分析时,准确地把握了当时的国际环境,并在当时的环境下看待民族殖民地的力量。马克思等革命导师尽管意识到了殖民地人民的力量的存在,并分析了殖民地斗争的可能性,但他们没有将殖民地人民的力量看成是独立的一股政治力量。毛泽东结合中国革命成功的经验,将第三世界看成一股独立自主的力量,人民的力量,看成反帝反霸的力量。他将第三世界的斗争和觉醒看成是历史的必然趋势,为战后国际关系理论做出了重大贡献。

在20世纪,学术界出现了各种国际关系理论。这些理论虽然各有不同,但基本上可以分为两类。一类是大国主宰世界的理论,一类是代表大多数弱国、穷国和中小国家利益的国际关系理论。前者以威尔逊、罗斯福、丘吉尔和斯大林所奉行的国际关系理论为代表,后者则以毛泽东提出的三个世界划分的理论为代表。

"二战"后,各大国的首脑都对建立国际政治新秩序提出了不同的见解,并提出过相应的理论。但是,谁都没有注意小国、弱国和穷国的利益,他们

---

① 邓小平1974年4月10日在联大第6届特别会议上的讲话,《人民日报》,1977年1月11日。

所奉行的都是由大国划分势力范围、主宰世界的国际关系理论。这是殖民主义政策的继续,也是小国、弱国没有取得独立、在国际政治舞台上处于附庸从属地位的必然反映。第一次世界大战以后,由美国总统威尔逊、英国首相劳合·乔治、法国总理克里孟梭"三巨头"一手策划建立的凡尔赛-华盛顿体系是如此。第二次世界大战后期,由斯大林、罗斯福和丘吉尔组成的新"三巨头"所确立的雅尔塔体系,也是如此。

雅尔塔体系的实质是苏美两极格局。而在世界出现两极格局的同时,多极化的趋势就作为一种潜流存在着。这首先是战后通过民族独立和民族解放运动产生的新兴独立国家,其中最重要的代表就是中国。这些国家在国际政治舞台上发挥着越来越重要的作用,提出了自己的要求。另一个对世界两极格局形成挑战的是两大阵营中的离心和分化倾向。它始于50年代中期,到60年代有了很大发展,出现了两件大事,一是中国从苏联阵营中分化出来,独树一帜;二是法国等欧洲国家同美国闹独立性。到20世纪70年代,又出现了所谓五强格局和美、中、苏战略大三角的态势。

毛泽东所处的时代,正是战后世界在以两极格局为主导的同时,世界多极化趋势孕育、发展的时代。这个时代呼唤着代表弱国、穷国、小国利益并反映多极化趋势的国际关系理论。三个世界划分理论正是在这种历史背景下诞生的。

这些论断,和当时斯大林试图通过苏美两大国的妥协维持战后国际和平的构想有很大的不同,构成了以毛泽东为代表的中国共产党人估计战后世界局势的基本论点[1]。

三个世界理论回答了中国国际战略中的一个主要问题:谁是对世界和平的最大威胁,谁是世界和平的主要力量,谁是在维护世界和平中可以团结的力量。

尽管毛泽东关于三个世界划分的思想尚有不完全合乎实际的方面(如把苏联说成是"社会帝国主义"),三个世界划分是否科学,可以深入探讨,但在对国际基本力量和格局认识的方法和视角上,确有其独特之处。他把超级大国、其他发达国家和广大发展中国家作为并列的独立政治力量提出来,阐明了它们之间互相制约、互相影响的辩证关系,实际上是肯定了世界政治的多极化趋势。毛泽东高度评价第三世界的战略地位和作

---

[1] 《毛泽东思想研究》,1997年3月。

用,充分肯定第三世界在反帝、反殖、反霸斗争中的主力军作用。他指出它是推动世界历史车轮前进的动力,对于团结世界各国人民反对霸权主义斗争,具有重要的指导意义。在战略上充分认识和肯定第三世界在国际关系中的地位和作用,这正是毛泽东同志对马克思主义民族殖民地理论所做出的重大发展和贡献。毛泽东强调中国属于第三世界,强调要加强同第三世界的团结与合作,把永远与第三世界同呼吸、共命运,作为中国独立自主外交的一个根本立足点。历史已经雄辩地证明,它是符合中国长远战略利益的根本大计。

第二节 中国在处理与发展中国家的关系中形成了一套独特的传统

作为发展中社会主义国家,中国与广大发展中国家历史上有遭受帝国主义侵略、掠夺的相似遭遇,经过长期艰苦卓绝的斗争才取得了政治独立。独立后都面临巩固独立、发展民族经济、争取经济独立的共同任务。因此,加强同发展中国家的团结合作,始终是中国对外政策的基本出发点,50多年来,中国政府十分重视加强中国与发展中国家的友好合作关系,形成了一整套独特的传统。

第一,坚决支持发展中国家的反帝、反殖、反霸的正义斗争,必要时甚至不惜做出重大的民族牺牲。抗美援朝和抗美援越就是典型的范例。1950年6月,朝鲜战争爆发之后,美国即操纵安理会,打着联合国军的旗号,大肆侵略朝鲜。当时中华人民共和国成立还不到一年,百孔千疮,百废待举,国内经济建设任务十分繁重,解放台湾、统一祖国被提上议事日程。但当朝鲜人民面临亡国的严重威胁,朝鲜政府请求中国派兵支援时,毛泽东毅然决定,派出中国人民志愿军,抗美援朝,保家卫国。当中共中央政治局讨论出兵朝鲜时,不少同志考虑到出兵可能招致的严重危险,不主张出兵。对此,毛泽东说:"你们说的都有道理,但是别人处于国家危急时刻,我们却在旁边看,不论怎么说,心里也难过。"周恩来也提出,"为了保卫和平,中国人民绝不能容忍外国侵略,决不能听任帝国主义在对自己的邻国肆行侵略而置之不理。抗美是保家卫国,是爱国主义的正义斗争,援朝是社会主义国家应尽的国际义务。"①由于当时中国缺乏海、空军支援,而面对的是世界上最强大的美国,因此,中苏两国政府商定,中国出地面部队,苏联负责空中掩护。斯大林曾让驻华大使罗申向周恩来保证,苏联将尽力为入朝作战的中国志愿军部队提供空中保护,准备派一个配备124架飞机的喷气式机师执行这一任务。可是后来斯大林判断美国已不惜代价和风险,决心向鸭绿江中国边界进攻。他担心苏军会与美军发生直接军事冲突,所以在出动空军支援中国志愿军的立场上动摇、后退了。斯大林在中国人民志愿军即将入朝作战的紧急关头,以苏联空军没有准备好为借口,拒绝派空军支援。在这种情况下,若中国出兵,就要承担独力抗美而又毫无空中掩护的严重危险,如果战败,结果不堪设想。但是权衡再三,毛泽东仍然决定出兵。正是由于中朝军民的浴血奋战,终于把美国侵略者赶回三八线以南,维护了朝鲜的独立和主权。为此,成千上万的志愿军战士献出了宝贵的生命,用鲜血谱写了一曲悲壮的无产阶级国际主义赞歌。新中国成立后,对越南人民的抗法独立战争也给予大力支援。1961年美国侵略越南之后,中国又进行规模空前的抗美援越斗争。1963年刘少奇访问越南时,向胡志明表示,我们同你们是站在一起的,打起仗来,你们可以把中国当成你们可靠的后方。1964年8月5日美国制造"北部湾事件"后,中国政府一再公开宣告:中国人民是越南人民的坚强后盾,辽阔的中国领土是越南人民的可靠后方,为了支援越南人民的抗美救国战争,中国人民不惜做出最大的民族牺牲。中国人民向越南人民提供了巨大的援助,为越南人民抗美救国战争的最后胜利做出极大贡献。从20世纪50年代到1975年越南实现祖国统一,中国向越南提供援助的总额达200多亿美元,其中包括:粮食500多万吨,石油200多万吨,汽车35 000辆,船只600多艘,提供了可装备200多万军队的各种武器装备,援建轻重工业成套项目450项,并派出30多万工程兵部队和防空部队,在作战中有4 200多人伤亡,其中1 400多名中国人民解放军战士牺牲在越南领土上。

第二,主张大小国家一律平等,反对大国主义。毛泽东一再指出,我们在对外关系中必须保持谦虚谨慎的态度,必须坚决、彻底、干净、全部地消灭大国主义,必须坚持大小国家一律平等的原则。他还提出,国家不应该分大小,认为大国高一级,小国低一级,这是帝国主义理论。1958年8月16日,毛泽东在会见柬埔寨首相西哈努克亲王时说:"大国、小国应该平等相待,有

---

① 《人民日报》,1977年1月11日。

第七章　加强和促进与发展中国家的团结合作是中国外交的基本立足点

这样一种论调：大国是不好惹的，小国是可以随便欺侮的，这种论调是绝对没有道理的。"①毛泽东告诫我们，"不要翘尾巴，要夹紧尾巴做人"。邓小平在论述建立国际经济新秩序时指出："国家不论大小，不论贫富，应该一律平等，国际经济事务应由世界各国共同来管，而不应当由一两个超级大国来垄断。我们支持占世界人口绝大多数的发展中国家，享有参与有关国际贸易、货币、航运等一切决定的充分权利。"②中国积极倡导并坚决执行和平共处五项原则。本着睦邻友好、互谅互让的精神，中国同许多弱小邻国解决了边界问题。中国历来主张，各国不论大小、贫富、强弱都是平等的，都有权参与协商解决世界事务。必须坚决摈弃以大欺小、恃强凌弱、以富压贫和由一两个或几个大国垄断国际事务的做法。中国在国际交往中对弱小国家的尊重，赢得第三世界国家的热烈赞扬。

第三，中国决不为本国本民族的眼前的暂时利益而牺牲其他发展中国家长远的根本利益。1961年，法国参议员密特朗（后来的法国总统）访华，带来戴高乐总统给中国领导人的亲笔信。戴高乐表示，法国愿意考虑与中国建交，条件是中国必须放弃支持阿尔及利亚的抗法战争。阿尔及利亚是法国的殖民地，第二次世界大战中，戴高乐领导的法国临时政府就设在阿尔及利亚。戴高乐曾许诺给阿尔及利亚自由，但战后，法国背弃了自己的诺言，并以武力残酷镇压阿尔及利亚人民的抗议示威。1954年10月，阿尔及利亚人民开始了争取民族独立的武装斗争，并取得节节胜利。中国对阿尔及利亚人民争取民族独立的正义斗争始终给予大力支持。中国政府严厉谴责法国殖民主义者对阿尔及利亚人民的镇压，要求法国政府承认阿尔及利亚独立。1958年阿尔及利亚共和国临时政府宣告独立，中国是阿拉伯国家之外第一个承认阿尔及利亚共和国临时政府的国家，对阿尔及利亚人民的革命斗争给予高度评价。1958年12月11日，毛泽东主席会见阿临时政府筹备和供应部长谢立夫时说，阿尔及利亚对整个世界贡献很大，能牵制80万法国军队，使三个帝国主义中的一个动弹不得。当谢立夫感谢中国对阿临时政府的承认时，毛泽东说，我们应该支持，这是我们的国际义务。周恩来也指出：阿尔及利亚人民所进行的民族解放斗争是当代殖民地革命运动的一个重要发展。它的意义和影响，已经远远超越了阿尔及利亚一国的范

---

① 《毛泽东外交文选》，第334页。
② 《人民日报》，1974年4月11日。

围。中国政府不光在政治上、道义上支持阿人民的解放斗争,而且提供了大量的、不附带任何政治条件的、无偿的物资援助。阿尔及利亚主席布迈丁1974年访华时回忆说,我们从中国收到了很重要的援助,我们一直记得中国是世界上第一个同阿尔及利亚缔结国与国之间协定的国家。虽然当时中美关系紧张对抗,中苏关系日趋恶化,中国面临严峻的国际环境,如能与法国建交,对提高中国的国际地位大有裨益。但毛泽东对密特朗说,中法关系迟早可以解决,中法两国没有直接的利益冲突。国务院副总理兼外交部长陈毅则回答得很干脆:"我们对中法建交可以等待,但我们对阿尔及利亚人民在政治、经济和军事上的支持将一直持续到他们的独立斗争取得最后胜利时为止。"1962年法国与阿尔及利亚签署《埃维昂协议》,法国承认阿尔及利亚独立,阿尔及利亚民族解放战争取得了最后胜利,中国才与法国谈判建交,并于1964年1月建立了外交关系。1971年,基辛格访华时,向中国政府表示,如果中国能对越南施加压力,让美国体面结束越南战争,中美关系将得到发展。周恩来回答说,体面结束越南战争的唯一途径,是美国全部撤出自己的军队,不留任何尾巴,让印支三国人民自己解决自己的问题。否则,战争一天不停,中国就继续支持越南。1972年2月尼克松访华时,周恩来又向尼克松表示:为争取远东国际形势的和缓,关键在于解决越南和整个印度支那问题。美国越早退出印支就越好,如果战争再打下去,中国将继续支持印支三国人民战斗到底,我们只有支持和同情他们的义务,没有干涉他们或代替他们提出主张和代表他们谈判的权利[①]。基辛格后来在自己的回忆录中说,中国是一个很讲原则的国家,是可以信任的,他对此深感佩服。

第四,中国不仅支持发展中国家政治独立,而且大力帮助它们发展民族经济,争取经济独立。随着绝大多数亚非拉国家取得民族独立,殖民主义制度被埋葬,发展中国家进入以发展本国经济、争取经济独立,进一步巩固政治独立的新的历史阶段。经济建设成为大多数发展中国家的中心任务。它们普遍渴望改变贫穷落后的状况,迫切要求改革不公正、不合理的国际经济旧秩序。邓小平指出:"政治独立和经济独立是不可分的。没有政治独立,就不可能取得经济独立,而没有经济独立,一个国家的独立就是不完全、不巩固的。"[②]中国领导人一再强调,我们一定要把帮助发展中国家摆脱贫困

---

① 王泰平:《新中国外交五十年》,北京出版社1999年版,第172页。
② 《邓小平外交思想学习纲要》,第87—88页。

第七章　加强和促进与发展中国家的团结合作是中国外交的基本立足点

作为自己的义务。周恩来指出:"中国是一个发展中社会主义国家,物质力量有限,但仍愿对那些新独立的经济同样落后的国家提供力所能及的、见效快的、同受援国国计民生关系密切的经济技术援助。"[1]1964年1月,周恩来在访问非洲期间,宣布了著名的中国对外经济援助八项原则:第一,中国政府一贯根据平等互利的原则对外提供援助,从来不把这种援助看作是单方面的赐予,而认为援助是相互的。第二,中国政府在对外提供援助的时候,严格尊重受援国的主权,绝不附带任何条件,绝不要求任何特权。第三,中国政府以无息或低息贷款的方式提供经济援助,在需要时延长还款期限,以尽量减少受援国的负担。第四,中国政府对外提供援助的目的,不是造成受援国对中国的依赖,而是帮助受援国逐步走上自力更生、经济上独立发展的道路。第五,中国政府帮助受援国建设的项目,力求投资少,收效快,使受援国政府能够增加收入,积累资金。第六,中国政府提供自己所能生产的、质量最好的设备和物资,并且根据国际市场的价格议价。如果中国政府所提供的设备和物资不合乎商定的规格和质量,中国政府保证退换。第七,中国政府对外提供任何一种技术援助的时候,保证做到使受援国的人民充分掌握这种技术。第八,中国政府派到受援国帮助进行建设的专家,同受援国自己的专家享受同样的物质待遇,不允许有任何特殊的要求和享受[2]。邓小平指出:对发展中国家的经济援助,应当严格尊重受援国的主权,不附带任何政治、军事条件,不要求任何特权和借机牟取暴利。我们反对假借援助,对发展中国家进行高利盘剥和敲诈勒索。对发展中国家的技术转让必须实用、有效、廉价、方便,派往受援国的专家和人员应尊重受援国的法令和习惯,不得进行非法活动。邓小平在1979年7月7日的讲话中指出:"应当肯定我们过去援助第三世界是正确的。我们国家经济困难,但我们还得拿出必要的援外资金。从战略上讲,我们真正发展起来了,要用相当数量来援助。中国发展以后不要忘记这一点。在援助问题上,方针要坚持……具体办法要修改。真正使受援国得到益处。"[3]50多年来,中国对发展中国家的援助和经贸合作受到普遍欢迎和赞誉。正如加纳的一位外交部长所说:"非洲国家领导人很赞赏中国的经济技术援助,因为中国的经援优惠,没有附加

---

[1] 《人民日报》,1960年5月18日。
[2] 《周恩来外交文选》,第388—389页。
[3] 转引自王泰平主编:《新中国外交五十年》,第721—722页。

条件,不干涉受援国的内政,有利于受援国的民族独立。这些对非洲国家是最重要的。"①2004年中国与联合国开发计划署合作成立减贫国际中心,加强对发展中国家特别是对最不发达国家的援助。中国积极支持联合国关于援助不发达国家的"十年发展战略"。

第五,中国十分珍惜并大力维护发展中国家间的团结。中国始终认为,发展中国家内部的团结是取得胜利的重要条件。发展中国家众多,情况千差万别,它们之间存在着这样那样的矛盾,但这并不能改变发展中国家作为一个整体同帝国主义、霸权主义的根本矛盾。发展中国家之间没有根本的利害冲突,在反对超级大国霸权主义和建立国际政治经济新秩序的斗争中不仅有必要而且有可能协调一致,采取共同行动。中国一贯主张发展中国家应该求大同存小异。为了促进发展中国家的团结,毛泽东、周恩来、邓小平、江泽民、胡锦涛等领导人身体力行,做了许多工作,赢得许多发展中国家的赞扬。毛泽东在会见阿拉伯国家客人时指出:"反对帝国主义,一两个国家的力量是不够的,团结起来,力量就大了。整个阿拉伯世界都在同帝国主义对抗,我们希望你们阿拉伯国家团结起来。"②1978年9月,埃及同以色列签署了戴维营协议。1979年3月,埃以正式签订了和平条约。埃及的媾和行动在阿拉伯世界引起轩然大波。阿拉伯国家纷纷同埃及断绝一切政治和外交关系,中止埃及作为阿拉伯联盟成员的资格,并将阿盟总部从埃及的开罗迁往突尼斯,阿拉伯世界出现严重的分裂状态。为了促进阿拉伯各国的团结,中国领导人做了许多工作。中国一方面表示理解和支持埃及开创和平道路的主动行动,认为这是打破中东长期不战不和局面,排斥超级大国插手,自己掌握和谈主动权的果敢行为,符合阿拉伯人民的根本利益。邓小平称赞埃及迈出了"勇敢的一步"。中国领导人表示希望埃及在同以色列谈判时要支持恢复巴勒斯坦民族权利和收复被占领土两项基本原则。邓小平和其他中国领导人对其他阿拉伯国家做了许多工作。邓小平指出,中东问题的解决,归根结底,要靠阿拉伯国家的团结和联合。希望阿拉伯国家不要中断与埃及的关系,对兄弟要有耐心,中东问题的解决离开埃及是不行的。经过多方面的努力,阿拉伯国家相继恢复与埃及的关系,埃及重新回到阿盟。1982年,阿拉伯国家首脑会议通过非斯方案,通过和平方式解决中东问题。

---

① 王泰平:《新中国外交五十年》,第726页。
② 《毛泽东外交文选》,第563页。

第七章 加强和促进与发展中国家的团结合作是中国外交的基本立足点

1980年9月,伊朗和伊拉克爆发了一场旷日持久、耗资巨大、损失惨重的战争。对两个穆斯林兄弟国家同室操戈,中国对两伊战争严守中立,绝不介入,同时积极劝和。中国领导人对两伊领导人强调,和则两利,战则两伤。邓小平在会见两伊领导人时一再表示,希望两伊站得高一点,寻求双方都能接受的条件,尽快通过和平谈判结束战争。并指出,如果为了结束两伊战争,需要中国方面做什么事,我们十分高兴做这些事。中国在两伊战争中和两伊和谈中所持的公正立场受到两伊双方的一致赞扬。

第六,中国特别注意在联合国内反映发展中国家的要求和呼声。中国领导人一再强调,发展中国家的崛起,是战后国际政治的重大事件。对这个变化的价值要给予充分的估量。改变超级大国任意摆布世界命运的局面,使帝国主义、霸权主义、强权政治经常受到正义的谴责。由于大批新独立国家加入了联合国,发展中国家占联合国成员国的四分之三,但它们在联合国的地位与其数量很不相称,联合国的秘书长大多由发达国家的人士担任。1981年联合国秘书长改选,发展中国家强烈要求由发展中国家的人士担任下届秘书长,以利于联合国公正合理地处理国际事务。对此,中国表示坚决支持,努力维护发展中国家的利益和要求。当时,来自发达国家的任期将满的秘书长在美国和苏联支持下谋求连任,并找到中国代表团希望了解中国的立场。中国代表表示,中国对他本人并无成见,对他任职期间的工作成绩也予以肯定。但由于过去联合国秘书长大多由西方人士担任,发展中国家希望新一任秘书长应由发展中国家推荐的候选人中产生,这一要求是合理的,因此,中国不能不支持发展中国家的候选人,这是中国应尽的责任和义务。于是这位秘书长自动退出了连任竞选。在安理会的投票表决中,中国顶住压力,连续16次行使了否决权,否决了非发展中国家的候选人,支持来自发展中国家的候选人,结果使秘鲁的德奎利亚尔当选为新一任联合国秘书长。1991年联合国再次选举秘书长,中国从一开始就明确支持来自发展中国家,特别是尚未担任过这一职位的非洲国家候选人。结果,来自埃及的加利当选为新一任秘书长。1996年来自加纳的安南当选为秘书长,2001年安南又获得连任。2006年韩国的潘基文当选新一任联合国秘书长。连续几届秘书长都由发展中国家人士担任,这在联合国历史上是空前的。同时中国与发展中国家互相配合,使联合国通过了一系列不符合超级大国意愿的决议,以至于美国攻击联合国采取"多数暴政"。这一戏剧性的转变反映了20世纪70年代以来发生的历史变化,而这一变化与中国在联合国的作用是分不开的①。正如邓小平所说:"联合国安全理事会常任理事国,中国算一个,中国这一票是第三世界的,是名副其实地属于第三世界不发达国家的。"②毛泽东对出席联大的中国代表团说,要到联合国伸张正义,长世界人民的志气,灭超级大国的威风,要为受到外来干涉、侵略、控制的第三世界国家摇旗呐喊。1974年4月,在联合国第六次特别大会上,邓小平代表中国政府提出了建立新的国际经济新秩序的六点主张,博得了广大发展中国家的高度赞扬。进入新世纪后,在安理会改革问题上,中国坚决支持增加安理会常任理事国席位要充分考虑增加发展中国家席位的正当要求。

第七,中国虽然尽力支持和援助发展中国家,但从来不居功自傲,不以救世主自诩,而是坚持援助和支持是相互的。20世纪60年代越南领导人多次表示,感谢中国政府和人民对越南人民提供了最大量、最及时、最充分、最有效的援助,但毛泽东、周恩来总是说,我们应该感谢越南人民对我们的支持,越南人民英勇奋战,流血牺牲,维护了中国安全。我们援助了发展中国家,发展中国家也援助了我们。1971年第26届联大以压倒多数通过决议,恢复中华人民共和国在联合国大会及其一切机构的合法席位,靠的就是发展中国家的支持。毛泽东同志强调指出:"在联大恢复中国席位的斗争中,众多的第三世界国家在这件事上发挥了重大的作用,我们什么时候都不要忘记它们。"③1971年10月26日,周恩来召开外交部及有关人员讨论要不要派代表团出席当年的联大。有的同志认为"联合国是资产阶级政客的讲坛,是美苏两霸的御用工具","是喝咖啡、聊天、打嘴仗的官僚机构",主张"观察一年,准备一下,明年再说"。但毛泽东说"要去,为什么不去,这是非洲黑人朋友把我们抬进去的,不去就是脱离群众了。马上派代表团去联大。"④温家宝总理指出:别的国家帮我们做的好事我们不能忘记,而我们自己帮别的国家做点好事可以忘记⑤。帮助别人就是帮助自己。从1990年到2001年,美国等西方国家连续10次在联合国人权委员会会议上抛出反华提案,肆意攻击中国,诋毁中国的形象,也是由于广大发展中国家对中国的支持,使美国的反华阴谋遭到可耻的失败。从1993年到2007年,台湾

---

① 曲星:《中国外交五十年》,第320页。
② 《邓小平文选》第3卷,第94页。
③ 解力夫:《国门红地毯》,世界知识出版社1999年版,第835页。
④ 翁明:《临时点将——乔老爷首次率团赴联大》,中国华侨出版社1995年版,第8页。
⑤ 2007年3月6日,李肇星外长在记者招待会上的讲话。

第七章　加强和促进与发展中国家的团结合作是中国外交的基本立足点

当局连续15次企图挤进联合国,制造"两个中国"和"一中一台"的阴谋,都在中国和广大发展中国家及其他国家的坚决反对下,遭到了破产。

邓小平指出:"中国的对外政策,在80年代,实际上到90年代,甚至到21世纪,主要是两句话,一句话是反对霸权主义,维护世界和平。另一句话是中国永远属于第三世界。中国现在属于第三世界,将来发展富强起来,仍然属于第三世界。中国和所有第三世界国家的命运是共同的。中国永远不会称霸,永远不会欺负别人,永远站在第三世界一边。"①

邓小平强调,我们要高度重视第三世界国家在国际上的地位和作用,加强同第三世界国家的团结和合作,永远与第三世界国家同呼吸、共命运,为世界的和平与发展而共同努力。这是中国独立自主和平外交政策的一个立足点,是关系到中国长远战略利益的根本大计。

第三节　改革开放以来中国与其他发展中国家关系的新发展

加强同发展中国家的团结合作始终是中国外交工作的基本立足点。改革开放以来,中国与发展中国家的关系取得了进一步的发展。中国在国际上主持公道、伸张正义、不谋私利的立场得到了充分的体现,也得到了发展中国家的广泛认同。

在邓小平新时期的外交思想中,毛泽东关于第三世界理论仍然对中国的外交具有指导意义,并且发挥了很大的作用。在新的历史时期中,尽管国际形势发生了很大的变化,但新中国不但保持而且加强了与发展中国家的关系。在邓小平看来,中国要坚持反对霸权主义,中国要推动国际政治经济新秩序的建立,中国要全方位对外开放,中国要为世界和平而努力,中国要维护一个稳定的周边环境以有利于中国的现代化建设,所有这一切都决定了中国必须加强与发展中国家的团结。从这个意义上说,加强中国与发展中国家的团结与合作,仍然是邓小平外交思想中的重要组成部分②。

---

① 《邓小平文选》第3卷,第56页。
② 《太平洋学报》,1999年第2期。

改革开放以来,在邓小平理论的指导下,中国对外政策进行了重大调整。我们在处理同发展中国家的关系中,除了继续发扬过去的优良传统外,又有了许多新的发展,赋予新的时代内容,增添了新的活力。

一、从单边援助到平等互利的双向经济合作

过去,我们同发展中国家的经济交往中,大多采取单方面提供援助的做法。20 世纪 60—70 年代,中国援助非洲建设了许多成套项目,如坦赞铁路、坦桑尼亚姆巴拉利农场、马里第二糖厂、几内亚糖厂、丁基索水电站、乌干达奇奔巴农场、卢旺达公路、索马里公路等。这些项目规模大、投资多、技术复杂、难度很大,如坦赞铁路,工程浩大,门类繁多,技术非常复杂,中国先后派出工程技术人员达 5 万人,各种设备近 100 万吨。1965 年当尼雷尔总统在向西方和苏联要求援建坦赞铁路遭到拒绝后,转而向中国领导人提出要求,很快得到满足。毛泽东对尼雷尔说:"你们有困难,我们也有困难……我们宁可自己不修铁路,也要帮助你们修建这条铁路。"[①]这些援建项目对受援国经济和社会发展具有重要作用,在国际上产生了良好的影响。中国向非洲国家派出了许多医疗队,为非洲病人治疗至少 1.5 亿人次,全心全意为非洲人民救死扶伤,非洲人民称赞"中国医疗队是中国人民杰出的代表,是中国人民出色的外交使节"[②]。但由于中国也是发展中国家,财力有限,这就局限了中国与发展中国家的经济合作。特别是在相当长一段时间内,中国外援占国内生产总值高达 7%,这显然超出我们的国力(20 世纪 70 年代联合国提出十年发展战略,要求发达国家每年拿出 1%的国民生产总值援助发展中国家,特别是最不发达国家,可是美国、日本、德国等经济大国的援助额还达不到要求的一半)。而且我们当时出于国际斗争的考虑,对一些国家采取大包大揽的援助,结果事与愿违,效果很不好。对阿尔巴尼亚的援助就是其中一个典型。60 年代由于阿尔巴尼亚坚决支持中国反对苏联"修正主义"斗争,被毛泽东称为"欧洲社会主义明灯"。中国向阿尔巴尼亚提供了 90 亿元人民币的援助,平均每人近 5 000 元(当时中国工人每月的工资 40 元,一年收入 500 元,农民一年收入还不到 100 元),援阿粮食 180

---

① 1965 年 2 月 19 日,毛泽东会见尼雷尔时的谈话。
② 同上。

第七章　加强和促进与发展中国家的团结合作是中国外交的基本立足点

万吨,阿人均约一吨,钢材 100 多万吨,人均 0.5 吨,中国援建的化肥厂年产 20 多万吨,阿平均每公顷 400 公斤,远远超过中国国内水平,援建电厂 6 座,使阿电力自给有余,而我们国内电力严重不足。援阿经济项目 100 多个,派出援建专家 6 000 多名,为阿培训大批经济、技术骨干,然而阿仍不满足。1969 年阿部长会议主席谢胡向中国提出,阿不仅要成为政治、思想的社会主义明灯,而且要在经济上成为社会主义明灯,要"建设自己的鞍钢",要由中国援助开发海上油田,要完全用中国的设备材料实现第五个五年计划(1971—1975 年)的建设目标,阿认为向中国要求援助是理所当然的。阿劳动党第一书记霍查说:"你们有的,我们也要有,我们向你们要求援助,就如同弟弟向哥哥要求帮助一样。"谢胡说:"我们不向你们要,向谁要呢?"[1]阿尔巴尼亚不生产棉花,要中国援建纺织厂,要中国用外汇购买棉花给阿纺织厂,而生产出来的棉布做成衣服后没有销路,又要卖给中国。中国援建阿尔巴尼亚化肥厂,阿方不要中国的主机设备,指定要中国用外汇购买意大利的机器,结果机器使用没多久就坏了,又要中国再买意大利的备件。中国援建的优质钢管,阿方用作马路电线杆,中国援助的高标号水泥,阿方用于滥建纪念碑。阿领土面积仅 2.7 万平方公里,竟建了一万多座纪念碑。20 世纪 60 年代末以后,阿对中国的外交横加指责。1969 年珍宝岛事件后,中国为避免事态进一步扩大,同意苏联部长会议主席柯西金去北京机场与周恩来会晤,阿方表示十分不满。谢胡说:"对付修正主义,除战争以外,其他任何方法都不解决问题。"霍查说:"我们阿尔巴尼亚很小,但是我们对苏修的进攻并不害怕,而你们中国是有 7 亿人口的大国,比我们大得多,我们都不怕,你们怕什么呢?"他又说:"在任何形势和环境下,对修正主义都要毫不妥协,毫不让步。"1971 年基辛格访华后,阿又指责中国"向帝国主义妥协"。1976 年 11 月阿劳动党第七次代表大会对中国内外政策进行了公开的攻击,甚至公开号召推翻中国政府。中阿关系说明,任何大包大揽的"输血式"的援助不利于受援国的自力更生,而容易产生依赖性,结果往往是出钱买怨恨[2]。

改革开放后,我们仍然坚持向发展中国家提供力所能及的援助。邓小平指出:"应该肯定我们过去援助发展中国家是正确的。我们国家经济困难,但我们还得拿出必要数量的援外资金。从战略上讲,我们真正发展起来

---

[1] 《耿飚回忆录(1949—1992 年)》,江苏人民出版社 1998 年版,第 244 页。
[2] 曲星:《中国外交五十年》,第 413—414 页。

了,要用相当数量来援助。中国发展以后不要忘记这一点。在援助问题上,方针要坚持,基本上的援助原则还是那个八条,具体办法要修改,真正使受援国得到益处。"[1] 20世纪80年代以来,我们除了向原有64个受援国提供了援助外,又增加了24个新受援国,特别是加强对最不发达国家提供援助。到目前为止,我们向100多个发展中国家提供了经济、文化、卫生等多方面的援助。到2006年止,向非洲派出的医疗队就达到5万多人,赢得了非洲人民的高度赞誉。2000年10月召开的中非合作论坛部长级会议上,朱镕基总理在讲话中承诺:随着中国经济发展水平和综合国力提高,中国将逐步扩大对非洲援助的规模;在未来两年内减免非洲重债国和穷国100亿元人民币债务;中国政府将提供专项资金,支持和鼓励有实力、信誉的中国企业去非洲投资;设立非洲人力资源开发基金,帮助非洲国家培训各类专业人才。教育部宣布,增加非洲来华留学奖学金名额,特别是研究生留学名额,增派教师到非洲任教,帮助当地高校建设,合作办学。卫生部决定增加医疗队去非洲的医疗服务。2006年12月举行的中非合作论坛北京峰会上,胡锦涛主席宣布加强同非洲合作的8项举措进一步扩大了对非洲的援助规模。

20世纪80年代以来,经济因素在中国与发展中国家之间关系的地位日益突出。经贸合作迈出了新的步伐,中国将对发展中国家的援助进行必要的调整和完善,将提供援助与互利合作相结合,以达到共同发展的新阶段,改变过去由中国单方面援助的做法,这有利于调动援助国与受援国的双方积极性。1983年中国提出"平等互利、讲求实效、形式多样、共同发展"的四项基本原则,作为中国同发展中国家进行经济技术合作的指导方针,为发展中国同发展中国家的经济关系开辟了新的广阔天地。中国同发展中国家开展了各种形式的经济技术合作,如技术合作、管理合作、租赁承包、合资经营等。在对外经济合作中,提高了成套项目和技术援助的比重,并注意加强巩固已建成项目成果的工作,进一步提高经济效益和社会效益,如援建的卢旺达水泥厂、贝宁纺织厂、布隆迪纺织厂等都成为该国创利税大户,还帮助挽救了一批濒临倒闭或长期亏损的企业。这既有利于扩大中国与发展中国家的经济合作关系,促进发展中国家的经济发展,也有利于中国的经济发展。90年代,中国建立了社会主义市场经济体系,企业正式成为经济活动的主体。为了适应新形势的需要,中国与发展中国家努力探索经济合作的

---

[1] 王泰平主编:《新中国外交五十年》,第721—722页。

新方式。中国与发展中国家合作的主体逐步从双方政府转为双方企业,实行援外方式多样化和援外资金来源多元化,推动中国企业与发展中国家企业直接合作。中国主要提供以具有援助性质的政府贴息优惠贷款和援外项目合资合作方式,帮助受援国建设当地需要而又有资源的项目,以资本为纽带,把援外、工程承包、劳务合作与外贸出口结合起来,推动中国企业与受援国企业长期合作,从而使中国与发展中国家的经济贸易合作取得了重大进展。双方经济技术合作结构逐步调整,规模扩大。如中国与苏丹两国公司合作承建的2.15亿美元的石油工程。中国土木工程集团公司承包尼日利亚铁路修复改造项目,金额达5.29亿美元。中国航空技术进出口公司与非洲国家合作建立卡车生产线,中国核工业总公司与阿尔及利亚高教科研部的核能合作等项目,科技含量都相当高。援外、工程承包,带动中国与发展中国家贸易快速增长。1979年中非贸易总额仅8.19亿美元,到1997年增至56.5亿美元。

中国外经贸部部长吴仪1995年10月17日在全国援外改革工作会议上指出:"随着中国改革开放的推进和世界形势的变化,中国的对外援助所面临的国内外环境发生了深刻的变化。"为适应国内外形势的变化,中国援外工作改革将主要推行两种新的方式:

"一是国际通行的政府贴息优惠贷款方式。中国政府提供具有援助性质的优惠贷款,即动员一部分银行的资金,通过政府贴息,使向受援国提供的贷款利率降低,条件变得优惠,具有援助性质。

二是积极推动援外项目合资合作的方式。这是援外的一种新的方式,其特点是中国企业同受援国企业在中国政府与受援国政府原则协议范围内,双方政府给予政策和资金扶持,主要以合资经营、合作经营的方式或中国企业独资经营的方式实施中国对外援助项目。"

她还补充说,"中国今后一般不再向受援国提供新的无息贷款,但要扩大政府贴息贷款的规模,同时适当增加无偿援助的比重"[①]。

2004年,中国首次召开"全国对发展中国家经济外交工作会议"。温家宝总理提出新形势下做好对发展中国家经济工作的四点原则:"相互尊重、平等相待;以政促经、政经结合;互惠互利,共同发展;形式多样、注重实效。"强调要把"走出去"与"请进来"结合起来,要改革合作机制,提高合作水平和

---

① 《人民日报》,1995年10月18日。

效益，充分发挥中国的比较优势和竞争优势，结合运用各种方式，全方位、多层次、宽领域地推动中国与发展中国家的经济交流与合作①。

改革开放以来，特别是进入21世纪，中国与发展中国家经济交往发展很快。中国与韩国的贸易从1992年的50亿美元上升到2007年的1 598亿美元，中国与东盟加紧建立自由贸易区、中国与非洲的贸易也从1978年的8亿美元，2000年的100亿美元上升到2005年的400亿美元。

二、从以大国画线到广交朋友

中国的外交实践是一个不断摸索，逐步成熟的阶段。从20世纪50年代到70年代，中国的外交受阶级斗争观念的影响比较大。中国同发展中国家的关系一度受到中国划分敌我力量的外交思想的影响，在外交实践中走了不少弯路，获得了不少教训。

50年代初，由于美国对中国采取政治上孤立、军事上包围、经济上封锁的遏制战略，中国采取了向苏联"一边倒"的政策。当时以美国画线，对与美国关系密切的发展中国家，中国很少同它们交往。例如中国和韩国的关系，由于朝鲜战争的影响，中韩的正常外交关系受到了阻碍。中国与东南亚国家关系也是如此。

70年代，随着苏联对外推行霸权主义，中国推行"一条线"战略，重点反对苏联的霸权主义。中国又以苏联画线，按发展中国家对苏联的态度立场来决定中国对它们的政策。如安哥拉民族解放运动三个派别——人运、解阵、安盟，在争取民族独立的斗争中都得到中国的支持。独立后，由于掌握政权的人运靠向了苏联，中国就与人运疏远，不同安哥拉发展关系，长期不予承认。埃塞俄比亚的领导人门格斯图由于采取亲苏政策，中国也不与他交往。相反，伊朗的巴列维政权由于强烈的反苏立场，中国对之采取友好态度。1978年巴列维王朝已到垮台前夕，中国总理华国锋还访问了伊朗，不久巴列维政权就被推翻了。实际上，像巴列维政权这样一类国家的统治者反苏，往往只是因为他们反共、反社会主义，这与中国的反对霸权主义没有任何共同之处②。

---

① 外交部政策研究司：《中国外交(2005年)》，世界知识出版社2005年版，第52—53页。
② 曲星：《中国外交五十年》，第451页。

第七章　加强和促进与发展中国家的团结合作是中国外交的基本立足点

当然,中国这一时期的外交政策除了有主动调整的因素外,也有被动调整的因素。美国和苏联对强权和霸权的追求导致它们对部分发展中国家进行经济上的拉拢和政治上的笼络。过去由于美苏的牵制和影响,一些发展中国家丧失了大部分生存自主权,同时还人为地造成它们彼此的对立和冲突。鉴于中国反霸的目标妨碍了大国的霸权行为,苏联在部分发展中国家中甚至进行反宣传,恶化中国与周边国家的关系,中国被迫中止与它们的来往。中国和越南的关系由正常转变为不正常就掺杂了许多苏联介入的历史的因素。不论是主动调整还是被动的政策调整,以大国画线的外交政策的结果是,中国的外交重点变得飘忽不定,影响了部分发展中国家对中国的感情,使中国与一些发展中国家关系受到严重影响。中国外交的回旋余地大为缩小,而中国的周边形势始终比较严峻。

十一届二中全会以后,中国致力于发展同所有国家的关系,不再以大国画线,完全尊重发展中国家独立自主地决定对内对外政策的权利,充分尊重它们在国际事务中独立自主地做出判断和决定对策的权利,特别重视发展和改善同周边国家的关系,使周边国际环境出现了大好局面。同时,发展中国家自身的发展也使得它们拥有了更大的自主性和独立性,可以按照本国的意志制定和实施内外政策。从维护本国利益的原则出发,它们有可能化干戈为玉帛,逐渐走到一起来,既减少了因对立和冲突造成的政治偏见和经济损失,也可以相互取长补短、联合自强[①]。

过去,我们对拉丁美洲国家的工作比较薄弱,中拉关系发展缓慢。改革开放以来,邓小平对中国和拉美国家关系的发展做了许多工作。据统计,从1978年5月到1988年11月的10年时间,邓小平就会见了20余位来访的拉美贵宾,其中包括10位总统、2位总理和一些外长以及其他政要。20世纪80年代以来,中拉关系进一步深化,出现了官民并举,多方位、多渠道、多层次的外交新形势。在联合国组织的决议案投票中,一些拉美国家与中国的一致率高达95%以上[②]。80年代,中国又和一些拉丁美洲国家建立了外交关系,例如,1980年1月同厄瓜多尔建交,2月同哥伦比亚建交,1983年1月同安提瓜和巴布达建交,1988年2月同乌拉圭建交等[③]。

[①]　王淑芳等:"后冷战时代第三世界的战略性转机",《国际政治》,1997年6月。
[②]　王泰平主编:《邓小平外交思想研究论文集》,世界知识出版社1996年版,第240—242页。
[③]　王泰平主编:《新中国外交五十年》,第1680页。

90年代以来,中国与拉丁美洲国家政治和外交关系全面、健康、持续的发展,经贸、科技、文化领域的交流更加密切。中拉关系进入历史最佳时期。中国领导人访问拉美十分频繁,拉美国家元首访华人数之多也是空前的。双方高层领导直接接触,加深相互理解,加强了在国际事务中的合作。在经贸领域,目前中国与拉美的大、中国家都签订了贸易协定。中拉贸易关系进入全面发展阶段。中国在拉美24个国家有独资、合资企业200多家。中国积极参加东亚—拉美合作论坛,这是目前唯一跨东亚—拉美两区域的官方多边合作机制。2004年中国成为美洲国家组织的观察员,为中国与拉美国家深入开展友好合作构建一个新平台。在争取建立公正合理的国际新秩序和其他一系列重大国际问题上,中国与拉美国家有共同的利益和要求。中拉双方都希望通过相互支持,创造有利的国际环境,共同维护发展中国家的利益,加快各自的经济发展。双方都把相互间的关系看作战略合作关系。这是中国与拉丁美洲进一步发展关系的坚实基础。

从1990年开始,中国应邀出席南太论坛年会后的对话会,与南太论坛的成员增加了相互了解。这些国家包括:澳大利亚、新西兰、斐济、瑙鲁、汤加、西萨摩亚、巴布亚新几内亚等。1991年8月,在密克罗尼西亚联邦举行的第22届年会后的对话会上,中国副外长刘华秋提出了中国发展同南太各国关系的五项基本原则。中国重视南太论坛在地区事务中的积极作用。

20世纪90年代,中国与非洲关系又进一步发展。1996年江泽民访问非洲6国,提出了发展面向21世纪的中非关系五原则:真诚友好、平等相待、互利互惠、加强磋商、面向未来。1999年江泽民、李鹏、李瑞环、胡锦涛相继访非。一年内4位主要领导人同时访非,这是50年来第一次,为共筑面向21世纪的中非新型伙伴关系打下坚实的基础。1997年底,中国与非洲最发达的国家南非建立外交关系,标志着中国与非洲国家的关系进入一个新阶段。2006年1月12日,中国发表了《中国对非洲政策文件》。2006年中非合作论坛北京峰会,有48个非洲国家与会,其中有35个国家元首,6个政府总理。这么多的国家首脑出席会议,在非盟首脑会上也是罕见的,反映中非友好关系达到一个很高的水平。

三、从国家关系扩展到党际关系

十一届三中全会以前,由于中国共产党在对外工作中,具有鲜明的意识

第七章　加强和促进与发展中国家的团结合作是中国外交的基本立足点

形态特点,它只和意识形态相同的共产党、工人党建立党的关系。因此,中国与发展中国家的关系比较多地局限于国与国的交往,没有积极推进党际关系的发展。

中国逐步重视和发展与发展中国家的党际关系是鉴于对世界格局的把握和对各国国内政治的变化的把握。随着世界多极化趋势的发展,各国的发展模式和政党政治更加具有多样性。那种用一种发展模式、一种政治主张来规范世界的做法,是行不通的。实际的情形是,冷战结束以来,各国更加积极探索符合本国国情的发展道路。各国政党只有在相互尊重的基础上平等交流与合作,才能适应世界多样性和政党政治多样性的发展趋势。经济全球化带来了国与国相互依存度加深,也促使各国政党之间交往更加密切,这有助于政党关系的健康发展。冷战后,在实行多党制的许多国家里,不同政治倾向的政党之间出现政策趋同现象;不同意识形态的政党之间也注意寻求共同点,求同存异,协调关系,发展合作①。

20世纪50—70年代,亚非拉涌现的一批新的政党中,有一些是共产党,但更多的是民族主义政党。这些民族主义政党的左翼往往带有"社会主义色彩"。到了80年代末90年代初,世界格局发生了重大变化,各种政治力量大分化、大改组。亚非拉一些国家政坛不稳,风云变幻,某些传统政党衰败,新党迭起。这一时期政党的发展变化,无论就其总体看,还是就某一国家看,都带有明显的多元化色彩。

70年代后期起,拉丁美洲民主化进程加快,巴西、秘鲁、厄瓜多尔等10多个国家的军政府交权于文人,恢复了资产阶级代议制,实行多党制。80年代后期,特别是1989年下半年以来,一股强烈的多党民主化的潮流,猛烈地冲击非洲各国的一党制和军人政权。5年多的时间,非洲的政治面貌发生了重大的变化:1989年非洲51个国家中实行一党制和军人统治的有39个,占非洲国家总数的76%;到1994年底已经实行或准备实行多党制的国家已达48个,占非洲国家总数(53个)的90%,其余5个为军人政权或无党制国家。今天,已经没有一个非洲国家还坚持一党制了②。

如果还沿用原来的一套党际关系原则,中国的外交必然要受到阻力。

---

① 人大报刊复印资料:《国际共产主义运动》,1998年1月。
② 人大报刊复印资料:《国际政治》,1995年8月。

当今世界政党已成为大多数国家政权和政治生活的主导力量。加强同发展中国家民族主义政党的关系,对于加强中国与发展中国家的团结合作,有着十分重要的意义,它开拓了与发展中国家关系的新领域。1977年12月,中共中央批准了中联部与外交部《关于黑非洲等地区一些民族主义国家执政党要求与我建立关系问题的请示报告》。从1978年起,我们开始同非洲和拉丁美洲等地区发展中国家不同类型的民族政党建立和发展党际友好关系。发展中国家的民族主义政党大多是在领导这些国家人民争取民族独立和民主,反对殖民主义、帝国主义和封建主义的斗争过程中形成和发展起来的。在取得民族独立后,许多处于执政党或参政党的地位,有些是合法的重要在野党。因此,这些民族主义政党在发展中国家的政治发展中,成为十分重要的政治力量。虽然这些政党在意识形态上与共产党有很大差异,但普遍对华友好,也希望与中国共产党建立合作和交往关系。最主要的是,在发展经济,摆脱贫困,反对霸权主义,维护和平和建立公正、合理的国际政治经济新秩序方面,双方有广泛的共同语言,彼此在政治、经济、文化发展方面有许多可互相借鉴、交流的经验,有很多互补、合作的优势。同广大发展中国家多种类型的政党发展友好合作交流关系,对于推进中国与发展中国家的关系,加强人民之间的友谊,发展南南合作,维护世界和平与促进人类进步事业,有着深远的意义。

20世纪80年代以来,本着邓小平关于不去计较意识形态差异发展党与党之间关系的原则精神,中国共产党对外关系不再以意识形态是否相同为条件,只要遵循"独立自主、完全平等、互相尊重、互不干涉内部事务"的党际关系四原则,中共都与之接触和交往。按照四原则,中国共产党先后同发展中国家300多个政党建立了党的关系或各种形式的交往。事实证明,调整和发展党际关系,对于国家关系的发展是一项主要的补充。

四、中国决不充当发展中国家的领袖

邓小平在强调中国要联合发展中国家共同反对新霸权主义的同时,一再告诫我们,中国不要当发展中国家领袖,不要当发展中国家的头。1990年12月邓小平在同中央领导人谈话时提出:"第三世界有一些国家希望中

国当头,但是我们千万不要当头,这是一个根本国策。"①这是因为,中国还是个发展中国家,"这个头我们当不起,自己力量也不够,当了绝无好处,许多主动都失掉了"②。即使中国将来发达了,也"永不当头"。这是由中国同发展中国家在反霸斗争中的相互地位和反霸斗争的基本目的所决定的。大家是同一战壕里的战友,是完全平等的关系。建立以和平共处五项原则为基础的国际新秩序,是反对霸权主义的出发点和归宿。凡是违背和平共处五项原则,造成国与国之间不平等关系的东西,我们都反对,邓小平说:"搞霸权主义名誉很坏,当第三世界的头名誉也不好。"因此,"中国永远不称霸,中国也永远不当头"③,但"中国永远站在第三世界一边"。邓小平提出,我们不当头,但并非无所作为。我们要为反对霸权主义、强权政治做出自己的贡献。在国际斗争中,更积极主动地团结发展中国家,共同推动建立国际新秩序。邓小平强调:"我们谁也不怕,谁也不得罪,按和平共处五项原则办事,在原则立场上把握住。"④胡锦涛等中国领导人一再强调,中国与发展中国家是相互平等、相互支持的关系,大家永远是全天候的好朋友,真诚合作的好伙伴,情同手足的好兄弟。

五、积极倡导南南合作,促进发展中国家间的关系

1982年1月,邓小平在会见阿尔及利亚政府代表团时说:"南南"合作是新提法。这个提法好,应该给发明者一枚勋章。南南合作是指发展中国家在集体自力更生的基础上,以互相尊重主权、平等互利、共同发展为原则,不断加强彼此间新型的国际合作。南南合作是国际关系中一个重要问题,是历史发展的方向。邓小平强调,发展中国家要巩固国家独立,发展民族经济,仅仅依靠南北对话与合作是不行的,还必须加强发展中国家之间的团结与合作,开展南南合作。他说,发达国家并不那么情愿帮助发展中国家,它们是"愈富的人愈吝啬"。发展中国家还是要依靠自己。发展中国家资源丰富,能互通有无,相互交流,相互学习,互相合作,可以解决许多问题,前景是很好的。发展中国家经济基础相近,又面临共

---

① 《邓小平文选》第3卷,第363页。
② 同上。
③ 同上。
④ 同上。

同的挑战,根本利益是一致的。穷帮穷,南南合作有坚实的基础。邓小平主张,为了加强相互关系,为更加深入地开展南南合作创造条件,发展中国家要加强团结,妥善处理各种历史遗留下来的一些矛盾和争论[①]。南南合作既可增强发展中国家的经济实力,又有助于提高他们在南北谈判中的地位,对于冲破旧的国际秩序建立国际经济新秩序有重大战略意义。1955年万隆会议最早确立了南方国家间经济合作的原则基础。1964年77国集团成立是南南合作的一个重要里程碑。1982年在印度召开的南南会议上,中国代表提出了"南南合作五项原则",强调南南合作应朝发展独立的民族经济,加强自力更生的方向努力,并按平等互利、互相照顾的原则进行;应有助于发展中国家的团结,提升对发达国家进行谈判时的地位,推动国际经济新秩序的建立。2005年4月,亚非国家举行了万隆会议50周年纪念活动,胡锦涛在纪念会上指出:要构筑亚非战略伙伴关系。政治上,亚非国家要成为互相尊重、相互支持的合作伙伴,以和平共处五项原则,《联合国宪章》、万隆会议十项原则为基本准则,促进国际关系民主化;经济上成为优势互补、互利共赢的合作伙伴,拓宽合作渠道、丰富合作内容、扩大合作模式,积极参与国际金融、经济贸易规则制定,推动全球化向均衡、普惠、共赢方向发展;文化上成为相互借鉴、取长补短的合作伙伴,倡导开放包容精神,尊重文明多样化,共同构建和谐世界;安全上成为平等互信、对话协作的合作伙伴,树立新安全观,以对话增进互信,以合作谋求稳定,共同应对威胁,维护世界和平[②]。面对经济全球化的新形势,发展中国家加强了区域经济合作。经济一体化已成为南南合作的主要形式。绝大多数发展中国家都加入了各种形式的经济一体化组织。尽管这些区域经济组织一体化水平不高,组织松散,但仍然使成员国之间的合作关系有了不同程度的增强,对促进贸易合作和其他领域的南南合作,起了积极作用。

  中国强调,发展中国家要联合自强,广泛参与国际事务,深化南南合作。在2005年联合国讨论安理会扩大问题时,发展中国家作为一支独立力量在国际舞台上发挥了重要作用,印度、巴西、南非、尼日利亚等要求成为安理会常任理事国,非洲联盟为非洲国家争取两个常任理事国席位的

---

① 《邓小平外交思想学习纲要》,第89页。
② 《人民日报》,2005年4月23日。

第七章 加强和促进与发展中国家的团结合作是中国外交的基本立足点

要求代表整个非洲大陆的声音。在讨论联合国大会主席起草的《成果文件草案》时,在核裁军、恐怖主义界定、使用武力界限、《京都议定书》、千年发展目标等问题上,发展中国家团结一致,同美国的强权主义展开针锋相对的斗争,显示了南南合作的力量。

2005年6月胡锦涛在与中、印、巴(西)、南非、墨西哥领导人会晤期间,倡导举行了五国领导人会晤。2007年6月7日,胡锦涛在参加南北领导人会晤期间,与巴西、南非、墨西哥、印度领导人会晤时说:发展中国家加强团结合作,积极推动世界多极化和国际关系民主化,成为维护世界和平,促进共同发展的重要力量。我们有责任携手合作,应对全球化带来的风险,维护共同利益,为发展中国家发展创造有利条件,促进全球协调发展。为此,发展中国家要加强协调,拓展发展空间,积极推动建立良好的国际经济秩序和金融、贸易环境,注重务实,提升合作水平;完善会晤机制,努力建立平等互利、共赢的新型全球发展伙伴关系。

六、建设新型多边对话机制——合作论坛

进入新世纪,中国同许多发展中国家为进一步巩固友好关系,扩大互利合作,实现共同发展,本着务实合作、面向未来的宗旨,探讨中国与发展中国家在政治、经济和社会发展领域深化合作的新思路、新举措,举办了许多高级别的发展合作论坛,建立了一种新型的多边对话机制,取得了丰硕成果。2000年起举办中非合作论坛,至2006年已举办了三届部长理事会和一次论坛首脑峰会。主要讨论面向21世纪建立公正合理的国际政治经济新秩序,维护发展中国家利益。江泽民、胡锦涛先后出席并做了重要讲话。2006年12月中非合作论坛峰会是发展中国家自1955年万隆会议以来出席国家最多、规模最大、规格最高、影响深远的一次会议。胡锦涛在讲话中指出:为进一步发展中非新型战略伙伴关系,中国愿与非洲深化平等互信的政治关系,扩大互利共赢的经济合作,扩大相互借鉴的文化交流,推动均衡的全球发展,加强相互支持的国际合作。并宣布了中国加强同非洲合作的8项举措,得到非洲和国际社会的高度评价。峰会促进了中非合作论坛的机制建设,开创了南南合作的新思路,树立了中非友好合作的新里程碑,表明中非关系进入了一个新时代。2001年设立亚洲博鳌论坛,每年举办年会。论坛以平等、互利、合作、共赢为宗旨,立

足亚洲,面向世界,为各方提供一个共商亚洲发展大计的场所。讨论的主题包括:亚洲合作共赢、亚洲的新角色,合作促进发展,一个向世界开放的亚洲、创新与可持续发展等。胡锦涛、吴邦国、温家宝、贾庆林等先后在论坛上发表主旨演讲。2004年4月30日,胡锦涛访问阿拉伯联盟秘书处,双方商定举办中阿合作论坛,并于2004年9月举行首届部长理事会,讨论了中阿集体对话、提高经贸合作水平、扩大文化交流、开展人力资源培训等问题。2006年举行了第二届部长理事会。中阿合作论坛是新形势下加强和深化中阿关系的重要举措,是中阿真正伙伴关系的体现,具有里程碑意义。中国与拉美合作论坛为中—拉美关系注入了新的活力。此外,中国还积极参与东盟地区论坛、东亚—拉美合作论坛等活动。

当然,中国与发展中国家关系也面临一些新挑战、新问题:比如,中国强劲发展势头既给发展中国家带来机遇,也使一些发展中国家担心中国发展会损害其利益或使一些发展中国家对中国寄予过高期望。还有一些发展中国家受西方影响,在价值观念上对中国认同感下降。中国对与发展中国家关系的基本政策是:真诚友好,密切政治上的沟通与协调,增进相互理解和信任;深化合作,扩大经济技术交流,实现互利共赢;加强沟通,促进不同文明的交流,在相互学习和借鉴中共同进步;平等相待,加强国际事务中的合作,共同维护发展中国家的利益。事实证明,中国是发展中国家可以信赖的朋友,中国与发展中国家的友好合作关系是经得起各种风浪考验的。

思考题

1. 中国在处理与第三世界关系中有哪些优良传统?
2. 改革开放以后中国对第三世界政策做了哪些调整?
3. 中国为什么不能当第三世界的"头"?

第八章　不断深化中俄战略协作伙伴关系

中国和前苏联是世界上两个最大的社会主义国家,但两国关系走着十分曲折的道路。20世纪50年代初,双方结成同盟,中国对苏联"一边倒"。60年代初,中苏关系破裂,两国关系日趋恶化,到60年代末,关系恶化到严重地步。70年代,双方都把对方视为最主要的威胁。80年代,双方调整了外交战略,通过谈判恢复了关系正常化,不久后,苏联宣告解体。俄罗斯独立后,中俄两国顺利实现了从中苏关系向中俄关系的平稳过渡。随着俄罗斯外交战略的调整和冷战后国际局势的变化,中俄两国很快从友好国家变成"建设性伙伴",并进而发展为"战略协作伙伴",成为中国与其他世界大国关系中发展最为顺利和稳定的双边关系,成为不同文化之间友好合作关系的典范。

第一节　"一边倒"战略与中苏友好合作关系

中华人民共和国成立后,由于当时的国际战略格局和美国敌视中国的政策,毛泽东出于中国的安全利益和社会主义需要的考虑,推行了对苏联"一边倒"的战略,签订了《中苏友好同盟互助条约》。"一边倒"战略对巩固新中国国家安全,恢复惨遭长期战争摧残的中国国民经济,提高中国的国际地位等方面起了重大的历史作用,虽然它并非完美,但在当时的历史条件下是一种必要的选择。

一、毛泽东提出对苏"一边倒"战略的主要原因

中华人民共和国成立后,其对外战略最鲜明的特点,就是在国际政治力量东西方两大阵营的对抗中,推行对苏联的"一边倒"。建国前夕,毛泽东在《论人民民主专政》一文中,向全世界公开宣布:"一边倒,是孙中山的40年经验和共产党的28年经验教给我们的,深知要达到胜利和巩固胜利,必须一边倒。积40年和28年的经验,中国人民不是倒向帝国主义一边,就是倒向社会主义一边,绝无例外。骑墙是不行的,第三条道路是没有的。我们反对倒向帝国主义一边的蒋介石反动派,我们也反对第三条道路的幻想。"[1]

那么,毛泽东为什么要推行"一边倒"战略呢?

首先,这是由中国共产党的意识形态决定的,当时毛泽东和中国共产党的其他领导人都认为,中国革命是世界无产阶级革命的一部分,在两大阵营进行冷战,苏联与美国尖锐对立的情况下,革命后建立起来的新中国在对外政策上当然要与苏联为首的社会主义国家的对外政策保持一致。

其次,与美国奉行的反共政策有关。虽然中国共产党领导的革命是反帝反封建的民族民主革命,但这并不必然意味着中国共产党拒绝与西方帝国主义国家打交道,拒绝争取西方国家的外交承认。1944年中共中央发出了《关于外交工作的指示》,这是中国共产党关于外交政策的第一个正式文件。文件明确指出:"国内统战中的策略原则,一般地也适用于国际统战","国际统战如果能够获得成功,则对中国革命的胜利必将增加许多便利。在国际统战中,美苏英与中国关系最大"[2]。很明显,中共把美英与苏联一起,放在国际统一战线之列。抗战胜利后,马歇尔代表美国政府来中国调停初期,中国共产党曾寄予很大的希望。当时的中共中央机关报——延安《解放日报》发表社论指出:"中国一定能够成为一个独立自由富强的国家,中国一定能够与美国、苏联、英国和其他友邦亲密团结,巩固远东和世界的和平。"[3] 1948年2月,中共中央《关于在华外国人的指示》中特别提出,对于各国领事馆同我交涉,应"概以外交代表视之",沈阳解放后,新市长很快以官

---

[1] 《毛泽东选集》,第1473页。
[2] 转引自曲星:《中国外交五十年》,第11页。
[3] 延安《解放日报》,1946年3月4日。

第八章 不断深化中俄战略协作伙伴关系

方身份召见了美、英、法等国驻沈阳的领事,并访问了这些国家驻沈阳领事馆。直到 1949 年 4 月 28 日,毛泽东在给邓小平、刘伯承、陈毅等人的电报中还指出:"如果美国及英国能断绝与国民党的关系,我们可以考虑和它们建立外交关系的问题。"①南京解放后,中共中央指令南京军管会外侨事务处主任黄华与美国驻华大使司徒雷登进行几次接触,并表示愿意接待司徒雷登访问北平。这些都说明,为了争取将来新中国与美国有一个正常的国家关系,中国共产党领导人曾进行了一次次的努力与尝试。

然而,与中国人民的美好愿望相反,美国政府却一再采取与中国共产党为敌的政策。美国最高决策者以冷战思维定式,把在远东发生的各国民族民主革命全部视为苏联势力扩张的产物。宣称苏联正"步沙俄帝国主义的后尘,利用中国共产党人作为苏联强权政治的工具,正在竭力使中国处于苏联的卫星国的地位"②。在通过"调停"帮助国民党建立一统天下的努力失败后,美国采取出钱出枪帮助蒋介石打内战,消灭共产党的武装力量,以便在全中国范围内扶植一个亲美反苏政权的政策。在司徒雷登与黄华接触期间,美国国务卿艾奇逊分别向英、法、意、比、荷、葡、澳、加等西方国家政府和印、缅、菲、泰等亚洲民族国家政府发去照会,要求它们与美国结成共同战线,"切勿采取导致承认中共政权的任何行动"③。艾奇逊还提出美国承认中国新政权的三个条件,其中一条就是新中国必须履行旧中国历届政府与外国签订各项不平等条约所产生的"国际义务"。中华人民共和国成立后,为了防止盟国和亚洲民族国家承认新中国,美国政府急忙于 1949 年 10 月 3 日通过一系列正式途径表示美国继续承认国民党政权是代表中国的合法政府。继续把自己同一个独裁、腐败、丧尽了民心的政权捆在了一起。可以说,"一边倒"战略是美国敌视中国共产党人的产物。

再次,"一边倒"是获得苏联援助的必要条件。虽然中国共产党是依照苏联共产党的榜样建立和发展起来的党,苏联对中国革命总的来说也是支持的,但苏联看中的是以王明为代表的所谓"国际派",对毛泽东等中共领导人是持怀疑态度的。斯大林、莫洛托夫等苏共领导人在对美国政界要人谈话时,曾多次称中国共产党是"人造奶油式的共产党","不过是一群一旦经

---

① 《毛泽东外交文选》,第 83 页。
② 弗兰茨·舒曼等:《中华民国——民族主义、战争与共产主义的兴起,1911—1949》,纽约 Vintage 图书公司 1967 年版,第 340 页。
③ 《美国对外政策文件集》,1949 年第 9 卷,第 13、15、17、34、40 页。

济处境改善就会忘记政治倾向的土地改革者"。如果中共真的掌握了政权,是否会实行苏联所希望的对苏政策,斯大林没有把握,更担心中国成为统一强大的国家,所以在处理战后问题时,斯大林坚持要把外蒙古从中国分裂出去。抗日战争胜利后,1945年8月,斯大林给中共中央发电报,说"如果再打内战,中华民族不无毁灭的可能"①。斯大林还对中共领导人说,在中国进行武装斗争没有前途,中国共产党应解散军队,交枪入阁②。1949年,中国人民解放军快要过长江时,斯大林又出来阻止,说"千万不能过长江,过了,就会引起美国出兵"③。这些都遭到毛泽东的抵制。因此,当时中苏两党的关系十分微妙。新中国成立后,能否得到苏联的支持,毛泽东也没有把握。为了保障新中国国家安全,医治战争创伤,发展民族经济,应当尽可能寻求外来援助。如前所述,新中国不可能从美国等帝国主义国家得到援助,只能从苏联方面寻求支持和援助。这就必须尽可能地消除斯大林等苏联领导人对中共的疑虑,在美苏为首的两大阵营对垒中,鲜明地表达自己的立场和态度。毛泽东的"一边倒"战略正是出于这种考虑。1949年12月,毛泽东率中国政府代表团对苏联进行正式访问,经过谈判苏联同意中国提出的以新条约代替1945年苏联与国民党政府签订的旧条约。1950年1月,周恩来赴苏参加谈判,1950年2月14日签订了《中苏友好同盟互助条约》。条约的宗旨是:加强中苏友好合作,共同防止日本军国主义复活和与日本相勾结的国家的重新侵略;巩固远东和世界的和平与安全;缔约一方一旦受到日本或与日本同盟的国家的侵略,另一方应竭尽全力给予军事及其他援助。条约规定中苏关系原则是:双方保证以友好合作的精神,并遵照平等、互利、互相尊重国家主权和领土完整及不干涉内政原则发展两国间经济、文化关系,彼此给予一切可能的经济援助,进行必要的经济合作。

双方就中长铁路、旅顺、大连等涉及中国国家利益的具体问题达成协定,规定苏联政府将中长铁路、旅顺海军基地、大连港于对日和约签订后,不迟于1952年底移交给中国。苏联还答应给中国3亿美元贷款,期限10年,年利率1%。中苏条约的签订,是"一边倒"战略的具体体现。

---

① 中共中央研究室编:《中共党史大事年表》,人民出版社1981年版,第78页。
② 〔南〕德迪热尔:《铁托述说》,伦敦尼科尔森出版社1954年版,第331页。
③ 《人民日报》,1979年1月2日。

二、"一边倒"战略的历史地位

"一边倒"战略使新中国在美国敌视的恶劣国际环境中迅速巩固了政权。1950年4月11日,毛泽东在谈到中苏条约的重要意义时指出:"世界上还有反动派,就是我们国外的帝国主义。国内呢,还很困难……在这种情况之下,我们需要有朋友……我们同苏联的关系,我们同苏联的友谊,应该在一种法律上,就是在条约上把它固定下来,建立同盟关系……帝国主义者如果准备打我们的时候,我们就请好了一个帮手,这个条约是爱国主义的条约。""中苏友好同盟互助条约的签订,不但对新中国的建设有了极大的帮助,而且在反对侵略,维护远东及世界的和平与安全上提供了强有力的保证。"①通过条约,中苏两国建立了军事政治同盟关系,两国把美国看作是共同的威胁和敌人,这是两国结盟的政治基础。中苏结盟改变了远东和世界的力量对比和战略格局。朝鲜战争期间,美国杜鲁门政府不敢采纳麦克阿瑟关于把战争扩大到中国境内的图谋,一个很重要的因素,就是考虑中国与苏联存在同盟关系。

"一边倒"战略使新中国获得了苏联十分宝贵的财政和经济援助。继苏联1950年以1%的年利率提供3亿美元的优惠贷款后,至1955年,中苏之间又先后10次签订贷款协议,苏联以2%的年利率共向中国提供约14亿美元的优惠贷款。从1950—1954年,苏联先后分三批向中国提供了156个成套项目的设备。1955—1959年又援助中国建设148个工程,虽然因1960年苏单方面撕毁合同,部分工程没有完成,但已建成的项目对提高中国工业和国防实力的作用是显著的。从1949—1959年,来华帮助中国建设的苏联、东欧专家达8 000多人,为中国培养了技术和管理干部达7 000多人,中国还从苏联和东欧国家获取4 000多项技术资料。这一切都是不应该被抹杀的。

"一边倒"战略使中国提前20多年收回了苏联在华特权(依照国民党与苏联1945年签订的条约要到1975年才收回)。从毛泽东到苏联谈判过程中可以清楚地看到,在新中国采取对苏"一边倒"的战略背景下,收回这些主权的谈判都是如此艰难,可以想象,如果新中国不采取"一边倒",要从苏联

---

① 《毛泽东外交文选》,第123页。

手里收回这些主权将会有多艰难①。毛泽东在1957年谈到"一边倒"时说:"现在有人怀疑这个方针,说不要靠在一起,并认为可以采取中间立场,站在苏联和美国之间,做个桥梁。……如果站在苏联和美国之间,看起来很好,独立了,其实是不会独立的,美国是不好依靠的……幻想处在苏联和美国之间做桥梁而有所得益,这种想法是不适当的。"②如果选择中间政策,其结果可能是既得不到美国的援助也得不到苏联的援助。

当然,"一边倒"也存在某些缺陷。第一,中苏签了一个秘密协定,明确规定,中国不得让除苏联之外的势力进入东北和新疆,这实际上是仍要把中国的东北和新疆作为苏联的势力范围。后来周恩来在谈到此事时说,两个势力范围交换两个东西,一是在上海对中方提供空中保护,二是给一点敌伪财产(苏联在东北接收的敌伪财产)。毛泽东在对苏驻华大使谈话时,也毫不隐讳地表示了不满:"在斯大林的压力下,搞了东北和新疆两处势力范围,四个合营企业。"③这一协定严重伤害了中国领导人的民族感情,也使他们对苏联根深蒂固的大国沙文主义和民族利己主义有了更深刻的认识。1954年赫鲁晓夫访华时同意中国关于取消这一秘密协定的要求。第二,"一边倒"使中国不能不受苏联的影响。对南斯拉夫的批判和不与南斯拉夫建交就是为了与苏联保持一致,使中国不能做到真正的独立自主。照搬苏联的政治经济模式也不可避免地带来消极影响。但利弊相权,"一边倒"战略对新中国国家安全的巩固、国民经济的恢复、国际地位的提高都起到巨大的历史作用。因此,历史地看待"一边倒"战略,结论应该是:"一边倒"战略虽然并不完美,今天看来甚至有很大的局限性和弱点,但它在当时的历史背景下确实是一个合乎国际政治和中国国内政治逻辑的战略选择④。

第二节 两国激烈对抗时期的中苏关系

从20世纪60年代初期开始,中苏关系逐渐恶化;到60年代末恶化到严重地步。两个社会主义大国不仅开展了国际共产主义运动的大论

---

① 参见曲星:《中国外交五十年》,第55—56页。
② 《毛泽东外交文选》,第278—279页。
③ 同上书,第323页。
④ 曲星:《中国外交五十年》,第57页。

第八章　不断深化中俄战略协作伙伴关系

战,而且爆发了大规模的边界武装冲突,双方都把对方视为自己的主要敌人。中苏关系破裂的原因是复杂的,它对国际关系的影响也是巨大而深刻的。

一、导致中苏关系破裂的基本因素

导致中苏关系破裂的原因是多方面的,主要有:

第一,历史因素,除了沙俄侵华史外,中国共产党和中国革命是在苏联的影响和帮助下发展起来的,但中苏两党关系也十分微妙,存在不少历史恩怨。土地革命时期苏联通过共产国际指挥中国革命形成的王明"左"倾路线,给中国革命造成惨重损失;反法西斯战争胜利前夕,苏联与英美签订《雅尔塔协定》,在中国划分势力范围;抗战胜利后,要求中共放弃解放战争,把武器交给蒋介石,一直到解放战争胜利前夕反对中国人民解放军渡过长江,搞"南北朝"等等。1958年7月22日,毛泽东在与苏联驻华大使尤金谈话时,就流露出对苏联的强烈不满和怨气,他说,在我们关系中,存在过问题,"第一,两次王明路线,王明是斯大林的后代。第二,不要我们革命,反对我们革命。第三,国际已经解散了,还下命令,说你们不与蒋介石讲和,打内战的话,中国民族有灭亡的危险。然而我们并没有灭亡。第四,我第一次去莫斯科时,斯大林、莫洛托夫、贝利亚就向我进攻。"[①]这些历史问题给中国领导人留下了苦涩的回忆。

第二,战略因素,赫鲁晓夫上台后,苏联对斯大林时期的对美政策,进行反思,提出了新的外交战略,采取一系列主动外交行动,提议召开苏美英法四国首脑会议,讨论德国问题、裁军和欧洲安全问题,签订对奥和约,邀请联邦德国总理阿登纳访苏,同意日本加入联合国,与日本建立外交关系等,逐步解决造成东西方尖锐对立的战争遗留问题,争取使美国等西方国家承认苏联战后在欧洲获得的利益,缓和东西方紧张关系,特别是美苏关系。为了达到这个目的,苏联希望中国在政治、外交上予以配合。1955年,赫鲁晓夫对中国国防部长彭德怀说:苏联提出裁军方案,自动裁减军队,缓和欧洲紧张局势,"希望中国也能裁军,从政治上配合苏联"[②]。彭德怀表示:现在太

---

① 《毛泽东外交文选》,第326页。
② 刘晓:《出使苏联八年》,中共党史资料出版社1986年版,第13页。

平洋地区敌人的威胁还很大,台湾还没有解放,朝鲜局势还不稳定,中国面临美国的严重威胁,美国和蒋介石可能在东南沿海进行侵略,中国空军和海军是薄弱环节,所以我们的国防力量还要加强。赫鲁晓夫表示:苏联在远东和太平洋地区有强大的海军和空军,中国需要随时都可与中国合作,中国裁军后苏联可以用先进武器帮助中国。苏联将发动裁军和平攻势,中国若能采取配合行动,"将大大有利于这一斗争取得胜利"。而毛泽东认为,苏联对美缓和政策行不通,希望苏联与中国一起,共同反对美帝国主义。毛泽东还特地把中国国际问题研究所编的《有关美国军事生产的一些资料》送给苏联人看,并在这份材料上写了批示:美国资产阶级特别是垄断资产阶级需要一个庞大的军力和一个庞大的武器库,它们是不愿裁军的。至于美国对中国的威胁,中国希望加强自身的军事力量,而不是依靠苏联向中国提供保护伞。1958年8月23日,中国人民解放军炮击金门、马祖,这引起了赫鲁晓夫的极大恐慌,指责中国事先没有与苏联商量,给苏联"造成了困难","不符合兄弟国家相处的准则","造成了大战前夕的气氛"。1959年,赫鲁晓夫访问美国,同艾森豪威尔举行了"戴维营会谈",企图实现"美苏合作,共同主宰世界"。在对民族解放运动的态度上,中国主张联合一切反帝力量打击美国,支持民族解放运动,主张各国开展革命斗争,而苏联担心暴力革命可能引起世界大战,希望殖民地国家和资本主义国家的共产党放弃武装斗争,以免影响美苏之间的缓和气氛。

苏联出于自身的战略需要,采取行动缓和与美国的紧张关系,这本无可非议,问题是苏联为了与美国搞缓和,竟把中国外交也纳入苏联全球战略轨道,而不考虑中国的战略需求和国家利益,中苏之间产生不和是难以避免的。

第三,意识形态因素,中苏关系的破裂同中苏两党在意识形态上的严重分歧有很大的关系。1956年2月,在苏共二十大会上,赫鲁晓夫提出了关于国际共产主义运动一系列重大问题的新看法。他指出,社会制度不同国家之间的和平共处,应该成为苏联外交政策的总路线;世界大战不是注定不可避免的;资本主义向社会主义过渡的形式将会越来越多样化,而不一定在任何情况下都一定是与内战联系在一起,无产阶级完全有可能取得议会稳定多数,通过和平道路过渡到社会主义;赫鲁晓夫还提出向个人崇拜作斗争的问题,在秘密报告中揭露了斯大林破坏集体领导原则,滥用职权,践踏社会主义民主与法制,在国内和党内实行大规模镇压的严重错误,揭开了斯大林问题的盖子。

第八章　不断深化中俄战略协作伙伴关系

毛泽东认为,帝国主义就是侵略,就是战争,帝国主义本性不会改变,世界大战不可避免;对赫鲁晓夫提出的"和平共处总路线"、"和平过渡"表示怀疑。他相信"枪杆子里面出政权",议会道路是一种不切实际的幻想。虽然毛泽东对斯大林的家长制作风非常不满,他曾对南斯拉夫共产主义者联盟代表团说:"自由、平等、博爱,是资产阶级的口号,而现在我们反而为它斗争了。是老子党,还是兄弟党?……那时的思想控制很严,胜过封建统治。"①但毛泽东对赫鲁晓夫反对斯大林的个人崇拜持批判态度,提出"个人崇拜也有正确与不正确之分"。认为赫鲁晓夫批判斯大林,是对斯大林坚持的无产阶级专政理论的根本否定,"和平过渡"是对列宁十月革命道路的根本否定。

应该说,赫鲁晓夫在苏共二十大上提出的观点,是在对几十年斯大林模式进行正反两个方面的总结后提出来的,有些观点反映了后斯大林时期苏联社会的要求,其中有些还具有在国际共产主义运动中解放思想的作用。但苏共却利用自己在国际上的特殊地位以"老子党"的姿态把自己的主张强加给社会主义国家兄弟党,是把苏共二十大路线作为国际共产主义运动总路线②。毛泽东根据中国共产党和中国革命的经历,对赫鲁晓夫的新观点表示怀疑,也不足为奇。

第四,国家利益因素,这是中苏关系破裂最重要、最根本的动因。1958年4月18日,苏联国防部长马利诺夫斯基致信中国国防部长彭德怀,表示苏联为了指挥其在太平洋地区活动的潜艇部队,迫切希望在中国海岸建一座长波雷达观测站,所需经费1.1亿卢布,由苏联承担7 000万卢布,中国承担4 000万卢布,建成后共同使用。毛泽东等中国领导人认为,苏联出经费意味着电台建成后所有权将归苏联所有,这等于是要中国同意苏联在中国领土上建立军事设施。6月12日,彭德怀回函表示,中国同意建设这一电台,欢迎苏联在技术上提供援助,但一切费用由中国承担,建成后共同使用,但所有权归中国。但苏联仍坚持要共同建设。1958年7月21日,苏驻华大使尤金求见毛泽东,表示受赫鲁晓夫委托转达苏共中央意见。说苏联的自然条件使它不可能充分发挥其新型潜艇舰队的作用,中国的海岸线很长,条件很好,因此苏联希望与中国建立一支共同潜艇舰队。并希望周恩来、彭德怀去莫斯科具体商量。毛泽东当即表示,"首先要明确方针:是我

---

① 《毛泽东外交文选》,第260页。
② 参见曲星:《中国外交五十年》,第249—250页。

们办,你们帮助?还是只能合办,不合办你们就不给帮助,就是你们强迫我们合办。"毛泽东特别生气地对尤金说:"你们就是不相信中国人,只相信俄国人。俄国人是上等人,中国人是下等人,毛手毛脚的,所以才产生了合营问题。要合营,一切都合营,陆海空军、工业、农业、文化、教育都合营,可不可以?或者把一万多公里长的海岸线都交给你们,我们只搞游击队。你们只搞了一点原子弹,就要控制,就要租借权。此外,还有什么理由?""什么兄弟党,只不过是口头上说说,实际上是老子党,猫鼠党。""我对米高扬在我们八大上的祝词不满意……他摆出老子的样子,讲中国是俄国的儿子。"毛泽东强调指出,提出所有权各半的问题,"这是一个政治问题。……要讲政治条件,连半个指头都不行。……如果讲条件,我们双方都不必谈。……在这个问题上,我们可以一万年不要援助。""搞海军合作社,就是斯大林活着的时候,我们也不干。我在莫斯科也和他吵过嘛!""你们可以说我是民族主义,又出现了第二个铁托。如果你们这样说,我就可以说,你们把俄国的民族主义扩大到了中国海岸。"①会见毛泽东后,尤金向赫鲁晓夫发了长篇密码电报。7月31日,赫鲁晓夫赶到北京,就长波电台和联合舰队问题向毛泽东作解释。赫说,关于"长波电台"是苏联国防部长的意见,没有经过苏共中央政治局讨论;关于"联合舰队",是由于尤金传错了消息而产生的误会。但赫鲁晓夫仍然希望在中国建设一个苏联海军基地。对此,毛泽东斩钉截铁地回答:"最后再说一遍,不行!而且我不想再听到有人提起这件事。"赫十分不满地说:"毛泽东同志,北大西洋公约组织国家在互相合作和供应方面并没有什么麻烦,可是我们这里竟连这样简单的一件事都不能达成协议!"他还说:"假如你愿意,你们的潜艇可以使用摩尔曼斯克作基地。"摩尔曼斯克位于北冰洋海域,当时中国海军军舰连开到那里的条件都不具备,赫这样说,无异于对中国的羞辱。毛泽东说:"不要,我们不想在摩尔曼斯克干什么,也不希望你们在我们这里干什么。英国人和别的外国人已经在我们的国土上呆了很多年,我们再也不要让任何人利用我们的国土来达到他们自己的目的。"②

1957年,苏联主动提出,可以以国防新技术帮助中国,两国政府签订了《国防新技术协定》,苏联答应向中国提供原子弹样品和资料。1959年赫鲁

---

① 《毛泽东外交文选》,第323、324、328页。
② 《赫鲁晓夫回忆录》,张岱云等译,东方出版社1988年版,第671—672页。

第八章　不断深化中俄战略协作伙伴关系

晓夫访美前夕,苏联单方面撕毁了这一协定,作为赫鲁晓夫给艾森豪威尔的见面礼。1959年8月,中印边界发生了第一次武装冲突,9月9日,苏联塔斯社发表声明,指责中国的立场,并且把中苏分歧第一次公开暴露在世界面前,作为赫鲁晓夫给艾森豪威尔的又一份见面礼。访美后,赫鲁晓夫到中国参加中国国庆10周年典礼。10月2日,在双方举行的会谈中,赫鲁晓夫又指责中国炮击金门之事。并提出中国可以学习苏联建国初期成立"远东共和国"的做法,暗示中国可以考虑策略性地让台湾独立,以便"创造一切条件缓和国际紧张局势,根绝战争"。并要求中国释放被关在监狱里的一些美国人。会谈中,赫鲁晓夫还就中印边界问题粗暴指责中国,说中国的做法"只有利于帝国主义",不利于"印度站在中立立场",说中国"为了那块不毛之地跟尼赫鲁搞冲突很不值得"[①]。几天后,赫鲁晓夫在苏联海参崴发表讲话时,指责中国"像公鸡好斗一样热衷于战争"。后来,赫鲁晓夫也认为他与中国领导人会谈中发表的观点不妥,建议烧毁这次会谈记录,且不论这样的建议是否严肃,但苏联领导人在中国台湾和中印边界问题上给中苏关系造成的创伤,不是烧毁记录就可以弥合的[②]。赫鲁晓夫的上述行径,充分暴露了苏联的大国沙文主义态度。但毛泽东并不吃这一套,他指出:"苏联那些顽固分子还要搞大国沙文主义那一套,行不通了","如果他们硬是这样下去,总有一天中国会把过去与苏联之间的矛盾统统捅出来。"[③]

二、同苏联恶化中苏关系的行为进行坚决斗争

20世纪50年代末,中苏关系表面上还是盟友,实际上双方关系不断恶化。毛泽东后来在会见基辛格时说:"我们在1959年决裂。他们1958年想要控制中国海岸和中国海港时,我们开始失和。""那时候,赫鲁晓夫十分自大,因为他见过当时担任美国总统的艾森豪威尔将军,就有了点所谓的'戴维营精神',他在北京向我炫耀",毛泽东当然不买账,结果就谈崩了[④]。

1960年6月,赫鲁晓夫在布加勒斯特会议上对中国共产党进行了围攻,中共代表团表示,"宁可被碾得粉身碎骨也决不屈服"。7月,苏联在一

[①] 李越然:《外交舞台上的新中国领袖》,解放军出版社1989年版,第180页。
[②] 参见曲星:《中国外交五十年》,第247页。
[③] 《毛泽东外交文选》,第282、283页。
[④] 台湾《中国时报》,1999年1月10日。

个月之内撤走了在华工作的全部专家,大幅度减少成套设备和关键部件的供应。中苏关系公开破裂。1962年,苏联在新疆的伊宁、塔城地区进行颠覆、策动暴乱,煽动6万多中国公民越境前往苏联。中苏边界也不断发生武装冲突。1964年勃列日涅夫等把赫鲁晓夫赶下台。中国派出周恩来总理率领的党政代表团前往苏联参加十月革命节庆祝活动,试图了解苏联新领导在对华关系上的态度,探索改善中苏关系的可能性。但在克里姆林宫国庆招待会上,苏联国防部长马利诺夫斯基公开向中方挑衅,他嚷道:"不要让赫鲁晓夫和毛泽东妨碍我们","我们已经把赫鲁晓夫赶下台,现在你们应该把毛泽东赶下台了"。对此,中方向苏方提出强烈抗议。在随后举行的两党会谈中,米高扬直言不讳地说:"在同中共分歧的问题上,我们同赫鲁晓夫是完全一致的,甚至没有细微的差别。"①由于苏联新领导在对华关系上坚持赫鲁晓夫路线,中国代表团无果而归。毛泽东开始把苏联和美国一起,作为中国的敌人,并称它们为纸老虎,毛泽东对法国客人说:"美国是只纸老虎……苏联也是纸老虎,我们不信它那一套,我不迷信。……法国是小国,中国是小国,只有美国和苏联才是大国,难道一切都要照它们办,要到它们那里朝圣?"②毛泽东表示,中国不怕与苏联和美国同时进行斗争,因为它们只是两只纸老虎。

从20世纪60年代初开始,中苏两党进行了关于国际共产主义运动的大论战,苏联报刊发表了几千篇文章指责中国,中国发表了《九评》等长篇文章,谴责苏共的"修正主义"。这场大论战使毛泽东关于无产阶级专政下继续革命的错误理论进一步发展,终于导致"无产阶级文化大革命"的10年悲剧。1964年,苏联曾提出停止争论,如能这样做,应该是有利于改善两国关系的,但毛泽东不同意,他说:"(苏联)要求停止公开争论,紧张得很。我去年3月间对苏联大使说,你们说我们是教条主义,托洛茨基主义,专讲空话、假革命、民族主义,如果我们真是这样,那你们当然应该批评,就放手批评好了。他说这样下去不得了。我说,打打笔墨官司有什么了不起呢?第一,天不会塌下来;第二,山上草木照样长;第三,女人照样生孩子;第四,河里的鱼照样游。"③毛泽东宣称,这场争论要进行一万年。

"文化大革命"爆发后,中苏关系更趋恶化。1969年3月和8月,相继

---

① 引自《作家文摘》,第74期,1994年5月。
② 《毛泽东外交文选》,第521页。
③ 《毛泽东外交文选》,第517页。

发生了珍宝岛事件和铁列克提事件。大规模的边界武装冲突使两国走到了战争边缘。据原苏联高级外交官舍甫琴科回忆录透露,苏联考虑对中国核设施进行先发制人的"外科手术"式打击。基辛格也向中国领导人转达了这一信息。中国称苏联为"社会帝国主义",苏共领导是"新沙皇"。两国关系恶化到极其严重的地步。

1969年9月11日,苏联部长会议主席柯西金在去越南参加胡志明主席葬礼后,要求来中国与周恩来会谈,得到中方同意。两国领导人在北京机场举行会晤,并就双方在争议地区脱离接触问题达成协议,使两国一触即发的紧张局势有所缓和。

20世纪70年代,随着国际格局的变化,中国调整了外交战略,中美关系改善,联合一致共同对付苏联。苏联则加紧在中苏边界和中蒙边界驻扎百万大军,中国感到受到严重威胁,苏联还企图建立包围中国的"亚洲安全体系",而中国把苏联看作最危险的战争策源地,努力建立一条针对苏联的国际反霸统一战线,中苏间的矛盾更加突出。两国关系进一步恶化。1979年中国照会苏联,《中苏友好同盟互助条约》在1980年期满后不再延长。早已名存实亡的中苏同盟终于被送进了坟墓。

第三节　中苏外交战略调整与两国关系正常化的恢复

1982年3月24日,苏联领导人勃列日涅夫在塔什干发表有关对华政策的讲话,称中国现行政策中有许多不符合社会主义原则的东西,但苏联从不否定中国存在社会主义制度;苏联从未以任何形式支持"两个中国"的概念,过去完全承认,现在仍然承认中华人民共和国对台湾的主权,苏联准备在任何时候就边界问题与中国进行谈判;苏联愿意在不带任何先决条件,不损害第三国利益的情况下与中国改善关系。勃列日涅夫这次讲话,在谈论中苏关系时的语气是多年来最为缓和的,有的内容是前所未有的。不久,勃列日涅夫又在巴库和莫斯科发表内容相似的讲话。表明苏联确有改善中苏关系的愿望和需要。中国政府及时抓住时机,争取改善中苏关系。中国外交部发言人表示注意到了勃列日涅夫的讲话,同时强调,中国重视的是苏联的实际行动。此后不久,邓小平邀集有关领导研究对苏政策调整问题。邓小平指出:"要采取一个大的行动,向苏联传递信息,争取中苏关系有一个大的改善。但必须是有原则的,条件是苏联得做点事情才行。"①9月1日,胡耀邦总书记在中共十二大政治报告中阐明中国在中苏关系问题上的立场:"我们注意到苏联领导人一再表示愿意改善同中国的关系。但是,重要的不是言辞而是行动。如果苏联当局确有诚意改善同中国的关系,并采取实际步骤解除对中国安全的威胁,中苏两国关系就有走向正常化的可能。"②经过双方外交官员的接触,双方决定举行关系正常化问题的副外长级谈判。10月,两国代表开始进行关系正常化的谈判。

  苏联之所以急于改善中苏关系,从战略上讲,20世纪70年代以来,由于中美联合共同对付苏联,使苏联腹背受敌,在中美苏三角关系中处于十分不利的地位。里根上台后,强调以实力求和平,准备在西欧部署中程导弹。美苏争霸态势发生不利于苏联的变化。如能改善中苏关系,对苏联与美国的争霸显然是有利的,而且里根上台后,在售台武器问题上,中美关系紧张,这为苏联争取改善中苏关系提供了难得的机遇。从政治上看,苏联入侵阿富汗遭到世界各国的强烈谴责,一贯以第三世界天然盟友自居的苏联,居然出重兵侵略一个不结盟的第三世界国家,这使苏联在第三世界的声望一落千丈,处于十分孤立的境地,中国是一个第三世界国家,在第三世界享有崇高的声望,如能改善与中国的关系,对改善苏联在第三世界的形象也很有裨益。从经济上看,当时苏联把西伯利亚列为重点开发地区。西伯利亚邻近中国,改善中苏关系也有利于西伯利亚的开发。

  从中国看,十一届三中全会以来,中国实行改革开放,把社会主义现代化建设作为全党工作的重心。要建设,首先必须有一个和平的环境,中苏关系长期紧张,对我们的现代化建设十分不利。其次,改革开放以后,我们对外交政策作了重大调整,改变20世纪70年代推行的"一条线"战略,强调奉行不结盟的独立自主外交政策,我们愿意在和平共处五项原则基础上同所有国家发展友好关系。对美苏两个超级大国,既反对它们的霸权主义行径,又发展同它们的国家关系。

  邓小平指出:"我们同苏联既然是邻国,争取改善彼此的关系,这件事还

---

① 《人民日报》,1998年2月20日。
② 胡耀邦在中国共产党第十二次全国代表大会上的报告。

第八章　不断深化中俄战略协作伙伴关系

是要做的,但要有原则。……中苏关系改善的基础是,苏联必须改变以至放弃其霸权主义的政策。"只要苏联的霸权主义和扩张主义政策不变,中苏关系就没有改变的可能①。关系正常化谈判一开始,中方就提出,中苏关系要得到改善,必须消除三大障碍——苏联支持越南侵略柬埔寨;在中苏边界和蒙古驻扎重兵;武装占领阿富汗,因为它们对中国南部、北部和西部的安全构成严重威胁。苏联代表称中国的要求是对改善两国关系提出了先决条件,并以不损害第三国利益为由,采取不承认和拒绝讨论的态度,使磋商一度陷入僵局。但两国关系在一些方面还是取得了进展,从1982—1985年,苏联最高领导人勃列日涅夫、安德罗波夫、契尔年科接连逝世,中国分别派出国务委员兼外长黄华、副总理万里、李鹏前往苏联参加葬礼,并会见了苏联领导人,这种高级别的接触,打破了长期以来两国基本没有政治交往的状况,为推动两国关系的改善创造了良好的气氛。两国进行关系正常化磋商后,双方的经贸关系得到很大发展。1984年12月,苏联部长会议第一副主席阿尔希波夫正式访问中国。1985年7月,中国副总理姚依林访问苏联。双方签订了经济技术合作协定和贸易协定。

　　1985年3月,戈尔巴乔夫就任苏共中央总书记,他对改善中苏关系表现出更积极的态度。10月,邓小平给戈尔巴乔夫递口信,表示如果中苏双方达成谅解,让越南从柬埔寨撤军,邓小平愿意打破他不再出国访问的决定,到莫斯科同戈尔巴乔夫会见。1986年7月28日,戈尔巴乔夫在海参崴发表讲话,说苏将从阿富汗撤走6个团军队,正在同蒙古讨论从蒙古撤走相当大一部分苏军,可以按主航道中心线划分中苏界河上的边界线(珍宝岛在乌苏里江主航道中心线中国一侧),愿意在任何时候和任何级别同中国认真讨论建立睦邻局势的措施问题。9月2日,邓小平在同美国著名记者迈克·华莱士的谈话中表示:"如果戈尔巴乔夫在消除中苏关系三大障碍,特别是在促使越南停止侵略柬埔寨和从柬埔寨撤军问题上走出扎扎实实的一步,我本人愿意跟他见面。"②1987年2月,中苏边界谈判正式恢复,并取得进展。1988年4月,苏同意从5月15日起在9个月内全部从阿富汗撤军。戈尔巴乔夫表示愿意推进柬埔寨问题的解决。12月7日,戈尔巴乔夫在联大表示,苏联将从东欧和蒙古撤军。1989年1月,越南宣布,最迟在1989

---

① 参见《邓小平外交政策大事记》,第236页。
② 《邓小平文选》第3卷,第167—168页。

年9月从柬埔寨完全撤军,这样,三大障碍的解决都取得明显进展。1989年5月15—18日,苏共中央总书记、苏联最高苏维埃主席团主席戈尔巴乔夫访问中国,同邓小平等中国领导人举行会晤。邓小平强调,中苏双方要"结束过去,开辟未来"。双方发表《联合公报》,指出中苏两国高级会晤标志着两国国家关系正常化。

中苏两个最大社会主义国家在经过长达30年的对抗之后,终于实现了关系正常化,它不仅符合两国人民的利益和愿望,而且有利于维护世界的和平与稳定。这是中国对外政策调整的可喜成果。随着中苏关系的改善,中国与东欧国家的关系也实现了正常化。

第四节 不断丰富和充实中俄战略协作伙伴关系的内涵

苏联解体后,中苏关系平稳过渡到中俄关系。两国关系的发展比较顺利,很快找到了合适的定位。20世纪90年代,中俄关系经历了从"友好国家"到"建设性伙伴",再到"战略协作伙伴"的发展阶段,2001年双方签署了睦邻友好合作条约,两国战略协作伙伴关系不断得到充实和发展。中俄关系是世界大国发展最为顺利和稳定的双边关系,堪称冷战后大国新型国家关系的榜样,也是不同文明之间友好相处的典范。它不仅有利于中俄两国人民,而且有利于促进世界政治经济新秩序的建立。

一、中俄战略协作伙伴关系的建立

在东欧剧变、苏联解体过程中,邓小平就强调,国家关系不应受到意识形态分歧的影响,他指出:"不管苏联怎么变化,我们都要同它在和平共处五项原则的基础上从容地发展关系,包括政治关系,不搞意识形态的争论。"[1] "不随便批评别人,指责别人。""不管怎么样,我们还是友好往来。"[2] 1991

---

[1] 《邓小平文选》第3卷,第353页。
[2] 同上书,第320页。

第八章 不断深化中俄战略协作伙伴关系

年12月27日,苏联解体后两天,中俄双方就达成协议:第一,中国承认俄罗斯是原苏联的继承国,是联合国安理会的常任理事国;第二,双方确认《中苏联合公报》规定的基本原则仍是中俄关系的指导原则;第三,过去中苏签署的条约和外交文件继续有效;第四,中苏间正进行的边境地区裁减军事力量和加强军事领域信任的谈判将继续进行。从而使中苏关系平稳地过渡到中俄关系。

俄罗斯独立之初,向西方一边倒,力图尽快融入西方"文明世界大家庭",对中俄关系不大重视。1992年后调整了外交方针,提出既面向西方也面向东方的"双头鹰"政策。7月14日,叶利钦表示,俄正在"坚定不移地走向东方"。俄把中国作为它在亚洲外交的第一重点。1992年12月17—19日,叶利钦访问中国,这是中俄第一次最高级会晤。双方发表的《联合声明》明确规定了指导两国关系发展的基本原则,规定中俄互视为友好国家。双方还签署了经贸、科技、文化等领域合作的协定,从而为中俄关系的全面发展奠定了政治和法律基础,标志着两国关系发展进入一个新阶段。两国的政治、经济、军事、科技、文化等方面的交往十分频繁。1993年俄副部长以上级别的访华团达25个。双边贸易额达76.8亿美元,比1992年增加52%。

1994年9月2—4日,江泽民主席访俄,两国领导人从面向21世纪的战略高度出发,共同探讨进一步发展两国睦邻友好关系的途径。双方发表了第二个中俄《联合声明》和《两国元首关于不将本国战略核武器瞄准对方的联合声明》及《中俄西段边界协定》。宣布双方就构筑面向21世纪新型的建设性伙伴关系达成共识。这种新型伙伴关系既不是对抗,也不是结盟,而是建立在和平共处五项原则基础上的长期、稳定的睦邻友好和互利合作关系[①]。此次最高级会晤为中俄关系勾画了未来,为中俄关系长期和稳定发展奠定了基础。

1996年4月24—26日,叶利钦总统再次访华,双方发表的第三个中俄《联合声明》宣布:"两国决心发展平等信任的、面向21世纪的战略协作伙伴关系";同意建立两国领导人定期会晤机制,在双方首都间建立保密电话通讯线路;成立"中俄友好、和平与发展委员会",加强两国在国际领域的合作。访问期间,中国、俄罗斯、哈萨克斯坦、吉尔吉斯斯坦和塔吉克斯坦五国元首

---

① 《人民日报》,1994年9月4日。

在上海签署了《关于在边境地区加强军事领域信任的协定》,形成上海五国机制。

"战略协作伙伴关系"比睦邻友好关系和建设性伙伴关系的合作层次更高,具有长期性、稳定性和全局性的特点,它不是权宜之计,不仅着眼于当前,而且着眼于 21 世纪。这种关系坚持不结盟、不对抗、不针对第三国的根本原则,也包含双方在全球范围内和全局问题上进行广泛的合作和协调。它是对冷战时期结盟、敌视、对抗的国家关系的否定,是一种新型的国家关系。

二、中俄战略伙伴关系内涵的不断充实

在冷战后中国外交的伙伴关系框架中,中国与俄罗斯的战略协作伙伴关系是一种具有全球影响的战略伙伴关系。中俄两国具有共同的战略目标、广泛的共同利益,在一系列重大问题上有相同或相似的看法,没有根本的利害冲突,能开展良好的合作,不受意识形态和价值观念的干扰,是一种真正意义上的全面合作型的伙伴关系。它对世界多极化进程有重大影响,对维护世界和平与稳定具有重要意义。10 年来,中俄战略协作伙伴关系取得了重大成果,主要体现在:

第一,两国领导人的交往实现制度化、机制化。中俄两国已建立起一系列多层次、多领域的合作机制。其中包括:最高领导人之间的对话机制;政府首脑的定期会晤机制;部长级的磋商机制;经贸科技的合作机制;保障睦邻友好的安全机制等,不断将两国关系推向新水平。两国政府建立了主要领域的合作分委会,分委员会多达 15 个,几乎涵盖了各关键性领域。统一协调和指导两国的合作关系。2001 年签订了《中俄睦邻友好合作条约》,2004 年签订了《中俄睦邻友好合作条约实施纲要(2005—2008 年)》,为推动两国各领域的全面战略协作关系提供了法律保证。胡锦涛就任总书记和国家主席后,首先出访了俄罗斯并出席圣彼得堡 300 周年庆典,表明中国政府对中俄关系的高度重视,2005 年两国启动了战略安全磋商机制,2005 年两国立法机构定期交流机制全面启动,成立了专门的议会合作委员会。这种多层次、多渠道的合作机制的建立,是不断充实和完善中俄战略协作伙伴关系的重要保障,对加强两国的相互了解和信任,推动两国合作关系在各个领域的发展起到了关键性的作用。

第八章 不断深化中俄战略协作伙伴关系

第二,边界问题取得圆满结果,彻底解决了历史遗留的边界问题。边界问题曾是影响中苏关系的一个突出问题。20世纪60年代以来,两国曾一再发生边界纠纷,甚至爆发大规模的边界冲突,两国就边界问题曾举行了旷日持久的边界谈判。直到1991年5月,才达成《中苏国界东段协定》。1994年9月,两国又签署了《中俄国界西段协定》,中国全国人大常委会和俄罗斯杜马先后批准了协定。从而使两国97%左右的边界线用法律形式固定下来。1997年11月,中俄双方宣布,两国边界东段勘界的所有问题业已得到解决。1998年11月,两国发表《关于中俄边界问题的联合声明》,指出"中俄边界西段勘界工作野外作业已结束。至此,中俄东、西段勘定的边界在两国关系史上首次在实地得到准确标示。"①1999年12月,中俄双方签署了《关于对界河中个别岛屿及其附近水域进行共同经济利用的协定》。中俄99%以上边界问题得到解决。2004年10月,普京总统访华,中俄签署了《关于中俄国界东段边界的补充规定》,标志着中俄边界线走向全部确定。2008年7月21日,中俄外长签署两国边界补充协议,中俄4 300公里长的边界线全部勘定。10月14日随着中俄在黑瞎子岛上界桩的揭幕,为边界这一长期困扰和影响两国关系的历史问题画上了一个圆满的句号,妨碍两国关系发展的重大问题不复存在。

第三,两国安全战略合作不断走向深入,在边境地区建立了可靠的安全信任措施。1996年4月,中国与俄罗斯、哈萨克斯坦、吉尔吉斯斯坦、塔吉克斯坦五国元首在上海签署了《关于在边境地区加强军事领域信任的协定》。1997年4月,五国元首在莫斯科签署了《关于在边境地区相互裁减军事力量的协定》。协定规定:部署在边境地区的军事力量互不进攻;不进行针对对方的军事演习,相互通报边界线两侧各100公里纵深地区重大军事活动的情况,彼此邀请观看实兵演习;加强双方边界地区边防部队之间的友好交往;裁减和限制部署在边界两侧各100公里的陆、空军部队人员和武器数量;两个协定的签署不仅使中国和四国长达7 000公里的边界成为和平、友好、和睦的边界,而且也为亚太地区和世界各地区解决国与国之间的边界争端树立了良好的榜样。进入新世纪,为应对安全新挑战,中俄建立了安全磋商机制,特点是"不拘形式,无所不谈"。两军高层频繁进行互访,军工和军事合作不断加强,中国是俄国第一大武器购买国。两国联合举行的军事演习提升了两国军事

---

① 《人民日报》,1998年11月24日。

互信水平。2005年8月两国元首发起的中俄"和平使命—2005"联合军事演习是自1958年以来首次联合军演,是两军交往史上规格最高、参加人数最多、技术含量最高的军事演习,是双方安全合作的重大突破,体现了两国战略协作伙伴关系迈向新台阶。俄国防部长伊万诺夫指出:联合军演"只有在两国和两军建立充分互信的前提下才能进行,因此,它是两国关系发展的重要象征之一"①。普京指出:"军事演习和军事技术合作不仅表明两军互信合作达到很高水平,也表明两国政府和人民间的互信达到很高水平。"②两国还共同参加了上合组织"和平使命——2007"联合军事演习。安全合作更具机制性和灵活性,中俄安全合作主要是在战略层面互相借重以应对各自和共同的安全威胁,安全磋商机制为此提供了重要平台。

第四,在国际问题上的共识和共同利益不断增多,合作进一步加强。这是这一时期两国关系的突出特点。1997年4月,两国元首签署了《中俄关于世界多极化和建立国际新秩序的联合声明》。专门就国际问题发表联合声明,这在两国关系史上是罕见的。叶利钦在签署《联合声明》后对记者说:"俄罗斯过去没有同任何国家签署过国际问题和世界多极化的联合声明。当前世界上有些大国总是要把世界单极化的模式强加给我们,总是要向其他国家发号施令。我们要建设一个多极化的世界,世界应该有多个极作为国际新秩序的基础。"③1998年11月,两国元首发表的《世纪之交的中俄关系》的联合声明又就世界多极化、世界文明多元性、世界经济全球化、联合国以及冷战后的大国关系等问题阐述双方共同的观点和立场④。针对美国退出反导条约的计划,1999年4月,两国就维护1972年《限制反弹道导弹系统条约》问题进行磋商。随后,中、俄、白俄罗斯三国共同提出《关于维护和遵守反弹道导弹条约》决议案,在联合国大会上获得通过。1999年3—6月,以美国为首的北约向南联盟发动空袭时,两国通过各种渠道,协调立场和合作。在1999年12月两国元首就维护世界战略稳定,反对"新干涉主义",打击民族分裂主义、宗教极端主义及在车臣、台湾问题上相互支持等问题,达成广泛一致⑤。2001年7月,两国元首签署的《北京宣言》和《关于反

---

① 转引自《和平与发展》,2006年第1期。
② 新华社莫斯科2005年9月8日电。
③ 新华社莫斯科1997年4月23日电。
④ 新华社莫斯科1998年11月23日电。
⑤ 参见张蕴岭:《伙伴还是对手》,社会科学文献出版社2001年版,第162页。

第八章 不断深化中俄战略协作伙伴关系

导问题的联合声明》,强调两国在人权、反导、军控、地区安全、维护联合国权威、国际法基本准则、反对霸权主义和强权政治等问题上有广泛的共同立场和利益,可以进行卓有成效的合作。2001年6月15日,中、俄、哈、吉、塔、乌(兹别克)六国元首宣布成立上海合作组织,并签订了《打击恐怖主义、分裂主义和极端主义上海公约》。2002年6月7日,上海合作组织元首在圣彼得堡会议上签署《关于地区反恐怖机构的协定》,决定设立常设地区反恐机构,加强在安全领域的国际合作。2005年7月1日,中俄元首发表"关于21世纪国际秩序的联合声明",进一步阐明两国对推动世界多极化、促进国际关系民主化和建立公正、民主、合理的国际政治、经济新秩序的共同立场。强调联合国在国际上发挥不可替代的作用,再次向世界表明中俄进一步提高两国战略协作水平,维护世界和平,促进共同发展的坚定信心。说明中俄两国在当代国际战略上高度一致,充实了两国战略协作伙伴关系的内容。2006年6月普京总统访华前夕接受中国记者采访时强调:中俄两国"在国际舞台上开展积极合作,在国际和地区组织中密切配合,在应对恐怖主义和其他当代威胁方面是盟友"。上合组织成为中俄多边战略合作的重要平台。21世纪初,针对中亚国家"颜色革命"的冲击和恐怖主义的威胁,中俄和上合组织成员国发表宣言,强调维护世界文明多样性和各国人民自主选择本国社会制度的权利。

第五,两国经贸、科技合作不断加强。加强经贸、科技合作,是中俄战略协作伙伴关系的重要基础。中苏关系恶化后,两国贸易额大幅度下降,从1960年的15亿卢布(约3.75亿美元)降为1970年的4 190万卢布(约1 000万美元)。20世纪80年代中苏关系正常化谈判后,两国贸易得到迅速发展,从1982年的8 000万美元上升到1991年的39亿美元。1992年中俄贸易额达58.6亿美元。1993年76亿美元。随后几年,由于俄罗斯经济下滑和财政金融危机,两国经贸关系受到冲击。经贸关系处于低迷状态。两国贸易以中小型和边境贸易为主体,贸易商品单一,科技含量不高。1999年2月,中俄两国总理会晤时强调,中俄经济互补性强,合作潜力巨大,关键是要发挥各自优势,取长补短,开展平等互利的经贸合作。进入新世纪后,俄经济走出困境,强劲增长,两国贸易开始快速发展。2001年贸易额突破100亿美元,2004年212亿美元,2006年334亿美元,2007年481亿美元。双边经贸关系的重心开始由一般贸易向生产合作、相互投资、联合研发先进技术的方向发展,有望提前实现到2010年贸易额达600—800亿美元的目标。双方在石油、天然气、电力、重型机械、信息、军工、高科技等领域有很强的互补性、互利性。两国在东北亚区域经济一体化中的合作前景十分广阔。俄罗斯援助中国建设核电站的工作在顺利进行。俄罗斯是大国中唯一向中国出口石油的国家。2003年5月胡锦涛访问俄罗斯,两国元首在《联合声明》中表示,能源领域合作对两国意义重大,落实大型油气项目,包括原油管道建设,俄向中国输送天然气,俄参与中国西气东输项目,以及为西气东输项目提供能源设备,双方合作开发俄境内油田等,应成为两国能源合作基础①。2005年4月,两国总理会晤时指出,双方正在磋商建立中国与俄罗斯石油管道项目,并积极推动天然气领域的合作,加快两国石油、天然气企业多种形式合作。普京明确表示,俄远东输油管道(泰纳线)将首先修建通往中国的支线。2006年3月,两国签署了三个能源合作文件。4月,双方就铺设泰纳支线达成协议,第一期2008年完工,年输油能力3 000万吨(2005年俄向中国出口石油1 500万吨)。第二期2010年完工,年输油能力8 000万吨②。2008年10月,温家宝访俄,双方签署《关于在石油领域合作的谅解备忘录》等文件,中国将向俄提供巨额贷款,支持俄的能源项目建设。能源领域合作对两国意义重大,落实大型油气项目,包括原油管道建设,双方合作开发俄境内油田等,成为两国能源合作基础。2004年两国航天分委员会确定2004—2006年双边合作的21个新项目,并签署俄参与中国登月计划备忘录。

两国经济合作正朝着转换增长方式和创新方向迈进,两国都把经济合作的发展提升到了战略高度。通过首脑会晤和各分委员会工作,改善双方的法律制度和金融服务环境,改善交通基础设施,为两国企业投资生产和科技合作创造条件,中方通过转换增长方式带动涉外企业提升产品质量,增加科技含量和附加值产品。俄方通过建立经济特区,鼓励高科技产品出口,实现出口结构优化③。中俄两国已互相承认对方是完全市场经济国家,中国支持俄罗斯加入世界贸易组织。

第六,两国民间交往密切,人民友谊加深,使中俄友好合作关系有深远的社会基础,两国民间的科技、文化、体育、旅游交往日益增加。2004年被

---

① 新华社莫斯科2003年5月28日电。
② 《国际问题研究》,2006年第4期。
③ 《人民日报》,2005年11月5日。

定为"中俄青年友谊年"。2005年11月,两国总理签署了《关于在俄罗斯联邦学习汉语和在中华人民共和国学习俄语的合作协议》。2006年在中国举办首届"俄罗斯年",举办了300多项活动,通过一系列政治、经济、科技、文化等交流活动,使中国人民了解俄罗斯的历史与现实,获得圆满成功。2007年在俄罗斯举办"中国年"。2007年3月,胡锦涛访问俄罗斯,在与普京总统的会谈中,两国元首强调,中俄战略协作伙伴关系已开始第二个十年,进入新的发展阶段,面临重要机遇和广阔前景。双方同意遵循《中俄睦邻友好合作条约》的原则和精神,做真诚互信的政治合作伙伴、互利共赢的经贸合作伙伴、共同创新的科技合作伙伴、和谐友好的人文合作伙伴、团结互助的安全合作伙伴,不断充实中俄战略协作伙伴关系的内涵,提高两国关系水平,推动中俄战略协作伙伴关系继续健康稳定发展[1]。3月26日,胡锦涛主席和普京总统共同出席了"中国年"的开幕式。"中国年"举办200多项活动。2007年9月,中俄双方一致同意,将"国家年"人文领域重要活动机制化,进一步推动人文领域的合作,为中俄战略协作伙伴关系注入了新的活力。

不结盟又实行战略协作,关系密切又不存在依附性,有利益冲突又能通过协商解决,维护各自尊严利益而无颠覆对方之心,根据是非曲直处理国际事务而不搞双重标准,这是中俄关系的鲜明特色。正如普京总统所说:"毫不夸张地说,今天的俄中关系堪称睦邻友好与相互尊重的典范。"[2] 2007年3月胡锦涛在出访俄罗斯前接受媒体采访时指出:"中俄关系蓬勃发展,达到前所未有的高水平。"

三、中俄关系的发展前景

中俄战略协作伙伴关系是一种建立在和平共处五项原则和公认国际法准则基础上的,顺应时代潮流的不结盟、不对抗、不针对第三国的新型国家关系。它既不同于20世纪50年代中苏之间的结盟关系,也不同于冷战时期的大国对抗关系。叶利钦称这种新型伙伴关系"在世界上是独一无二

---

[1] 《人民日报》,2007年3月27日。
[2] 《国际问题研究》2007年第3期。

的"①。这种新型关系的建立有利于世界的和平与稳定,有利于世界格局多极化的发展趋势。江泽民指出:"中俄关系已经有了明确的发展方向,这就是我们已经建立起平等信任、面向21世纪的战略协作伙伴关系;已经有了坚实的政治基础,这就是通过各项联合声明及其他文件,双方承认在相互关系中严格遵守相互尊重、平等信任、互利合作、共同发展的原则;已经有了有效的机制保证,这就是两国元首、总理、外长建立了定期会晤制度。"②2003年5月,胡锦涛主席访问俄罗斯时,两国元首强调,"无论国际风云如何变幻,深化中俄睦邻友好、互利合作和战略协作伙伴关系,都将是两国外交政策的战略优先方向。"③胡锦涛指出:"坚定不移地推动中俄战略协作伙伴关系向前发展,实现世代友好,是两国政府和人民的共同意愿和必然选择。"中俄结成战略协作伙伴关系,是双方战略利益、地缘政治利益和经济利益的共同需要,这是推动中俄关系不断向前发展的基本动力和可靠保证。中俄战略协作伙伴关系有广阔的发展前景。

首先,推动中俄战略协作伙伴关系的健康发展符合两国安全战略目标。江泽民指出,中俄建立战略协作伙伴关系,"完全符合我们两国人民的根本利益,不管情况发生什么样的变化,我们的这一方针都是不会改变的"④。冷战后,中国把发展同周边国家的睦邻友好关系,争取和平安宁的周边环境,作为外交工作的重点。俄罗斯是具有重要影响的世界大国,又是中国最大的邻国,同俄罗斯发展睦邻友好关系,对保证中国的国家安全和现代化建设的顺利进行,具有十分重要的意义。正是由于我们同俄罗斯建立了睦邻友好关系,以及同其他邻国关系的改善,使我们拥有100多年来最好的周边安全环境。俄罗斯独立后,提出建立"睦邻地带"的战略目标。苏联解体后,俄罗斯的地缘战略环境发生重大变化,它不仅失去了东欧盟国,而且它西部和南部的前苏联各加盟共和国变成了独立国家,俄同这些国家存在领土和民族问题,而且在东南欧、高加索和中亚不断发生军事冲突,俄的西南部和南部边界稳定受到威胁,而与中国相毗邻的东部边界则安全稳定,如果不能同俄拥有4 300公里界的中国建立睦邻关系,那就谈不上建立睦邻地带的战略目标。俄罗斯外交官冈察洛夫在谈到中俄睦邻关系对俄罗斯国家安

---

① 1999年2月25日叶利钦会见朱镕基时的讲话。新华社莫斯科1999年2月25日电。
② 《人民日报》,1997年11月11日。
③ 新华社莫斯科2003年5月27日电。
④ 《人民日报》,1996年11月20日。

全意义时说:"即便面对西方的对外活动万事大吉,但是只要与伊斯兰国家或中国发生对抗,仍会使俄罗斯的利益受到巨大损害。如果同这些国家关系的急剧恶化在最近3—5年内发生……那么只会导致整个改革计划的破产。"①1992年《俄罗斯联邦对外政策构想》指出:"俄罗斯除了同中国发展各种形式的睦邻关系外,别无其他选择。过去与中国的对立使苏联付出了太大的代价(对中国亦同样)。"②苏联外长在苏共第二十八大上指出:20世纪70年代,由于中苏对抗,苏联在世界上陷入两线作战的恶劣战略地位,苏联为了沿中苏边界建立军事对抗设施耗资2 000亿卢布③。按当时汇率达3 200亿美元。俄罗斯远东研究所所长季塔连科说:"俄罗斯同中国的关系可以使俄罗斯同西方的关系乃至整个东西方之间的关系取得必要的平衡。"④

在亚太地区,中国同俄罗斯都不希望看到美日同盟的加强,都不希望这一地区的局势由一个国家或国家集团所主宰,都反对美国在该地区部署战区导弹防御系统(TMD)。中俄关系的加强有利于这一地区战略力量的平衡,有利于该地区的和平与稳定。俄罗斯著名学者沃斯克列先斯基撰文指出:"(中国)是俄罗斯巩固东北亚阵地时唯一可以指望的国家。因此,中国这个方向对俄罗斯外交极为重要。美国和日本都不会主动协助中国提高在亚太的作用。对于中国来说,同俄罗斯合作在相当程度上是维持东北亚平衡的一个因素,以抵消中国并不希望的美、日影响的单方面上升。"⑤

冷战后,在中亚地区,恐怖主义、民族分裂主义和宗教极端主义势力十分猖獗,该地区地处欧亚两洲和中东的连接部,是欧亚交通要道,战略资源十分丰富,外部势力乘机加紧向该地区渗透,这严重威胁俄罗斯南部和中国西部的安全。因此,抑制三种势力的蔓延,维护这一地区的稳定,是中俄两国面临的共同问题和责任,以维护两国共同的地缘政治利益。

其次,中俄两国在一系列重大国际问题上有相同的利益和立场。这也是两国能跨越意识形态的差别建立战略协作伙伴关系重要原因。1998年11月江泽民和叶利钦发表了《中俄高级会晤结果联合声明》,全面阐述了双方在重大国际问题上的共识。主要有:(1)两国都主张世界多极化,认为

---

① 〔俄〕《消息报》,1992年2月25日。
② 〔俄〕《外交通讯》,1993年第1期。
③ 〔苏〕《真理报》,1990年7月5日。
④ 《俄罗斯研究》,1995年第2期。
⑤ 〔俄〕《独立报》,1994年5月27日。

国际关系多极化进程有利于建立一个平衡、稳定、民主、不对抗的新秩序,符合所有国家的根本利益,反对美国建立单极世界的图谋。(2)中俄都积极支持和参与世界经济全球化进程,认为必须在经贸关系中恪守平等互利和地区开放原则,消除国际贸易中各种形式的歧视。(3)支持和加强联合国特别是安理会在国际事务中发挥核心作用,认真贯彻联合国宪章的宗旨和原则,反对把联合国作为实现自己政治目的的工具,同时,对联合国进行认真、合理的改革。(4)双方都主张继续核裁军进程,主张继续履行《反导条约》、《全面禁止核武器试验条约》,反对美国单方面退出《反导条约》,认为该条约是保持世界战略稳定的基石之一,反对美国部署战区导弹防御系统(TMD)和国家导弹防御系统(NMD)。(5)反对霸权主义和强权政治,主张国际关系民主化,反对"新干涉主义"。(6)在科索沃、阿富汗、朝鲜半岛和南北关系等一系列国际热点问题上有共同或相似的立场,中俄两国都需要借助对方,维护自己的独立和主权。

第三,中俄两国有很大的共同经济利益。两国地域上连成一片,交通方便,有利于进行经贸合作。两国经济上互补性强。俄罗斯有雄厚的科技力量,在航天、航空、激光、光缆、核能利用等领域,处于世界领先水平,对中国有吸引力,中国总体上讲还是一个技术相对落后的发展中国家,需要引进先进技术和成套设备。俄罗斯有丰富的天然资源,但劳动力缺乏,而中国有充足的劳动力,但资源不足,可以互补。中国的农产品、食品、轻工业品和家用电器产品正是俄罗斯所缺少的。中俄的经济结构、产业结构和产品结构上的互补性是双方市场互补的前提,这方面的潜力很大,尚待挖掘。开发俄东部地区资源,利用东部地区的巨大潜力,把国家经济发展提高到一个新水平,这不仅在经济上对俄来说极为重要,而且对加强俄罗斯在亚太地区的政治和战略地位也具有决定性意义。而要开发西伯利亚地区,必须有亚太国家特别是中国的参与和合作。俄罗斯国家杜马国际事务委员会主席卢金对中俄在西伯利亚和远东开展能源合作赋予非常重要的政治和战略意义,他指出:"实现从雅库特和西伯利亚其他地区向中国输送天然气的庞大计划,能够顺利解决能源和生态问题。这方面的合作利益是俄中在经济领域进行长期广泛的战略合作的基础。……如果这一方案得以实现,将是在东北亚大国之间建立有机而和谐的未来战略合作的基础。"[①]俄罗斯驻华大使罗高

---

① 〔俄〕《远东问题》,1997年第3期。

寿在谈到中俄科技合作的巨大潜力和重要意义时说:"在各个先进的科学和技术部门,俄罗斯积压有大量的物品。……当代中国就其总量来说,已成为世界主要大国之一,在许多领域已走上先进科技的前沿。如果考虑到在可以预见的将来,西方未必会按照俄罗斯和中国现代化需要的水平和规模向我们转让先进技术成果的话,那么我们两国的合作就显得特别迫切。"他强调,"如果中俄把力量联合起来,我们完全能够在一系列决定经济未来的关键部门,缩小同西方的差距。"[1]在中俄双方最高层领导的大力支持下,经过中俄两国政府的积极努力,中国石油天然气集团公司和俄罗斯尤科斯石油公司、俄罗斯管道运输公司等3家公司于2001年签署了原则协议,决定共同开展铺设"安大线"。从俄罗斯的安加尔斯克至中国大庆,全长2 400公里,预计耗资20亿美元。2002年12月初,在江泽民主席与来访的俄罗斯普京总统共同签署的联合声明中宣布:"考虑到能源合作对双方的重大意义,两国元首认为,保证已达成的协议的中俄原油管道和天然气管道合作项目按期实施,并协调落实有前景的能源项目,对确保油气的长期稳定供应至关重要。"

当然,中俄关系也存在一些问题,主要是经济关系发展严重滞后,两国贸易额还不足中日、中美贸易额的1/5,甚至还不到中韩贸易额的1/3,这与两个国家的大国地位及其经济潜力显然是不相称的,与当代国际关系发展的经济化趋势也是不相适应的,贸易结构也不合理。需要下大力气挖掘潜能。另外,俄视中亚为其传统利益空间,对上合组织经贸合作态度比较消极。

总之,中俄政治互信将进一步加深,经济互补将进一步增强,文化互通将进一步扩大,两国关系有着令人乐观的美好前景。

思考题

1. 中国与苏联为什么从盟友变成敌人?
2. 20世纪80年代,苏联为什么急于改善中苏关系?
3. 发展中俄战略协作伙伴关系对两国有什么重要意义?

---

[1] 〔俄〕《远东问题》,1997年第3期。

第九章　从战略全局高度处理中美关系

中美关系是中国最重要的双边关系之一,也是世界上最复杂的双边关系。新中国成立以来,两国关系走着十分曲折的道路。20世纪50—60年代,两国高度对抗,彼此兵戎相见;70—80年代,双方从和解到友好,并在抗苏的旗帜下结成战略关系;90年代,两国关系跌宕起伏,从美国实行对中国制裁到双方致力于建立建设性战略伙伴关系;进入21世纪,两国关系总体走向稳定,既有广阔的发展前景,又存在结构性矛盾,存在诸多不确定因素。

第一节　新中国建立前中共对美国政策的演变:从朋友到敌人

"二战"期间,中美是盟国,中共同美国政府也建立起一定联系。毛泽东对美国在反法西斯战争中的作用给予高度评价,希望与美国发展友好合作关系。由于中国共产党领导下的八路军、新四军英勇抗日,美国也改变对中共的政策,从全力扶植蒋介石的国民党政权,转而对中共给予有限的支持。史迪威将军和美国驻华使馆的一些官员都认为,中共领导的抗日根据地自由、民主,得到人民拥护,八路军士气高昂,作战勇敢,与国民党的专制、腐败、士气低落形成鲜明对比,建议美国政府"在中国共产党控制的地区设立总领事馆并派一个军事观察团进驻那里"①。罗斯福的高

---

① 约瑟夫·埃谢里克:《在中国失掉的机会》,国际文化出版公司1989年版,第178页。

第九章　从战略全局高度处理中美关系

级顾问霍普金斯在给总统的信中说:"共产党对国民党的政策是以真正愿意在中国实现民主为基本点的,在这种民主制度下,可以有秩序地发展经济……共产党的政策在可以预见的将来不会同美国的利益相抵触,这个党也就值得我们尽可能以同情和友好的态度相待。"[①]1944年2月、3月、6月,美国总统罗斯福连续3次向蒋介石提出向延安派遣美军观察组的要求。6月,美国副总统华莱士访华时又提出派美军观察组赴延安,蒋被迫同意。7月,美军观察组赴延安。这是美国从全面扶植蒋介石到既扶蒋也有限联共政策的转变。为欢迎美军观察组和中外记者团到延安,中共中央发出了《关于外交工作的指示》,这是中共关于外交政策的第一个正式文件。文件明确指出:接待中外记者团和美军观察组是"我们在国际间统一战线的开展,是我们外交工作的开始","国际统战如能获得成功,则对中国革命的胜利必将增加许多便利。在国际统战中,美苏英与中国关系最大"[②]。7月4日,经毛泽东修改的《解放日报》为庆祝美国国庆发表的社论中指出:"罗斯福总统、华莱士副总统的外交主张,是美英苏中的战时团结和战后团结……这个外交路线是符合于美国利益,也符合于全人类利益的。我们中国不但在战时要求国际反法西斯的团结,以求得民族的独立,而且在战后也要求国际的和平合作以推进国家的建设,所以,我们……深望罗斯福总统和华莱士副总统的这个外交路线,能够成为美国长期的领导路线。"[③]7月22日美军观察组到延安后,毛泽东亲笔为新华社写了一篇社论,认为美军观察组到延安,是"中国抗战以来最令人兴奋的一件大事",盛赞"美国在世界反法西斯战争中的光辉成绩,和美国人民见义勇为、不怕牺牲的伟大精神",称美国是与中国人民并肩作战的"最亲密的战友"。认为中外记者团和美军观察组到延安,"这是关系四万万五千万中国人反抗日寇、解放中国的问题,这是关系中国两种主张两条路线谁是谁非的问题,这是关系同盟各国战胜共同敌人、建立永久和平的问题"[④]。充分表达了中国共产党希望与美国保持良好关系的愿望。毛泽东在接受英国记者斯坦因采访时指出,中国不仅要同苏联搞好关系,也要同美国英国搞好关系。斯坦因在采访毛泽东等人后写道:"延安的领导者们对于密切的中美关系和密切的中英

---

① 伊·卡恩:《毛泽东的胜利与美国外交官的悲剧》,群众出版社1990年版,第101页。
② 转引自曲星:《中国外交五十年》,第11页。
③ 《解放日报》,1944年7月4日于延安。
④ 《解放日报》,1944年8月15日于延安。

关系看法十分现实,也十分敏锐,所以他们不要求中国采取单一外交政策或者是特别依赖苏联。"①为了表现中国共产党与美国合作的诚意,毛泽东等领导人甚至提出,中共愿意将自己领导的军队交于盟军最高司令部指挥,条件是盟军最高统帅必须是美国人。而且中共专门发文,允许美英军事人员可以进入根据地执行抗日活动的一切工作。毛泽东、刘少奇还致电新四军领导人,要"放手与美军合作,处处表示诚恳欢迎,是我党既定方针"②。美军观察组成员谢伟思在谈到这一时期中共与美国合作时说:"从来没有哪一个共产党会像中国共产党在 1944 年 7 月到 1945 年 3 月这 8 个月期间那样对美国如此开放。大批美国人在他们的每一块领土上都进行了旅行,进行了多种形式的合作,探索各个方面的情况,在延安和前线各地同共产党领导人和一般工作人员亲密友好地接触并生活在一起。"③1945 年 4 月,毛泽东在与谢伟思谈话时又指出:"中国共产党对美国的政策,现在是将来仍然是,寻求友好的美国支持在中国实现民主和在对日作战中进行合作。"④然而到 1945 年后,美国改变了对中共的政策,完全倒向了蒋介石政府。1945 年 4 月 2 日,美驻华大使赫尔利发表声明,公开攻击中国共产党,表示美国决不向中共提供援助,而只援助蒋介石政府。这使毛泽东等中共领导人不得不重新考虑对美政策。1945 年 6 月 11 日,毛泽东在中共七大所作的闭幕词正式表明了中共对美政策的转变。毛泽东指出:"美国政府的扶蒋反共政策,说明了美国反动派的猖狂。"但中共并没有完全放弃与美国友好的思想。马歇尔来华调处国共争端,中共还希望美国能保持中立立场。直到 1946 年 5 月,中共中央关于解放区的外交方针的文件还指示在解放区要与美国进行经济上的合作。但美国当权者受冷战思维所局限,认为中共和苏联在意识形态上的亲近关系本身就足够对美国造成了威胁,把各国民族民主革命全部视为苏联势力扩张的产物。所以在马歇尔通过"调处"帮助国民党建立一统天下的努力失败后,美国采取了出钱出枪帮助蒋介石打内战,以消灭共产党武装力量,尽快在全中国范围内扶植起一个亲美反苏政权的政策。中国共产党才彻底放弃与美合作的想法,实行反美的外交战略。

然而尽管得到美国的大力支持,国民党在内战中却屡战屡败。到 1948

---

① 〔英〕斯坦因:《红色中国的挑战》,新华出版社 1987 年版,第 303 页。
② 刘德喜:《延安时期毛泽东的外交战略》,陕西人民出版社 1993 年版,第 42 页。
③ 〔美〕谢伟思:《美国对华政策 1944—1945》,第 234 页。
④ 〔美〕埃谢里克:《在中国失掉的机会》,国际文化出版公司 1989 年版,第 335 页。

年底国民党败局已定,美国政府开始考虑怎样从中国这个泥潭脱身的问题。1949年2月,国务卿艾奇逊发表了"等尘埃落定"的对华政策。4月,南京解放时,美驻华大使司徒雷登留在南京,于5月、6月间与黄华就中美贸易和外交承认问题进行了3次会晤。毛泽东也考虑改善与美关系的问题。1949年4月,他明确指出:"如果美国和英国能断绝和国民党的关系,我们可以考虑和它们建立外交关系的问题。"① 6月,毛泽东在新政协筹备会上的讲话再次声明:"任何外国政府,只要它愿意断绝对于中国反动派的关系,不再勾结或援助中国反动派,并向人民的中国采取真正的而不是虚伪的友好态度,我们就愿意同它在平等互利和互相尊重领土主权的原则基础上,谈判建立外交关系的问题。"② 当司徒雷登提出希望去北平访问后,中共中央通过燕京大学校长陆志伟向司徒表示同意他去北平。然而美国国务院急电指令司徒雷登"在任何情况下都不得前往北平"。同时,美国国务院还向一系列国家发出照会,要它们与美结成共同阵线,不要承认中共政权。8月,美国发表了中美关系白皮书。这使毛泽东对与美国建立正常国家关系彻底失去了信心。1949年6月30日,毛泽东提出"一边倒"方针,白皮书发表后,毛泽东为新华社写了好几篇评论白皮书的文章,猛烈抨击美帝国主义在中国的种种罪行。事实说明,正是美国政府死抱冷战观念,把自己与独裁、腐败、完全丧失民心的国民党政权捆在一起,彻底站在了中国人民革命的对立面,从而失去了在对华政策问题上的行动自由,并且走到了极端,从而也把中国共产党的对美政策推到了另一个极端。

第二节　两国高度对抗和紧张对峙
（20世纪50—60年代）

新中国成立后,美国推行遏制加孤立中国的政策,中美两国在朝鲜、越南、中国台湾3条战线上激烈对抗,双方互以敌国相待,彼此交往隔绝,在东西方两大集团对抗的冷战时期,中美关系十分意识形态化。

---

① 《毛泽东外交文选》,第83页。
② 同上书,第91页。

一、抗美援朝及其影响

1950年6月25日爆发的朝鲜战争是朝鲜民族分裂的产物,而朝鲜民族分裂是由于美苏划分势力范围的结果。美苏的冷战格局导致了"南北朝鲜"两个政权的产生和剑拔弩张的军事对抗。这是朝鲜战争爆发的根源,因此美苏两国要对朝鲜战争承担最主要的责任。

朝鲜战争爆发后,6月27日,杜鲁门发表声明,宣布美国军队介入朝鲜战争,授意向韩国提供武器和其他援助,命令第七舰队进入台湾海峡,阻止中国政府解放台湾,明目张胆地侵犯中国主权。同时,美国利用苏联代表缺席之机操纵联合国安理会,授权组成一支以美军为主的"联合国军"干涉朝鲜战争。至此,朝鲜战争由内战变成了侵略和反侵略的国际战争,并把朝鲜战争与中国联系在一起。这一系列举措,公开表明美国把对新中国的遏制作为其总体冷战政策的一部分,其目的是遏制共产主义在亚洲大陆的发展,阻止苏联势力的扩张,以确保和扩大它在亚洲的势力范围。

美国军队干涉朝鲜后,中国政府在外交上作了一系列努力,以免朝鲜事件扩大化。中国政府多次致电联合国秘书长和安理会各国,表示"全亚洲及全世界爱好和平的人民迫切地希望联合国负起维护世界和平与安全的责任,并以有效的方法迅速和平调处朝鲜问题"[1]。指出,"为了维护联合国宪章的尊严,联合国安理会有义不容辞的责任,来制裁美国政府武装侵略中国领土的罪行,并应立即采取措施,使美国政府自台湾及其他属于中国的领土上完全撤出它的武装部队"[2]。并一再通过印度向西方国家传递信息,进行和平斡旋。但中国政府的种种努力都不能制止美国扩大战争。9月15日,"联合国军"在仁川登陆,把北朝鲜军队拦腰截断,朝鲜战局发生严重逆转。9月底,美国侵略军推进到三八线,并企图占领整个朝鲜。情况极其危急,北朝鲜领导人金日成向中国发出紧急求援电报,要求中国出兵支援。

从中国方面看,几十年战争的摧残,百废待举,财政十分困难,国内土匪亟待肃清,一些地方还没解放,解放区尚未完成土地改革,新政权还不巩固,军队装备远远落后于美军,更谈不上制空权和制海权,所以中国非常不愿意

---

[1] 《中华人民共和国对外关系文件集第一集》,世界知识出版社1957年版,第133、135页。
[2] 同上。

第九章　从战略全局高度处理中美关系

卷入战争。正如聂荣臻在回忆录中所说,当时中共中央政治局的多数同志都认为,"不到万不得已的时候,最好不打这一仗"①。因为这是涉及中国命运的重大问题。毛泽东对此反复思量,慎之又慎。他承受了极大的精神压力,这可以从他多次下令志愿军暂缓出动看出来。但最终毛泽东还是下定决心出兵朝鲜,抗美援朝。

1950年10月3日凌晨,周恩来获悉"联合国军"开始越过三八线时,紧急约见印度驻华大使,要印度总理尼赫鲁向英美转告:"美国军队正企图越过三八线,扩大战争。美国军队果真如此做的话,我们不能坐视不救,我们要管。"并指出,"我们主张和平解决,使朝鲜事件地方化"②。但美国不予理睬,认为中国是在"讹诈",宣称,如果允许中国如此"讹诈",世界将不堪收拾,"现在要'联合国军'停在三八线,无异于向侵略威胁屈膝投降"③。美国根本不相信新生的中国政权敢于跟美国叫阵,把中国的警告当耳边风。10月7日,麦克阿瑟下令联合国军大规模跨过三八线,迅速向中朝边境鸭绿江推进,美军飞机一再侵犯中国领空,轰炸中国边境,在海上拦截中国商船。中国边疆危在旦夕,中国在忍无可忍、退无可退的情况下,10月19日,中国人民志愿军跨过鸭绿江,开始了抗美援朝战争。

对毛泽东决定出兵朝鲜,西方学者有许多揣测,怀廷、翟蒙认为是中共对美国的误解所致;辛顿认为是毛泽东想通过战争取得苏联的信任;曼考认为是毛泽东希望通过援助朝鲜在社会主义阵营中争得一个席位;而波拉克和杰菲斯等则认为是中共为了在国际上树立自己的形象。我认为,毛泽东出兵朝鲜,最主要是为了维护新中国的和平与安全,巩固成立不到一年的新生政权。毛泽东指出:"我们不出兵,让敌人压至鸭绿江边,国内国际反动气焰增高,则对各方都不利,首先对东北不利,整个东北边防军将被吸住,南满电力将被控制。"④当时中国重工业大都集中在东北南部,抚顺是当时全国煤都,本溪和鞍山钢铁产量1950年占全国的80%,沈阳是全国机械工业中心,而这些工业基地的电力又都依赖鸭绿江边的南满电厂。即使美国不打进来,但让其大军压至鸭绿江边,就处于随时可以打击中国工业心脏的战略态势,使新中国的经济命脉受制于人。另外,当时国内反动势力还很嚣张,

---

① 《聂荣臻回忆录》,解放军出版社1984年版,第735页。
② 《周恩来外交文选》,第25、27页。
③ 王绳祖主编:《国际关系史》第8卷,世界知识出版社1995年版,第68页。
④ 《建国以来毛泽东文稿》第一册,中央文献出版社1987年版,第556页。

如果让美国大军压境,无疑是给国内反动派打了强心针,更增加国内局势的不稳定,国内的经济恢复工作将受严重影响。同时,毛泽东十分清楚,朝鲜对中国具有十分重要的地缘战略价值,1894年甲午战争,日本先攻取仁川,再跨过鸭绿江占领旅顺。1904年日俄战争,日军也在仁川登陆,向鸭绿江推进,在沈阳击败沙俄军队。1931年"九·一八事变",日军由朝鲜出发,进而侵占东北。朝鲜成了帝国主义侵略中国东北的跳板。麦克阿瑟越过三八线后,朝鲜人民军迅速后退,斯大林已决定放弃北朝鲜,通知金日成退入东北。这样可能把战火烧到东北,若东北被美军占领,这对中国的灾难令人不寒而栗。如果美国打进东北,苏联根据中苏同盟条约也派兵到东北,即使最终把美军赶走,也很可能出现1945年苏联红军进入东北击溃日本关东军,迫使蒋介石签订损害中国主权的城下之盟。所以无论东北是被美国占领还是被苏联控制,中国都无法保证对东北的主权,唯一的解决办法是把战争阻止在国门之外。因此在中国面临严重威胁,中国在对美多次严重警告无效的情况下,为了保卫国家安全,毛泽东冒着极大风险,派出中国人民志愿军,这是一种无奈的选择,是不得已而为之。美国学者约翰·托兰评论说:"不是为了推动世界共产主义,而是为了保护自己免遭一个威胁要使用核武器的强大敌人的入侵,中国不情愿地进入朝鲜冲突。"[1]另一位美国学者斯通在《朝战内幕》一书中说:"美国人应该扪心自问,如果一个超级大国的军队从海上进攻一个同美国友好的墨西哥政府,袭击得克萨斯州的边境城市,其军队统帅还不断以战争威胁美国,美国人该有什么表示呢?"[2]至于说当时美国并不想进攻中国,中国面临的威胁是毛泽东对美国误解而产生的一种过敏反应,那更是一种天真的想法。虽然杜鲁门1950年7月19日在国会的演说曾明确表示,美国对中国没有领土野心,美国不会侵犯中国。问题是杜鲁门的承诺有多少可信度。人们不会忘记,1950年1月5日,杜鲁门曾发表声明,信誓旦旦地说,美国决不会干涉台湾,可是他后来出尔反尔。6月27日,杜鲁门就下令美国第七舰队进入台湾海峡。人们同样不会忘记,美国出兵干涉朝战后,杜鲁门曾两次通过印度总理尼赫鲁向中国传递信息,一次保证美军不越过三八线,一次表示美军在距鸭绿江40英里外就会

---

[1] 约翰·托兰:《漫长的战斗——美国人眼中的朝鲜战争》,中国社会科学出版社1990年版,第249页。
[2] 转引自《国际展望》,2000年第10期。

停止,不会再向前推进。可是后来杜鲁门都违背自己的诺言,又一再出尔反尔。英国议员斯帕尼尔指出:"中国在朝鲜的行动同历史上任何其他国家在相似的情况下的行动如出一辙,在这个问题上,我们应该承认中国人是有道理的。我们不应该由于在国际政治的优越地位,而表现出过分的自满和德高望重的样子。"[1]毛泽东等中国领导人决定出兵朝鲜,还有一个重要的考虑,就是履行无产阶级国际主义义务,弘扬国际正义。在中共中央政治局讨论中国要不要出兵时,不少同志考虑到出兵可能招致的严重危险,不主张出兵。对此,毛泽东说:"你们说的都有道理,但是别人处于国家危急时刻,我们站在旁边看,不论怎么说,心里也难过。"[2]周恩来也说:"为了保卫和平,中国人民决不能容忍外国侵略,决不能听任帝国主义者对自己的邻国肆行侵略而置之不理","朝鲜要胜利,必须得到国际的援助,尤其是在困难的时候,更需要国际的援助。我们应该发扬革命的道义。只有朝鲜胜利了,和平阵营才不会被打开一个缺口,如果朝鲜这个缺口被打开,则其他方面也要相继被打开。"[3]毛泽东认为,"如果让整个朝鲜被美国人占去了,朝鲜革命力量受到根本的失败,则美国侵略者将更为猖獗,于整个东方都是不利的"[4]。作为坚定的共产主义者,毛泽东认为,中国是社会主义阵营一员,应该负有国际责任。

中国人民志愿军参战后,朝鲜战场局势很快发生重大变化。从1950年11月至1951年6月,中朝军队取得5次重大战役的胜利,把美国侵略军赶回三八线以南。经过反复较量,战线稳定在三八线附近,形成僵持局面。从1951年7月起,交战双方开始停战谈判,双方边谈边打,打打谈谈,直到1953年7月才签署了停战协定。

朝鲜战争是冷战期间规模最大、参与国家最多、伤亡最惨重的一场战争,是东西方的一次大较量。战争从三八线开始,又在三八线附近结束,双方打了个平手。朝鲜战争打破了美国不可战胜的神话,是美国独立战争以来在对外战争中第一次没有获得胜利的战争。正如代表联合国军在停战书上签字的美国司令官克拉克将军在回忆录中所说:"我是美国历史上第一个在没有取得胜利的停战协定上签字的司令官。"[5]尽管美国动员了西方世界

---

[1] 转引自《国际展望》,2000年第10期。
[2] 1950年10月4日毛泽东在中共中央政治局扩大会议上的讲话。
[3] 《周恩来外交文选》,第29页。
[4] 《建国以来毛泽东文稿》第一册,第539页。
[5] 克拉克:《从多瑙河到鸭绿江》,英国哈拉普公司1954年版,第11页。

所能动员的一切力量,美国投入了三分之一陆军、二分之一海军和五分之一空军,动用了除原子弹以外的几乎所有战争手段,付出了巨大代价,但结果军事目标和政治目标都没有达到。朝鲜战争给美国当权者们一个沉痛教训就是不能低估中国在自己的主权和安全面临严重威胁时可能做出的反应。后来美国在台湾海峡和印度支那几次走到与中国进行战争的边缘而没有最终陷入战争,在很大程度上就是因为朝鲜战争使美国意识到与中国人民进行战争所要付出的沉重代价。抗美援朝解除了美国对中国极其严重的军事威胁,使中国在东西方的紧张对峙中赢得了宝贵的战略缓冲空间,巩固了新生政权,中国有了和平建设的条件。这场胜利打出了中国国威和军威,提高了新中国的国际地位,表明了中国的独立自主精神,增强了中国人民的民族自信心和自豪感,对殖民地人民争取民族独立的斗争起了巨大的鼓舞作用。

但朝鲜战争也使中国付出了惨痛的代价,一大批中华民族的优秀儿女牺牲在朝鲜战场,这是无可挽回的巨大损失;消耗了大量宝贵的战略物资,无疑给中国经济的恢复和发展带来了严重影响;朝鲜战争使中国错过了解放台湾、统一祖国的最佳时机,使美国对台湾问题从观望、脱身政策重新走向公开干涉,台湾问题被国际化了。美国军队进驻台湾极大地增加了中国解决台湾问题的难度。而在台湾的国民党政权这具政治僵尸则是最大的受益者,"朝鲜战争爆发,把已经患了癌症的国民党政权,从病榻上起死回生"[①]。朝鲜战争使中美关系进一步恶化,美国在朝鲜战场上的挫折"激起了美国对中共政权的深刻的恐惧和敌意,而这种恐惧和敌意成为此后美国对华安全上的占支配地位的模式,感情上的姿态和悬而未决的问题互相推波助澜,使中美之间的敌对关系僵硬化"[②]。美国加强了围堵和遏制中国的力度,企图把新生的社会主义政权扼杀掉。由于中美关系的恶化,中国与西方国家关系也深受影响,使中国恢复联合国合法席位问题长期得不到解决。

二、同美国遏制和孤立中国的政策进行坚决斗争

新中国成立前后,美国的对华政策,曾有一段短暂时间的观望和犹豫。随着毛泽东三大外交方针的确立,特别是中苏友好同盟互助条约的签订和

---

① 江南:《蒋经国传》,中国友谊出版公司1987年版,第249页。
② 邹谠:《美国在中国的失败》中文版,上海人民出版社1997年版,第508页。

第九章　从战略全局高度处理中美关系

朝鲜战争的爆发,美国出于冷战的需要,把中国共产党看作苏联共产主义扩张的"政治工具",把社会主义中国视为苏联的"卫星国",加紧推行遏制加孤立中国的政策,企图把新中国扼杀在摇篮里。

首先,政治上孤立中国,不仅自己不承认,不与中国建交,而且千方百计阻挠其他国家与中国建交。1958年9月,毛泽东在最高国务会议上讲话时指出:"现在还有49个国家不承认我们,主要的原因就在美国。比如法国,想承认,但是因为美国反对就不敢。其他还有一些中南美洲、亚洲、非洲、欧洲的国家,以及加拿大,都是因为美国而不敢承认。资本主义国家现在承认我们的,合起来只有19个。"[①]除了不承认中国外,美国孤立中国的另一个手法就是阻挠恢复中国在联合国的合法席位,而且手法不断翻新。20世纪50年代是"暂缓讨论",即不讨论恢复中国席位的问题;60年代是"重要问题",即恢复中国席位问题,是所谓需要联合国成员三分之二多数才能通过的重要问题;70年代初又抛出"双重代表权",即恢复中国在联合国的席位,但不驱逐台湾国民党政权在联合国的代表,企图以"两个中国"、"一中一台"继续阻挠恢复中国在联合国的合法席位,致使中国被排除在联合国之外长达22年之久。

其次,军事上侵略加包围,侵略朝鲜、侵略台湾、侵略越南,矛头都对准中国。宣称中国是"亚洲共产主义威胁的中心",是"比苏联更富侵略性的国家",因此,不遗余力地加以围堵和遏制,要组成一个"半月形的反华包围圈"。从1951—1955年,美国通过《美日安保条约》、《美韩条约》、《美菲条约》、《美澳新条约》、《东南亚集体防务条约》和《"美台"共同防御条约》,完成了针对中国的军事体系部署。1954年12月2日签订的《"美台"共同防御条约》规定,美国维持并发展在台湾的武装力量,一旦"缔约国领土"遭到武装攻击,双方采取共同行动,阻挠中国统一。

再次,经济上实行封锁和禁运。美国不仅带头对中国实行禁运,禁止美国公司与中国贸易,禁止美国商船运送中国物资和在中国港口停靠,而且于1951年2月1日,操纵联合国通过对中国实行禁运的决议,并通过马特尔法阻挠其他西方国家和中国做生意。同时还和台湾当局一起封锁台湾海峡,拦截中外商船,企图把中国困死、饿死。

美国这一系列针对中国的侵略行径,使中国的国家利益和民族尊严受

[①] 《毛泽东外交文选》,第346页。

到严重的威胁和挑战。中国政府和人民同美国的侵略行为进行了坚决的斗争。毛泽东把美国作为中国的头号敌人,指出中国决不会屈服于美国压力。毛泽东经常把美国比作外强中干的纸老虎,没什么了不起。但他十分清楚,单凭中国的力量是无法同美国进行决定性斗争的,最主要的是要发动全世界爱好和平的力量共同行动,尽可能团结国际上受到美国侵略的国家,组成国际反美统一战线。明确提出,"美帝国主义是全世界人民最凶恶的敌人",全面揭露美国在亚洲、非洲、欧洲和拉丁美洲的侵略政策和战争政策,强调中国应以主要力量支援世界各国人民的反美斗争。

美蒋共同防御条约签订后,周恩来发表声明,坚决反对这个条约,指出它是"一个露骨的侵略条约",美国"企图利用这个条约使它武装侵占中国领土台湾的行为合法化,并以台湾为基地扩大对中国的侵略和准备新的战争",并重申中国一定要解放台湾。1955年1月18日,中国人民解放军解放了一江山岛,打击了美蒋在台湾海峡地区进行战争叫嚣的气焰。1958年8月,毛泽东利用美国出兵黎巴嫩,英国出兵约旦,中东形势骤然紧张,成了世界关注焦点之机,命令中国人民解放军炮轰金门、马祖。事件发生后,美国立即从地中海和其他海域调集大批军舰加强第七舰队兵力,在台湾海峡集中了7艘航空母舰、3艘重巡洋舰、40多艘驱逐舰,以及上百艘其他舰艇,外加一大批空中力量。杜勒斯声称,中国的行动"构成对这个地区和平的威胁",美国国防部下令部队采取"预防性措施",艾森豪威尔总统声言美国将承担它在台湾的"责任"。气势汹汹,大有与中国决一雌雄之势,甚至放出空气,为了保卫台、澎、金、马,美国将不惜使用原子武器在内的一切手段。毛泽东把军事斗争与外交斗争巧妙结合,充分利用美蒋矛盾,并根据美国策略的变化调整自己的策略,迫使美国坐下来与中国谈判,打破了美国"划峡而治",制造"两个中国"的企图,掌握了主动权。

在20世纪60年代美国侵越战争中,中国全力支持越南,不仅提供各种武器、物资,而且派出30多万防空部队和工程兵部队,与美国间接交战,在越南军民浴血奋战和中国及其他国家的支援下,美国遭到了惨重的失败。

三、马拉松式的中美大使级会谈

朝鲜战争结束后,中国积极寻求与美国直接接触,促使美国撤回驻台美军,恢复远东太平洋地区的和平与稳定,解决两国侨民回国等问题。在1954

年 6—7 月,解决朝鲜问题和印度支那问题的日内瓦国际会议期间,中美双方代表进行了几次接触,但由于美国敌视中国的态度,会谈没有达成任何协议。

1955 年 4 月 23 日,万隆会议期间,周恩来发表声明,表示中国人民同美国人民是友好的,中国人民不要同美国打仗,中国政府愿意同美国政府坐下来谈判,讨论和缓和远东紧张局势问题,特别是缓和台湾地区的紧张局势问题。在中国的积极主动和英国、印度等国的斡旋推动下,1955 年 8 月 1 日,中美大使级谈判在日内瓦(1958 年改在华沙)举行。会谈的主要议题是台湾问题,即台湾地区的紧张局势问题。中国要求美国从台湾撤走其武装力量,以和平共处五项原则来处理两国间的关系问题。美国则要求中国放弃武力解放台湾。双方立场根本对立,僵持不下。会谈断断续续,前后拖了 15 年时间,进行了 136 轮谈判,但除了 1955 年 9 月 10 日双方达成一个两国大使的协议声明,解决双方平民回国问题外,没有取得任何实质性的进展。西方记者讽刺中美会谈是"聋子的对话",但这一世界外交史上罕见的"马拉松谈判"使中美两国在没有外交关系的特殊情况下保持了一条官方联系渠道。中美举行外交谈判这一事实本身,表明美国无论多么敌视新中国,但也无法否认她存在的现实,只有同她进行谈判,才能解决中美两国间悬而未决的问题。

第三节　中美关系的新篇章
　　　　(20 世纪 70—80 年代)

20 世纪 60 年代末,随着国际局势的变化,美国政府认识到与中国为敌不符合美国的战略利益,中国也感到需要改变腹背受敌的安全战略环境,共同的战略利益促使中美关系缓和,两国关系逐步实现正常化。建交后,两国关系得到全面发展。当然由于两国文化和意识形态方面的巨大差异,以及双方在台湾问题上的矛盾,两国关系的基础是脆弱的。

一、抓住机遇,打破中美关系坚冰

由于美苏争霸态势的变化和中苏关系的严重恶化,到 20 世纪 60 年代末期,在相互敌对了20年之后,中美双方都感到必须调整自己的政策以改善相互关系,从而促使中美关系的解冻。

促使美国改变对华政策的主要原因有:第一,改善中美关系,可以借助中国,抗衡苏联,加强美国在美苏争霸中的地位。勃列日涅夫上台后,利用美国深陷越南战争泥潭之机,大力加强苏联的实力,特别是全力发展战略核武器,使双方的战略核力量由1962年古巴导弹危机时美国的绝对优势到60年代末双方的大致均衡,美苏争霸态势由美攻苏守转为苏攻美守,苏联成为美国"非常强大、有力和咄咄逼人的竞争者"。为了改变自己的不利地位,美国想通过改善与中国的关系来增加美国对付苏联的资本。1969年3月,尼克松访问法国时曾向戴高乐阐述改善美中关系对美苏争夺的意义:"将来美国在同苏联对话时,也可能需要在中国问题上为自己找一个可以依靠的有利地位。"基辛格更明确地指出:"美国对中国采取主动行动的最大好处,也许就是对苏联的影响,美国要用自己的对华政策向莫斯科显示:同我们达成协议对它们是有利的,他们必须考虑美国同中华人民共和国合作的可能性。"①利用中苏矛盾,借重中国力量,共同对付苏联,这是美国改善中美关系最主要的考虑。

第二,美国推行的敌视中国的政策走进了死胡同,必须改变。长期以来,美国在政治上遏制和孤立中国,军事上侵略、包围中国,经济上封锁中国,多管齐下,企图搞垮中国,扼杀中国的社会主义政权,但结果与美国的愿望相反,中国不仅没有崩溃,而且在国际上的地位越来越高。尼克松承认,世界已不仅仅是美苏两极,而是出现了美、苏、日、西欧和中国五大力量中心。西方记者更认为世界已形成了美苏中战略三角,中国不可能继续被排斥在国际事务之外。说明美国遏制和孤立中国政策已遭到可耻的失败,必须寻求新的对华政策。

第三,改善中美关系是美国调整亚洲战略的需要。20世纪60年代,美国大举入侵越南,先是"特种战争",后升级为"局部战争",并把侵略魔爪扩大到整个印度支那。中国对越南人民抗美救国战争给予无私的援助,甚至不惜作出最大的民族牺牲,结果使美国遭到了彻底失败。尼克松上台后,调整了美国的战略,提出从亚洲收缩,从越南脱身,要"体面结束越南战争"。美国改善美中关系,就是推行这一政策的需要,基辛格毫不隐讳地说,"向中

---

① 曲星:《中国外交五十年》,第377—378页。

国开门可能帮助我们结束那场战争的苦难"。

从中国方面看,珍宝岛事件后,中苏关系恶化到严重地步,苏联在中苏边境陈兵百万,对中国形成严重的军事威胁。苏联把中国当作主要敌人,而美国战略重点在欧洲,把中国看作潜在的威胁,而不是现实的威胁。为了改变60年代以来两面出击、腹背受敌的不利处境,毛泽东认为可以联合美国这个敌人来反对苏联这个更危险的敌人。而且毛泽东希望通过中美关系的改善来促进台湾问题的逐步解决。因此对尼克松缓和中美关系的举措给予积极回应,把国家利益放在比意识形态更高的地位。

1971年7月9—11日,基辛格秘密访华。7月15日,中美双方发表了尼克松准备访问中国的《公告》,引起了整个世界的轰动。尼克松说,宣读这个《公告》,只用了3分钟,"但它却成为本世纪最出人意料的外交新闻之一"。基辛格称《公告》的发表"在一夜之间改变了国际政治结构"。基辛格访华旋风大大提高了中国的国际地位,在国际上掀起了一股与中国建交的热潮。

1972年2月21—28日,尼克松对中国进行了他称之为"改变世界的一周"的访问。尼克松在与周恩来握手时说:"这是中美两国领导人越过一个大洋、越过相互敌对的20多年的握手,这表明中美关系从此将揭开新的一页。"①尼克松与毛泽东、周恩来进行了会谈。28日,中美发表了《上海公报》。美国承认,只有一个中国,台湾是中国的一部分。从而确立了中美关系的一个基本原则。公报还陈述了两国共同反霸的原则。

尼克松访华和上海公报的发表,是中美关系的重大突破,也是中国外交的重大胜利,使中国摆脱了被封锁和孤立的处境,打开了中国外交的新局面。

二、坚持建交三原则,实现中美关系正常化

上海公报发表后,双方往来增多,贸易迅速发展,文化交流活跃。1973年2月,基辛格再次访华,毛泽东在会见基辛格时向他阐述了"一条线"战略。双方都认为有必要加速中美关系正常化的进程,并决定为此目的各自在对方首都设立"联络处"。

---

① 《人民日报》,1972年2月22日。

然而不久，两国关系陷入停滞状态。首先是由于中美两国国内政局动荡，尼克松被"水门事件"搞得焦头烂额，无暇顾及中美关系正常化问题。中国由于"四人帮"倒行逆施，"批林批孔批周公"、"反击右倾翻案风"、"批判崇洋媚外、投降卖国"，不仅使国内政治动荡加剧，而且经济走到崩溃的边缘；其次是由于美国政府把美苏关系置于美中关系之上，担心中美关系迅速发展会刺激苏联，影响美苏缓和，因而对美中关系正常化缺乏热情；再次是由于美国国内亲台势力的反对，美国政府在台湾问题上下不了决心，不肯接受中国提出的"撤军、断交、废约"的中美建交三原则：即撤走美国在台湾的全部武装力量，断绝与台湾的"外交关系"，废除"美台"共同防御条约。

直到1978年，美国对改善中美关系才持认真积极的态度，这主要是由于美国同苏联进行的核裁军谈判未获结果，苏联利用缓和战略加紧在亚洲和非洲大肆扩张，表现出咄咄逼人的态势，这引起西欧盟国的不安，要求美国强化对苏政策，而与中国建交将有利于加强美国与苏联争夺的战略地位。同时，结束"文化大革命"后，中国把工作重点转移到社会主义现代化建设上来，并分别同日本、法国签订了200亿美元和700亿法郎的长期贸易协定，美国大财团担心中国这个庞大市场完全被日本、西欧抢走，联合上书卡特总统，要他下决心实现中美关系正常化。为了加强同苏联争夺的战略地位和迫于国内推进中美关系的压力，卡特派遣其安全事务助理布热津斯基访华，要他向中国领导人表示：美国决心已下。同年5月，布热津斯基访华时向邓小平表示，美国接受中国的建交三原则。他表达了美国对中美关系的三个根本信念：（1）美国和中华人民共和国的友谊对世界和平极为重要和有益；（2）一个安全和强大的中国对美国有利；（3）一个强大、自信和参与全球事务的美国对中国有利。他强调，美中关系是建立在双方长期的共同的战略基础上的，而不是什么战术上的权宜之计。7月，两国在北京举行高度机密的建交谈判。12月15日，双方签署《建交公报》。美国承认中华人民共和国是中国唯一合法政府，并重申《上海公报》的各项原则。美国完全接受中国建交三原则，中美建交后，美国只"同台湾保持文化、商务和其他非官方关系"。1979年1月1日，两国正式建立外交关系。

中美建交是两国关系具有历史意义的重大转折，两国关系从此进入新阶段。两国关系正常化为两国进一步发展政治、经济、文化、科技等领域的交流和合作，开辟了新的广阔前景。同时，中美建交有利于世界的和平与稳定，有利于中国同其他国家关系的发展。但由于双方在美国售台武器问题上没有达成协议,美国也没有放弃干涉中国内政的图谋,这也为中美关系的健康发展埋下了隐患。

三、围绕台湾问题的较量

中美建交后,美国亲台势力大肆活动,掀起一股逆流,竭力破坏中美关系。1979年3月26日,国会两院通过了《与台湾关系法》,4月10日,卡特签署了该法。《与台湾关系法》宣称:"以非和平方式,包括抵制或禁运来决定台湾前途的任何努力,是对太平洋地区的和平与安全的威胁,并为美国严重关切之事","美国将向台湾提供保持足够自卫能力所需数量的防御武器和防御服务","凡当美国法律提及或涉及外国或其他民族、国家、政府或类似实体时,上述各词含义中应当包括台湾"。一位美国议员毫不隐讳地说,《与台湾关系法》的目的,就是要"保证美国同台湾的关系在实质上没有发生变化的情况下继续保持下去"。

鉴于《与台湾关系法》严重违反中美《建交公报》,粗暴干涉中国内政,因此该法在美国国会讨论和生效后,中国政府都表示了坚决反对的立场。1979年3月3日,中国驻美大使柴泽民奉命向美国务卿万斯转达中国政府的口信说:"美台"关系的安排应根据两国建交时双方同意的原则来处理,不允许单方面违反或破坏这些原则,中国决不允许任何人干涉中国内政,坚决反对使"美台"关系带有某种官方性质以及变相保持《"美台"共同防御条约》的立法。4月19日,邓小平在会见美国参院外委会访华团时严正指出:中美两国关系正常化的基础就是只有一个中国,《与台湾关系法》最本质问题就是不承认只有一个中国,它损害了中美关系的基础。4月28日,中国政府向美国政府提出抗议照会,指出《与台湾关系法》实质是把台湾视为"国家",这是严重违反建交协议和干涉中国内政的行动,只会给中美关系造成损害。中国政府反对"两个中国"和"一中一台"的立场是坚定不移的。

里根就任美国总统后,加紧向台湾出售武器,不仅在数量上,而且在质量上都大大超过卡特时期的水平。于是中美就售台武器问题展开一场斗争。1981年6月,美国务卿黑格访华,黄华外长在会谈时强调,售台武器已达到非解决不可的时候,如美不采取行动,中方将作出强烈反应,两国关系可能倒退,这将给战略全局带来严重后果。10月,中国总理在出席坎昆会议时与美总统就售台武器问题进行言辞激烈的谈话。会后中国外长与美国务卿又在华盛顿进行了针锋相对的会谈。黄华正式向美国提出三点要求：(1)美国要答应对台武器出售不超过卡特行政当局时的水平；(2)美国答应逐步减少对台武器出售；(3)设定最终结束武器出售的时间表。否则，中国将降低在华盛顿的外交规格，将它降至联络处级，或撤回大使馆①。鉴于美方的恶劣立场，中方作好了让中美关系降格的准备。里根意识到问题的严重性，1982年4月，里根给中国领导人写信，表示愿就售台武器问题与中方谈判。经过双方十多回合的艰苦谈判，两国于8月17日签署了《八·一七公报》。美国再次重申《建交公报》的原则，表示美国无意干涉中国内政，也无意执行"两个中国"或"一中一台"的政策。并承诺美国"不寻求执行一项长期向台湾出售武器的政策，它向台湾出售的武器在性能和数量上将不超过美中建交后近几年供应的水平，它准备逐步减少它对台湾武器的出售，并经过一段时间导致最后的解决"，并声明"美国承认中国关于解决这一问题的一贯立场"②。

《八·一七公报》使紧张的中美关系得到缓解，这为中美关系发展和中国调整外交战略创造了有利的条件，对20世纪80年代中美关系的全面发展起了积极作用。

《上海公报》确立了"只有一个中国，台湾是中国的一部分"的原则；《建交公报》确立了"中华人民共和国政府是代表全中国的唯一合法政府"的原则；《八·一七公报》确立了"美国售台武器将逐步减少并最后终止"的原则。这些原则成了中美关系发展的基础，遵守这些原则，中美关系就向前发展，违背这些原则，中美关系就停滞，甚至倒退。

四、中美关系的全面发展

建交后不久，1979年1月28日—2月5日，邓小平副总理访问了美国，这是中国领导人第一次访美，受到美国政府和人民的欢迎，形成了中美关系的高潮。此后两三年由于台湾问题出现波折，《八·一七公报》后两国关系得到全面发展。

政治上，两国高层领导人频繁互访。1984年1月中国总理赵紫阳访

---

① 郝雨凡：《美国对华政策内幕1949—1998》，台海出版社1998年版，第448页。
② 《人民日报》，1982年8月18日。

第九章 从战略全局高度处理中美关系

美,4月,美国总统里根访华。1985年7—8月,国家主席李先念访问美国。10月,美国副总统布什访华。1989年2月,布什总统就职后不久就对中国进行工作访问。5月,人大常委会委员长万里访问美国。中国外交部长和美国国务卿多次互访,其他高级官员互访也十分频繁。

经济上,双边合作交流,成果显著。建交后,双方解决了历史遗留的资产问题,相互签订了解决资产要求的协定和贸易协定。1980年1月,美国会通过了给予中国最惠国待遇的议案,相互给予最惠国待遇,为两国贸易的发展创造了条件,两国贸易额大幅增长。双方贸易额从1979年的24.5亿美元增至1988年的144.1亿美元。在经济技术合作方面,美国放宽了对中国技术转让的限制。1983年6月,美国宣布将中国从出口管制分类的P组变为V组(即美国非结盟的友好国家)。并公布了7类电子产品为向中方出口的绿区,1985年将这一绿区扩大为27类。美国向中国出口许可证项目逐步增加。中美两国还签署了核能合作协定,这是美国与社会主义国家签订的唯一的核能合作协定。1988年12月,中美两国签署了关于卫星发射责任的协议备忘录和关于卫星技术安全的协议备忘录,中国在6年内可为国际用户发射9颗美国卫星,这为中国商业卫星发射服务开辟了国际市场。北京正负电子对撞机在总体设计和组装过程中,得到美国科学家的大力协助。

教育、文化交流活跃。从1978—1991年,中国赴美留学人数达7万多人(其中公费4万余人),中国成了向美派出留学人员最多的国家之一。从1979—1988年美国来华留学的有7 000多人,双方互访的教育代表团有34个。1988年11月,中国国家教育发展和政策研究中心与美国卡内基教育促进基金会签署协议,确定双方在高等教育的发展、改革和制定政策方面进行全面研究合作。中美文化交流十分广泛,形成了多渠道、多层次的交流局面。仅1987—1988年,各种交流项目就多达100余起。1988年互访团组200起。20世纪80年代,两国结成友好省州关系25对,友好城市45对。

军事上,双方进行了一些交往和合作。1980年5月,耿飚副总理兼国防部长访美。1983年9月,美国防部长温伯格访华,中美军事合作开始启动。1984年6月,张爱萍国防部长访美。8月,美海军部长莱曼访华。

实际上,这一阶段中美关系并非完全正常,因为整个关系基本上是维系在共同抗苏这一战略支撑点上,只是一种相互利用的关系,缺乏牢固的基础,所以一旦苏联瓦解,整个中美关系立即跌入低谷。

第四节 跌宕起伏的中美关系
（20世纪90年代）

冷战结束后，中美关系跌宕起伏，很不稳定。美国利用"六四"事件，宣布对中国进行制裁，企图以压促变，中美关系跌入低谷。由于中国经济保持稳定高速发展，国力迅速增强，美国被迫采取对华"全面接触政策"。后因李登辉访美又使中美关系严重受挫。1997年，中美确立了"建设性战略伙伴关系"的目标，并实现元首互访。1999年美国轰炸中国驻南使馆和"考克斯报告"又使中美关系遭到严重伤害。该年底，双方达成中国加入世贸组织的双边协议，美国国会通过对中国的永久正常贸易关系决议（PNTR）。曲折多变是这一阶段两国关系的突出特点。

一、冲破美国对中国的制裁

在1989年北京政治风波中，美国竭力煽动，推波助澜，卷入很深。风波平息后，美国政府带头在西方掀起反华浪潮，宣布对中国进行制裁，把中美关系推向低谷。美国政府采取了一系列制裁措施。1989年6月5日，美国宣布暂停中美两国政府对政府的一切武器销售和商业性出口；暂停中美两国军事领导人之间的互访。6月20日，又宣布暂停两国一切政府高级官员的互访，并力求推迟国际金融机构对中国提供新的贷款。美国国会在《1990—1991年财政年度外交关系授权法案》中包括多项制裁中国的内容。同时，美国还于1989年7月15日推动西方七国首脑会议发表政治宣言，对中国横加指责。美国认为，由于苏东剧变，对美国的威胁不复存在，中国的战略作用已经消失，美国不需要再像冷战时期那样，为了对抗苏联而"迁就"中国，而是要对中国施加强大压力，促使中国崩溃，以实现资本主义的"全面胜利"。于是在人权、售台武器、最惠国待遇、知识产权等问题上，对中国频频施压，挑起事端，以图达到以压促乱，以压促变，使中国面临严峻挑战。

面对美国来势凶猛的反华逆流，中国政府保持沉着冷静，坚持走社会主

第九章　从战略全局高度处理中美关系

义道路不动摇,坚持三步走的发展战略不动摇,坚持改革开放不动摇,保持中国社会稳定和经济发展。邓小平强调,只要我们不乱,谁也乱不了我们,"现在国际舆论压我们,我们泰然处之,不受它们挑动。但是,我们要好好地把自己的事情搞好","中国能不能顶住霸权主义、强权政治的压力,坚持我们社会主义制度,关键就看能不能争取较快的增长速度,实现我们的发展战略"①。对美国违背双方达成的协议,中国政府提出抗议。

另一方面,邓小平指出,尽管西方七国制裁我们,我们坚持一个方针,同美国继续打交道,搞好关系。邓小平在1989年7月和12月两次会见美国总统特使、国家安全事务助理斯考克罗夫特时指出:中美之间应该"结束这几个月的过去,开辟未来","中美两国尽管有些纠葛,有这样那样的问题和分歧,但归根结底,中美关系是要好起来才行","恢复中美关系要双方努力,不要拖久了,拖久了对双方都不利"。同时强调,"结束过去,美国应该采取主动,也只能由美国采取主动"②。江泽民在会见美国客人时提出了发展中美关系的十六字方针:"增加信任,减少麻烦,发展合作,不搞对抗。"同时,派出大型采购团到美国大量购买美国商品,以经济手段打破美国国会取消对华最惠国待遇的图谋,使经贸关系成为促进中美关系改善和发展的新的战略基础。在海湾战争中,中国坚持正义立场,对伊拉克入侵科威特的霸权主义行径,中国坚决反对,要求伊拉克立即无条件撤出科威特,恢复科威特的主权独立。对联合国安理会谴责伊侵略,要求伊立即撤出科威特的11项决议案,中国投了赞成票。对678号决议,即授权美国为首的多国部队"可以采用一切手段"迫使伊拉克撤军,中国没有投否决票,而是投了弃权票,从而使该决议得以通过。在处理海湾危机过程中,中美外长举行了正式会谈并互访。1990年11月,中国外长钱其琛正式访问了美国。1991年11月,美国国务卿贝克正式访问了中国。1992年12月,美国政府正式宣布解除"不与中国进行高层接触"的禁令。1993年江泽民主席与克林顿总统在西雅图进行了正式会晤。克林顿宣布对中国实行"全面接触政策"。美国国会也一再延长给中国的最惠国待遇。中国不仅没有崩溃,而是经济高速发展,政治保持稳定,国际地位日益提高。美国对中国实行制裁、以压促变的图谋宣告失败。

---

① 《邓小平文选》第3卷,第311、356页。
② 同上书,第331—332、350—351页。

二、致力于建立建设性战略伙伴关系

冷战结束后,美国对中国的制裁并没有达到搞垮和演变中国的目的,中国的崛起已成不可阻挡的事实。面对这一情况,美国国内展开了一场对华战略的大辩论。辩论的中心问题主要有两个:一是中国是美国的朋友还是敌人?二是美国应采取什么样的对华政策?

关于第一个问题,一种意见认为,一个经济上迅速崛起而政治上又不确定的中国,是美国的潜在敌手,是东亚安全的主要威胁。一个强大的、与美国在价值观念上相左的中国,必然是美国潜在的巨大的敌人。另一种意见认为,中国对美国而言,既非敌人,也非朋友,既可能是敌人,也可能是朋友。中国主要精力集中于现代化,需要和平稳定的国际环境,在可预见的将来,中国根本不具备挑战美国的能力,中国成为军事大国和对美国的军事威胁并不存在必然的联系。美国前助理国防部长、著名国际问题专家约瑟夫·奈指出:"如果你把中国看成敌人,那么它就会成为敌人。"美国应从自身利益和全球战略出发,制定切实可行的、可与崛起的中国打交道的战略。

关于第二个问题,"遏制论"从"中国威胁论"的冷战思维定式出发,主张像冷战时期遏制苏联那样来遏制中国,加强与亚太地区战略伙伴之间的关系,巩固和加强美国在亚太的军事存在,建立针对中国的隐形遏制圈,促使中国内部演变,利用美国在各方面优势,在人权、中国加入世贸组织、台湾、军售、核不扩散和亚太安全等问题上施加压力,遏制中国发展,影响中国的发展方向[①]。"接触论"认为,过分夸大中国的威胁并在实践中遏制中国,只会使中国向敌对国家演变,遏制中国必然会损害美国的利益,将是一个严重的政策失误。美国应采取把重点放在建立互利关系基础上的对华战略。主张采取接触政策,扩大与中国在各层次和各领域的交往,通过对话和交往,改善关系,增进相互了解,与中国发展建设性的双边关系,把中国纳入国际合作中,使她成为一个负责任的、遵守国际规则的、行动意图明确容易判断的大国[②]。同时在接触过程中保持警惕和采取必要的防范措施,以对付中

---

① 《太平洋学报》,1997年第4期。
② 《1997年国际形势年鉴》,上海教育出版社1997年版,第85页。

国可能造成的威胁和挑战。即通过接触争取合作、解决分歧,通过交往实现美国的战略利益,促使中国按照美国的愿望演变,达到"遏制"所不能达到的目的。在必要时采取强硬手段维护美国利益,但不能采取孤立中国或寻求对抗的政策①。

通过辩论,"接触论"的观点得到更多的赞同和认可。克林顿基本上接受了"接触论"的主张,并以此作为对华政策的基础,同时也吸收了"遏制论"的某些观点。以"接触"为主,边接触,边遏制,两种手段交替使用,因此,美国对华战略具有两面性。

1995年发生了美国允许台湾当局领导人李登辉访美的严重事件。对此,中国政府作出强烈反应,宣布停止中美之间高级官员的访问和接触;推迟了导弹控制技术制度和核能合作问题的专家磋商;无限期召回中国驻美大使;为了打击李登辉搞"两个中国"的图谋,1996年中国人民解放军在台湾海峡进行了大规模军事演习,美国派出两艘航空母舰到台湾海峡"观察",向中国炫耀武力,造成了自1958年"8·23炮击"以来台湾海峡最紧张的局势,引起了全世界的关注。这使美国认识到台湾问题的敏感性和严重性,对中国维护国家主权和利益的能力和决心有了清醒的认识,认识到对中国采取对抗政策对美国的恶果。克林顿等美国领导人多次重申美国将遵守中美之间3个联合公报,表示美国不支持台湾独立,不支持台湾加入联合国,不支持"两个中国"、"一中一台"政策。1996年5月,克林顿总统和克里斯托弗国务卿公开发表政策声明,强调美中关系是美国最主要的双边关系之一,表示要加强对华"建设性接触"。同年11月,中美首脑在亚太经合组织领导人非正式会晤期间,克林顿向江泽民表示了与中国建立"合作伙伴关系"的意向②。不久,这一提法又改为"战略伙伴关系"。中国政府一贯从长远的利益出发,站在战略高度看待中美关系,希望在和平共处五项原则基础上发展与美国的友好合作关系,把良好的中美关系视为中国实现各项对外政策目标的关键。因为中美关系不仅对中国现代化建设利害重大,而且美国是影响台湾问题解决的最主要外来因素,也直接关系中国的国际地位。江泽民早在1993年第一次同克林顿会晤时就强调,"中美两个大国是在世界上有影响的国家,在许多问题上有共同利益","中美两国领导人应为世界人民

---

① 〔美〕《外交事务》,1991—1992年冬季号。
② 《人民日报》,1996年11月25日。

做点事情,把一个安全的、和平的、稳定的、有利于经济发展的世界带到21世纪"①。1994年第二次会晤克林顿时又强调双方应"着眼于世界大局和21世纪,以长远的和广泛的观点审视中美关系"②。对美方提出建立"战略伙伴关系"的设想,中国做出了积极的回应,并建议在"战略伙伴关系"前冠以"建设性"的提法。1996年11月,两国首脑在马尼拉会晤时,达成了两国元首1997—1998年进行正式国事互访的协议。

1997年10月26日至11月3日,江泽民主席应邀对美国进行正式国事访问。访美期间,江泽民提出:"应该牢牢把握中美关系大局,妥善解决分歧,不断朝着增进了解、扩大共识、发展合作、共创未来的目标前进。"③两国发表《中美联合声明》,决定致力于建立建设性战略伙伴关系,并具体规划了两国进行合作的9个领域,为发展中美关系指明了方向。1998年6月25日至7月3日,克林顿对中国进行国事访问。双方决定,互不将各自的战略核武器瞄准对方,并就一系列问题发表了3个联合声明,签署了总额达30亿美元的经贸合作项目以及和平利用核能技术协定。克林顿再次重申对台"三不"政策,使中美之间的"建设性战略伙伴关系"向前推进了一步。

由于苏联解体,中美之间原有的战略合作基础不复存在,两国在社会制度、意识形态、价值观念等方面存在重大差异,但在新的历史条件下,两国存在广泛的共同利益。

从全球层面看,两国具有重大的共同利益,都希望世界和地区的和平与稳定,促进全球经济增长。防止大规模杀伤性武器的扩散是冷战后美国全球战略的焦点,而没有中国的积极参与,这一战略目标就难以实现。在中美两国共同推动下,1995年促使《不扩散核武器条约》无限期延长,维护了核不扩散在国际社会的准则作用。双方都批准了《生化武器公约》,并就加强导弹技术出口管制达成一致,在反对印巴核试验上进行战略合作,对于防止南亚次大陆核军备竞赛的升级和失控具有重大意义。在同国际恐怖主义斗争中,两国进行卓有成效的合作。在打击贩毒、保护环境等问题上存在共同利益。

---

① 《人民日报》,1993年11月21日。
② 新华社雅加达1994年11月14日电。
③ 《江泽民论有中国特色的社会主义》,中央文献出版社2002年版,第565页。

第九章　从战略全局高度处理中美关系

从地区层面看,中美双方都希望维护朝鲜半岛形势的稳定,都赞成以和平方式实现朝鲜半岛的统一,都不希望南北朝鲜拥有核武器,不愿看到这一地区出现核军备竞赛。中国在促成1994年美朝达成朝鲜核问题框架协议中发挥了十分积极的作用。中美作为四方会谈的成员国为促进朝鲜半岛形势的缓和进行了卓有成效的合作,使朝鲜半岛这块冷战的坚冰逐步融化。只有中美进行密切合作,才能在朝鲜半岛确立长期和平。中美两国还就面临的急迫的地缘政治问题进行战略对话。中美两国作为联合国安理会常任理事国,在联合国和平解决柬埔寨问题上发挥了重要作用。中美两国在维持南中国海的海上通道畅通,确保进口能源安全上拥有共同利益。在亚洲金融危机中,中国执行人民币不贬值的政策,并向遭受严重打击的东南亚国家提供了经济援助,受到国际社会的高度评价。美国政府赞赏中国的做法"是非常积极和极具建设性的"[1]。中美两国还在亚太经合组织框架内共同推进地区经济一体化。基辛格指出:"美中关系是亚洲稳定的关键。"[2]

从双边层面上看,中国是最大的发展中国家,美国是最大的发达国家,两国在加强经贸、法律、环保、能源、科技、教育、文化、军事等方面的交流合作有很大的发展潜力。经贸合作是冷战后中美关系发展最快、最具活力的领域,两国经济存在很强的互补性。美国拥有雄厚的资金和先进的技术,中国拥有巨大的市场和丰富的人力资源。冷战后,中美两国都把发展经济作为首要战略目标。美国把中国列为重点开拓的十大新兴市场的首位。两国贸易飞速发展,贸易额从1979年的24.5亿美元、1988年的100.1亿美元、1995年的408.3亿美元,上升到2001年的804.9亿美元(中方统计)。美国已成为中国最大的出口市场,中国第二大贸易伙伴,对华贸易为美国提供了几十万个就业岗位,价廉物美的中国商品为美国消费者节省了上百亿美元开支。至2001年,美国在华投资企业达33 917家,实际投资金额345.74亿美元,居各国对华投资之首。中国大量外汇储备存放在美国国库和银行,有力地支援着美国的经济发展。2000年,美国国会批准给中国永久正常贸易关系地位。中美经贸方面的共同利益和相互合作已成为两国关系发展的稳定因素和强大的推动力。

---

[1]　美国《商业时报》,1998年2月2日。
[2]　1997年6月11日基辛格接受美国哥伦比亚广播公司记者采访时的讲话。

第五节　发展中美建设性合作关系
　　　　　（21世纪初期）

　　小布什上台之初,曾将中美关系定位为"战略竞争关系"。"9·11"事件后,由于美国战略重心发生变化,中国经济持续快速发展并坚持和平发展道路,中国国际地位不断提高,双方找到了相对务实的关系模式,即中美两国是"建设性合作关系",并稳步得到发展。由于经贸利益的捆绑、安全利益的加深、战略利益的凸显,两国存在很深的结构性合作利益,同时由于社会制度和意识形态的分歧、文明的差异、崛起的大国与霸权国的"天然对立"以及台湾问题,双方的结构性矛盾之多非其他大国双边关系可比。又由于中美两国都是世界上有重大影响的大国,两国关系"已远远超出双边范畴,越来越具有全球意义"①。因此,中美关系是当今世界最重要而又最复杂的双边关系。复杂性是这一时期两国关系的突出特点。

　　在政治外交领域,两国进行频繁的首脑会晤、高层对话、工作磋商。对话、交流、合作走向机制化。美国对华战略日益注重中国的经济体制、金融体制、司法体制、政治体制、社会体制等深层次问题。中国对美外交也注重从政府到国会,从联邦到地方,从官员到学者和普通群众。2004年APEC领导人非正式会晤期间,胡锦涛主席与布什总统达成共识,双方定期举行超越双边一般功能性议题的战略对话(过去美国只同盟国进行此种类型的战略对话)。2005年8月开始举行战略对话,从而形成定期战略对话机制,2006年起又开启了中美战略经济对话。议题包括中美关注的重大战略问题、中国投资改革、宏观经济政策、地区安全、反恐、台湾问题、联合国改革等问题。战略对话机制可以有效增信释疑、使双方更好地进行相互战略评估,避免因误判产生危机,它不同于一般对话,主要是解决战略互信问题,双方互相交底,以防止可能发生冲突或找到协调矛盾的办法。它最好的结果是促成双方的合作,最低限度也能使双方了解对方的战略意图。定期战略对话

---

① 2005年和2006年胡锦涛和布什两次会晤时,两国元首都强调这一点。《人民日报》(海外版),2005年11月21日和2006年4月21日。

机制的确立,意味着美国把与中国相关的重大问题提升到新的战略高度来认识和处理,在不放弃牵制和防范中国的同时寻求与中国合作,通过沟通、协调、融合方式实现未来中国不挑战美国主导地位这一根本目标。中美建立了首脑热线,使领导人能及时进行沟通、交流。围绕中国崛起是否挑战美国霸权这一中心议题开展的高层战略对话,以及就双方核心利益和现实关切展开的增信释疑、求同存异的新型战略对话产生了积极效果,使美国主流越来越认定中国崛起是大势所趋,难以阻挡。在对中国发展态度上以相对理性的"中国责任论"逐步超越情绪化的"中国威胁论"。"负责任的利益攸关方"概念的提出就是一个重要的标志。这一概念是2005年9月21日美国常务副国务卿佐利克在参议院发表演讲时提出的。佐利克系统阐述布什政府对华战略,提出"促使中国成为国际体系中负责任的利益攸关者",承认中国是国际体系的主要成员,"美国欢迎一个自信、和平、繁荣的中国","中国不是前苏联,没有帝国式扩张战略","中国不愿与美发生冲突。"[1]它的含义是中国已不仅可能是美国的"战略竞争对手",而且可能是一个潜在的伙伴,成为国际社会"共同经营者",中美两国客观上存在共同利益,双方合作大于分歧,存在广阔合作空间,只要双方以建设性、前瞻性的态度来处理相互关系,中美可以成为建设性合作关系,其条件是中国必须承担"基本责任"。2006年美国出台的《四年防务报告评估》和《国家安全战略报告》以及旨在指导美国整个21世纪全球战略的《普林斯顿项目报告》都正面使用了佐利克的新提法。美国前国防部长、美国战略与国际问题研究中心总裁约翰·哈姆雷指出:"佐利克的演说为未来的中美关系描绘了框架,这是一份非常重要、非常严肃、非常深入思考的演说,他既是说给中国人听的,也是说给美国人听的。"[2]美国著名中国问题专家兰普顿认为,美国现在更多的是把中国力量的日益增长视为经济上的挑战而不是像过去那样视为军事上的对手。希望中国在国际社会中按美国的游戏规则行事。中国与美国的竞争主要是在经济方面而不是在军事方面。导致美国对中国战略定位的变化最根本的原因是中国实力的加强引起中美力量对比及态势的变化。2005年中国GDP 2.225万亿美元,2006年2.68万亿美元,居全球第四位。瑞士洛桑管理学院公布的《2006年世界经济竞争力黄皮书》显示,2006年中国全球

---

[1] 《纽约时报》,2005年9月22日。
[2] 引自《两岸关系》,2006年第2期。

竞争力已从2005年的第31位升至第19位,2007年上升到第15位。而且中国的崛起是和平的崛起。中国高举和平、发展、合作旗帜,强调和平发展,"构建和谐世界","睦邻、富邻、安邻"。中国的国际观已从"斗争哲学"转变为"和平哲学"。不与美国搞军备竞赛,不挑战美国的核心利益,使美国感到中国不是前苏联。近年来,"中国新外交"、"北京共识"等概念经常出现在美国报刊,标志着中国以更加成熟、自信、主动的态度看待自身和世界。党的十六大以后,对美总体外交逐渐超越以"反"字当头的反霸战略而高举"建设性合作"大旗①。胡锦涛在2006年4月访美时强调,中美"不仅是利益攸关方,而且是建设性合作者"②。另一个重要原因是美国在反恐、防扩散、解决朝核问题等方面需要中国的合作和配合,美深陷反恐战争也是重要的国际环境因素,使布什、鲍威尔、赖斯等现实派决策人物奉行"大国合作"的"新现实主义"外交理念。

经贸关系方面。互利的经贸关系是中美关系发展的重要基础,双方已形成机制齐全、互补共赢和密不可分的经济关系,双方经贸关系有很大的互补性、互利性。两国贸易发展很快,贸易额从2001年的804亿美元,2003年的1 263亿美元增加到2006年的2 672亿美元,2007年达3 020亿美元。美国是中国最大的出口市场,第二大贸易伙伴。中国出口到美国的主要是劳动密集型产品,这类生产企业大多是美国需要淘汰的。中国从美进口,为美国增加了数百万个就业岗位,特别是进口大批农产品,在美国,这部分人的失业问题最难解决。中国向美出口大批价廉物美的产品,从1997—2006年,中国产品为美国消费者节省了6 000亿美元的开支。美国贝柯斯登等四名著名战略专家在《中国:一个两面性的国家》一书中指出:"美国从与中国的日益增长的经济互动中每年实质上获益700亿美元,平均每户625美元。"③也为美国物流部门带来丰厚利润,如中国出口的"芭比娃娃"玩具,美国进口价仅2美元,而在美零售价是9.99美元④。从2002年起,中国已连续五年成为美增长最快的主要出口市场。2006年美对华出口超过对日本出口。2007年5月,中国政府采购团向美购买了262亿美元商品。到2006年,美国在华投资540亿美元,企业5万多家,2006年在华销售额800多亿

---

① 《现代国际关系》,2006年第5期。
② 新华社2006年4月20日华盛顿电。
③ 《国际问题研究》,2007年第5期。
④ 《洛杉矶时报》,2006年9月22日。

美元,利润100多亿美元。在华投资企业75%以上的盈利率超过它们在全球的利润率。中国动用2 000多亿美元的外汇购买美国债券,缓解了美国政府的财政压力。2007年4月,美国国务院一份报告说:"要让美国国民充分了解美国将从加强美中关系得到巨大利益。"①然而近年来,中美经贸纽带这一双边关系的"压舱石"作用日益复杂,一方面双边经贸关系快速发展,互补性、互利性大为加强;另一方面,逆差、汇率、知识产权等问题的摩擦也在加剧,冲击两国关系的稳定性,经济问题政治化上升。

美对华逆差问题。1993年起美对华贸易开始出现逆差。2002年逆差427亿美元,2004年802亿美元,2005年1 141亿美元。2007年上升到1 633亿美元。造成中美贸易美方逆差不断扩大的原因,固然有中方的因素,如国内出口企业压低价格的恶性竞争,中国的退税政策以及中国出口市场过于集中等。但主要的原因是两个:一个是美限制对华出口(如超大型计算机、数控机床、军民两用技术等),这大大削弱了美国企业与欧盟企业争夺中国市场的竞争力;二是中国对美出口产品主要是三资企业生产的劳动密集型产品。日本、韩国、东盟、中国台湾等国家和地区为了使产业结构升级,把原来对美顺差的劳动密集型产品转移到中国生产,产品出口美国,顺差所得大多归外商所有,还有许多美商在华设厂,产品返销美国,赚的钱落入美商腰包,账却记在中国头上,算作中国对美出口。2005年《美国总统经济报告》指出,亚洲其他国家和地区通过在华投资设厂再出口美国的方式,转移了他们对美国的顺差②。尽管贸易不平衡问题主要并非中国方面所致,但2005年9月胡锦涛在与布什会晤时仍表示,"中国不追求对美贸易的庞大顺差,我们愿意与美方合作,努力解决双边贸易的不平衡。"③中美经贸关系包括商品贸易、技术贸易、服务贸易和相互投资,贸易逆差只是指商品贸易的逆差,而美国对华经贸关系的优势恰恰在后面三项。

人民币汇率问题。美一些行业协会一再声称,中国的汇率政策使美国的产业蒙受巨大损失,一再要求美政府对中国施压,要中国人民币大幅升值。2003年5月,在八国集团财政部长会议上,美财政部长斯诺首次提出人民币升值问题。9月,斯诺为此专程访华。2004年10月7日,布什与胡

---

① 《日本经济新闻》2007年5月13日。
② 《国际问题研究》,2006年第2期。
③ 《经济日报》(台湾),2005年9月15日。

锦涛通电话,表示对此问题的关注。2005年4月6日,美参议院通过议案,要求人民币在6个月内升值27.5％,否则将对中国产品加征27.5％的进口关税。9月14日,布什与胡锦涛会晤时,再次敦促中国采取更有弹性的汇率政策。一个国家的汇率是个复杂的问题,涉及国家经济金融领域的方方面面。人民币大幅升值,不仅损害中国经济,而且对美国并无多大好处。20世纪80年代日元大幅升值造成90年代日本经济长期停滞就是一个沉痛的教训。2005年6月,亚洲开发银行发表报告,利用牛津经济预测模型模拟亚洲货币,得出结论,人民币升值对美经济失衡作用微乎其微①。中美贸易失衡主要是美国本身的因素,不是人民币升值所能改变的。董迪乐教授指出:"人民币汇率只不过是美国政客对于无法解决国内经济问题的替罪羔羊。"②美国威斯康星大学政治系主任王建伟教授指出:"美国施压人民币升值是美国国内的政治炒作,包括利益团体的运作以及政治人物推卸美国经济问题的责任。"③2005年4月7日,美国财长斯诺在参议院作证时指出:企图迫使人民币过快升值的做法是个严重错误,操之过急可能破坏中国经济,导致另一场亚洲金融风暴④。曾多次成功预测巴西、俄罗斯和亚洲金融危机的美国著名经济学家拉鲁什认为:"参议院这种带着帝国主义气息的单方面对抗行为根本无助于问题解决,是丧失理智的行为。"⑤人民币大幅升值,不利于中国出口,不利于中国吸引外资,会严重打击中国的旅游业,影响中国社会稳定和经济发展,还会直接打击4万多家美国在华企业,并会使大量投机资金汇入中国进行投机套汇。尽管如此,中国仍表示要改革中国汇率制度,实行有管理的浮动汇率制。2005年7月21日,中国人民银行宣布,人民币不再单一盯住美元,改成盯住中国主要贸易伙伴货币的一揽子汇率机制,并宣布人民币升值2％,实行浮动(每天浮动不超过3‰,2007年上升到5‰)。人民币与美元的汇率已从2005年7月21日前的8.27∶1升为2008年9月的6.82∶1。人民币升值超过20％。2005年10月18日,中美两国财长发表联合声明,中方承诺"加强目前有管理的浮动汇率制度中市场的作用,使之更具有弹性","双方同意,汇率的无序波动会对全球经济产生

---

① 《国际问题研究》,2006年第1期。
② 董振源主编:《人民币汇率:经济与战略分析》,台北远景基金会2004年版,第137页。
③ 同上。
④ 《国际问题研究》,2006年第1期。
⑤ 同上。

不利影响。"①美财政部长斯诺在新闻发布会上,称赞中国汇率改革具有里程碑意义②。11月15日,即将就任美联储主席的伯兰克在美参议院表示:转向更加灵活、更加自由市场决定的汇率体制应由中国自己决定。同时希望中国做出更多努力③。由于中国尚无适当的汇率避险机制,金融体制不健全,目前还不具备采取自由浮动汇率的经济条件,但中国正在朝这个方向努力,从共同利益的角度衡量,以新的视野谨慎、客观地看待人民币汇率问题。中国人民银行副行长吴晓灵表示,今后人民币汇率将由市场供需机制决定④。中行"中国货币政策执行报告"表示将根据市场状况和经济金融形势,"适当调整汇率浮动空间。"⑤2007年6月13日,美国财政部发表报告承认,中国政府没有操纵人民币汇率以获取不公平的贸易优势。2007年美国1028名经济学家(其中有四位诺贝尔经济奖获得者)联名致函国会,要求议员抵制对华贸易保护主义⑥。160多家跨国公司和行业协会联合致信美国参、众两院,敦促国会放弃对华制裁法案⑦。这反映了中美经贸相互依赖的现实。

知识产权保护问题。美指责中国企业全面侵犯美国知识产权,损害美国经济利益,从20世纪90年代的几十亿美元上升到2004年的240亿美元。美商会主管亚洲事务副主席布里连特说:"就侵害知识产权问题而言,中国是头号公敌。"⑧客观地说,中国国内企业侵犯知识产权问题确实相当严重,对这种恶劣行为,应当予以高度重视和严厉打击,加紧实施知识产权保护战略,保护中外企业的知识产权。2000年12月21日,最高法院和最高检察院联合宣布从严判处各种侵权行为,加大对版权、专利权、商标权和商业机密的保护力度。2004年就收缴了盗版音像制品1.75亿件,盗版出版物2.13亿件。2005年查处各种侵权案件3亿多件。应该说中国政府为保护知识产权作了艰苦努力,中国知识产权保护取得一定进展,但也要清醒地看到,侵权行为还相当严重,建立起完善的知识产权保护制度,任务还十

---

① 新华社华盛顿2005年10月18日电。
② 同上。
③ 新华网2005年11月15日电。
④ 《工商时报》(台湾),2005年7月29日。
⑤ 中行货币政策分析小组:《中国货币政策执行报告》,2005年版,第11页。
⑥ 新华网2007年8月3日。
⑦ 《国际商报》2007年10月18日。
⑧ 《国际问题研究》,2006年第1期。

分艰巨,还要做很多艰苦的努力。务必使中外企业的知识产权真正合理地受到有效的保护。

军事安全方面。中美两国在综合安全上的共同点和共同利益在增多,这是两国合作共处的战略基础,双方的共同利益逐步从双边安全问题向多边安全问题拓展;从环境、卫生等低安全领域向反恐、防扩散等"高安全"领域发展;从应对个别事件向机制化演进。从中美第5轮战略对话开始,有军方代表参加,表明战略对话向军事战略方面拓展。但由于美国冷战思维的幽灵始终存在,总是担心崛起的中国会对美构成威胁,因此在加强与中国的协调与合作的同时,对中国的防范和威慑也在升级。2000年,美国国会通过国防授权法,要求国防部长每年就中国军事技术发展走向、中国大战略、安全战略、军事组织、作战概念的要旨和可能的发展提出报告。从此,美国防部每年发表一份《中国军力报告》(冷战期间美国发表《苏联军力报告》)。2002年的报告称中国的军费开支居世界第二位,2005年的报告称中国处于"战略抉择十字路口"。2002年美国防部提供一份秘密报告,提出美国在紧急情况下准备向一些国家使用核武器的计划,其中就包括中国①。从美国防部"四年防务评估报告"看,1997年的评估报告将俄罗斯与中国并称为"两个潜在对手"②。2001年的评估报告只是隐讳地提出亚洲地区有可能会出现"一个拥有惊人资源的军事竞争者"③。而2006年的报告中则毫不掩饰地指出:在所有"站在十字路口"的国家中,中国"最具有潜力同美国展开军事竞争",说中国不仅拥有同美国进行军事竞争的最大潜在力量,是重要的"传统挑战"因素,而且是掌握扰乱性军事技术的最大潜在力量,是重要的扰乱性挑战因素④。2007年《中国军力报告》称,"中国不断扩充的军事力量以及如何动用这支力量等领域,都有很大的不确定性。"为了防范中国,美国大力加强日美同盟,修改日美安全合作方针,并在中国周围部署一个隐形遏制中国的条约网,加紧向台湾出售先进武器。事实上,这完全是杞人忧天,是一种冷战思维定式,中国既不存在挑战美国的意图,也不具备威胁美国的军事实力。中国实行的是防御性的国防政策。中国不挑战、不威胁甚至越来越尊重美国

---

① 〔美〕《洛杉矶时报》,2002年1月8日。
② 新华社华盛顿1997年9月30日电。
③ 新华社华盛顿2001年9月30日电。
④ 新华社华盛顿2006年2月6日电。

第九章 从战略全局高度处理中美关系

的核心利益。"9·11"以后,反恐是美国国家安全利益的核心,中国积极支持和参与国际反恐斗争,强调反对一切形式的恐怖主义。防止大规模杀伤性武器扩散对美安全十分重要,中国同美国和国际社会一起,努力防止大规模杀伤性武器扩散,包括在朝核问题上与美协调,在安理会投票赞成对伊朗核问题的制裁决议。美国在亚洲保持驻军和双边同盟关系是美亚洲战略的重要组成部分,中国政府对历史形成的现实表示理解,没有反对美在亚洲的军事存在和保持同盟关系,承认美在亚洲安全的作用,只是要求美不要针对中国,不要干涉中国内政①。再从实力看,2004年中国国防费用为255亿美元,仅为美国的6%;2005年国防费用为300亿美元,即使按美方所说,实际数字是官方公布的2—3倍,也只有600亿—900亿美元。而美国2004年的国防费用是4 559亿美元,2005年是4 658亿美元,如加上阿富汗和伊拉克战争的追加拨款,则超过5 000亿美元。美国军费开支占全世界总数的1/3以上。美国海军拥有12艘航空母舰,281艘大型舰艇。中国没有一艘航母军舰。美国核武器和导弹不仅比中国多好多倍,而且远远先进于中国,并且在部署"战略防御体系"。美国军队已从机械化向信息化转型,中国军队还没完成机械化。美国在海外有700多个军事基地和设施,海外驻军有28万多,与40多个国家有双边或多边军事条约。中国除少量维和部队外,在国外没驻一兵一卒,更没有一个军事基地②。说中国对美国构成严重威胁,那是十分荒唐可笑的。

关于台湾问题。台湾问题一直是中美关系中最重要、最敏感的核心问题,也是两国唯一可能导致直接对抗的因素。一方面,台湾问题是中美两国实现战略合作和增加互信的严重障碍(美对台的支持、"美台"军事关系助长台独势力的冒险挑衅);另一方面,中美在共同遏制"台独"和稳定台海局势上又加强了合作和协调,两国对"台独"的危害性和稳定台海局势重要性的共识在增加。

2000年陈水扁上台后,"台独"分裂路线主宰了台当局的两岸政策,台湾的政治生态发生重大变化。虽然陈水扁作出"四不一没有"的承诺,但实际奉行的是"台独"路线。小布什上台后,推行极端亲台政策,将中国定位为

---

① 《现代国际关系》,2006年第6期。
② 《国际问题研究》,2006年第2期。

"战略竞争对手"。2001年4月宣布向台出售40亿美元武器装备,打破了中美建交以来只向台出售防御性武器的惯例,并公开宣称要"竭尽所能协防台湾"。在檀香山美军太平洋司令部作战指挥中心的墙壁上,挂着一张大的作战示意图,图上台湾被认定为得到美安全承诺的地区。另外还有一张绝密的《台海防御应变计划》,详细列出中国大陆、中国台湾地区、美在台湾海峡附近部署的武装力量、台海冲突的几种可能性、美军的应变方案等①。这向"台独"势力发出强烈信号,即它们的"台独"冒险将得到美国的大力支持,从而使陈水扁加紧从渐进"台独"向"急独"转变。2003年5月开始,陈水扁一再严重挑衅,声称要在台岛内搞"制宪公投"、"防卫性公投"、"和平公投",公然宣称"四不一没有已不存在"。2003年9月,陈提出三阶段谋求台湾"独立"的时间表,并决定就两岸问题举行"公投"。中国政府表示将不惜一切代价制止"台独"。台海局势骤然紧张。陈水扁的行径干扰了美国的全球战略。美一再通过"台北代表处"、国务院发言人和白宫发言人公开对台局势"表示关注",认为"没有举行公投必要",并重申"坚持一个中国政策"和"不支持台独"。布什还派特使持私人信函向陈水扁表明反对"公投"。2003年12月9日布什在会见温家宝时明确宣布:"台湾领导人的言论和行动,表明他有意要片面决定去改变现状,这是我们反对的。"②美国务院发言人随后强调,"反对采取任何走向独立的声明和行动。"③美公开表示如此严厉的态度是前所未有的,是中美两国在台湾问题上开始有所合作的表现。在美的压力下,陈水扁不得不调整"公投"内容,且因未达选民半数,"公投"宣告破产。2004年陈水扁连任后,美助理国务卿凯利在众议院作证时说:"中国大陆表示,台湾问题关系其核心国家利益,如台宣布独立将诉诸武力。无论对美国还是台湾领导人来说,若视这些声明为虚言恫吓,那将是不负责任。"④10月,国务卿鲍威尔在北京公开强调:"只有一个中国,台湾不是独立的,它没有作为一个国家所拥有的主权,这继续是我们的政策,是我们坚决奉行的政策。"⑤从2003年以来,布什不仅明确宣称,如大陆军事进攻台湾,"美国将必然插手"。而且明确宣称,"'美台'并不是盟国,美国没有义务

---

① 孙哲:《崛起与扩张——美国政治与中美关系》,法律出版社2004年版,第291页。
② 〔美〕《华盛顿邮报》2003年12月10日。
③ 同上。
④ 转引自《国际问题研究》,2006年第5期。
⑤ 《人民日报》,2004年10月12日。

在任何情况下都要保卫台湾。"①即所谓"双向清晰化"战略(布什执政初期只是单向清晰,即明确宣称,如"大陆进攻台湾,美将全力协助台湾保卫自己"②。)从单向清晰转为双向清晰,是美对台问题政策调整的新特点。2005年3月,中国全国人大通过《反分裂国家法》后,中方及时派副外长戴秉国和国台办主任陈云林赴美与美方沟通,通报该法基本考虑和基本精神。2005年9月,胡锦涛与布什会晤时,介绍了中方为缓和台海紧张局势所采取的步骤,希望美方理解和支持中方为改善台海局势所作的努力,与中方一道维护台海和平稳定和中美关系大局③。2006年2月,陈水扁宣布中止"国统纲领"运作后,中国希望美方采取行动制止陈水扁的挑衅。布什政府派代表赴台,向陈水扁表达美对此"严重关切,无法接受,不予支持"的立场④。2006年4月,胡锦涛访美时,两国元首表示:"中美在反对和遏制台独,维护台海和平稳定方面,有共同战略利益。"⑤2007年6月18日,陈水扁鼓吹在台湾搞所谓以台湾名义加入联合国"公投",6月19日,美国国务院发言人表示美国反对陈水扁"以台湾名义加入联合国的公投"。6月21日,布什又派美国在台协会负责人薄瑞光为代表,到台湾会见陈水扁,公开表示反对"入联公投"。8月28日,美国副国务卿内格罗蓬特在接受香港记者采访时公开、明确表明美国政府反对陈水扁推动"入联公投"的立场,警告陈水扁不要搞挑衅性行动。9月6日,在参加APEC领导人峰会期间,布什向胡锦涛再次表明了美国的这一立场。12月21日赖斯国务卿在年终记者招待会上明确指出:"入联公投"是一项挑衅政策。表明中美在台湾问题上形成了新的互动格局,使台湾问题对中美关系的干扰有所减少。中美在台存在共同利益,需要也可能进行合作。保持台海局势相对稳定,是中美在台问题上的基本共同利益。布什调整对台政策,表明美政府对中美关系的重要性有新认知,"9·11"以来,保持中美关系稳定和发展合作,避免在台问题上陷入两难处境,是美的重要战略利益和对华政策的主导方面。中国方面,以胡锦涛为总书记的新一代中央领导,对台政策作了重要调整,更务实、灵活,提出与美一起共同遏制台独。过去中方一直坚持,解决台湾问题是中国内政,美应停止

---

① 《中国时报》(台湾),2003年12月11日。
② 《中国时报》(台湾),2003年12月30日。
③ 中新网2005年9月13日。
④ 〔美〕《国际先驱论坛报》,2006年3月3日。
⑤ 《人民日报》,2006年4月22日。

插手台湾问题。然而从现实看,美出于自身利益需要,短期内难以放弃对台问题的介入。而现阶段中国和平统一祖国的条件尚未完全具备,当务之急是反对"台独"。陈水扁的"台独"冒险挑战了美"不统不独"的底线,从而使中美双方在制止"台独"问题上有共同利益,可以进行一定限度的合作[①]。当然,由于双方最终目标和利益需求有很大差异,中美在台湾问题上合作的基础是脆弱的,美国对"台独"的制约是有限的。因为"美台"关系的性质并没有改变,2008年2月25日,美国企业研究所的薛瑞福(美国前副助理国务卿)和卜大年等新保守派代表发表《对台政策报告》,宣称不要把"美台"关系置于美中关系之中,"美台"关系与美中关系是两个独立的双边关系,声称要公开表明美将协防台湾。美国并没有放弃"以台制华"和在两岸玩弄平衡的政策。这仍将是台湾问题最终解决的严重干扰因素。

　　历史经验证明,像中美这样两个大国,如相互对抗,无论对两国,对世界都有百害而无一利。如相互尊重,在平等基础上加强合作,对大家都有好处。如既要合作又处处防范,相互猜疑,关系很难真正稳定。要使中美关系健康发展,必须对两国关系有一个实事求是的定位。双方应避免挑战对方的核心国家利益,要本着求同存异的精神,以建设性、战略性、前瞻性的视角来处理双方关系存在的问题。要加强危机管理,深化细化既有各种机制建设。开展高层战略对话,就双方的核心利益和现实关切展开增信释疑的新型战略对话,以规避冲突、控制摩擦、减少误判,使双方的结构性困境在可控制范围内得到有效管理。现中美对话机制已相当完善,最高领导人热线、战略安全对话、战略经济对话、两军热线,还有一系列的半官方对话,共有几十个连续性的对话机制,体现了"负责任的利益攸关方"概念向实体性操作的过程。双方决策层的相互了解已达到非常频繁和深入的程度。

　　建设性合作关系当然以合作为主,但中美之间的斗争从未间断过,三个公报就是斗争的产物,无力或不敢斗争就得不到美方的尊重,美对华有合作与遏制两手,我们也要使用合作与斗争两手,但斗争不是要使矛盾激化,而是为了促进合作,因此要掌握有理、有利、有节。要争取互利妥协。随着中国力量增长,中美力量对比会逐步向有利于中国方向发展,中国有可能采取更多主动,但美方在总体力量上将长期保持优势,我们对自己的国力要有一个冷静、客观的认识。中国经济将保持较高速度发展,综合国力会不断增

[①] 《国际问题研究》,2006年第5期。

强,而且中国将长期坚持走和平发展道路,中国不会挑战美国的核心利益,中国的发展对美国是机遇而不是挑战①,正如布什总统所说:"美国有些人对中国经济发展担心,但我不担心,中国经济发展对美国是一个机遇。"② 2008年8月,布什在出席北京奥运会开幕式期间又说:"美中关系不是你输我赢,中国所得不是美国所失,美国可以从中国发展中获益。"③

2005年佐利克讲话后,中美关系总体进入一个以"利益攸关方"和"建设性合作者"为导向,以和平稳定发展为特征的新阶段。这是因为,中美发展建设性合作关系对两国来说都不是权宜之计,而是双方自身政治、经济、安全利益的客观需要,反映了世界和平、发展潮流的必然要求。双方都意识到,只有加强对话与合作,才能解决地区问题、国际问题,符合双方利益,越合作,越沟通,越显示其重要性。双方都看到共同战略利益在扩大。因此,尽管两国存在结构性矛盾,在一些问题上会发生摩擦,但总体看,两国不会发生全局性对抗,建设性合作关系会在曲折中继续发展。

思考题

1. 20世纪50—60年代中美关系激烈对抗的原因是什么?
2. 你是怎样看待中国出兵抗美援朝的?
3. 尼克松为什么要改善中美关系?
4. 克林顿为什么提出同中国建立建设性战略伙伴关系?
5. 你如何看待中美关系的发展前景?

---

① 《国际问题研究》,2006年第3期。
② 《人民日报》,2005年11月21日。
③ 《星岛日报》2008年9月24日。

第十章　正视历史，面向未来——推进中日战略互惠关系的健康发展

中日两国是一衣带水的邻邦，有两千多年交往的历史。在古代，日本大量借鉴和引进中国的语言文字、宗教哲学和生产技术。奈良时代的文化被称作"唐风文化"，可见当时日本受中国文化影响之深。两国人民长期和睦相处，友好合作。在甲午战争之后半个多世纪，日本军国主义侵略中国，给中国人民造成了巨大的灾难，成了中日关系史上最黑暗、最悲惨的一段时期。新中国成立后，中国领导人把建立和发展中日睦邻友好关系放在中国对外政策的重要地位。但由于日本政府屈服于美国的压力，追随美国亲蒋反华，使两国关系长期处于不正常状态。直到田中上台后，中日关系才实现了正常化，两国关系得到全面发展。冷战结束后，中日关系起伏不定，但双方都表示致力于和平与发展的友好合作伙伴关系。进入新世纪，由于小泉政府的对华不友好政策，中日政治关系陷入困境，经济关系持续升温，两国关系出现"政冷经热"现象，安倍上任后，中日关系出现转机。只要双方从全球战略和长远的角度来处理两国关系，认真执行双方共同签署的四个基本文件，努力实现和平共处、世代友好、互利合作、共同发展的目标，就能不断推进中日战略互惠关系的健康发展。

第一节　建交前的中日关系

20世纪50—60年代，由于日本政府追随美国推行敌视中国的政策，中日关系受到中美关系的严重制约，处于不正常状态，但中日两国人民的

第十章 正视历史,面向未来——推进中日战略互惠关系的健康发展

民间交往得到很大发展,对以后中日邦交正常化起到十分积极的作用。

一、日本政府追随美国,亲蒋反华

中华人民共和国成立后,当时的日本首相吉田茂对如何处理与中国的关系问题,态度是犹豫和暧昧的。他设想与台湾海峡两边都保持关系。早在1949年,他就说过:"无论中国是红色的还是绿色的,中国是天然的市场,日本必须考虑市场问题。"[1]后来在他的《十年回忆》中写道:"同台湾友好,促进彼此经济关系,本来是我的心愿。但是,我也想避免因进一步加深这种关系而否认北京政府。因为我认为,中共政权到现在为止虽然看来似乎和苏联保持着亲密关系,但是中国民族在本质上都存在着和苏联人不能相容之处。文化不同、国民性格不同,政治情况也不相同的中苏两国,终必形成互不相容的状态。因此我不希望彻底使日本与中共政权的关系恶化。"[2] 1951年10月吉田在日本国会就中国问题的答辩中说:"日本并不曾对杜勒斯作出过承认国民政府(按:指台湾当局)的保证。如上所述,与(中国)哪一个政府缔结和约,还要在慎重审议的基础上堂堂正正地予以决定。"他表示:"不管意识形态如何,要从现实外交角度自主决定。现在的对华关系要从通商贸易上考虑,看对方态度决定。日本认为,也可以在上海设立驻外办事处。"[3]但是,即使是这样一种"两个中国"的政策,美国也不能容忍。杜勒斯立即跑到日本,向日本施压。他要挟日本,声称:"只要日本不承认中华民国,美国国会便无意批准旧金山和约。"还要求日本以信函方式向美国作出承诺,"消除日本关于对华政策的误解",迫使吉田茂在美国参议院批准旧金山和约前夕,于1951年12月24日给杜勒斯寄出了一封信,承诺日本政府只同台湾的蒋介石政权恢复邦交。这封信被称为"吉田书简"。吉田在信中表示:"日本准备一俟法律允许,则根据与许多国家缔结和约所表达的各项原则,与台湾方面缔结重新恢复与建立两政府间正常关系的条约。……我

---

[1] 〔日〕添谷芳秀:《日本外交与中国》,庆应通信株式会社1995年版,第64页。
[2] 《外国问题研究》,1995年第3—4期。
[3] 转引自包霞琴:《战后日本亚洲外交》,文汇出版社2001年版,第11页。

确信,日本政府不打算与中共政权缔结两国间条约。"①1952年4月28日,《旧金山和约》生效的当天,日本和蒋介石政权的所谓"日华和平条约"也签字画押,双方宣布建立所谓"外交关系",公开表明了日本对新中国的敌视态度,为中日关系设置了法律障碍。中国政府对"日蒋和约"作出了强烈反应,周恩来总理兼外交部长发表声明,指出"这是日本政府对中华人民共和国最严重、最露骨的挑衅行动"②。毛泽东一方面坚决反对美国扶植的日本军国主义东山再起。他指出:"如果日本军国主义再起,我们是'怕'的",他表示,中国不是"怕"日本本身,而是"怕"日本与美国联合起来对付中国,"因为美国扶植日本的军国主义。……美国在东方的主要基地是日本,日本在国会中强行通过了同美国的军事同盟条约","日美条约把中国的沿海地区,也包括在日本所解释的远东范围之内。"③另一方面,毛泽东又以中国人传统的宽宏大量的观点来看待日本,表现出深厚的和平外交哲学。毛泽东对日本在美国的高压下的一些做法表示理解和同情。他一再指出:"现在的事实是,日本处于半被占领国的地位,日本民族受到压迫。"④他对日本客人说,因为你们头上有美国这只"手",所以对日本不承认中国的立场,"我们是谅解的,中国人民愿意你们的力量更加强大起来,把美国的手顶走。"⑤毛泽东强调:中日之间的"社会制度虽然并不一致,但这个不一致并不妨碍我们的相互尊重和友谊。过去的老账并不妨碍我们,今天的制度不同也不妨碍我们。过去的问题已经过去了,主要是将来的问题"。中日两国要"互相帮助,互通有无,和平友好,文化交流,建立正常的外交关系"⑥。周恩来也指出:"在远东,日本和中国的关系,对和平起着决定性的作用。我们两国友好,双方都有利;不友好,双方都不利。我们友好就能够共存和共荣;不友好,存在和繁荣都要发生影响。"⑦

吉田茂之后,鸠山一郎、石桥湛山和池田勇人内阁曾有意改善与中国的关系,但最终还是屈服于美国的压力,"亲蒋反华"成为50—60年代日本对华政策的基本方针,中日关系长期处于不正常状态。特别是在岸信介和佐

---

① 〔日〕《日中关系基本资料集(1949—1969)》,日本外务省亚洲局监修。
② 《人民日报》,1952年4月29日。
③ 《毛泽东外交文选》,中央文献出版社、世界知识出版社1994年版,第184、428页。
④ 同上书,第184页。
⑤ 同上书,第221页。
⑥ 同上书,第222、226页。
⑦ 转引自叶自成:《新中国外交思想:从毛泽东到邓小平》,北京大学出版社2001年版,第242页。

第十章　正视历史，面向未来——推进中日战略互惠关系的健康发展

藤执政时期,加紧推行敌视和遏制中国的政策,导致中日关系严重恶化。1957年6月,岸信介公然支持蒋介石反攻大陆,他声称:"中国大陆现在处于共产主义统治下,日本对'中华民国'的困境甚为同情。然而,正因如此,在某种意义上说,更有必要进一步加深两国的合作。""日本的保守党绝不采取容共或中立的立场……共产主义对日本的渗透,中国比苏联更可怕。因此,从这个意义上说,如果收复大陆,对我们来说,是非常好的。"①1957年7月25日,周恩来总理在会见日本民间代表团时严正指出:"岸信介说他支持蒋介石收复大陆,这是对中国人民的公然敌视。"②1958年5月,在长崎举办的中国邮票剪纸展览会上,发生了两名暴徒撕毁中国国旗,侮辱中国尊严的政治事件,中国政府提出了严重抗议,但岸信介却以"对无外交关系国家的国旗进行侮辱,不能构成刑事案件"为由而加以包庇和纵容,使日本右翼反华活动更加猖獗。对于岸信介恶化中日关系的行径,中国提出了中日关系改善的3个条件和3项措施。3个条件是:(1)岸信介内阁必须停止敌视中国的言论和行动;(2)停止制造"两个中国"的阴谋;(3)保证不再阻挠中日关系正常化。3项措施是:(1)日本政府必须派正式代表到出事地点,把中国国旗挂起来;(2)对扯下中国国旗的罪犯以侮辱中国国旗的尊严论罪;(3)正式向中华人民共和国道歉。岸信介政府拒绝了中国的要求,继续发表反对中国的谈话。1963年日本防卫厅经过长期周密策划,秘密制订了一个名叫"三矢计划"的军事作战方案。该计划设想"在第二次朝鲜战争"爆发时,日本和美国、韩国一起,共同对付中国和朝鲜,日本也出兵对中国作战。1964年佐藤荣作就任首相后,加紧推行敌视中国的政策,推出了一系列破坏中日民间友好关系的措施并大力支持台湾蒋介石政权。1965年决定向台湾提供540亿日元的贷款,日本取代美国成为台湾的经济援助大国。1967年9月,佐藤继岸信介之后,再次访问台湾。1969年11月日美发表的"佐藤—尼克松共同声明"中又提出所谓"台湾条款",宣称"维持台湾地区的和平与安全,是日本安全的一个极其重要的因素"。把日本与台湾的安全保障结合起来。1972年2月,佐藤在国会答辩时说:"一旦北京政府同国府发生武装争端,周围各国理所当然要寄予严重关注……"③佐藤政府还加紧推

---

① 〔日〕《昭和宰相列传》,现代评论社1980年版,第239页。
② 冯昭奎等:《战后日本外交(1945—1995)》,中国社会科学出版社1996年版,第280页。
③ 转引自包霞琴:《战后日本亚洲外交》,文汇出版社2001年版,第47页。

行"两个中国"政策,伙同美国极力阻挠恢复中国在联合国的合法席位。在1971年第26届联大会上,提出"双重代表权议案",试图继续保留台湾当局在联合国的席位,但佐藤政府敌视中国的图谋遭到日本人民的强烈反对。

二、大力发展民间交往,以民促官

由于日本政府屈服于美国的压力,采取公开敌视新中国的政策,中日官方外交无法开展,于是中国政府转而从发展民间关系入手,以民间关系的发展推动日本官方政策的变化。

毛泽东认为,中国应该支持日本人民为恢复民族独立而进行的斗争,因为"美帝国主义是中日两国人民的共同敌人"[①]。他对日本友人说:"美帝国主义占领你们的领土冲绳,在你们国内设立军事基地,你们的国家处在半占领状态。我们的台湾处在美帝国主义的控制之下,是美帝国主义迫使我们中日两国人民联合起来的。我们两国人民都遭受美帝国主义的压迫,我们有着共同的遭遇,就团结起来了。"[②]周恩来指出,由于日本被美国半占领,使得中日两国人民的感情发生了根本变化,过去的对立情绪逐渐化解,"旧的友谊恢复了,新的感情也产生出来,这是一个重大的转变。两国人民感情上的接近,友谊的加强是亲善最可靠的基础。"[③]他提出了通过国民外交逐步实现中日外交关系正常化的思想,指出"要打破恢复中日邦交的困难局面应该采取什么步骤呢?……我们的想法是先从中日两国人民进行国民外交,再从国民外交发展到半官方外交,这样来突破美国对日本的控制"。"总有一天,日本外交的独立性会加强,水到渠成,日本撤除对台湾的承认,中日会恢复邦交。"[④]他提出"瞻前顾后,日积月累,水到渠成"的方针,先从文化、体育、贸易做起,广交朋友,以民促官,汇细流成江河,到最后一举突破。充分体现了周恩来高超的外交艺术。为此,中国政府采取了一系列主动行动,推动中日间关系的发展。日本一些政党和群众团体也纷纷制定本党、本团体的对华政策,把恢复中日两国

---

① 《毛泽东外交文选》,第436页。
② 同上书,第481—482页。
③ 《周恩来外交文选》,中央文献出版社1990年版,第226页。
④ 同上书,第228—229页。

第十章 正视历史,面向未来——推进中日战略互惠关系的健康发展

的正常关系作为一个重要任务,明确主张只承认一个中国,从而使中日民间交往蓬勃开展。1952年6月,中日两国开始通过民间贸易方式互通有无,双方先后签订了4个民间贸易协定以及中日钢铁贸易协定。从1957年3月起,中国政府本着人道主义精神和增进两国人民友好的愿望,先后遣送了3万多名日侨归国。1956年7月,中国政府对在押的1062名日本战犯中的1017人免予起诉并分3批予以释放。1964年3月,其余的45人也全部释放。协助日侨归国在日本引起良好反响,各界要求改善日中关系的呼声不断高涨。在这一背景下,日本参众两院要求政府放宽对中日两国人员往来的限制,促进两国贸易发展。1954年5月,日本国会通过决议,邀请中国红十字会代表团访日。10月,卫生部长李德全率领中国红十字会代表团访日,这是新中国成立后访日的第一个代表团,意味着中日民间交往从经济领域扩大到政治领域。被释放回国的日本战犯,许多人后来都积极推动中日邦交正常化的进程。从1954—1957年,日本各种民间代表团体约有300个代表团3300多人次对中国进行了访问,中国也有约30个代表团访问了日本。

　　1959年,新上台的池田勇人政府对中日关系采取比较现实的态度,表示可以与中国大力开展经济文化交流。为了促进中日关系的发展,中国政府提出了中日贸易三原则:政府协定、民间合同、个别照顾。即中日两国政府应签订政府协定以保证两国民间贸易活动的顺利进行;在签订政府协定条件尚未成熟之前,双方可以订立一些民间合同;对一些对中国原料依赖程度高的中小企业,中方可以采取特殊照顾的政策。贸易三原则受到日本经济界的普遍欢迎,不仅一些中小型企业寻求与中国发展业务,一些大企业也跃跃欲试。周恩来指出,我们与日本的往来不能只停留在中小企业上,要与大型企业打交道,引进一些我们需要的设备,而与大企业打交道则必须有政府保证。1962年11月,日本前通产省大臣高崎达之助来华,与廖承志签订了中日贸易备忘录,开始了中日关系史上著名的"备忘录贸易"(简称"L-T贸易")。1964年4月,双方达成了廖承志与高崎达之助在东京和北京互设办事处的协议。这是中日关系发展的一个转折点,它标志着中日关系由民间转入"半官半民"阶段。但这引起了美国和自民党内亲台派的恐慌。不久池田下台,由以亲台反共著称的佐藤荣作继任首相,声称要推行"日美韩台(地区)联合遏制中国的战略",从而使中日民间贸易又陷入低谷。

20世纪50—60年代中日民间外交的开展反映了两国人民友好交往的愿望,这种愿望虽然没能成为官方政策,但发挥了重要作用,是中日关系发展的原动力。尽管岸信介、佐藤政府的阻挠使中日关系发展遭到严重挫折,但终究无法阻挡中日友好的历史潮流,这也是70年代中日邦交正常化得以实现的重要基础。

第二节　中日关系的新篇章

一、中日建交和《中日和平友好条约》的签订

20世纪70年代,中日关系发生了根本转折,两国很快实现了邦交正常化,签订了《中日和平友好条约》,双方在政治、经济、文化、人员等各方面的交往蓬勃开展,揭开了中日关系的新篇章,迎来了和平友好的新时代。

这种大好局面的出现不是偶然的,它是日本国际国内环境发生重大变化的产物。

首先是日本推行自主多边外交的需要。20世纪60年代末,日本已经成为第二大经济强国。随着国力的增强,日本提出要逐步承担与日本经济大国地位相称的国际责任,特别是由于在侵越战争中元气大伤的美国,提出了"尼克松主义",开始在亚洲实行战略收缩,日本对美国军事保护的可靠性产生了怀疑。国内反对过分依赖美国的呼声不断高涨,于是自主多边外交应运而生,即通过发展与其他国家的双边关系来体现日本外交的自主性,从而调整和纠正战后以来一味追随美国的被动的"脱亚入美"路线。后来成为田中内阁外交大臣的大平正芳在1971年9月就说:"我们曾经把基本方针放在与美国协调上,极力避免参加国际政治活动,然而美国地位的下降,迫使我们必须走自主外交的艰苦道路。我们曾经举国上下致力于振兴经济,但正因为成了经济大国,作为国际社会的一员而不能不履行经济国际化的义务。"[①]作为一个亚洲国家,日本推行多边自主外交的重要舞台是亚洲。

---

① 吴学文:《战后日本外交轨迹》,时事出版社1990年版,第159—160页。

大平正芳认为:"日本务必成为在亚洲各国间建立合作体系的核心力量。"①中国是日本最重要的邻国,战前,中国始终是日本外交的重点。新中国成立后,由于日本推行"亲蒋反华"政策,中日关系处于停顿状态。然而,缺乏正常的中日关系,对日本外交来说是不完整的,特别是由于新中国在国际上的地位不断提高,成为公认的国际力量中心之一。如果继续采取孤立中国的政策,必然使日本无法在亚洲真正站稳脚跟,而20世纪70年代亚太形势的变化,不仅使中日关系正常化十分必要,也提供了可能。

其次,中美关系解冻和尼克松访华的冲击。到20世纪60年代末70年代初,美国推行敌视新中国的政策已经在国际上陷入了绝境,连美国一些最亲密的盟友也表示将改变对华政策,而日本佐藤政府仍然死心塌地跟随美国。直到26届联大会上还充当美国阻挠中国恢复合法席位两个提案的联合提案国,结果以惨败告终。虽然1970年10月佐藤访美时,尼克松总统还信誓旦旦地向佐藤保证:"关于对华政策将来的发展,美国将继续与贵国密切联系和磋商。"然而几个月以后,尼克松总统的国家安全事务助理——基辛格就秘密访问中国,与周恩来总理进行了长时间会谈,并在1971年7月16日发表《公告》,宣布尼克松总统即将访华。基辛格访华公报预计在日本时间上午11点30分发表,可是美国大使馆有关照会送到佐藤手里时已是11点27分,仅仅比公报发表提前了3分钟,而事前美国没有就同中国秘密接触事宜向日本透露过片言只语。美国背着日本秘密与中国接触的事情在日本政坛引起了轩然大波。日本媒体惊呼这是美国对日本的"越顶外交"。佐藤在日本陷入了"千夫所指"的处境。日本国民感到屈辱。20多年来日本人民为恢复中日邦交正常化作出了巨大努力,都是因为日本政府对美国卑躬屈膝而未获成功。现在美国居然在改善对华关系上走到日本前面,而事前竟没有与日本进行任何磋商。日本自民党内部也产生了分化,不少政治家指出,"不能在与中国建交问题上再次落后于美国"②。为了摆脱困境,佐藤被迫作出谋求日中邦交正常化的姿态,以缓和国内舆论在对华政策上对他的抨击。1971年10月,佐藤让内阁官房长官保利茂给周恩来写了一封信,称日本承认"中国是一个,中华人民共和国是代表中国的政府,台湾是中国国民的领土"。周恩来指出:"这封信不提中华人民共和国是代表中国

---

① 《日本学刊》,1996年第4期。
② 曲星:《中国外交五十年》,第342页。

的唯一合法政府的'唯一'两字,并且说台湾是中国国民的领土,为策动'台湾独立'留后路,因而这个信件是骗人的。"①为了促进中日关系正常化,中国政府提出了中日邦交正常化三原则:(1)中华人民共和国是代表中国的唯一合法政府;(2)台湾是中华人民共和国领土不可分割的一部分;(3)"日蒋和约"是非法的、无效的。但佐藤政府认为,"日华和平条约虽有当时杜勒斯特使强加的成分,但日本作为一个主权国家毕竟是通过了正式手续的。现在翻缔约当初的案宣布无效,这关系到国家的威信,不容商量。"②佐藤政府已成为中日邦交正常化的严重阻碍,日本自民党内大部分人都希望佐藤引退,甚至佐藤派内部也发生分裂。1972年7月6日,佐藤宣布下台,田中角荣继任。标志着自民党内部阻挠中日邦交正常化势力遭到了沉重的打击。在佐藤辞职前,自民党田中、大平、三木三派就日本外交新政策达成了谅解,在缔结三派政策中明确地写上了"代表中国的唯一正统政府是中华人民共和国,台湾是其领土的一部分。与中华人民共和国政府进行谈判,争取缔结和平条约"③。

再次,日本各界为日中关系正常化作了不懈努力。进入20世纪70年代,中国的国际地位不断提高,加拿大、意大利等国相继与中国建交,在联合国,要求恢复中国合法席位的呼声不断高涨,这对积极要求日中邦交正常化的日本各界友好人士是个鼓舞。他们纷纷展开积极行动,促使日中邦交早日正常化。1970年12月,由379人组成的超党派日中邦交议员联盟成立。次年,该联盟派出藤山爱一郎率代表团访华,并发表了联合声明,确认中华人民共和国是代表中国人民的唯一合法政府,台湾是中国领土不可分割的一部分。公明党和社会党也分别成立日中邦交正常化国民协议会和日中邦交国民会议。田中内阁成立后,两党领袖竹入义胜和佐佐木更三和自民党的古井嘉实和田川诚一等还积极为中日两国首脑会晤牵线搭桥。日中贸易促进会、日本国际贸易促进协会、日中进出口工会、促进日中贸易议员联盟等也积极开展活动。1971年10月,以大阪商工会议所会长佐伯勇为团长的关西财界大型代表团访华,强调只承认一个中国。甚至对日中邦交一直持消极态度的日本经团联会长植村甲五

---

① 孙平化:《中日友好随想录》,世界知识出版社1986年版,第122—123页。
② 〔日〕永野信利著,顾汝钰译:《日中建交谈判纪实》,时事出版社1989年版,第9—10页。
③ 同上书,第15页。

第十章　正视历史,面向未来——推进中日战略互惠关系的健康发展

郎,也在1972年5月经团联会上表示:"实业界访华人士的增长,从历史潮流来看,乃是势在必然。""两国人员交流的积累,将促进邦交正常化。"1972年伊藤忠商事社长越后正一、住友商事社长津田久、住友银行行长浅井孝二、新日本制铁公司总经理稻山嘉宽等经济金融界巨头相继访华,要求尽快恢复日中邦交。1971年10月,日本全国举行了一百几十万人参加的大示威,要求佐藤下台,立即恢复日中邦交。1972年3月,社会党、公明党、工会总评议会联合举行大规模的"实现日中建交国民大会",强烈谴责佐藤内阁的反华政策,要求早日恢复日中邦交。许多日本群众纷纷向报社写信,要求佐藤内阁辞职,改变对华政策,实现日中邦交正常化。日本时事通讯社1972年7月对全国20岁以上人士进行抽样调查,其中对田中新内阁对外政策期望是:(1) 恢复日中邦交(48.1%);(2) 推进联合国和平外交(37.1%);(3) 收复北方领土(27.8%);(4) 强化日美关系(15%),可见舆论对日中邦交寄予很大期望[1]。从中国方面看,发展中日关系始终是中国的一贯方针,只是由于日本政府的阻挠而未能实现。20世纪60年代末中苏关系严重恶化以后,苏联在靠近中国北方的边境地区驻扎百万重兵,对中国形成严重威胁。为了维护国家安全,对抗苏联霸权主义,毛泽东提出"一条线"战略,争取改善与美国、日本等西方大国的关系。尼克松访华后,毛泽东指示,"我们现在要争取联邦德国和日本,这是两大任务","恢复中日邦交这个时机不能等得太久"[2]。田中内阁成立后,中国就对田中内阁作出积极反应,促进中日邦交正常化。

1972年7月7日田中新内阁成立后,新首相在第一次会见新闻记者时就公开表示:"日中邦交正常化时机业已成熟,我要认真地处理这一历史性课题。"在第一次内阁会议谈到外交工作时,田中又提出:"要尽快同中华人民共和国实现邦交正常化。"田中还说:"日本不仅需要日美安保条约,也要与中国缔结友好关系。日中美三国成为等腰三角形关系,就可维持远东和平。日本与中国的邦交正常化,是比在亚洲建立北约更为有力的安全保障。"[3]新外相大平正芳也发表谈话:"为实现日中邦交正常化,新内阁首相或外相需要前往中国访问。到日中邦交完全正常化时,不能想象'日台条

---

[1] 包霞琴:《战后日本亚洲外交》,第72—73页。
[2] 转引自曲星:《中国外交五十年》,第345页。
[3] 《日本问题资料》,1987年10月。

约'还能继续存在。"他提出:"我们有决心实现邦交正常化……以前的外交是看美国的脸色行事,这不能说错,今后虽然很难,但我们要走自己的路。"①从而表明日本政府已下决心调整佐藤政府的对华政策,接受中国提出的建交三原则。中日两国具备了开始进行邦交正常化谈判的基本条件。7月16日,周恩来在会见日本社会党前委员长佐佐木更三时明确表示:"如果现任首相、外相或其他大臣来谈恢复中日邦交正常化问题,北京机场准备向他们开放。"并指出:"现在日本新政府离过去发动侵略的日本军国主义已经相当远了,现在应该向前看,而不是向后看,要解决今后的问题。"②8月11日,大平外相表示,田中首相准备访问中国。13日,中国外长姬鹏飞受权宣布周恩来总理邀请田中首相访华。9月25日,田中首相访华。29日,签署了《中日联合声明》。声明指出:"中华人民共和国和日本国之间迄今为止的不正常状态宣告结束";"日本国政府承认中华人民共和国政府是中国唯一合法政府";"中华人民共和国政府重申:台湾是中华人民共和国领土不可分割的一部分,日本国政府充分理解和尊重中国政府的这一立场,并坚持遵循波茨坦公告第八条的立场。"声明确认:"两国任何一方都不应在亚洲和太平洋地区谋求霸权,每一方都反对任何其他国家或国家集团建立这种霸权的努力。""日本方面痛感日本过去由于战争给中国人民造成的重大损失的责任,表示深刻的反省。""为了中日两国人民的友好,(中国)放弃对日本国的赔款要求。"③日本外相大平正芳在《声明》签署后的记者招待会上宣布,由于中日邦交实现了正常化,"日台条约"失去了存在的意义,已告终结。日本与中国台湾的"外交关系"也无法继续维持④。中日邦交正常化结束了两国关系长期不正常状态,揭开了中日关系和平友好发展的新篇章。中日关系正常化,对改善中国的安全战略环境,对缓和亚洲紧张局势,维护世界和平与安全都有重要意义。

中日关系随着正常化揭开了新的一页,在20世纪70年代,两国先后缔结了关于建设两国间海底电缆的协议(1973年5月)、贸易协定(1974年1月)、航空运输协定(1974年4月)、海运协定(1974年11月)、渔业协定(1975年8月)、商标保护协定(1977年9月)、长期贸易协定(1978年2月)

---

① 〔日〕《自由民主》,1985年第4期。
② 《人民日报》,1972年7月17日。
③ 《人民日报》,1972年9月30日。
④ 〔日〕霞山会编:《日中关系基本资料集(1945—1997)》,1998年版,第164页。

等。这些协定标志着两国关系走上了正常轨道,大大促进了两国经贸关系的发展。日本一跃成为中国最大的贸易伙伴。

根据《中日联合声明》的规定,双方于1974年11月开始进行和平友好条约的谈判。由于日本自民党内部派系斗争、中日两国国内政局动荡和苏联在"反霸条款"问题上对日本施加的强大压力,谈判进行了将近4年时间。直到1978年国际形势特别是亚太地区形势发生了重大变化,首先是中国明确了改革开放路线,对外关系进入了一个新的阶段,中日长期贸易协定的签订展示了两国贸易的巨大潜力。其次,美苏争夺加剧,苏联大力推行南进战略,太平洋舰队频繁在日本近海活动,在越南金兰湾大规模扩建海空军基地,美国出于对苏战略考虑,公开表示支持日中缔结友好条约。并表示中日条约中的反霸条款问题对美国不存在任何问题。西欧、东盟国家也因抗击苏联霸权主义战略的需要,鼓励日本加强与中国的关系。再次,在日本国内,要求缔结日中和约的呼声不断高涨。社会党、公明党、新自由俱乐部、社会民主联盟等明确主张遵循《日中联合声明》的精神,早日缔结和约;在自民党内,成立了《日中和平友好条约》促进协议会。经济界、财界也纷纷致信福田首相,要求早日缔约。正是在这种背景下,福田首相决定重开日中和约谈判。谈判从1978年7月21日到8月12日,正式会谈15次,主要问题是围绕反霸条款与第三国关系问题,最终双方在反霸条款问题上达成协议。8月12日签订了《中日和平友好条约》,条约第三条明确写上了反霸条款。

《中日和平友好条约》的缔结,对中日双边关系和亚太地区乃至整个国际形势都有重大影响。这一条约是对中日关系的政治总结,也是两国睦邻关系进入到一个崭新阶段的重要标志。条约通过法律形式,把《联合声明》的各项原则固定下来,成为两国发展友好关系的准则。这一条约为促进两国经济、文化和科技交流开辟了广阔前景,对中国的社会主义现代化建设有重要意义。两国的政治对话也趋向制度化和框架化。由于条约是在苏联推行霸权主义高峰时期签订的,因此,条约的签订对苏联的霸权主义是一个打击。美国、东盟和澳大利亚、新西兰等国则对条约表示欢迎。世界舆论普遍认为,条约对亚洲、太平洋地区的稳定和世界形势的发展都有重要意义和深远影响。条约的签订也标志着日本从"脱亚入美"战略向"自主多边"外交战略的转变开始进入实质性的调整阶段。2003年8月,《中日和平友好条约》签订25周年之际,胡锦涛主席在会见日本客人时说:"1978年签订的《中日和平友好条约》是中日关系史上具有划时代意义的大事,它第一次以法律形式确定了两国和平共处、世代友好的大方向,为中日关系的发展奠定了坚实的政治基础。"①

1978年10月,邓小平访日,互换条约批准书,条约正式生效。双方强调应在和平友好条约的基础上进一步发展关系,在经济、贸易、文化等方面加强合作。随着中国改革开放的全面启动,中日关系增添了新的活力。1979年12月,大平正芳首相访华,为表示对中国改革开放的支持,大平宣布日本政府向中国提供政府开发援助的日元贷款(简称ODA)。即第一批日元贷款3 309亿日元,1984年又开始启动总额为4 700亿日元的第二批日元贷款,1989年又宣布从1990年起提供8 100亿日元的第三批日元贷款。利率较低(2.5%—3%),偿还期达30年。同年日本进出口银行也开始向中国提供能源开发贷款。中日经济交流从单一的贸易往来走向深入、全面的经济合作。经济合作日益成为发展中日关系的基础。

20世纪80年代,中日领导人又共同制定了发展中日关系的四项原则,即和平友好、平等互利、相互信赖、长期稳定。并成立了"中日友好21世纪委员会"。

二、中日之间的历史遗留问题

虽然中日关系实现正常化,并且签订了和平友好条约,但两国之间存在的深层次问题并没有得到真正解决,例如日本对过去侵华战争的认识问题、"日台"关系问题、领土争议问题等,处理不好,随时可能危及两国关系的健康发展。

关于日本对过去侵华战争的认识问题,周恩来指出:"自1894年以来的半个世纪中,由于日本军国主义者侵略中国,使得中国人民遭受重大灾难,日本人民也深受其害。前事不忘,后事之师,这样的经验教训,我们应该牢牢记住。"②但战后,日本始终没有承认过去对中国的战争是侵略战争,更没有正式向中国人民道歉。而美国出于对苏联冷战的需要,保留了一批军国

---

① 《人民日报》,2003年8月10日。
② 田恒主编:《战后中日关系年表(1945—1970)》,中国社会科学出版社1996年版,第104页。

主义积极分子作为反苏反共骨干（如岸信介之流），他们千方百计要为日本侵略战争翻案，宣称这是日本为了"解放亚洲人民"的大东亚圣战，企图复活日本军国主义。在少数极右翼势力的鼓动下，日本政府做出多起伤害中国人民感情的事情，如修改历史教科书、筹建"满洲建国之碑"、参拜靖国神社等。

1982年，日本文部省在审定中学历史教科书时，要求在涉及两次世界大战的历史时，冲淡对日本侵略行为的记述，如应把"侵略中国华北"改为"进入中国华北"；把对中国的全面侵略改为"全面进攻"；把南京大屠杀改为"中国军队的激烈抵抗使日军蒙受重大损失，激愤而起的日军杀害了许多中国军民"；把日军在中国实行的"三光政策"改为"抗日运动的展开，迫使日本军队保证治安"等[1]。1986年，文部省审定"合格"的《新编日本史》写道：日本进行战争（按：指"二战"日本对中国和亚洲进行的战争）的目的，"是从欧美列强统治下解放亚洲，并在日本领导下建设大东亚共荣圈"。

日本政府篡改、歪曲历史、美化侵略的做法，激起亚洲各国人民的强烈愤慨。中国政府向日本政府提出严正交涉，提出："承认不承认日本军国主义对中国侵略的历史，这是发展中日关系的一个重大原则问题"，要求日本政府采取必要措施纠正文部省在审定教科书中的错误。1985年8月15日，日本战败40周年，日本首相中曾根康弘带领内阁成员以公职身份集体参拜供奉有东条英机等日本军国主义头目和侵略亚洲及中国的甲级战犯牌位的靖国神社。这种行为极大地伤害了包括中国人民在内的曾经遭受日本野蛮侵略的国家人民的感情，遭到了中国和亚洲国家的强烈抨击。

关于"日台"关系，中日建交后，日本国内不断出现要求"修复日台关系"的逆流。日本政府也尝试提高与台湾当局往来人士的级别，并发生了企图为"两个中国"确立判例的"光华寮"案件。

针对日本国内出现的一系列危及中日关系基本原则的问题，邓小平在1985年10月对来访的日本外相指出："这些年我们没有给日本出过难题，而日本的教科书问题，最近的参拜靖国神社问题，是给我们出了很大的难题。'前事不忘，后事之师。'两国领导人都要经常注意避免出现这样

---

[1] 林代昭：《战后中日关系史》，北京大学出版社1992年版，第277—278页。

那样的政治问题。因为这些问题一出现,人民就联系到历史。……不但是中国,而且整个亚洲,包括东亚、东南亚国家的人民都有这个感情问题。所以,出于继续发展中日关系的愿望,我建议日本的政治家、日本政府的领导人和各位朋友关注这个问题。……对日本方面来说,不做这样的事没有任何损失,不做这些事可以很平静地、很稳定地、持续地发展两国之间经济政治关系。"①

中日之间的领土争端问题主要是关于钓鱼岛主权归属问题。位于台湾省东北 100 海里处,面积 5 平方公里,是台湾岛的附属岛屿。甲午海战后,《马关条约》把台湾割让给日本。不久,钓鱼岛也被日本占领。"二战"后,日本把台湾、澎湖交还中国,却把钓鱼岛交给美国驻日本冲绳的占领军。1971 年美日达成归还冲绳协定后,美国把钓鱼岛也交给日本。日本认为它是琉球群岛的一部分,称为尖阁群岛。钓鱼岛主权问题的关键是它应属于台湾列岛的附属岛屿还是琉球列岛的附属岛屿。琉球群岛历史上长期在中国管理之下。19 世纪末被日本占领并得到清政府的承认。1880 年李鸿章在与日本特使商谈琉球问题时,双方都明确同意琉球群岛有 36 个岛屿,而钓鱼岛根本不在这 36 个岛屿之列。因此,美国把钓鱼岛交给日本是没有法律依据的,但却给中日留下一个难以处理的争议问题。钓鱼岛的问题除涉及主权领土和民族尊严外,还与东海大陆架资源密切相关。据联合国地质勘测报告,台湾岛与日本之间的大陆架极有可能是世界上油气藏量最丰富的地区之一,甚至可能是另一个波斯湾。而东海大陆架的含油构造正好位于中日在东海大陆架争议区,钓鱼岛位置恰好与中日之间大陆架争议密切相关。中日建交与和平友好条约谈判时,双方同意把钓鱼岛问题挂起来。邓小平在访日互换条约批准书时,在回答记者关于钓鱼岛问题时说:"尖阁群岛我们叫钓鱼岛,这个名字我们叫法不同,双方有着不同的看法,在这次谈判中日和平友好条约的时候,双方约定不涉及这一问题。倒是有些人想在这个问题上挑些刺,来阻碍中日关系的发展。我们认为两国政府把这个问题避开是明智的。这样的问题放一下不要紧,等 10 年也没有关系。我们这一代人缺少智慧,谈这个问题达不成意见,下一代总比我们聪明,一定能找到彼此都能接受的办法。"②

---

① 《邓小平思想年谱》,第 340 页。
② 傅耀祖等:《邓小平的外交艺术》,中共中央党校出版社 1999 年版,第 237 页。

第十章 正视历史,面向未来——推进中日战略互惠关系的健康发展

第三节 从致力于友好合作伙伴关系到构筑战略互惠关系

20世纪90年代,随着70年代初形成的中美苏战略三角关系的消失,建立在这一冷战格局基础上的中日关系的框架和模式也遇到了挑战,同时也为两国调整相互关系提供了历史性的机遇。这就使中日关系呈现出前所未有的复杂局面。一方面,两国在经贸领域的交流与合作在广度和深度上都有长足的发展;另一方面,两国在政治安全领域又出现频繁的分歧与摩擦。双方关系跌宕起伏。到20世纪90年代后期,双方都觉得需要在新的国际关系背景下寻求共同战略利益的交汇点,宣布致力于和平与发展友好合作伙伴关系,重新构筑发展双边关系的新的战略框架。

一、中日友好合作伙伴关系的建立

20世纪90年代,中日关系经历了几个阶段,1989—1993年为第一阶段,"六四"事件后,日本虽然参与了美国为首的西方国家对中国的制裁,但始终坚持反对孤立中国的主张,并最先打破了对中国的制裁。1990年日本恢复了第三批对华日元贷款,并派文部省大臣出席北京亚运会,冲破了不与中国进行高层接触的禁令。1991年8月,海部俊树首相访华,成了"六四"后第一位访问中国的西方国家首脑。1992年4月,江泽民总书记应邀访问日本,会见了明仁天皇,与宫泽首相进行会谈。江泽民对20多年来的中日关系作了政治总结并阐明了中国的对日政策,强调发展长期友好合作关系是中国外交一项基本政策。宫泽强调:今天的日中关系不仅是日中两国之间或地区性的关系,而且已经进入"世界中的日中关系"的新时代,对日本来说,日中关系与日美关系同等重要①。10月,日本天皇夫妇正式访问中国,这是日本天皇首次访问中国。江泽民会见天皇时说,中日关系一要以史为鉴,二要向前看,三要世世代代友好下去。天皇表示,日本"有过一段给中国

---

① 外交部政策研究室编:《中国外交概览,1993》,世界知识出版社1993年版,第43页。

人民带来深重苦难的不幸时期,我对此深感痛心。战争结束后,国民基于不再重演这种战争的深刻反省,下定决心,一定要走和平国家的道路"①。从而使中日关系发展在建交20周年之际出现了新的高潮。

日本在这段时间表现出积极、友好的姿态,主要是因为冷战结束后,日美矛盾上升,日本反对美国独霸世界,提出美日欧三家共同主宰世界。为了实现这一目标,需要借助中国的力量。日本要成为联合国安理会常任理事国,也需要中国的支持。同时,日本担心苏联解体的多米诺效应波及中国,导致中国崩溃,改革倒退,社会动荡(这是当时西方十分流行的看法)。日本认为,由于地缘关系,中国崩溃将严重影响整个亚洲的稳定,给日本带来十分不利的影响。

第二阶段,1994—1996年,中日间政治、安全摩擦不断,两国关系出现倒退。在台湾问题上,日本某些政治势力千方百计突破中日建交原则的限制,企图与台湾当局发展官方关系。1994年日本借广岛亚运会之机,邀请台湾"行政院"副院长徐立德访日,严重违背了日本在台湾问题上的郑重承诺。在领土争议问题上,1996年7月,日本右翼分子登上钓鱼岛,并在岛上建立灯塔。中国政府要求日本政府采取有效措施消除由此产生的不良影响。中国方面一直主张通过友好协商解决领土争议,任何一方不要制造事端。9月,日本右翼团体再次登上钓鱼岛活动,中国政府向日方提出强烈抗议。在历史问题上,1996年7月,桥本龙太郎首相突破日本政府11年来的自我约束,又以公职身份参拜靖国神社,遭到中国和亚洲国家的强烈谴责。1996年日本在与美国修正"日美防卫合作指针"时,日本内阁官房长官声称日美防卫范围包括中国台湾。日本参众两院通过与日美防卫指针相关法案后,中国外交部明确指出:"任何直接间接地把中国的台湾纳入日美安全合作范围的企图,都是对中国主权和领土完整的侵犯和对中国内政的干涉,我们坚决反对。"②日本政府上述所作所为表明日本的对华战略已经从过去的联合、借助中国转向防范与牵制中国的战略。其调整的主要原因,一方面是中国经济获得稳定、快速的发展,综合国力有很大提高。而日本加紧争当政治大国步伐,要夺取亚太地区主导权,因此不愿看到中国的强大与统一。另一方面是日本进行了政治换代,新领导人大多是在美国受教育的,对中国了

---

① 外交部政策研究室编:《中国外交概览,1993》,世界知识出版社1993年版,第46页。
② 新华社东京1999年5月25日电。

第十章　正视历史,面向未来——推进中日战略互惠关系的健康发展

解不多,中日关系观念淡薄,并具有较强的国家主义倾向,日本国会中对华友好人士所剩无几,亲台势力却明显上升。社会思潮中民族主义情绪日益增长,没有对过去侵略战争的负罪感。同时,中国的崛起导致了"中国威胁论"的盛行,这种奇谈怪论在日本有相当市场。日本国民经济研究会理事长、著名经济学家叶芳和就认为:"考虑到中国庞大的潜在市场和不断扩大的军事存在,21世纪的中国将执掌亚洲的主导权,不排除中国搞霸权主义的可能性。因此,日本应制定以中国成为超级大国为前提的新战略。"[①]此外,中日之间相互协商的交往机制、方式、深度都不足以满足变化了的中日交往的需要。中日政治、安全关系的发展缺少70年代那种实现突破性进展的动力和手段。

第三阶段,1997—2000年,中日友好合作伙伴关系的确立。1994—1996年的政治摩擦使中日双方都意识到这种趋势发展下去对双方都非常不利,而且潜伏着很大危险,认识到改善中日关系的必要性和迫切性。同时认识到仅靠强调20世纪70年代以来友好关系的各项原则已经不能适应变化了的国际关系和中日双边关系的现实。要消除引发双方政治摩擦的隐患,把中日关系推向新的发展阶段,必须确立面向21世纪的双边框架。在长期、稳定、健康发展的基础上建构中日关系[②]。1997年正值中日邦交正常化25周年,双方都认为这是改善两国关系的契机。9月和11月,两国总理进行互访,使中日关系走出政治摩擦的低谷,为实现改善两国关系迈出了关键一步。双方确认要努力构筑面向21世纪的中日睦邻友好合作关系。李鹏总理提出了发展今后中日关系的五项原则:(1)互相尊重、互不干涉内政;(2)求同存异,妥善处理分歧;(3)加强对话,增进相互了解;(4)互利互惠,发展经济合作;(5)面向未来,实现世代友好。1998年是中日缔结和平友好条约20周年。这一年中日之间高层互访和各领域对话、交流和协商出现了一个新高潮。

1998年11月25—30日,中国国家主席江泽民访问日本,这是中国国家元首首次访问日本。中方这次访问的基本方针是:"总结过去、开辟未来、坚持原则、深化合作。"在访问期间发表的中日《关于建立致力于和平发展的

---

① 〔日〕《日本安全保障与防卫力量的应有状态——展望21世纪》,防卫问题恳谈会1994年,第18页。
② 张蕴岭主编:《伙伴还是对手——调整中的中日美俄关系》,社会科学文献出版社2001年版,第212—213页。

友好合作伙伴关系的联合宣言》中指出:"双方认为,正视过去以及正确认识历史,是发展中日关系的重要基础。日方表示,遵守1972年中日联合声明和1995年8月15日内阁总理大臣的谈话,痛感过去对中国的侵略给中国人民带来重大灾难和损害的责任,对此表示深刻反省。"在此,日本首次明确承认过去对华战争的侵略性质。《宣言》指出:"日方继续遵守日本在中日联合声明中表明的关于台湾问题的立场,重申中国只有一个,日本将继续只同台湾维持民间和地区往来。"这是日本第一次书面表示"中国只有一个"的立场。《联合声明》明确指出:"中日建立致力于和平与发展的友好合作伙伴关系,这将使两国关系进入一个新的发展阶段。"①《中日联合宣言》是继1972年《中日联合声明》和1978年《中日和平友好条约》之后发表的中日之间的第三个基本文件,标志着中日关系发展实现了新的进展。中日伙伴关系的具体内容包括:两国领导人每年交替互访;建立中日政府间热线电话;加强两国各个层次和级别的交流;建立稳定的经贸合作关系;进一步开拓在高科技、信息、环保、农业、基础设施等领域的合作;根据双边各项原则,通过友好协商,妥善处理两国间现存的和今后可能出现的问题、分歧和争议,避免因此干扰和阻碍两国友好关系的发展等。中日伙伴关系由3个层次的架构构成:第一个层次,中日伙伴关系总体架构,即表述为"致力于和平与发展的友好合作伙伴关系"的两国未来关系基本定位;第二个层次,双方能够合作的共同范围,即《中日联合宣言》中关于双边及国际事务的一系列双方共同接受的观点;第三个层次,当前能够确定的具体合作项目,即中日《联合新闻公报》中公布的当前和未来中日之间的33个合作事项②。江泽民访日期间,除《中日联合宣言》外,还发表了《联合新闻公报》、《中日关于进一步发展青少年交流的框架合作计划》、《中日面向21世纪的环境合作的联合公报》、《中日关于在科学与产业技术领域开展交流与合作的协定》等文件,进一步充实了伙伴关系的内容。

冷战结束后,尽管中日政治关系的发展受到了不确定因素的影响,但两国间的经济和文化交往却一直朝着多领域、多渠道、多层次、多元化的方向扎扎实实的发展。双边贸易从1991年的200亿美元到2000年突破800亿美元大关,达到830亿美元。日本是中国第一大贸易伙伴,中国是日本第二

---

① 《人民日报》,1998年11月26日。
② 张蕴岭主编:《伙伴还是对手》,第227页。

大贸易伙伴。到1998年底,日本对华投资项目累计达17 602个,实际利用金额约219亿美元,居外国首位。1979—1997年日本向中国提供22 584亿日元政府开发援助,中国是日本政府开发援助最大受援国,日本是对华提供援助最多的国家。中日之间友好省县和友好城市有261对,双方人员往来从1972年的9 000人到1996年达101.3万人,占来华外国人首位。两国文化、学术界的交流也十分频繁,各种文化团体、学术代表团互访与交流十分频繁。到1996年底,在日的中国留学生有23 000人,占日本吸收海外留学生的40%。在华留学的日本学生超过一万人。

二、21世纪初期中日关系的"政冷经热"

进入新世纪,正当中日两国可以沿着1997年双方《联合声明》所确立的"致力于和平与发展的友好合作伙伴关系"的轨道,使中日关系向新的深度和广度迈进的时候,由于日本首相小泉纯一郎顽固坚持参拜靖国神社,推行与中国对抗的外交战略,导致中日政治关系持续冷淡甚至恶化的局面。自小泉2001年上台以来,连续5年两国领导人没有进行过一次互访,甚至在国际会议场合也基本不安排双边会晤,中日关系陷入前所未有的困境。而同时,两国经贸关系继续强劲发展,出现了学者称之为"政冷经热"的奇特现象。

小泉上台后,为使日本成为政治大国和军事大国,在战略和外交政策上采取了一系列与中国对抗的举措。首先是一再坚持以首相身份参拜靖国神社,为军国主义招魂,这损害了中日关系的政治基础,也冲击了东亚国际秩序的政治基础,对第二次世界大战中日本法西斯侵略亚洲与中国问题的认识,不仅仅是一个历史认识问题,而且是对正义与邪恶持什么态度的问题,是一个重大的国际道义问题。小泉一再参拜靖国神社,并指责中国反对参拜是拿历史问题"矮化"日本,是干涉日本内政,企图利用历史问题挑起中日民间对立,在日本国内煽起民族主义情绪,为日本政治右倾化加固社会基础。其次,大肆鼓吹"中国威胁论",将"中国威胁论"写入日本新的"防卫计划大纲",并大肆"妖魔化"中国,以达到寻求与中国对抗的精神资源,宣称中国的崛起将改变东亚的权力分配结构,未来中国可能在东亚取代美国的霸权地位。小泉首相和日本阁僚数十次出面阻止欧盟解除对华军售禁令。在台湾问题上,中日建交以来,日本一再表示在台湾问题上,日本不便"说三道四",1997年重新修订的"日美防卫合作指针"中,日关于"周边事态"的地理范围还暧昧不清,但 2005 年日美联合声明中公开宣称维护台湾海峡安全是两国的"共同战略任务","和平解决台湾问题是双方共同的战略目标。"①日本政府还允许李登辉到日本活动,其安全保卫达到国家元首级别。中国全国人大通过"反分裂国家法"后,日本表示强烈反对。日本政府还授权日本帝国石油公司在东海中日有争议的海域进行勘探活动,并大力加强日美同盟,重新"脱亚入美",企图借美国之手来遏制中国,这些说明为了推行军事大国化战略,小泉政府需要中日关系中的"问题状态"来打压日本国内长期存在的反对修改和平宪法,反对海外出兵,反对日本成为拥有战争权的国家的和平主义思潮,促进日本政治与战略转型。

与政治关系的冷淡相反,两国的经济关系却强劲增长。20 世纪 90 年代以来,日本经济长期处于停滞状态,2003 年起经济开始复苏,经济复苏主要是靠出口增长拉动的,而日本出口增长,主要是依靠对华出口增长拉动。2000—2005 年,日本出口贸易增长了 24%,其中对第一大出口对象国美国下降了 6%,对华出口却增加了 164%,对华出口对日本出口增长贡献率达 42.5%(其中 2002 年达 84.6%),中日贸易额从建交时的 11 亿美元,2000 年的 830 亿美元猛增到 2005 年的 1 893 亿美元,2006 年的 2 073 亿美元。1998—2006 年中日贸易额连续 9 年创历史纪录。日中贸易额赶上并超过日美贸易额。不仅日本企业进一步扩大在华投资,中国企业对日直接投资也开始起步,这是推动中日经济关系发展的新因素。日本《读卖新闻》指出:"对华出口已成为左右日本经济的因素,是对华贸易带动了日本经济走向复苏。"②日本经济回升高度依赖对华出口,迫使日本有关方面加强中日经贸合作。中日两国在双边和区域框架下的经贸合作趋于强化,双方的能源、环保合作迅速推进。2006 年 3 月中日财政部长首次财长对话表示要加强财政金融合作。中日联合推动的东亚货币取得进展,日本对中国提出的建立东亚自由贸易区也逐步改变前几年的消极态度。

三、努力构筑中日两国的战略互惠关系

小泉对抗中国的政策在日本国内也引起不满,日本国内反对参拜靖

---

① 《人民日报》,2005 年 2 月 21 日。
② 〔日〕《读卖新闻》,2004 年 1 月 19 日。

第十章　正视历史,面向未来——推进中日战略互惠关系的健康发展

国神社、修复日中政治关系的呼声日益高涨,甚至有些一贯偏右的重要媒体也对直接导致中日关系恶化的小泉参拜行为提出严厉批评,日本大阪地方法院判小泉参拜违反日本宪法。日本前首相中曾根指出:"日本必须加强同中国合作,必须检讨与中国在政治上越来越疏远的原因。"①2006年9月,安倍晋三就任首相后,中日双方就克服影响两国关系的政治障碍和促进两国友好关系健康发展达成一致,为中日关系的改善创造了条件。10月8日,安倍首相应邀访问中国,这是5年来第一个日本首相访华,也是安倍就任首相后的首次出访,从而开启了改善两国关系的希望之窗,被称为"破冰之旅"。胡锦涛在会见安倍时指出,中日友好和互利合作不仅关系到两国的发展和利益,也关系到亚洲乃至世界的和平、稳定与繁荣。中日双方必须从战略高度和长远角度来审视和把握两国关系,坚持和平共处、世代友好、互利合作、共同发展的大目标,共同构筑全方位、宽领域、多层次的中日友好和互利合作的新格局②。安倍表示:日本将坚持和平发展,绝不赞美军国主义,不美化甲级战犯。将按照双方关于克服影响两国关系政治困难,促进日中关系健康稳定发展的共识,妥善处理历史问题③。双方同意构筑战略互惠关系,标志中日双方打开了政治僵局。2007年4月11—13日,温家宝总理对日本进行访问,称为"融冰之旅",两国确定了战略互惠关系的基本内涵和框架,共同启动了中日经济高层对话机制,标志着中日两国经济合作机制提升到更高层次。12月27—30日,日本首相福田康夫访华,进行"迎春之旅"。应日本海上自卫队邀请,中国导弹驱逐舰"深圳"号访问了日本,这是新中国成立以来中国军舰首次访日,开启了中日防务交流的新篇章。2008年5月6—10日,胡锦涛对日本进行国事访问,被称为"暖春之旅"。这是10年来中国国家元首首次访日,双方签署了"中日关于全面推进战略互惠关系的联合声明",这是中日关系第四个重要政治文件。声明强调,"中日关系对两国都是最重要的双边关系之一,两国对亚太地区和世界的和平、稳定与发展有着重要影响,肩负着庄严责任。"双方确认互为合作伙伴,互不构成威胁;重申相互支持对方的和平发展;坚持通过协商和谈判解决问题。基于双方对"长期

---

① 〔新加坡〕《海峡时报》,2003年11月14日。
② 新华社北京2006年10月8日电。
③ 同上。

和平友好合作是双方唯一选择"的共识,相约"全面推进战略互惠关系","不断增进相互理解和相互信任、扩大互利合作",最终实现和平共处、世代友好、互利合作、共同发展的目标。两国领导人着眼大局,立足长远,共同为新时期的中日关系构建框架、规划未来。这次访问,具有鲜明的时代感,标志着中日关系走向新的发展阶段。

中日关系不仅是单纯的双边关系,而且是国际格局的重要组成部分。一方面,国际格局规定了中日关系变化发展的基本方向;另一方面,中日关系的发展又影响国际格局的变化和重组。日本是世界第二大经济强国,中国经济总量居世界第四位,两国都是在世界上有重要影响的国家。稳定两国关系,不仅对双方,对亚洲,而且对世界都有重要意义。

首先,相互依赖的经贸合作是中日战略互惠关系的经济基础。中日两国虽然都是经济大国,但处于不同发展阶段,经济上有很强的互补性和互利性,而矛盾、竞争却不突出。几十年两国的经贸合作已形成"你中有我,我中有你"、"谁也离不开谁"的局面,前几年尽管两国政治关系趋于恶化,而经济关系仍继续强劲发展就是一个证明。中国已取代美国成为日本第一大贸易伙伴,2007年贸易额达2 360亿美元。

1978年以来,日本向中国提供了约300亿美元援助(包括低息长期贷款等),日本对华投资项目累计约4万个,金额超过600亿美元,提供近千万个就业岗位,对中国经济发展产生良好作用。中日贸易中日本年年有大量顺差,正是对华出口带动了日本的经济复苏。双方经济领域已形成任何第三方都难以替代的关系。日本著名学者大前研一认为,日本要借中国的发展实现自我发展。他指出"那些宣传中国威胁论的人似乎在期待中国经济在北京奥运会后减速,但果真那样,出乱子的将是日本自己。"[1]经贸关系是两国关系的一个重要基础。随着中国经济持续快速发展,日本经济持续复苏,通过推动两国经济合作,寻求互利共赢应有光明前景。把双方各自的优势结合起来,发展互利互补的经济合作,是维系和推动未来中日关系健康发展的重要因素,也是两国最大的战略利益交汇点,双方在经济宏观和微观管理方面,可以互相借鉴和学习。亚洲是当今世界经济最活跃的地区,应有自己相应的货币体系,在这方面,中日两国应发挥重大作用。中国、日本和韩国应在东盟(10+3)和中日韩合作的框

---

[1] 〔日〕《追求周刊》2008年4月9日。

架下,尽快启动东亚自由贸易区的谈判,并在清迈协议的基础上实质性启动亚洲金融合作,以期形成美元、欧元、亚元三足鼎立,这对促进东亚经济发展和经济合作有重要意义。中日已就东海共同开发问题达成原则协议,要抓紧落实,使两国共同受益。

其次,1972年《中日联合声明》、1978年《中日和平友好条约》、1998年《中日联合宣言》和2008年《联合声明》四个重要文件是中日战略互惠关系的政治基础。稳定和发展中日政治关系,增进互信是一个重要主题。中日两国都应把双方关系提升到"世界的中日关系"和"亚洲的中日关系"的高度来看待和解决双边存在的问题,从发展的角度去处理和审视双方的矛盾。中国必然崛起,日本必然成为政治大国,这是不可阻挡的。因此,日本如何看待中国的崛起,中国如何看待日本政治大国化趋势,是中日关系能否健康发展的重要因素。双方要通过战略对话、增信释疑、减少误判,摆脱"中国威胁论"和"日本威胁论"的阴影。从日本看,中国在崛起,但中国走的是和平崛起的道路。中国的发展不仅不会对日本形成威胁,而且对日本是一个难得的机遇。这次日本经济从长期停滞到复苏,在很大程度上就得益于中国经济发展促进日本对华出口的年年攀升。所谓"中国威胁论"只是某些反华势力恶意"妖魔化"中国的奇谈怪论。从中国看,对处理中日关系要有新思路,一是要正视现实,从国家利益、国际行为规范和道义准则三方面加以考虑,该讲的原则要理直气壮地讲,该加强的合作要努力继续扩大和深化;二是要冷静看待中日在国际地位上的变化趋势,只要中国把自己的事情办好,无须与日本在东亚地区一争高低,要以平等之心对待日本和其他周边国家[①]。日本是美国确保其作为一个外在力量在东亚具有强大影响的关键因素,中日交恶,不仅损害双方利益,而且会被美国利用。中日关系会影响到中美关系。在日本,确有一些人想复活军国主义,但毕竟是少数,它不仅遭到亚洲国家的强烈反对,也遭到日本广大人民的反对。日本近期的目标是甩掉战败国的帽子,成为"普通国家",以及在国际社会中发挥更大作用的政治大国,成为世界格局中重要一极。所以我们对日本加强军备要密切注视,但不要强调过分[②]。胡锦涛主席访日的《联合声

---

① 上海国际问题研究所:《2006年国际形势年鉴》,上海辞书出版社2006年版,第11页。
② 张蕴岭主编:《伙伴还是对手——调整中的中日美俄关系》,社会科学文献出版社2001年版,第236页。

明》指出,"双方确认互为合作伙伴,互不构成威胁;重申相互支持对方的和平发展",并指出:"日本在战后60多年来,坚持走作为和平国家的道路,通过和平手段为世界和平与稳定做出贡献,中方对此表示积极评价。"日本希望成为联合国安理会常任理事国,中方表示重视日本在联合国的地位和作用。同样,在台湾问题上,日方也要理解和尊重中国人民的民族感情。中日两国都是主权国家,各有其国家利益,各有不同的思维方式,存在分歧和矛盾是不可避免的(包括结构性的矛盾和非结构性的矛盾),必须用冷静、长远的战略眼光,进行平等对话和磋商,通过战略对话增信释疑,应认识到双方共同利益大于矛盾。要努力培植双方的共同利益,要摒弃冷战思维。

再次,加强民间交流,增进彼此了解是推动中日战略互惠关系的重要途径。随着两国间人员交往的增多,两国民众也增进了彼此了解,但两国人民相互了解的深度和广度都很不够,落后于时代的要求,带有很大的情绪性。需要提倡全方位交流,除经济交往外,还要进一步加强在文化、教育、体育、旅游等各方面的交往,在交流中互相学习、互相了解,达到相互理解和信任。中日两国都是民族自尊心很强的国家,要避免刺激和伤害对方,以防引起对方民众的反感而损害两国的关系。对历史问题,一方面要坚持原则,保持适当压力,但要有理有节。近年来,日本右翼势力大打"历史牌",一再指责中国拿历史问题"矮化"日本,企图利用历史问题挑起中日民间对立。所以我们对历史问题的宣传要讲究策略,要让日本人民理解,强调牢记历史不是要延续仇恨,不是要日本人民背历史包袱,更不是要"矮化"日本,而是要以史为鉴,面向未来,吸取历史教训,避免历史悲剧重演。二战后德国对希特勒法西斯进行严厉批判,并在法律上明确规定为纳粹翻案是犯罪行为,在过去纳粹集中营举行纳粹罪行展览。德国总理甚至在被纳粹杀害的犹太人纪念碑前下跪谢罪。这样做,德国不仅没有被"矮化",而且得到被纳粹侵略国家人民的尊重。小泉内阁亚洲政策之所以失败,主要原因就在于他一味坚持参拜靖国神社,极大地伤害中国人民和亚洲各国人民。中国一直是以向前看的态度对待历史。周恩来总理早在1961年就说过:"有上万的日本朋友见到毛主席、刘主席和我,表示谢罪,我们说,这已经过去了……我们应该向前看,应该努力促进中日两国的友好关系","中日两国人民都应以史为鉴……使中日两国几千年来的友好关系在新时代的基础上,永远地发展下去。"①2008年中日《联合声明》中用"正视历史,面向未来"取代1998年《联合宣言》的"以史为鉴,面向未来"的表述,体现出一种大历史观,即既要看到甲午战争后50年日本军国主义对中国的侵略,也要看到中日两国人民两千多年的友好交往。更强调面向未来。胡锦涛在访日时一再强调:"中日友好归根结底要靠两国人民友好,两国人民世代友好归根结底要从两国青少年做起。"中日友好的未来在青年,所以要多做青年的友好工作。20世纪80年代胡耀邦总书记访日后,中方邀请3 000名日本青年来中国访问,取得很好效果。这次胡主席与福田首相商定,今后四年每年各邀请4 000名青年到对方访问,这是很有意义的事情,要努力做好。让两国青年多交流、接触,增进对对方的了解,加深友谊。

加强在地区和国际问题上的合作,争取互利多赢,是促进中日战略互惠关系的重要内容。中日关系不能局限于双边圈内,要使它成为亚洲的中日关系,世界的中日关系,把中日战略互惠关系纳入东亚乃至全球的发展框架,在地区和全球事务发挥作用,才能真正成为全面的战略互惠关系。中日双方可在许多方面共同参与区域和全球合作。在东北亚,可通过六方会谈机制推进朝核问题的解决,进一步缓和朝鲜半岛的紧张局势,将六方会谈机制提升为东北亚安全与发展机制。在东南亚,双方可以在10+3框架内加强合作。双方都对湄公河流域开发有兴趣,可以共同推动湄公河流域的开发合作,双方有责任为中南半岛国家提供必要的援助,支持越南、老挝、柬埔寨等国进行自然资源的保护性开发。环境和气候变化问题是近年来国际社会共同关注的热门话题,双方存在难分彼此的共同环境利益,两国可以加强在环保、节能领域的合作,阻止大气、水质、土壤污染。中日两国都重视非洲问题,分别召开了中非合作论坛峰会和日本—非洲领导人会议。双方可以协作支援非洲,促使非洲成为新的世界经济发展最具活力的地区,共同为人类社会发展做出贡献。中日两国在全球传统和非传统安全、防止大规模杀伤性武器扩散等方面有共同利益和共同责任,应该而且可以携手合作。

总之,战略互惠关系不应仅仅是低层次的封闭性的经济互利关系,而应是全面合作、互利共赢的开放性战略性关系。蓝图已经画出,现在需要的是落实到实际行动。全面推进中日战略互惠关系,不仅需要有远见卓识的政

---

① 《周恩来外交文选》,第303页。

治领导,需要交流合作的机制化建设,而且需要两国人民的不懈努力。

思考题

1. 田中上台后中日关系为什么能很快改善?
2. 应如何处理中日关系中的历史问题?
3. 如何发展新世纪中日友好合作伙伴关系?

第十一章　构建新型的中欧全面战略伙伴关系

中国与欧洲虽然相距遥远,但从"丝绸之路"开通以来,双方已有2000多年的交往历史。从鸦片战争开始,在100多年时间里,欧洲资本主义列强以大炮、商品和不平等条约掠夺、压迫和欺侮中国人民,使中国人民饱受凌辱,历经磨难。中华人民共和国成立后,中华民族才结束了遭受外国列强肆意凌辱的历史,中国与欧洲之间的不平等关系才有了根本性的转变,双方才能在平等互利的基础上进行交往,从而揭开了中欧关系发展的新篇章。

冷战期间,在美苏主宰国际关系的大背景下,中国与西欧国家的关系受到中美关系和美欧关系的制约较大,而中国与东欧国家的关系受到中苏关系的严重影响,处于一种被动状态,缺乏主动性[1]。冷战结束后,中欧关系才从冷战需要转到相互直接的利益需要的轨道上来,在平等互利的基础上建立长期稳定的建设性伙伴关系。进入新世纪,双方建立了全面战略伙伴关系。

第一节　冷战前期的中欧关系
（20世纪50—60年代）

20世纪50年代,由于以美苏为首的两大阵营进行紧张激烈的对抗,中国推行"一边倒"战略,中苏结成同盟,美国推行遏制加孤立中国的政策,因

---

[1] 薛君度等主编:《面向21世纪的中欧关系》,中国社会科学出版社2000年版,第75页。

此,中国与东欧国家发展了友好合作关系,而与西欧国家关系处于冷战状态。20世纪60年代,随着中苏关系的破裂,中国与大多数东欧国家关系随之恶化。由于欧共体的成立,西欧经济的发展,国际地位提高,毛泽东提出"两个中间地带"思想,中国与西欧国家关系得到一定发展,特别是中法关系取得了重大突破,建立了外交关系。

一、中国与东欧关系的发展变化

新中国成立后,在加强中苏关系的同时,中国与东欧社会主义国家也发展了友好合作关系。阿尔巴尼亚、保加利亚、捷克斯洛伐克、德意志民主共和国、匈牙利、波兰和罗马尼亚很快与中国建交。只有南斯拉夫,由于受到欧洲共产党和工人党情报局《关于南斯拉夫共产党在杀人犯和间谍掌握中》的决议的影响,直到1955年中国才与之建交(1956年9月,毛泽东对前来中国参加中共八大的南共联盟代表说:过去我们听了"共产党和工人党情报局"的话,有对不起你们的地方)。20世纪50年代,中国与东欧国家关系得到全面发展,相互间高层领导互访不断。中国与民主德国和捷克缔结了友好合作条约,同匈牙利缔结了友好合作互助条约,同东欧各国普遍签订了贸易协定、科技合作协定和文化合作协定,互派了留学生。相互间贸易额迅速增长,其他形式的经济合作不断发展。中国同波兰合办了中波轮船公司。在重大国际问题上,中国与东欧国家步调一致,为巩固社会主义阵营的团结,反对帝国主义的侵略政策和战争政策,为维护世界持久和平而共同斗争。中国支持保加利亚提出的使巴尔干半岛成为无原子武器区的建议和巴尔干各国签订多边和双边互不侵犯和合作协定的建议,支持波兰和捷克斯洛伐克建立欧洲集体安全和中欧无原子武器区的主张,支持德意志民主共和国缔结对联邦德国和约、争取国家统一和加入联合国的努力。在1953年柏林事件和1956年匈牙利事件后,中国政府都提供了力所能及的援助,并为波兰事件的和平解决做出了重大贡献。东欧国家在中国台湾、朝鲜半岛、印度支那等问题上都支持中国的立场,支持恢复中国在联合国的合法席位。这些对巩固中国的新生政权,恢复和发展国民经济,打破美国对新中国的遏制、孤立和封锁,具有重要意义。

20世纪60年代,中苏关系发生逆转,并进行大论战,由于大多数东欧

第十一章 构建新型的中欧全面战略伙伴关系

国家都支持苏联指责中国,因此,中国与这些国家的关系也日渐疏远。只有阿尔巴尼亚坚决支持中国,被誉为"欧洲社会主义的明灯",中阿两国两党发展极为密切的友好关系。从20世纪60年代中期起,罗马尼亚支持正确处理各国共产党之间的关系,抵制苏联组织的对中国的围攻,希望同中国改善关系。两国关系很快恢复和发展。双方都坚持独立自主的发展道路,维护独立和主权,反对强权政治。与南斯拉夫的关系则由于国际共运内部的分歧在50年代末又趋于恶化。

二、中法建交——中国与西欧关系的重大突破

冷战初期,中国与西欧国家关系的发展在很大程度上受到了中美关系和美欧关系的影响和制约。战后西欧国家的经济,大多依靠"马歇尔计划"才得以较快的恢复和发展。在经济恢复和发展的同时,西欧国家也进一步加深了对美国的资本和市场的依赖。同时,在东西方冷战的国际格局下,西欧需要美国的军事保护,这就使得西欧国家在制定和实施对外政策,特别是处理与社会主义国家的关系时,不得不看美国的脸色行事。因此,在美国奉行遏制和孤立中国的情况下,中国与西欧国家关系也就很难取得较大的进展。

中华人民共和国建立后,新中国对西欧国家的政策主要坚持两条原则,一是要求它们断绝与台湾的国民党政权的"官方关系",以及支持恢复中国在联合国的合法席位;二是彻底摧毁帝国主义在中国享有的一切特权。根据这些原则,中国先后同丹麦、瑞典、瑞士、挪威、芬兰建立了外交关系。1950年1月,英国就宣布承认新中国,表示愿意同中国建立外交关系,其目的是尽可能保持在中国的巨大经济利益,但在美国的影响下,又不愿意完全断绝与台湾国民党政权的官方关系,并在联合国的中国代表团问题上态度暧昧。直到1954年中英才建立代办级的半外交关系,中国与荷兰也仿照中英模式互换代办。

中国与西欧关系的重大突破是中法建交。50年代法国并没有打算承认新中国,只是希望在"不改变政治现状的基础上在经济和文化方面与中国建立某些接触",宣称承认新中国问题"必须由西方国家共同决定","法国必须考虑美国的态度"。"法国参加了东南亚条约组织,而该组织是以共产党中国为主要敌人的,法国既然要与该条约其他成员国保持一致,就不能因与

该组织的潜在敌人的关系而受到牵连。"① 直到1958年戴高乐重新执政,成立第五共和国,奉行独立自主的外交政策,法国才开始考虑与中国建交问题。

从中国方面看,毛泽东历来强调要把欧洲国家与美国区别对待,认为欧洲资本主义国家与美国虽然保持着紧密的政治、经济、军事关系,但它们间在利益上既有一致的一面,也有相互矛盾的一面,在中国的外交战略考虑中必须尽可能地争取欧洲国家,利用它们与美国的矛盾,集中力量对付美国。周恩来指出,中国这样的社会主义国家与资本主义国家的和平共处,在很长时间内就是要与对中国不那么敌对的欧洲资本主义国家的和平共处,这是中国和平共处的一个重点。周恩来认为,在战争与和平问题上,美国是主战派,英法等国是和平中立派或维持现状派。中国要争取中立派和维持现状派,分化帝国主义阵营,扩大和平中立趋势,团结这些国家一道维护世界和平。毛泽东对戴高乐表现出来的独立自主精神给予肯定和支持,并把中国与法国的关系看作中国与欧洲关系的重要部分。根据这一精神,周恩来把发展中法关系作为中欧关系的一个重点和突破口。他认为,法国为了维护自己的世界大国地位,推行独立自主的外交政策,并努力推动欧洲的团结和发展以加强自己的影响,这与中国在外交战略上有共同点。中国可以通过发展中法关系,扩大中国在西欧的影响,这也有利于孤立和反对美帝国主义。毛泽东和周恩来认为,法国是资本主义国家中对华比较友好的国家,它在许多公开的国际场合不与中国对立,与台湾关系较冷淡,在西藏问题上不赞成英美的立场,在中印边界问题上也较为中立②。中国政府抓住戴高乐政府奉行维护民族独立和国家主权、反对美国指挥西欧的政策这一时机,决定在中法关系上实现突破。1961年关于老挝问题的日内瓦会议期间,中国副总理兼外长陈毅同法国外长德姆维尔交谈过发展中法双边关系问题,但当时阿尔及利亚战争使法国无法在这一方面采取任何实际步骤。1962年阿尔及利亚问题解决后,戴高乐把与中国关系问题提上了议程。他选中曾于1957年访问过中国的前总理富尔来与中国进行接触。富尔以现实主义态度看待中国,他认为,由于中国共产党振兴了中华民族,因此共产党政权在中国极有力量,否认这一点是不现实的。戴高乐同意富尔的看法。1963

---

① 引自法国外交部档案,亚太司综合卷,1944—1955,中国专档第211号,第89页。
② 参见叶自成:《新中国外交思想:从毛泽东到邓小平》,北京大学出版社2001年版,第247—249页。

第十一章　构建新型的中欧全面战略伙伴关系

年8月,富尔表示希望再次访华,与中国领导人就目前国际形势与法中两国关系交换看法。得到中国积极响应。10月,富尔应邀访华,并携带了一封戴高乐授权他同中国领导人会谈的亲笔信。毛泽东、刘少奇接见了富尔,周恩来、陈毅同富尔进行了6次会谈。在会谈中,富尔强调,在发展同中国的关系方面,法国无任何顾虑,是完全自主的,不需要顾及与别国的关系,也没有必要看美国的脸色行事。他明确表示,法国没有承认新中国是一个错误。富尔表述了戴高乐关于中法建交的3个方案。富尔还澄清了法国在台湾问题上的基本立场。周恩来提出了既坚持"一个中国"原则,又体谅法国处境的方案,即公开声明与内部默契结合的方案。公开声明不直接提到台湾问题,内部默契则必须明确以下几点:(1)法国政府承认中华人民共和国政府为代表中国人民的唯一合法政府,这个承认自动地包含不承认台湾的所谓"中华民国"当局;(2)法国支持中华人民共和国在联合国的合法席位,不再支持台湾当局的代表权;(3)中法建交后,法国应撤回它在台湾的机构和人员。富尔对此方案没有表示任何异议,同意将此方案带给戴高乐。双方商定通过两国驻瑞士大使馆继续进行谈判。1964年1月27日,中法两国发表建交公报,宣布两国建立大使级外交关系。法国成了第一个与中国建立完全外交关系的西方大国。中法建交充分体现了中国原则的坚定性与策略的灵活性相结合的外交艺术。法国作为资本主义大国,不顾美国的反对率先与中国建交,这沉重地打击美国遏制、孤立中国,制造"两个中国"的阴谋,大大提高了中国的国际地位,是中国外交的重大成就。美国国会对法国与中国建交决定的感觉是"戴高乐在美国背后捅了一刀",美国报刊攻击戴高乐的行为是"背叛"、"武断"、"严重错误"等等①。中法建交对国际力量对比的变化产生了重要影响,有利于打破两大军事集团严重对立危及世界和平的局面,对缓和国际紧张局势、维护世界和平具有重要意义,对世界的两极格局产生了巨大的震荡,也是第二次世界大战后国际政治力量分化、改组的标志之一。中法建交对推动中国与其他西欧国家关系的进一步发展提供了良好的榜样。

1964年11月,中国与意大利签订了互设商务处的协定。12月,中国同奥地利签订了互设民间贸易机构的协定。联邦德国也开始寻求与中国进行改善关系的接触,但由于美国的阻挠而中止。1954年中英建立代办级关系

---

① 〔法〕保尔·雷诺:《戴高乐主义的对外政策》,巴黎大学出版社1964年版,第231页。

后,英国仍在台湾保留一个领事馆,并在联合国追随美国阻挠恢复中国的合法席位。1960年蒙哥马利元帅访问中国时,曾向中国刺探互派大使。毛泽东、周恩来向蒙哥马利表示,只要英国改变在台湾设领事馆和在联合国中国席位问题上的做法,中英就可以正式建交和互派大使。在1961年的联合国大会上,英国一方面投票支持苏联提出的恢复中国合法席位的提案,同时又赞成美国提出的中国代表权作为所谓"重要问题"需经大会三分之二多数通过才能生效的提案。1962年7月,英国外交大臣霍姆在日内瓦问陈毅外长,在上届联大,我们已经投了你们的票,我们需要投你们多少次票才能使中英互换大使呢?陈毅回答说:投一次就够了,但必须是全票,而在上届联大英国只投了中国半票。但是慑于美国的压力,英国始终没能迈出这一步。只是到了1972年,中国恢复了联合国的合法席位后,中英两国才由代办级的半外交关系升格为大使级的完全外交关系。

第二节 20世纪70—80年代中欧关系的发展

随着中美关系的逐步正常化,中国与西欧国家关系进入一个新时期,双方在抗苏的共同战略需要下得到全面发展。改革开放以后,中国调整了外交战略,中苏关系不断得到改善,中国与东欧国家的关系也实现了正常化。

一、中国与西欧关系得到全面发展

20世纪70年代,随着中美关系的改善,中国与西欧国家关系的最大障碍得以消除,中(西)欧关系揭开了新篇章。从1970—1972年3年间,意大利、奥地利、比利时、冰岛、马耳他、希腊、联邦德国先后与中国建交,英国和荷兰同中国的代办级关系升格为大使级关系,圣马利诺同中国建立领事级外交关系。西班牙在1973年,葡萄牙和爱尔兰在1979年与中国建交。1975年,中国与欧洲经济共同体建立正式关系,成为政治上正式承认欧共体的第一个社会主义国家。1983年,中国与欧洲煤钢共同体和原子能共同体也建立了正式关系,从而实现了同欧洲共同体的全面建立正式关系。这

第十一章 构建新型的中欧全面战略伙伴关系

为双方在各个领域的合作创造了有利条件。1973年,法国总统蓬皮杜到中国访问,这是西欧大国中第一位访华的国家元首。

改革开放以后,中西欧关系得到全面发展。十一届三中全会以后,中国把实现四个现代化作为中心任务,对外政策的主要目标是为四个现代化创造一个良好的国际环境。在国际关系领域中,中国与西欧有许多共同之处,相互把对方看成是和平力量,在反对霸权主义、维护世界和平方面,双方互有需要,这是双方发展关系的基础。邓小平认为:欧洲国家是反对战争的重要力量,因为战争一旦打起来,首先受害的是欧洲国家,欧洲国家经历两次世界大战,对战争的痛苦有切身体会,只要欧洲国家不把自己绑在两个超级大国的战车上,战争就打不起来。邓小平指出:"欧洲是世界主要的战略地区,曾是两次世界大战的主战场,我们完全理解西欧人民为了维护自己的安全而加强联合的愿望。我们一贯认为,一个联合强大的欧洲是符合欧洲人民利益的,也是有利于维护世界和平稳定的。"①对欧洲来说,中国是欧洲联合的一个最积极的支持者。早在1975年,邓小平对来访的法国总统德斯坦和联邦德国总理施密特说:"欧洲人民可以相信,在他们维护独立和加强联合的事业中,总是能够得到中国人民的支持的,欧洲各国联合起来,这是历史的要求,团结就是力量,分散易受欺侮。""我们希望联合的欧洲将在世界事务中发挥更积极的作用。"邓小平还指出:"西欧有强大的政治力量,有强大的技术力量,也有强大的军事力量。霸权主义要称雄世界,第一个目标是欧洲。……欧洲只有联合,没有别的出路。单独一个国家即使比较强大,也对付不了霸权主义。我们希望有一个联合强大的欧洲,同时也希望有一个执行独立政策的欧洲。欧洲只有在联合强大的基础上才能有一个独立自主的政策,分裂的欧洲不可能有一个独立自主的政策。中国很穷,但我们可以不考虑任何内外因素而建立自己独立的外交政策。所以在此基础上,中国和欧洲可以互相配合,互相协调,互相帮助。"②联邦德国前总理施密特在回忆录《伟人和大国》一书中说:"苏联沿中苏边界部署了重兵,使中国忧心忡忡,因而对一个强大的欧洲很感兴趣,溢于言表。欧洲受到苏联威胁,也关注中国这根支柱。中国希望通过西方,特别是美国,当然也还有欧洲,缓

---

① 《邓小平思想年谱》,第316—317页。
② 1985年4月15日邓小平对比利时首相马尔滕斯的谈话。

解来自苏联的压力。西方也深知利用中国抑制苏联的重要性。"[1]20 世纪 70 年代后期,西方有人甚至将中国称为"北约第 16 个成员国"。共同的安全战略利益是中国与西欧关系的主要支柱。双方高层领导人频繁互访和政治磋商是这一时期双边关系在广度和深度上获得重大发展的重要标志。

随着中国扩大对外开放,中国与西欧国家的高层互访不断增加。英国女王伊丽莎白二世、首相撒切尔夫人,法国总统德斯坦和密特朗,比利时国王博杜安一世和首相,联邦德国总统卡斯腾斯、总理科尔,意大利总统佩尔蒂尼、总理克拉克西,欧共体委员会主席詹金斯和德洛尔以及其他西欧国家首脑纷纷到中国访问。中国国家主席、总理、中共中央总书记等领导人也先后前往西欧访问。中国还同西欧大多数国家建立了各种级别的政治磋商制度,经常就双方共同感兴趣的问题和双边关系交换意见。通过频繁的高层互访和政治磋商机制,相互间对重大国际问题达成了共识。中英和中葡通过平等磋商,互谅互让,解决了历史遗留下来的香港和澳门问题。1984 年,中国与欧共体启动了政治合作的部长级会议,并从 1988 年起在北京和布鲁塞尔设立了双方的使团。

邓小平认为,中国与西欧的战略关系不仅是在外交战略上,也应体现在双方的经济关系上。如何加强双边的经济关系,是邓小平从战略上思考中欧关系的重要内容。邓小平一再向西欧领导人指出:"中国经济发展了,对外贸易也会增加。在我们的对外贸易中,欧洲应占相应的份额。在外贸上应注意两个问题,第一个是技术转让,欧洲在这方面比较开放,当然,这只是比较而言;第二个是双方都应开辟贸易途径。贸易总是一来一往的,中国买欧洲产品,欧洲也要买中国产品。中国买外国产品总要有偿付能力。你们在技术上帮助我们,我们的经济发展了,对外贸易也能随之发展。3 年来,我们一直在考虑加强同欧洲的经济联系,这是作为一项政策来考虑的。希望欧洲的企业界为中国商品进入欧洲市场创造条件。"[2]中国领导人向西欧领导人明确表示,在扩大进出口贸易、引进国外技术设备、使用国外资金、取得咨询服务、培训技术人员和管理人员等方面,中国都愿意同西欧国家进行长期合作,并使双方的合作稳定地发展下去。中国希望西欧国家在对华经贸关系中,能够高瞻远瞩,从长远的观点考虑问题,能坚持平等互利的原则,

---

[1] 赫尔穆特·施密特:《伟人和大国》,同济大学出版社 1989 年版,第 33 页。
[2] 《邓小平外交活动大事记》,第 346 页。

第十一章　构建新型的中欧全面战略伙伴关系

努力开拓多种合作方式,使双方的合作能多形式、多层次、多渠道地开展起来。20世纪70—80年代,中国与西欧经济关系取得了可喜的进展。1978年中国与欧共体签订了第一个贸易协定,1985年又签订了涉及面更广的长期贸易合作协定。欧共体从1980年起给予中国普遍特惠制的待遇。1981年,中国与西欧的贸易额为60亿美元,1989年上升为158.45亿美元。欧共体成为中国第三大贸易伙伴。西欧国家和欧共体向中国提供了政府优惠贷款和发展援助,1988年达26亿美元。中国还从西欧国家引进先进技术,到1988年引进总额达30亿美元,西欧成为中国主要的技术合作伙伴。西欧国家对华投资的项目和金额也越来越多。双方经济技术合作领域涉及农业、通讯、电子、飞机、汽车、采煤、水电站等。较大的项目有:程控电话交换设备、重型卡车、浮法玻璃、宝钢热轧设备和海上石油勘探等。1985年巴黎统筹委员会决定简化向中国出口转让技术的审批手续。文化教育领域的合作也不断发展,到20世纪80年代末,中国在西欧国家的留学生和进修生达6 000人。

总体上讲,这一阶段中国与西欧的关系偏重于共同的外部政治目标——抗衡苏联霸权主义威胁,因而双方的经贸关系没有拓宽到应有的程度,中国在欧共体对外经贸关系中的分量十分低微。从1975—1989年,中国出口在欧共体对外贸易中的比重从0.52%上升到2.05%,进口在欧共体对外贸易中的比重从0.99%上升到1.54%,中国市场的重要性还远未被欧共体所认识,中欧经济关系的发展没有到位,实际发展水平与双方的实力和潜力很不相称。中国对外开放更多地指向美国和日本,对欧共体的重视不够。

但在这段时间,中欧之间关系总体情况良好。双方没有像中美关系间存在错综复杂的结构性矛盾,也不存在中日之间那种难以消散的历史阴影。

一、中国与东欧国家关系逐步恢复正常化

20世纪70年代,由于中苏关系继续恶化,中国把苏联作为最主要的敌人,因此,中国与绝大多数东欧国家关系不正常,唯同罗马尼亚始终保持着友好关系。在60年代与中国关系极为密切的阿尔巴尼亚,由于意识形态因素和对一系列国际问题的不同看法,两国关系在70年代发生逆转,降到了

冰点。从1978年起,阿尔巴尼亚中断了与中国的一切经贸、科技、文教关系,仅保留大使级外交关系,中阿关系处于"冬眠"状态。相反,中国与南斯拉夫的关系取得重大进展。1977年,南斯拉夫总统铁托访华,同邓小平进行会谈,双方"达成了共同谅解,就是过去的事情都不谈了,一切向前看"①。两国恢复了正常关系。

改革开放以后,中国调整了外交战略,中苏关系走向缓和,开始进行关系正常化的谈判,这为改善中国同东欧国家的关系创造了条件。1982年中共十二大提出了处理党际关系的四项基本原则:"独立自主、完全平等、互相尊重、互不干涉内部事务。"1983年第六届全国人大《政府工作报告》指出:中国人民对东欧国家人民"怀有友好的感情,我们关心他们社会主义建设的成就和经验"。"通过共同努力,中国与东欧各国的关系是可以继续改善的。"波兰、捷克斯洛伐克、匈牙利、保加利亚、民主德国也都表示希望与中国改善关系的良好愿望。双方都采取实际行动,相互间的经济、文化、体育等方面的来往不断增加,高层接触越来越多。通过互访,增进相互了解,共同磋商和探讨加强合作的问题。相互间政治关系明显好转,互利合作全面展开,友好和相互信任不断得到加强。邓小平在会见捷克斯洛伐克总理时主动作自我批评:"在我们同东欧各国各党的关系这个问题上面,我们有相当的责任。我们在相当一个时期,对东欧各国各党所处的特殊环境理解不够。"②总结历史经验教训,中国提出了对东欧国家的"三个充分尊重":充分尊重东欧社会主义国家根据自己的实际情况所制定的国内政策;充分尊重它们根据本国的利益所奉行的对外政策,处理双边关系时,充分尊重它们发展对华关系的考虑和采取的具体步骤③。这些极大地推动了中国与东欧国家关系的进一步改善。中国和波兰、捷克斯洛伐克、匈牙利、保加利亚和民主德国等东欧国家领导人都主张结束过去,采取向前看的态度。中国与东欧国家的关系也随之实现了正常化。1986年8月,阿尔巴尼亚劳动党九大表示愿意在互利基础上同中国正常发展关系。1988年第43届联大期间,双方外长举行会晤,一致认为,意识形态的分歧不应妨碍国家关系的改善。这次会晤标志着两国关系基本实现正常化。

---

① 《邓小平文选》第3卷,第236页。
② 《中国外交概览》(1988年),世界知识出版社1988年版,第235页。
③ 《人民日报》,1986年10月25日。

第十一章　构建新型的中欧全面战略伙伴关系

第三节　冷战后新型中欧全面战略伙伴关系的建立和发展

"六四"事件后，西欧国家追随美国，对中国实施制裁，中国与西欧关系出现了短暂低迷，从1992年起开始回升。1995年以来，欧盟连续发表了几个重要文件，大幅度调整和提升与中国的关系，从"长期关系"、"全面伙伴关系"、"走向成熟的伙伴关系"，最后提升到"全面战略伙伴关系"。相互关系得到很大发展。

1989年北京政治风波后，欧共体追随美国，宣布对中国实行制裁，做出了一系列恶化双边关系、干涉中国内政的举动。6月27日，欧共体首脑会议发表关于中国的声明，宣布对中国实行一系列"制裁"措施，包括暂停双边部长级以上高层接触，停止各成员国同中国的军事合作和对中国实行武器禁运，推迟欧共体及其各成员国同中国的新的合作计划，冻结一批同中国商谈中的合作和援助项目，推迟研究向中国提供新贷款和推迟研究世界银行（对中国）的新贷款。使双方关系受到严重损害。中国与西欧关系跌入20世纪70年代以来的最低谷。1991年9月27日，法国政府不顾中方的严正交涉和坚决反对，公开宣布批准洛里昂造船公司向台湾出售"拉法叶特"号驱逐舰的合同。1992年11月18日，法国政府正式批准并公布了法国达索集团向台湾出售60架幻影2000-5型战斗机的合同，价值35亿美元。对此，11月23日，中国政府作出了强烈反应，要求法国政府在一个月内关闭其驻中国广州的领事馆所属的"经济开发办事处"，法国公司被排除在广州地铁项目的投标公司之外，取消了购买6架法国空中客车320型大型客机的合同。中法关系进入了建交以来最低点。中法关系的倒退给法国造成严重的经济损失，巴拉迪尔上台后，采取措施修复中法关系。1994年1月12日，法国和中国签订《联合公报》，双方表示恢复传统的友好合作关系，中国重申在台湾问题上的原则立场，法国承认台湾是中国不可分割的一部分，承诺今后不批准法国企业参与武装台湾，不寻求与台湾建立官方关系，中法关系重新获得发展。英国政府则先是在香港新机场问题上制造纠纷，后又在1992年10月由新任港督彭定康抛出所谓"政改方案"，背弃中英关于香港问题的联合声明和双方有关谅解协议，破坏香港的平稳过渡。英国政府某些头面人物公然宣称:"英国政府要在香港问题上表现强硬,过去讲平稳过渡,以后我们要时刻提醒自己,1997年以后的香港很可能仍然会留在英国人手里。"①对彭定康严重违反中英联合声明和香港特别行政区《基本法》的政改方针,中国政府进行有理、有利、有节的斗争,努力促使香港的平稳过渡,维持香港的繁荣和稳定。事实上,中国与西欧关系出现严重倒退的原因,是由于20世纪70—80年代中欧关系是建立在冷战战略架构之上的,是一种带有深刻冷战烙印的战略关系,随着冷战格局的解体,原先那种缺乏坚实的政治经济基础的战略关系受到剧烈的震撼是不足为奇的。

面对冷战结束后国际形势的变化和西方国家对中国的制裁,中国政府始终坚持邓小平的外交战略方针:"韬光养晦,有所作为"。一面坚持改革开放,努力保持社会稳定,加速经济发展,增强民族凝聚力,同时支持与所有国家包括对中国进行制裁的西欧国家,在和平共处五项原则基础上,发展友好关系。邓小平指出:"尽管苏联东欧出了问题,尽管西方七国制裁我们,我们坚持一个方针:继续同苏联打交道,搞好关系;同美国继续打交道,搞好关系;同日本、欧洲国家也继续打交道,搞好关系。这一方针,一天都没有动摇过,中国度量是够大的,这点小风波吹不倒我们。"②这充分展示了中国人民在东欧剧变、苏联解体面前从容不迫,在西方大国的巨大压力下泰然自若,在国际斗争的惊涛骇浪中沉稳刚毅的风采,它不仅使中国避免重蹈苏联的悲剧,而且政局更加稳定,经济更加繁荣,国际地位更加提高。西欧国家一些有识之士也认识到改善和发展同中国关系的重要性。意大利外长德米凯利斯在1990年10月指出:"在像中国这样一个重要国家和像欧洲共同体这样一个实体之间保持分裂并不好。"③同中国有较多经济合作关系的工商界人士也积极活动,向各国政府施加压力,要求恢复同中国的友好交往。因此,经过了短暂低迷之后,欧共体对中国的制裁就宣告破产,中(西)欧关系逐步得到回升。

1990年10月,欧共体外长会议决定恢复对华关系,宣布取消除政府首脑往来和军事合作及军品贸易以外的所有制裁措施。1991年7月,欧共体又决定恢复同中国的政府首脑级互访。双方在其他方面的合作也逐步展

---

① 香港《东方日报》,1992年10月8日。
② 《邓小平文选》第3卷,第359页。
③ 路透社,北京1990年10月8日电。

第十一章 构建新型的中欧全面战略伙伴关系

开。同年12月,欧共体正式取消对中国元首互访和军事往来的限制。至此,欧共体已经解除了除军售限制外的全部制裁措施。这为中国与欧盟关系的发展扫除了障碍。

从1995年至2006年,欧盟接连发表7个对华政策的重要文件,其中5个是全面的、战略性指导文件。这在欧盟对华关系史上是空前的,说明欧盟越来越重视作为其亚洲战略重点的中国,标志着欧盟完成了对华关系的调整,反映了欧盟对华政策发生了可喜的积极变化,欧盟对华趋于采取务实的接触、对话与合作政策。中(西)欧关系进入了一个新的历史时期。1995年发表了《欧中关系长期政策》文件,1996年发表《欧盟对华新战略》,1998年发表《与中国建立全面的伙伴关系》,2001年5月提出了《欧盟对华战略,1998年文件和提高政策效果的未来规划》,不断提升与中国的关系。《欧中关系长期政策》明确将对华关系确定为欧盟亚洲战略的核心与关键。主张与中国进行"建设性的接触"[1]。《欧盟对华合作新战略》明确提出欧盟支持中国更多地参与国际事务,支持中国加入世贸组织,将欧中关系提升到战略的高度,认为欧盟要有一个总体的、独立的和协调一致的战略。1998年的《与中国建立全面的伙伴关系》,提出在欧中建立一种"适合21世纪的积极、开放和全面的伙伴关系",把欧中关系提升到欧美、欧俄、欧日关系的同等水平[2]。在2001年5月《欧盟对华战略,1998年文件实施情况和提高政策效果的未来规划》中指出:要加强欧盟与中国的接触,支持中国改革开放,使中国全面融入国际社会,扩大欧盟在中国的影响力。欧盟认为,无论是政治和经济,欧盟与中国在双方和全球事务上建立全面伙伴关系都符合双方利益,认为在人权问题上要建设性交换看法,要考虑到亚洲的特殊性,使双方能加强合作。小布什执政后,加强售台武器时,德国、荷兰、瑞典等宣布拒绝帮助美向台出售潜艇,强调欧盟不必以跨大西洋关系来折射同中国的关系,在对华政策上不能一味附和美国立场。2003年8月10日,欧盟委员会又通过了《走向成熟的伙伴关系——欧中关系中的共同利益和挑战》的新的战略文件。文件阐述了未来3年欧盟对华政策的指导方针和战略发展框架,主要内容有:欧中共同承担促进全球管理的责任、支持中

---

[1] A Long Term Policy For China-Europe Relations, com (95) 279. 7.5.1998.
[2] Building a Comprehensive Partnership with China, Brussels, 25, 03, 1998. com (1998) 181FINAL.

国社会全面改革、促进中国经济对外开放、加强实施欧中互利合作计划、提升欧盟在中国的形象和改善双边对话机制、提高对话水平和质量,把欧中领导人会晤机制提高到最高级别。文件认为,欧中关系的发展已进入全新成熟期。2006年10月24日,欧盟首次公布对华投资战略文件,题为《欧盟—中国:更紧密的伙伴,扩大的责任》及附件《竞争与伙伴关系—欧盟—中国贸易与投资政策》。认为一种更密切更强有力的战略伙伴关系符合欧盟与中国的利益。中国是全球化的成功案例,欧盟从中国成功中受益,而不是威胁,要求中国履行WTO成员的责任,开放市场,向世界提供公平的市场待遇,保证本国的竞争市场是公平的,要保护知识产权。使欧盟与中国成为"利益互惠"和"承担责任"的平等的战略伙伴。

中欧关系在中国对外关系中占有重要的地位,中国历来强调从全局和战略的高度看待和发展中国与西欧的关系。1994年9月,国家主席江泽民在访问法国时宣布了中国发展同西欧国家关系的四项原则:一是"面向21世纪,努力发展长期稳定的友好合作关系",二是"相互尊重,求同存异",三是"互利互补,促进共同发展",四是"加强在国际事务中的磋商和合作"①。1998年4月,朱镕基总理在亚欧首脑会议上提出了亚欧合作四项主张:不断扩大经贸领域的交流和合作,进一步加强科技领域的合作,密切金融领域的国际合作,加强政治对话与磋商。朱镕基还强调:"我们要面向未来,建立和发展跨世纪的新型伙伴关系,为亚欧两大洲和世界的和平与发展做出贡献。"②2003年中国发表了《中国对欧政策文件》,提出了中国对欧关系的具体目标。中国还与法、德、英、意等欧盟国家建立全面战略伙伴关系。

20世纪90年代中期以来,中国与欧盟关系取得很大发展。双方增强彼此互信,积极推动多领域、多渠道、多形式、全方位的交往合作,从战略高度规划双方的整体关系。

在政治安全领域,中欧之间没有根本的利害冲突和领土、历史等问题的困扰,双方在广大国际问题上的理念、主张相近或相似,有许多共同点。都希望营造一个和平、发展,互利互信,造福人类的国际环境。随着中国的和平崛起,经济持续快速发展,欧盟的不断扩大(已有27个成员国)和一体化

---

① 《人民日报》,1994年9月13日。
② 《人民日报》,1998年4月4日。

第十一章　构建新型的中欧全面战略伙伴关系

的重大进展,中国和欧盟的国际地位不断增强,都希望在国际事务中发挥更大作用,都赞成多边主义,主张文化多样性和要求国际关系民主化。"9·11"事件后,美单边主义倾向加强,中欧为有效遏制美国的单边主义,维护自身战略利益,需要加强协调合作,彼此都更重视发展与对方关系,中国赞赏和支持欧洲联合自强,欧盟领导人一再申明中国的发展不是威胁而是机遇。双方独立自主意识都进一步加强,都争当世界多极化的一极。双方建立了多种形式、多种级别的政治磋商机制,高层领导人会晤频繁,除共同出席从1996年开始的每年亚欧领导人会晤外,1998年又启动了中国与欧盟领导人每年会晤制度。1998年首届中国—欧盟领导人会晤后发表的联合声明指出:在世界形势发生重大而深刻变化的情况下,中国和欧盟进一步加强对话与合作不仅符合双方的根本利益,也有利于世界和平、稳定与发展。双方表示希望在中国与欧盟间建立面向21世纪长期稳定的建设性伙伴关系[1]。欧盟提出,把军备控制、打击恐怖活动、犯罪、环保等问题列入双方领导人政治磋商范围。2003年中欧双方都发表中欧关系政策文件,规划了中欧关系的发展方向,为中欧关系注入新活力,表示要推动中欧全面战略伙伴关系进一步拓展和深化。2004年中欧领导人会晤后指出:双方应本着互信互利、平等协作的原则,共同维护国际和平与安全,要进一步加强联合国在维护世界和平、稳定和促进可持续发展方面的重要作用。推动多边主义和国际关系民主化,高度重视在防止核扩散、军控、裁军、反恐领域的国际合作[2]。2005年中欧领导人会晤,庆祝中国与欧盟(当时称欧共体)建交30周年。双方在联合声明中指出:中欧关系正在迅速发展成为一种成熟的全面战略伙伴关系,决定于2005年底启动中欧定期战略对话机制,以讨论重大国际和地区问题,致力于尽早启动新的中欧框架协定谈判,以体现中欧战略伙伴关系的广度和深度,使中欧政治关系走向制度化、完善化[3]。在人权问题上,欧盟强调同中国进行对话。1998年欧盟外长理事会宣布,今后"无论是作为整体还是作为单个成员国,欧盟都不参与中国人权问题的提案"[4]。英国首相布莱尔在《星期日泰晤士报》上发表文章指出:在人权问

---

[1]　《人民日报》,1998年4月4日。
[2]　《人民日报》,2004年5月7日。
[3]　《人民日报》,2005年9月6日。
[4]　路透社,1998年2月23日电。

题上,"协商和对话远比对立和空洞的言词有效"①。2003年双方强调在平等和相互尊重的基础上继续开展人权对话。双方在合作打击非法移民和贩卖人口犯罪方面的高级别磋商也取得积极成果。中欧(盟)还开展了战略对话,政治磋商机制不断完善。

在经贸领域,中欧经济上互补性和互利性较强,双方互有所求,是推动中欧关系发展的主要动力。中国经济快速增长,有着潜力巨大的市场,对欧盟有很大吸引力。中国成为欧盟扩大商品、资金、技术、人才等出口的重要目的地,这对欧盟成员国的经济发展是至关重要的。而欧盟是中国经济发展所需资金、技术的主要来源和重要的商品出口市场,深化中欧经贸合作有利于中国外贸实现多元化。双方的经贸关系发展很快。1975年建交时,中欧贸易额仅24亿美元。20世纪80—90年代每5年翻一番,进入21世纪后则每3年翻一番。1991年贸易额116亿美元,1998年489亿美元,2000年600亿美元,2004年达1 773亿美元,2007年达3 719亿美元。从2004年起,欧盟成为中国第一大贸易伙伴,中国成为欧盟第二大贸易伙伴,是互利双赢的结果。双方都致力于建立以规则为基础的强有力的、公平的多边贸易体系,推动WTO多哈多边贸易谈判取得成功。表示要从战略高度加强双方在能源、民航、空间等领域的合作。2004年5月签署了《中欧海关合作和行政互助协定》。2005年9月双方达成了《劳动、就业和社会事务谅解备忘录》、《能源、交通战略对话谅解备忘录》,签订了欧洲投资银行为北京机场扩建提供5亿欧元贷款协议。至2007年,欧盟对华投资575亿美元,项目2.83万个,是中国重要的外资来源。

中欧的科技合作取得重大进展,欧盟是中国第一大技术供应方,到2005年共引进技术2万多项,合同金额800多亿美元。科技合作是中欧合作的重要支柱,取得明显的成果和经济效益。中欧科技合作项目范围广泛,涉及能源、生物、环保、航空、信息等领域。这些领域是欧盟的优势所在。特别是能源和环保,欧盟的整体水平要强于美国和日本。中欧科技合作和交流的形式也是多样化的,包括共同研究项目、联合举办研究班、召开技术研讨会、科技战略对话、高层科技战略论坛、学术交流和设立联合中心等。如中欧能源培训中心和中欧生物开发中心(中心的职能包括组织研讨会、培训专业人员、协调合作研究计划、收集和交流信息、加速

---

① 《人民日报》,1998年10月6日。

第十一章 构建新型的中欧全面战略伙伴关系

科研成果转化等)。双方还大幅度向对方开放重点基础研究项目。欧盟向中国开放尤里卡计划,并同意将科研经费投入达180亿美元的《第五个科研总体规划》向中国全面开放。中国国家科技部从1999年开始向欧盟开放国家重点基础研究发展规划项目(973计划),863计划也向欧盟开放。这种对等开放彼此的大型重点科研项目的政策,可以全方位推进中欧在基础研究和高科技领域的实质性合作,有助于进一步提升中欧科技关系,并促进中欧政治和经贸关系的健康发展。中欧科技合作进入了一个发展潜力巨大的新时期。1998年签订了《中欧科技合作协定》,双方进入了以高科技合作为主要内容的"共同投资、共同开发、共享成果"的更高层次的合作阶段。2002年4月3日签署了《中欧能源和环境合作协议》、《中欧欧洲研究中心项目协议》。2003年10月30日签署了《伽利略卫星导航合作协定》,双方领导人认为这个文件是发展双边关系过程中的重要里程碑。该协定开辟了中国参与这一重大战略计划的道路。中国为伽利略计划投资2亿欧元,成为该计划的第一个非欧盟成员。伽利略计划已进入全面合作阶段。2005年9月5日,中欧发表了《关于空间开发和空间科技合作的联合声明》、《中欧气候变化联合宣言》,表示将在这些领域建立中欧伙伴关系。中欧还签署了《中欧联合研究协调计划》,2005年5月举办了中欧高层科技战略论坛,发表了《建立以知识为基础的战略伙伴联合声明》,确立了未来科技合作的指导原则。6月30日至7月1日,在北京成功举办了中欧航空峰会,加强在航空领域的合作。中欧还建立知识产权问题对话机制,欧盟为中国培训了大批管理和技术人才,中国在欧洲留学人员已达20多万人。在生物多样化、水资源方面的合作也在加强。2006年被定为中欧科技年。2007年5月15日,中国与欧洲航空公司签订协议,双方合作在天津建设"空中客车380"总装线。

中欧关系中存在的问题有:关于解除对华军售禁令问题。虽然2003年法国总统希拉克首先提出对华武器禁运("六四"事件后)不符合时代发展潮流,应取消。2004年12月欧盟首脑会议决定将解除对华武器禁运问题纳入欧盟议事日程,并把2005年6月设定为解除禁令的最后期限,法、德、意、荷等国家都主张解除禁令,但由于美、日多次施压,并以贸易制裁相威胁。该问题至今未获解决。关于承认中国完全市场经济地位问题,早在1997年欧盟外长理事会就决定不再把中国列入"非市场经济"国家名单,但欧盟至今没有承认中国是完全市场经济国家。贸易保护主义问题,欧盟常以各种借口指责中国对欧盟倾销商品,反倾销案件不断增加,贸易摩擦时有发生。还有欧盟希望中国放弃现行社会制度、全盘西化,历次对华政策文件都对中国政治民主化和自由化表示"关切"。随着中国的快速发展,欧盟正在以新的中国观看待中国,对中国态度有趋硬的迹象,除利用达赖等攻击中国人权外,主要在两个方面。一是宣扬所谓中国的"经济威胁"。欧盟对中国日益增长的巨额贸易顺差和中国巨大的外汇储备有些忧心忡忡。2007年8月28日德国之声广播电台报道说:"对中国资本'蝗虫'可能最终吃掉美欧关键工业的担心在西方已是普遍现象。"2007年10月,欧洲多国财长在卢森堡会议后发表一份前所未有的强硬声明,点名批评中国的汇率政策。2007年11月8日,欧盟贸易委员曼德尔森声称美欧要将各自经济影响力联合起来,共同对中国施加更大压力。二是欧洲把非洲作为自己的后院。对中国在非洲的影响感到不安。德国执政党基督教民主联盟和基督教社会联盟发表亚洲战略文件宣称:"中国在非洲的行动尤其引人注目,它在那里闯入了西方撤走后出现的真空。"欧洲在能源、非洲和贸易等领域正面临中国的竞争,"给大西洋两岸的民主体制带来挑战。"德国"新闻网"说:"欧洲要对抗中国,确保在非洲的统治地位。"还有,随着气候变化问题在国际关系中日益突出,欧洲在这一问题上比美国立场更强硬,中欧在这一问题上的冲突可能加剧①。但中欧关系积极因素是主流,相互共同利益远远大于分歧和差异,只要双方审时度势,战略定位准确,采取灵活外交策略,平等互利,相互尊重,通过对话磋商解决分歧,双方的合作领域将更广阔,中欧关系必将有更美好的前景。

20世纪80年代末、90年代初,东欧发生剧变,国家政权易帜。中国政府遵照邓小平提出的"韬光养晦、有所作为"的战略方针,坚持尊重各国人民自由选择自己国家社会制度的立场,从不干涉别国内政。因此,中国与东欧国家关系没有受到重大影响,相互间继续保持政治和经贸合作关系。

思考题

1. 冷战前期中国同西欧的关系为什么发展缓慢?
2. 东欧剧变后,中国与东欧国家关系为什么能顺利发展?
3. 20世纪90年代后西欧为什么十分强调发展同中国的关系?

---

① 《现代国际关系》2007年第12期。

第十二章 与邻为善——营造良好的周边安全环境

中国是世界上拥有周边国家最多的国家之一,也是国际上周边外交环境最复杂的国家之一。周边外交思想是毛泽东、邓小平外交思想的重要组成部分。冷战期间,特别是在20世纪60—70年代,中国的周边安全环境可以说是十分险恶。中国那时曾经同大多数周边国家处于敌对状态,在东边与美国、日本、韩国、菲律宾为敌,在北面与苏联激烈对抗,在西南与印度兵戎相见,在南面与印尼、越南交恶。改革开放以后,我们的周边安全形势得到很大改善,处于历史上较好的时期,有一个相对和平、稳定的周边环境。冷战结束后,我们把改善周边环境作为外交工作首要。我们的周边安全环境总体保持稳定,但仍面临复杂形势,存在一些不确定因素。中国的周边外交政策,既受国际格局和周边形势的影响,也与中国领导人的外交思想,特别是地缘战略思想密切相关。

第一节 中国领导人的周边外交战略

一、毛泽东、周恩来、邓小平的周边外交思想

中华人民共和国成立初期,中国推行"一边倒"的战略。毛泽东把中国的地缘政治(即处理与中国有共同边界、相邻的领土和领海的周边国家的关系)的重点放在东线。毛泽东指出,中国的地缘政治可以从北方、西南方和东方三个方向来划分。"我们同印度、缅甸、老挝、柬埔寨是友好的邻国,所

以我们对我们的西南部很放心。对北部也很放心,因为有苏联、朝鲜和蒙古人民共和国。现在我们不放心的是东部。当然我们不害怕日本、菲律宾、(中国)台湾和香港,而是害怕美国。美国利用这些地方搞我们的鬼。我们的海岸线很长,达一万两千公里,所以我们要更注意海防。"①他还指出,美国"把防线摆在南朝鲜、(中国)台湾、印度支那,这些地方离美国那么远,离我们倒很近。这使得我们很难睡稳觉。"②1959年,中印关系开始恶化,两国边界出现紧张,毛泽东仍坚持认为,中国与印度没有重大的地缘政治的冲突与矛盾。他强调指出:"中国人民的敌人是在东方,美帝国主义在(中国)台湾、在南朝鲜、在日本、在菲律宾,都有很多的军事基地,都是针对中国的。中国的主要注意力和斗争方针是在东方,在西太平洋地区,在凶恶的侵略的美帝国主义,而不在印度。……中国不会这样蠢,东方树敌于美国,西方又树敌于印度。……我们不能有两个重点,我们不能把友人当敌人,这是我们的国策。"他对印度客人说:"几年来,特别是最近3个月,我们两国之间的吵架,不过是两国千年万年友好过程中的一个插曲而已。……中国的主要注意力只能放在中国的东方,而不能也没有必要放在中国的西南方。"③到20世纪60年代,随着中苏关系分裂,毛泽东推行"反帝反修"的两条线战略,再加上"文革"时期的极"左"路线,以及各种反华势力对中国的围攻,中国与周边国家关系全面恶化,中国的地缘政治形势极度险恶。70年代,国际关系出现重大变化,美苏争霸由美攻苏守转变为苏攻美守,美国实行战略收缩,希望改善中美关系。而中苏关系恶化到严重地步,苏联成为中国的主要威胁。毛泽东提出"一条线"战略,把地缘政治重点移到北方,改善了中美关系并相继与日本、马来西亚、菲律宾、泰国等国建立外交关系。中国的地缘政治形势得到改善。

中国同10多个国家接壤,同一些国家边界尚未划定,因此,解决与邻国的边界问题对搞好周边国家关系,具有重要意义。中国领导人在处理边界问题时,一方面坚决维护中国的领土主权,另一方面又采取灵活的现实主义态度。一贯强调要从中国与邻国的和平共处大局出发,考虑双方的利益而不仅仅是中国的利益。解决边界问题,只能用和平方法,一时不能解决的,

---

① 《毛泽东外交文选》,第302—303页。
② 同上书,第165页。
③ 同上书,第376—377页。

第十二章 与邻为善——营造良好的周边安全环境

可以摆一摆,留待以后解决。50—60年代,中国先后与缅甸、巴基斯坦、阿富汗、蒙古和尼泊尔等国解决了历史遗留下来的边界问题。在这方面,周恩来做出了重大贡献。在边界谈判中,周恩来形成了一套较为完整的解决边界问题的思想。主要有:中国对任何外国的领土绝没有任何要求,我们决不会要任何国家一寸土地,我们也决不容忍别国侵略我们的领土,我们希望友好解决边界问题,愿意采取让步的方针,但让步必须是双方的;把和平协商作为解决边界领土纠纷的基本方法,把维护国家间的友谊作为根本;边界问题有复杂的历史背景,在解决边界问题时,必须有历史的眼光和历史的观点,照顾到历史的因素;边界问题的解决必须考虑到民族因素,力求不伤害少数民族的利益,以免引发民族纠纷;在有争议的边界地区,双方应采取避免发生冲突的措施,以便为谈判创造有利条件;边界领土问题的解决要统筹考虑,重点突破,全盘解决,在解决前维持边界状况,双方武装力量在争议地区脱离接触①。

在东南亚有1000多万华侨,因此,妥善处理华侨问题,成为中国与邻近国家关系的一个突出问题。由于各国国籍法不同,中国采取血统主义,而有的国家采取出生地主义,因此许多华侨具有双重国籍。中国反对双重国籍,主张单一国籍。因为双重国籍会影响到一个国家的内政。周恩来曾语重心长地对华侨说:"大家可以想一想,如果在我们国内,有几百万外国侨民,他们也是双重国籍,我们政府好不好办事呢?凡事都要推己及人,我们如果遇到这个情形,也不愿意。那么,我们在国外怎么能要求人家接受双重国籍呢?今天中国政府执行和平的、平等的外交政策,所以不能不解决这个问题。"他指出,尽管中国决不会利用海外1000多万华侨来搞颠覆,但"双重国籍问题不解决,人家还会感到有些不放心"②。毛泽东指出:"华侨问题也应该适当地解决,免得有些国家说我们要利用华侨捣乱。如果华侨保持侨民身份,他们就不应该参加所在国的政治活动;如果取得了所在国的国籍,那么就应该按该国的法律办事。华侨也应该遵守所在国的法律。"③毛泽东强调:"中国政府一向鼓励华侨要遵守所在国的法令,不要从事政治活动,并且鼓励他们以他们的人力和财力为所在国的利益服务。"毛泽东还指

---

① 《周恩来外交文选》,第237、279、230、238、462页。参见叶自成:《新中国外交思想——从毛泽东到邓小平》,第259—262页。
② 《周恩来外交文选》,第135—136页。
③ 《毛泽东外交文选》,第175—176页。

出,华侨中不组织共产党,已有的要解散①。1955年,中国与印尼就双重国籍签订一个条约。条约规定,华侨应当根据自愿原则,选择一个国籍。按照这一原则,中国还与缅甸、泰国、马来西亚解决了华侨问题。新加坡华侨问题也如此解决。

坚决支持邻国反对外来侵略的斗争,打破美国孤立、遏制中国的阴谋,在毛泽东、周恩来的周边外交思想中占有重要的地位。抗美援朝、抗美援越,都是毛泽东重大的地缘政治决策。毛泽东指出,朝鲜战争的重要意义在于:守住了三八线,推迟了帝国主义新的侵华战争,推迟了第三次世界大战②。周恩来指出:"中朝是唇齿之邦,唇亡则齿寒。朝鲜如果被美帝国主义压倒,我们中国无法安定。……如果美帝打到鸭绿江边,我们怎能安定生产?""现在如果对美帝不抵抗,一着输了,就会处处陷于被动,敌人将得寸进尺。反之,如果给予打击,让他在朝鲜陷入泥潭,敌人就无法再进攻中国。"③毛泽东反复强调:"亚洲的事务应由亚洲人民自己来管。""美国军队要从西太平洋撤走,要撤的地方很多,如日本、菲律宾、朝鲜,还有(中国)台湾。"如果亚洲人民团结起来,"到那时候就不会由几个大国称霸了。"④毛泽东等中国领导人始终坚持按照和平共处五项原则,巩固和发展与周边国家的团结。强调所有东方国家都受过西方帝国主义的欺侮,东方国家应该成为好朋友;国家不论大小应该完全平等,大国不能把自己的意志、政策和思想强加在小国身上;国与国之间的合作应是平等互利的,不能使任何一方受到损害;对有些国家在美国压力下不敢承认中国,毛泽东表示我们可以等待,彼此间可以先搞些互通有无、文化交流、和平友好,一步一步地就会建立邦交⑤。

"文化大革命"结束后,邓小平一方面继承了毛泽东、周恩来的周边外交思想,如强调以和平方式解决中国与周边国家的边界争端,指出中印两国没有根本的利益冲突,两国不应把对方当作敌人,而应加强相互间的合作,增进了解和友谊,互谅互让,合情合理地解决边界问题;妥善解决华侨华人问题,鼓励华侨自愿选择驻在国国籍,并要求保留中国国籍的华侨要

---

① 《毛泽东外交文选》,第190页。
② 《毛泽东军事文集》第6卷,军事科学出版社、中央文献出版社1993年版,第355页。
③ 《周恩来外交文选》,第29页。
④ 《毛泽东外交文选》,第194、371页。
⑤ 《毛泽东外交思想研究》,第257页。

为驻在国的发展和两国友谊做出贡献,遵守驻在国法律;支持东南亚建立和平中立区的立场等等。另一方面,邓小平又发展了毛泽东和周恩来的外交思想,显示出全方位性、非意识形态化、非对抗性的特点,体现了和平与发展的时代主题。

邓小平提出"搁置主权、共同开发"的主张。邓小平指出:"有些国际上的争端,可以先不谈主权,先进行共同开发,这样的问题,要从尊重现实出发,找条新的路子来解决。"他多次谈到,"南沙群岛,历来世界地图是划到的,属中国,现在除了台湾占了一个岛以外,菲律宾占了几个岛,越南占了几个岛,马来西亚占了几个岛。将来怎么办?一个办法是我们用武力统统把这些岛收回来;一个办法是把主权问题搁置起来,共同开发,这就可以消除多年积累下来的问题。……我们中国人是主张和平的,希望用和平方式解决争端。"①其根本出发点是避免用战争和军事手段解决问题,为维护世界和地区和平做出积极的贡献。

邓小平在周边外交中排除了意识形态的因素,强调以和平共处五项原则为基础,发展同所有周边国家的友好合作关系。积极改善一些与苏联结盟而同中国处于交恶或冷淡的周边国家的关系,使中国与越南、老挝、蒙古等国的关系实现正常化,恢复了同印尼的关系正常化,改善了曾经处于敌对状态的中印、中韩关系。到20世纪80年代末,中国在周边地区已没有一个公开的敌对国家,为社会主义现代化建设创造了一个良好的周边安全环境。

不介入周边国家的内部事务。在20世纪60—70年代,东南亚一些国家的共产党在中苏两党大论战中支持中共的观点,中国也支持这些国家共产党反对本国政府的武装斗争,这影响了中国与东南亚国家的关系。改革开放以后,我们调整了政策,不再介入周边国家的内部事务,从而使我们同东南亚国家的关系得到改善和发展。

二、冷战后中国的周边外交新思维

冷战结束后,以江泽民为核心的第三代领导集体坚持并发展了毛泽东、邓小平的周边外交思想,进一步改善了与周边国家的友好关系,把周边外交

---

① 《邓小平文选》第3卷,第49、87—88页。

作为中国外交的重点,放在十分重要的地位,实施了一些新的周边外交战略,为中国的社会主义现代化建设创造了良好的周边环境。进入新世纪,特别是党的十六大以来,以胡锦涛为总书记的新一代领导集体,高举"和平、发展、合作"的旗帜,把和平周边外交战略作为中国和平外交战略的重要环节,提出周边外交新思维,实现中国与周边地区的共同发展,努力构建持久和平、共同繁荣的和谐周边。

实施"伙伴"外交,构筑中国与周边国家的新型国家关系。中国同许多周边国家建立了各种形式的伙伴关系,成为中国周边外交的重要内容。这种伙伴关系是一种不对抗、不结盟,不针对第三国的新型国家关系模式。江泽民指出:这种新型关系"应该建立在和平共处五项原则基础上,成为不对抗、不结盟、睦邻友好、互利合作、共同繁荣的好邻居、好伙伴、好朋友"①。

倡导新安全观。针对冷战后美国坚持冷战思维,在欧洲强化北约,实行北约东扩。在亚洲,与日本安保体系再定义和实施美日安全合作新方针,强化美日军事同盟以及加强美国与韩国、菲律宾、泰国、澳大利亚等国的双边同盟,推行新霸权主义和新干涉主义。以江泽民为核心的第三代领导集体以邓小平外交思想为指导,以和平共处五项原则为武器,旗帜鲜明地反对旧安全观,倡导新安全观。江泽民指出:"以军事联盟为基础,以加强军备为手段的旧安全观,无助于保障国际安全,更不能营造世界的持久和平;必须建立适应新时代需要的新安全观,积极探索维护和平与安全的新途径。新安全观的核心,应是互信、互利、平等、合作。各国互相尊重主权和领土完整、互不侵犯、互不干涉内政、和平共处五项原则以及其他公认的国际关系准则,是维护和平的政治基础。互利合作,共同繁荣,是维护和平的经济保障。建立在平等基础上的对话、协商谈判,是解决争端、维护和平的正确途径。"②中国积极倡导新安全机制,这种机制以维护和平与安全为目标,以平等参与和和平相处为宗旨,以建立信任措施为核心,以对话合作为手段。上海合作组织、中国与印度关于在边境实际控制线地区军事领域建立信任措施的协定、中国与东盟的新型安全合作关系、中俄睦邻友好条约等,就是这

---

① 1994年9月3日江泽民在俄罗斯国际关系学院的演说。
② 《人民日报》,1999年3月27日。

种新安全观的重要成果①。

实施"与邻为善、以邻为伴","睦邻、安邻、富邻"等体现周边外交新思维的周边外交方针政策。为促进周边地区的和平、稳定与繁荣,中国坚持"与邻为善、以邻为伴"的方针并提出"睦邻、安邻、富邻"的政策。2005年胡锦涛在访问越南时阐述了这一方针政策,强调中国与周边国家要"在政治上和睦相处,经济上互利合作,安全上互信协作,文化上相互促进"。"睦邻,就是要同周边国家和睦相处,共同维护地区和平稳定;安邻,就是要坚持通过对话合作,增进友好互信,通过谈判解决分歧,为亚洲的和谐发展营造良好环境;富邻,就是要加强同邻国的合作,推进区域合作,实现共同发展繁荣"②。近年来,中国坚持这一方针,以实际行动证明自己是周边国家的好邻居、好朋友、好伙伴。

积极参与构建区域多边合作机制,逐渐在中国周围构建起区域多边制度的链条,形成一个区域多边合作圈。与俄罗斯、中亚国家建立上海合作组织,与东盟、韩国、日本形成10+1,10+3机制,建立解决朝核问题的六方会谈机制,与印度签署了解决边界问题的政治指导原则文件,与东盟签署了《南海各方行为宣言》,与美国在遏制"台独"问题上开展一定限度的合作,积极参与亚太经合组织的区域贸易和经济合作。在区域合作中,坚持协商一致、平等互利、循序渐进的原则,照顾各方利益和关切。在构建周边合作机制过程中,根据不同情况,中国采取灵活多样的多边合作方式,在与东盟的多边合作中,采取"经济优先,安全其次",建立自由贸易区是主要推动力,以经济一体化作为政治安全合作的基础。而在中亚,则从安全方面的多边合作起步,再引向经济和其他功能性合作领域。在APEC,主张建立结构松散的开放式多边合作机制,而在上合组织,则赞成构建制度化的多边合作机制③。

重视民众外交、政党外交和地方外事在周边外交中的作用。中共的对外交往也形成全方位、多渠道、深层次的新格局。2004年9月3—5日,在北京举办亚洲政党国际会议,34个亚洲国家80多个政党与会,通过《北京宣言》,强调坦诚相待,求同存异,得到亚洲各国政党的广泛认同。对外友协

---

① 参见《复旦学报》(社会科学版),2001年增刊。
② 新华网,河内2005年11月1日电。
③ 《复旦国际关系评论》第六辑,上海人民出版社2006年版,第222页。

与周边许多国家建立友好协会,举办一系列社会文化交流活动,如"中韩交流年"、"中日韩人员交流年"、"俄罗斯年"(在俄举办"中国年")、"中印友好年"、"中印旅游友好年"等①。

提出"大周边"概念。2004年8月,党中央提出"大周边"新概念,周边地区范围更广泛,不仅包括14个陆地邻国,10个隔海相望的邻国,还包括中东地区、大洋洲的澳大利亚和新西兰以及美国。

第二节 努力维护朝鲜半岛的和平与稳定

朝鲜半岛地处东北亚大陆与海洋的结合部,战略地位十分重要。它是亚太地区主要大国利益重叠的地方,长期以来一直是国际关注的热点地区。朝鲜半岛对中国具有特别重要的地缘政治价值,在19世纪、20世纪,日本军国主义曾一次又一次地以朝鲜为跳板,侵略中国。因此,维护朝鲜半岛的和平与稳定,对维护地区乃至世界的和平,对营造中国良好的周边安全环境,具有十分重要的意义。

一、中国对朝鲜半岛的政策

由于大国利益盘根错节,"南北朝鲜"政策取向各异,朝鲜半岛长期处于紧张动荡之中,成为令人担忧的热点地区。朝鲜半岛的问题主要有两个:一个是和平问题,另一个是统一问题。

朝鲜战争结束已近半个世纪,但至今仍没有建立起稳定有效的和平机制。原来停战协定的体制已经不能适应形势发展的需要。迫切需要建立新的和平机制,否则一旦发生某种突发事件,就可能因缺乏磋商和调停机制而使局势难以收拾。1997年至1999年,中美朝韩举行多次四方会谈,主要目的就是建立一种新的和平机制。中国积极推动并努力促成四方会谈取得成果。

---

① 《复旦国际关系评论》第六辑,上海人民出版社2006年版,第213—214页。

第十二章　与邻为善——营造良好的周边安全环境

中国积极支持朝鲜半岛无核化。反对在朝鲜半岛制造、储存和运进核武器。朝鲜和韩国都加入了《不扩散核武器条约》,这符合朝鲜半岛全体人民的利益,半岛南北双方军事上处于互相对峙状态,在三八线一带集结大量军队,任何一方拥有核武器,必然引起另一方高度紧张,势必危及半岛的稳定。1991年9月,美国公开谴责朝鲜正在研制核武器。1991年底,韩国总统卢泰愚提出朝鲜半岛无核化五项建议,并宣布部署在韩国的美军核武器已全部撤走。随后南北双方签署了《朝鲜半岛无核化共同宣言》,朝鲜同意接受国际原子能机构的核检查。检查结果表明,朝鲜核技术尚处于低级阶段。但美国怀疑朝"隐藏了核设施和核物质",要求进行强制性的"特别检查",否则美国将进行制裁并不惜动用武力。对此,朝作出了强烈反应,宣布退出《不扩散核武器条约》。中国反对美国用制裁和威胁使用武力对朝施加压力,主张通过谈判和平解决朝鲜的核问题。经过朝美紧张谈判,1994年10月签订了关于朝鲜核问题的框架协议,朝鲜同意冻结核计划,美负责在10年内为朝鲜建造2 000兆瓦轻水反应堆,朝鲜核问题的争端得到化解。2000年10月,朝鲜国防委员会第一副委员长、人民军总政治局局长赵明录以金正日特使身份访问美国。在两国发表的联合声明中,双方表示将"根本上改善双边关系","以促进亚太地区的和平与安全"。双方将致力于建设一种"摆脱敌对状态的新型关系",加强经济合作①。随后美国国务卿奥尔布莱特访问朝鲜。美国宣布把朝鲜从"无赖国家"改为"令人担心的国家"。朝鲜也把解决同美关系,最终签署半岛和平协议作为对外关系的重要目标。但小布什上台后,加紧推行单边主义和"先发制人战略",中断与朝鲜对话,宣称朝鲜是"邪恶轴心"。2002年1月,美国报刊披露美国防部一份秘密报告,声称在紧急情况下将向一些国家使用核武器计划,其中包括朝鲜。10月,朝美关系因核问题又趋紧张,双方相互指责对方破坏1994年关于朝鲜核问题的框架协议。据《美国新闻与世界报道》披露,美国防部长已指示制订一份为可能爆发的美朝冲突的编号为5030号的作战计划。朝鲜则宣布将加快核武器制造步伐,并声称已拥有能生产6枚原子弹所需的武器级钚。朝鲜半岛局势骤然紧张。中国政府支持朝鲜半岛无核化,希望有关各方通过谈判磋商解决朝鲜的核问题,以维护朝鲜半岛的和平稳定。中方一直在

---

① 《人民日报》,2000年10月13日。

朝美之间作劝和促谈工作，主张以对话和磋商而非经济制裁和军事打击的方式，和平解决朝核问题。2003年7月，中国外交官在平壤、华盛顿等地进行穿梭外交。在中国等国的共同努力下，2003年8月27—29日，中、朝、美、韩、日、俄六国在北京举行了有关朝核问题的六方会谈。会谈达成了6点共识。在会谈中，美方正式表示：无意侵略朝鲜；无意变更朝鲜体制。此次会谈建立解决朝鲜半岛核问题的新机制，在对话和和平解决方面迈出了重要一步。国际舆论高度评价中国在朝核问题上的作用，认为中国政府以全新的外交思路，富有创造力的外交风格，成功地促成了本次会谈，体现了一个负责任的大国形象，实现了中国外交的新突破。六方会谈为东亚的危机处理机制提供了宝贵的启示和经验。六方会谈是外交解决朝核问题的较为现实的并为有关国家所接受的好方式，为外交解决朝核问题开辟了广阔的空间，也为建立东北亚安全对话和协商机制提供了一个较好的方案。可以探索使六方会谈成为地区安全合作的常设机构。六方会谈已举行了六轮。2007年2月，第五轮六方会谈根据"以承诺对承诺，行动对行动"原则通过了《落实共同声明起步行动》。朝鲜关闭并封存宁边核设施，邀请国际原子能机构人员重返朝鲜进行必要的监督和验证，朝方提供全部核计划清单。美方将启动不再将朝鲜列为支持恐怖主义国家的程序，将推动终止对朝适用《敌国贸易法》的进程。美朝谈判实现邦交正常化。各方同意向朝鲜提供经济、能源和人道主义援助。2007年7月，朝鲜全部关闭了宁边核设施，并接受国际原子能机构检查，9月，朝鲜同意在2007年底以前将所有核设施去功能化。2008年6月，朝鲜提交核申报清单，并炸毁宁边核设施冷却塔。9月，美国宣布将朝鲜从支恐名单中删除。朝核问题六方会谈取得可喜的重大进展。

由于美苏划分势力范围，朝鲜这个单一民族分裂为两个国家。随着时间推移，一个民族两个国家的状况被固定下来，但全体朝鲜人民实现民族统一的愿望十分强烈，双方都提出不少方案和建议。金日成提出朝鲜统一三大原则：不依赖外来势力，不使用武力和超越思想、信念和制度的差别的自主、和平统一方针。韩国总统金大中也提出依靠民族自主力量，以和平的方式实现统一。提出了针对北方的"阳光政策"，推动南北对话交流，使南北双方实现"和平、和解和合作"。2000年6月，金大中总统访问平壤，与朝鲜领导人金正日举行会谈。在双方发表的《共同宣言》中，强调国家统一问题的主人是朝鲜民族，双方要团结起来，自主解决统一问题。半岛分裂以来首次首脑会晤具有重大意义。它显示了朝鲜半岛局势的原动力从"大国主导"向"南北自主"方向发展。首脑会晤后,南北定期举行部长级会谈,实现了多次离散家属互访团聚,连接双方铁路,铺设开城至汶山间公路。举行南北国防部长会谈缓解半岛军事紧张局势,扩大了文化、教育、体育等领域的交流与合作。在2000年悉尼奥运会开幕式上,"南北朝鲜"联合组团共举"朝鲜半岛旗"入场。前国际奥委会主席萨马兰奇称它是"向全世界宣示了一个民族的和平意志"[①]。中国一贯主张,朝鲜半岛的主人公是南北双方,应由南北双方以自主、和平的方式来推动对话,和解和合作,最终实现民族统一,而不是用武力解决或一方吃掉另一方的办法实现统一。实现统一的最终出路在于南北双方通过对话与交流不断扩大共识和共性,减少对立和差异,循序渐进地走向统一。凡是有利于这一方面的进展,中国都予以欢迎和支持。

二、巩固和发展中朝传统友好合作关系

中国和朝鲜半岛的友好往来有十分悠久的历史。在古代,中国文化不断传入朝鲜,促进了朝鲜社会、经济和文化的发展。朝鲜的优秀文化也传入中国,对中国文化发展起了积极的影响。明朝时,中国曾帮助朝鲜挫败了日本征服朝鲜的阴谋。"二战"期间,以金日成等为代表的朝鲜爱国志士来到中国,与中国人民并肩作战,抗击日本侵略者。

在朝鲜战争中,中国派出志愿军,抗美援朝,保家卫国,中朝两国人民以鲜血和生命结成了深厚的战斗友谊。朝鲜停战后,中国向朝鲜提供了力所能及的援助,帮助朝鲜医治战争创伤,恢复和发展经济。1953年11月,两国签订经济文化合作协定,中国无偿援助朝鲜8亿元人民币。中国还派遣技术人员,帮助朝鲜经济建设。1961年双方签订中朝友好合作互助条约。中朝两国领导人进行互访,就加强双边友好关系和共同关心的国际问题进行磋商。中国坚决支持朝鲜人民争取自主和平统一祖国的正义斗争,支持朝鲜提出的解散"联合国韩国统一复兴委员会"等合理要求。

冷战结束后,中朝传统友好关系进入新的阶段。朝鲜领导人金正日多次访华,考察了中国经济发展情况,对中国改革开放取得的成就给予高度评价。中国对朝鲜面临的经济困难提供了力所能及的援助。中国明确反对美

---

① 萨马兰奇2000年10月1日接受新闻记者采访时的讲话。

国对朝鲜的制裁和武力威胁,希望朝美恢复对话。指出朝鲜半岛局势的缓和符合各方的利益。2001年9月,中共中央总书记、国家主席江泽民应金正日邀请对朝鲜进行正式访问,两国首脑就中朝友好关系在新世纪的进一步发展以及共同关心的国际问题深入交换了意见,双方确定将本着"继承传统,面向未来,睦邻友好,加强合作"的精神,在新世纪把两党、两国和两国人民之间的友好合作关系推向更高发展水平。两国首脑共同确认,继续保持中朝两党、两国高层交往的传统,进一步加强双方在国际和地区重大问题上的磋商与合作,两党继续在"独立自主、完全平等、互相尊重、互不干涉内政"的原则基础上加强交流,进一步发展两国间平等互利的经济贸易与合作关系,加强青少年之间的交往和人员交流①。

三、构建中韩战略合作伙伴关系

长期以来,由于美苏冷战、美韩结成军事同盟以及朝鲜半岛的分裂和对峙,中韩关系一直处于不正常状态。双方只有一些民间交往,如在华韩国侨民和在韩国有直系亲属的中国公民前往韩国探亲。从1979年起,中韩两国经由香港、日本和新加坡等地开展间接贸易,但数量很少,1979年贸易额仅为0.19亿美元,1987年也只有16.8亿美元。1983年一架中国客机被劫持到韩国,中国政府派出工作组,与韩方顺利解决了这一事件,双方才开始有政府间接触。1986年和1988年相继在汉城举行亚运会和奥运会,中国派出代表团参加。

中韩关系的重大突破是1992年8月双方建立了外交关系。中韩建交使两国关系翻开了新的一页。建交后,两国政治关系发展顺利,高层互访不断。中国领导人江泽民、胡锦涛、李鹏、朱镕基、温家宝等都访问过韩国。韩国五届总统卢泰愚、金泳三、金大中、卢武铉和李明博访问了中国。双方领导人还在国际会议上多次会晤。高层接触增进了相互理解和信任,在一系列重大问题上取得共识。1998年11月,金大中总统访华期间,两国元首商定,以联合国宪章原则和中韩建交公报的精神及两国睦邻友好合作为基础,着眼未来,建立面向21世纪的中韩全面合作伙伴关系,从而为两国关系的跨世纪发展确立了框架和发展方向,有重要而深远的意义。2008年5月李

---

① 参见《当代亚太》,2001年第10期。

明博总统访问中国时双方又将中韩关系上升为战略合作伙伴关系。并在众多双边和多边问题上取得共识,作出了安排,中韩关系面临更大的发展机遇。

经济关系是两国关系的重要基础。两国政府签订了《贸易保护协定》、《投资保障协定》、《科学技术合作协定》、《防止双重征税协定》等多项协定,双方本着:"平等互利、优势互补、真诚合作、共同发展"的原则,积极开展经贸合作。双方的经济交流无论在数量上还是质量上都得到迅猛发展。在贸易方面,1992年建交时,贸易额为50.6亿美元,1994年突破100亿美元,1996年达到200亿美元,2000年为345亿美元,2005年达1 119亿美元,2007年达1 598亿美元。中国从2002年起是韩最大的贸易伙伴、最大出口市场和贸易顺差主要来源(2000年为119亿美元,2005年达417亿美元)。在投资领域,1992年韩对华投资金额为6 000万美元,到2005年实际金额达295亿美元。仅三星集团就在中国投资27亿美元,现代汽车集团在华生产量2006年达30万辆。投资规模不断扩大,投资水平不断提高,从劳动密集型资本向技术密集型发展。在金融、交通、旅游等领域,两国之间的合作也卓有成效。韩国和中国的大银行,如韩国外汇银行、产业银行、进出口银行、长期信用银行以及中国银行、中国建设银行等都在对方开设办事处。两国开设了10多条民航航线和7条海运航线。在1997年韩国金融危机时,中国通过国际货币基金组织提供5.48亿美元资金支持,中国银行认购了韩国发行的欧洲债券2亿马克,中方向韩国提供3亿美元的出口信贷,为韩国摆脱金融危机起了积极作用。此外,两国在文化、科技、体育、教育等领域也进行了卓有成效的合作。双方还大力开展劳务合作,到2006年中国在韩劳务人员已达10多万人。经贸合作无论在广度和深度、数量和质量上都达到相当高的水平。

中韩关系基础牢固,发展潜力很大,双方不存在根本的利害冲突,彼此都有加快发展双边关系的积极愿望和需要。双方都面临维护和平、促进发展、实现国家统一的重大任务,在地缘政治和地区安全方面存在共同利益。两国建立了完善的政治、安全对话机制,都致力于发展睦邻友好合作关系,中国支持朝鲜半岛统一,实现朝鲜半岛无核化。韩国坚持一个中国原则,反对"台独",支持中国和平统一,明确表示决不卷入台海冲突,反对日本领导人歪曲侵略历史,反对参拜靖国神社。睦邻友好关系是两国确保和平周边环境的关键因素和重要环节。韩国承认中国完全市场经济地位。两国经济有很强的互补性,韩国完成了工业化进程,进入中等发达国家行列,中国仍是发展中国家。韩国向中国出口产品以资本密集型和技术密集型为主,中国出口到韩国的商品以劳动密集型产品为主。2007年被定为"中韩交流年",两国经贸合作强劲增长,经济融合和一体化加快,共建自由贸易区已提上议事日程,将共同推进东亚合作,积极推进东亚自由贸易区建设。国家主席胡锦涛2003年7月会见访华的韩国总统卢武铉时说:"回顾中韩关系发展历程,可概括为'发展迅速、成效显著、潜力巨大、前景广阔',在新世纪建立和发展中韩全面合作伙伴关系,将开创中韩睦邻友好和互利合作的新局面。"[①]2007年4月温家宝总理访问韩国时,双方领导人称赞韩中两国政治互信不断加深,各领域交流与合作持续扩大,在地区和国际事务中协调与配合日益紧密,是国与国合作的典范。

第三节 建立同东盟的和平与繁荣的战略伙伴关系

中国与东盟同属发展中国家,地缘相邻,文化相通,自古以来就有密切交往。东南亚地区战略地位十分重要,是太平洋和印度洋来往的咽喉通道。20世纪50—60年代,东南亚曾是美国在亚洲反共反华链条上的重要环节和美国侵略印度支那的重要军事基地。除印尼外,中国与其他东盟创始国关系疏远。中国积极支持印支三国的抗美救国战争,同缅甸保持友好睦邻关系。70年代,美国撤出印支后,东盟调整了外交政策,改善与中国的关系。中国先后与马来西亚、菲律宾、泰国建立了外交关系,中越关系则严重恶化。80年代,中国与东盟关系进一步发展。冷战结束后,东盟从六国扩大为十国,包括整个东南亚,并奉行大国平衡政策,拓展与世界大国的关系。中国把稳定周边作为外交战略重点,中国与东盟的睦邻友好关系进入一个新阶段,中国与东盟所有成员国都建立了正常外交关系。中国与东盟的关系从1991年的协商伙伴,1996年升格为完全对话伙伴,2003年双方建立了和平与繁荣的战略伙伴关系。中国与东盟不仅加强了政治和外交合作,而

---

① 《人民日报》,2003年7月8日。

且经贸关系快速增长。并为建立中国与东盟自由贸易区而积极努力。

一、冷战期间中国与东南亚国家的关系

中国与东南亚国家关系源远流长。汉代时双方就有频繁的贸易往来。唐朝时,中国与东南亚的经济、文化交流不断,使者往来增多。宋朝时,随着造船和航海技术的提高,中国与东南亚海上贸易空前繁荣。明朝郑和7次下西洋,到过东南亚10多个国家。鸦片战争后,中国沦为半封建殖民地,东南亚国家也被西方殖民主义者占领,中国与东南亚人民共同进行反抗殖民主义侵略的斗争,相互支援,并肩战斗。19世纪80年代,刘永福领导的黑旗军支援越南人民的抗法战争,得到越南人民的高度赞扬。

新中国成立后,积极发展同东南亚国家的关系。20世纪50年代先后同越南、印尼、缅甸、柬埔寨建立了外交关系。中缅共同倡导了和平共处五项原则,并本着平等协商、互谅互让的精神,签订了边界条约,圆满解决了历史遗留下来的边界问题。中国与越南、印尼、缅甸发展了睦邻友好关系。50—60年代,中国大力支持越南人民的抗法、抗美救国战争。由于中美关系激烈对抗,菲律宾、泰国参加美国包围中国的"东南亚条约组织",马来西亚也站在美国一边,再加上中国支持这些国家共产党的武装斗争,因此,中国与这些国家关系处于不正常状态。1965年印尼发生军事政变后,中国与印尼关系急剧恶化,1967年中断了外交关系。1967年印尼、马来西亚、泰国、菲律宾、新加坡五国成立了东南亚国家联盟(简称东盟)。开始,东盟受美国控制,以遏制共产主义在东南亚渗透为战略目标,并成为美国侵略印支三国的重要军事基地。因此,中国对东盟持否定态度,双方关系疏远。

20世纪70年代,随着国际局势的重大变化,中美关系改善,特别是美国撤出印度支那后,东盟调整了对外政策,提出把东南亚建成"和平、自由和中立地区"。中国与东盟的关系也发生变化,中国先后与马来西亚、菲律宾、泰国建立了外交关系,同新加坡也开展友好往来。

印支战争结束后,1978年越南出兵柬埔寨,整个80年代,柬埔寨问题始终成为国际关系的热点。在柬问题政治解决过程中,中国与东盟相互配合,共同为柬埔寨和平协定的签署和实施作出贡献,使柬埔寨恢复了民族独立和国家主权,维护了东南亚地区的和平与稳定,中国与东盟的友好合作关系得到进一步发展。随着中国对外政策的调整,长期困扰中国与东盟关系

的东南亚共产党问题也得以解决。中国的改革和对外开放政策进一步促进了中国与东盟各国经济合作的开展。

二、建立与东盟的和平与繁荣的战略伙伴关系

冷战结束后,东盟从六国扩大到十国,包括整个东南亚。东盟大力拓展与世界大国的关系。东盟推动了亚太经合组织的建立,倡议召开亚欧(盟)首脑会议,举办东盟地区论坛,举行东盟与中、日、韩三国非正式首脑会议,积极参与本地区政治、经济和安全事务,正在崛起成为亚太地区一支不依附任何大国的独立力量,发挥着十分独特的作用。中国也把稳定周边作为外交战略的重点,十分重视加强与东盟的友好睦邻关系。因此,中国与东盟的关系取得重大进展。

1990年中国与印尼恢复外交关系,同新加坡建交。1991年与文莱建交。至此,中国与东盟国家全部建立了外交关系。1991年中国与越南实现关系正常化。1995年东盟吸收越南,接着又吸收老挝、缅甸、柬埔寨加入,使东盟成为人口超过5亿,面积达500多万平方公里的亚太地区最大的区域经济合作组织。

1991年中国成为东盟协商伙伴。中国与东盟开始高级官员之间的会晤,就共同关心的政治、经济和安全问题进行磋商。1996年中国第一次以全面对话伙伴身份参加东盟部长会议。从1997年开始,中国与东盟的对话从部长级提高到国家领导人层次,双方高层领导人频繁互访,增进了相互了解和友谊。每年举行中国与东盟领导人非正式会晤(10+1)以及东盟与中、日、韩三国领导人非正式会晤(10+3)。10+1合作机制为中国与东盟领导人提供了就双方合作,地区和世界政治经济问题进行交流、讨论和磋商的场所,其宗旨在于加强中国同东盟的合作,促进地区的和平与经济繁荣。江泽民主席出席了1997年12月在马来西亚举行的第一次"10+1"领导人会议。在随后发表的联合声明中,一致同意双方建立面向21世纪的睦邻互信伙伴关系。从而为中国与东盟关系的发展指明了方向,标志着中国与东盟国家的合作机制正式产生,双方友好合作关系进入实质性阶段。2003年10月,中国与东盟发表联合宣言,宣布双方建立和平与繁荣的战略伙伴关系,这是中国第一次与一个地区组织建立战略伙伴关系。标志着双方政治和战略关系迈上新台阶。2003年中国加入了《东南亚友好合作条约》,这是第一个加

第十二章 与邻为善——营造良好的周边安全环境

入这一条约的非东南亚大国。中国支持并率先签署《东南亚无核区条约》附加议定书,支持东盟的和平、自由、中立区和无核化政策。大力加强与东盟在国际和地区事务的协调、合作。在非传统的安全、缉毒、打击走私、反对恐怖主义等方面,中国与东盟开展多种形式的合作。

经贸合作是中国与东盟关系的重点。政治关系的升温为双方经贸合作创造了有利条件。中国与东盟双边贸易年均增长20％以上。1991年中国与东盟的贸易额不足80亿美元,1993年突破100亿美元大关,1997年又突破200亿美元。2000年中国与东盟贸易额为395.22亿美元,2001年在全球经济衰退的情况下,中国与东盟的贸易额仍继续增长,达到416.15亿美元。2005年达1 300亿美元,2007年上升到2 026亿美元。1991年东盟对中国贸易有3亿美元逆差,以后保持顺差,而且顺差不断扩大。中国从东盟进口天然橡胶、原木、棕油、大米、热带水果以及石油化工产品、金属制品和电讯器材等。而东盟从中国进口食品、棉纱、中药材、发电设备、纺织机械和采矿设备等。中国与东盟各国相互投资不断扩大,其中新加坡对华投资名列首位,位于苏州的新加坡工业园区进展顺利。东盟成员国的大企业集团竞相进入中国,投资领域从食品加工、餐饮、旅馆业扩大到电子、电器、化工、金属等行业。到2005年东盟在中国投资金额400亿美元,投资项目3万多个。东盟也是中国企业实施"走出去"战略的重要地区。中国企业向东盟成员国投资,兴办合资企业,大多以机械设备和技术为重点,合资举办加工、装配和生产性项目。东盟也是中国承包工程和劳务合作的重要市场。东盟各国加快基础设施建设,为中国开拓承包劳务市场提供了机会。1997年东南亚金融危机演变成经济危机,并在某些国家引起社会动乱。中国政府采取重大措施,协助东盟化解金融危机。中国坚持人民币不贬值,顶住金融危机的严重冲击,与东盟国家同舟共济、真诚相助、共渡难关,表现出高度负责任的态度。中国向金融危机最严重的泰国和印尼分别提供了10亿美元的援助贷款,并通过国际货币基金组织、世界银行、亚洲银行向一些国家提供援助贷款,共提供45亿美元的援助贷款,支援东南亚受金融危机冲击的国家。中国还与东盟领导人共同磋商加强金融领域合作,防范金融风险,稳定地区经济形势的措施。在科技合作方面,1995年签订了《中国—东盟科技联委会条例》和《中国—东盟科技联委会工作程序指南》。双方在气象、地震和遥感等领域开展了卓有成效的合作。中国和东盟积极开展高新技术领域的合作,支持东盟2000年通过的《电子东盟框架协议》,并以人才和硬件等方面参与"电子东盟"建设。2001年在中国举办了"中国—东盟信息技术合作研讨会",具体探讨加强信息技术领域的合作。在2001年7月,中国—东盟对话会议上,中国提出将农业、人力资源开发、湄公河流域开发合作、信息通讯和相互投资五大领域确定为21世纪初中国与东盟合作的重点领域。大湄公河区域合作,现已形成较全面的合作机制。在航空、旅游、海运、邮电等部门,中国与东盟也开展了互利互惠的合作。中国积极支持马来西亚提出的泛亚铁路构想,已开始勘探设计。铁路建成后,可在中国境内与亚欧大陆桥衔接,形成一条相互开放、联结的国际大通道。2005年双方人员往来达650多万人次。

在2000年第四次中国与东盟领导人非正式会晤时,朱镕基总理提出建立中国—东盟自由贸易区的设想,得到东盟国家的响应。2001年第五次中国—东盟领导人会议上,双方正式提出了建立中国—东盟自由贸易区的目标,一致同意在10年内建立自由贸易区。这是中国第一次致力于与其他国家建立自由贸易区。香港《亚洲周刊》评论指出:"它是东亚经济整合迈出的第一步,其重要性甚至大于中国加入WTO","实现东亚自由贸易区,是中国在新世纪首项最重要的外交、经济使命,至少关系半个世纪或更长远的命运、安全。"①新加坡《海峡时报》说:"这一至关重要的举措可能会改变亚洲经济和政治的面貌。"②美国贸易代表罗伯特·佐利克称其为"具有创意的行动",使中国与东盟的合作"有了制度化的保证"③。中国—东盟自贸区谈判于2002年5月启动,该自由贸易区将覆盖17亿人口,将成为全球人口最多的自由贸易区,它是亚洲国家区域合作方面的重大突破。2002年11月,双方签署了《全面经济合作框架协议》,为自贸区奠定法律基础。2003年双方制订了"早期收获"方案,决定从2004年1月1日起,对500种商品降税,到2006年降至零关税。2004年11月29日双方领导人会议制定了《推进中国—东盟战略伙伴关系行动计划》、《中国—东盟争端解决机制协议》、《中国—东盟全面经济合作货物贸易协议》,全面规划中国—东盟(2005—2010年)在各领域的合作。对中国—东盟自贸区投资、金融、农业、信息等13个领域规定了范围广泛、内容丰

---

① 引自《上海金融报》,2002年4月18日。
② 同上。
③ 《纽约时报》,2003年10月18日。

富的合作。规定从2005年7月1日起全面启动降税过程。中国与东盟6个老成员国在2010年把绝大多数商品(除敏感商品外)关税降为零,与4个新成员国2015年关税降为零。《争端解决机制》规定了双方在自贸区框架下处理有关贸易争端的法律条例,以WTO争端解决机制为基础,结合自贸区具体特点,为各方解决贸易摩擦提供依据。现《行动计划》正在开始全面实施。货物自由贸易开始实施。2007年1月14日,第十次中国—东盟领导人会议签署了《中国—东盟全面经济合作框架服务贸易协定》。《投资贸易协定》谈判加紧进行。标志中国—东盟自贸区建设又向前迈出关键一步。同年11月20日第十一次会议提出加强10+1务实合作17项主张或倡议,力争全面完成中国—东盟自贸区建设,推进泛亚铁路、昆曼公路航空、信息通讯等基础设施建设,实现双方互联互通。自贸区筹备工作进展顺利。中国—东盟自贸区筹备过程的一个突出特点,就是中国主动承担责任,扶助弱小国家,对柬、老、缅、越等国实行债务全免或部分减免。在市场开放方面,中国先向东盟各国开放市场,随后东盟6个老成员国开放,最后4个新成员国才开放。同时,中国给柬、老、越三个非WTO成员以多边最优惠待遇。中国—东盟自由贸易区是世界经济一体化、区域化、次区域化的必然产物。世界经济一体化、区域经济合作是当代世界经济发展趋势和重要特征。在世贸组织中,90%的成员同时是区域组织的成员。到2001年止,世界上已建立了130多个区域经济合作组织。但由于制度、种族、文化多元化等原因,亚洲经济一体化进程缓慢,与经济发展速度和在世界经济中的地位不相称。中国—东盟自由贸易区计划的推出,充分反映了中国对加强东亚区域合作和加深与周边友好关系的积极态度。东亚和西欧、北美相比,在区域合作的深度和广度上都严重滞后,而经济全球化趋势的发展又要求同一地区的国家加强经济不断融合来加以应对。亚太经合组织在短期内仍难以成为严格意义上的区域经济组织。中国与东盟建立自由贸易区的目标,为东亚经济合作找到一个突破口[①]。东盟国家国内市场狭小,既无力抵抗外来不良经济势力的侵袭,也无力通过自身力量克服区域经济危机,难以在经济全球化之下与外部竞争,处于不利地位。而与中国组成自由贸易区后,可以发挥彼此所长,取长补短,生产彼此具有优势的产品,减少资源浪费。中国西部大开发、加入WTO、全面建设小康社会,呈现出无

---

① 参见《南洋问题研究》,2002年第2期。

限商机和发展空间。东盟可以利用与中国独特的地缘和亲缘优势,享受中国入世后提供的更好的投资环境和更多的商业机会,最大限度地分享中国经济发展和市场不断开放的成果。因此,中国—东盟自由贸易区将成为东盟对外经济发展战略的一个重大转折。美国布鲁金斯研究所高级研究员拉迪认为,10年之内中国将超过德国和日本,成为世界上第二大贸易国①。据东盟秘书长利用全球贸易分析模型计算,建立中国—东盟自由贸易区,可使东盟向中国投资增加48%,出口增长45%,GDP增加0.9个百分点,使中国向东盟出口增加55%,GDP年增加0.3个百分点②。中国与东盟共同组建自由贸易区,十分符合双方的利益。目前世界经济区域集团化发展很快,而作为一个经济大国,中国迄今为止尚未加入任何区域经济合作组织。这种单打独斗、长期游离于区域经济集团之外已经越来越不适于中国不断增长的对外经济规模,而且中国对外经贸关系基础不牢靠,过分依赖于少数发达国家,容易受制于人。实践证明,经贸区域集团化是实现成员国共同繁荣、共同发展的成功之路。同时,与东盟组成自由贸易区有助于中国全方位、多层次、宽领域对外开放格局的进一步形成。为中国企业走出国门,到东盟等周边国家投资,创造更有利的条件。通过自由贸易区机制,中国将加强与东盟国家在政治上的相互信任和支持,深化与东盟的睦邻互信伙伴关系。正如新加坡总理吴作栋所说:"中国与东盟国家的经济联系越紧密,双方的长期关系就会越好。"③

为了维护南海地区的和平与稳定,邓小平在20世纪80年代提出"搁置主权,共同开发"的主张,为南海问题的解决找到一个突破口。2002年11月4日,中国与东盟在金边签署《南海各方行为宣言》。这是中国与东盟签署的有关南海问题的第一份政治文件。宣言规定:中国—东盟致力于加强睦邻互信伙伴关系,共同维护南海地区的和平与稳定,通过友好协商谈判,以和平方式解决南海争端,并以建设性态度处理分歧,敦促国防和军事官员对话,自愿通报对方任何即将举行的联合或混合的军事演习,自愿交换有关信息。有关国家今后将不再进驻现无人居住的岛屿。虽然宣言只是一种承诺,并不具有法律约束力,但这样的承诺具有重要意义④。2004年6月30

---

① 中新网(香港),2001年11月6日。
② 《文汇报》,2002年4月13日。
③ 〔新加坡〕《海峡时报》,2001年11月7日。
④ 《环球时报》,2002年11月7日。

第十二章 与邻为善——营造良好的周边安全环境

日,中国与越南交换了《关于两国在北部湾领海、专属经济区和大陆架的划界协定》。至此,中越两国成功解决了陆地边界和北部湾划界问题。2006年7月,在广西南宁举行的"环北部湾经济合作论坛"提出扩大北部湾经济圈建设范围,促使中国与东盟一些国家在北部湾区域围绕资源开发、产业合作等领域开展合作交流,有利于推动环北部湾合作委员会的次区域合作机制的建设。

中国与东盟已形成了高层磋商、商务理事会、联合合作委员会、经贸联委会和科技联委会五大平行对话合作机制。东盟秘书长王景荣在2006年指出:"东盟与中国的合作,将在政治与安全合作、拓展经贸合作空间、支持东盟一体化进程和积极推进'东盟10+3'进程这四个领域展开。"[1]2006年10月31日,在广西南宁举行了中国—东盟对话关系15周年峰会。温家宝总理在讲话中指出:"过去15年,中国—东盟走过了从消除疑虑、开展对话、增进互信到建立战略伙伴关系的历程。今天,双方关系处于历史最好时期。"会议回顾和总结了双方15年来友好关系的发展历程和成功经验,展望和规划了未来双方关系的发展方向,将把中国—东盟友好关系带入更加强劲、更加深入、更具活力的发展阶段[2]。

东盟与中国关系的发展,增强了东盟在国际上尤其是在东亚事务中的地位和影响。2002年中国与东盟达成10年建成自贸区后,美、日、韩、印、澳等国也纷纷着手与东盟建立更紧密的经贸关系,在亚太地区形成了以东盟为核心的新一波经贸合作浪潮。中国加入《东南亚友好合作条约》后,印、日也相继加入该条约。东盟的地区合作战略很大程度上得益于中国的支持。中国在东亚地区合作中维护东盟的主导权,正是中国的积极带动,促使其他大国与东盟结成更紧密的关系,使东盟的地区合作战略得以实现,国际地位进一步提高[3]。实践证明,发展与中国的友好合作关系给东盟带来实实在在的利益。中国确实是东盟的好邻居、好伙伴、好朋友。和平发展是中国—东盟关系发展的前提,平等与信是关系发展的基础,合作共赢是关系发展的目标,人民拥护是关系发展的动力。双方将通过加强战略协作,丰富合

---

[1] 《和平与发展》,2006年第4期。
[2] 新华社北京2006年10月31日电。
[3] 《和平与发展》,2006年第4期。

作内容,维护共同安全,密切人员交流,使中国与东盟的战略伙伴关系得到不断充实和完善。

第四节 努力建设面向 21 世纪的中印战略伙伴关系

中国和印度都是世界著名的文明古国,两国人民的交往已有 2 000 多年历史。印度是同中国建交的第一个非社会主义国家。新中国建国初期,两国共同倡导了和平共处五项原则,保持了传统的友好睦邻关系。从 20 世纪 50 年代末起,双方由于边界冲突等原因导致关系不正常,80 年代末两国恢复了正常关系。1996 年中印达成共识,在和平共处五项原则基础上建立面向 21 世纪的建设性合作伙伴关系。2005 年 4 月,双方表示致力于建设面向 21 世纪的战略伙伴关系,两国关系进入一个新阶段。

一、传统睦邻友好关系

中国和印度是世界文明的发祥地。2 000 多年前,两国人民就开始交往。公元前 2 世纪,为抗击匈奴,西汉张骞出使西域,曾抵达南亚次大陆。西汉末年,佛教从印度传入中国,对促进中国与印度的文化交流起了重要作用。东晋高僧法显和唐朝的玄奘去西天取经,走遍南亚各地,他们所著的《佛国记》和《大唐西域记》对研究印度及南亚地区的地理、历史和文化有很高的价值。宋朝以后,随着航运造船业的进步,中国与南亚的贸易往来迅速发展,明朝郑和 7 次下西洋,也到过印度等南亚地区。在近代,两国都遭受殖民主义的侵略,两国人民一直相互同情和支持。在抗日战争期间,印度派遣医疗队到中国,柯棣华大夫为了帮助中国人民的抗日战争,献出了宝贵的生命,表现出崇高的国际主义精神。中国报刊登载许多文章,支持印度反抗殖民主义的民族独立运动。毛泽东曾明确表示,希望印度获得独立。

新中国成立后不久,1950 年 4 月,中国和印度建立正式外交关系。印度成为第一个与中国建交的非社会主义国家。周恩来对即将赴任的驻印外交官强调:"印度是亚洲的重要大国","是"新中国和制度不同国家建交的第一个国家,工作很重要"①。1951年1月26日,毛泽东亲自出席印度驻华大使的国庆招待会,他在祝词中指出:"印度民族是伟大的民族,印度人民是很好的人民。中国、印度这两个民族和两国人民之间的友谊,几千年以来是很好的。今天庆祝印度的国庆节日,我们希望中国和印度两个民族继续团结起来,为和平而努力。"②建交初期,中印两国对一系列重大国际问题有着共同或相似的看法,并在外交斗争中相互协调和合作。中国积极支持印度收复果阿的斗争,印度主张恢复中国在联合国的合法席位,台湾属于中国。在朝鲜战争期间,印度不赞成联合国污蔑中国为"侵略者"的反华决议。中国曾在出兵朝鲜前多次通过印度转达对美国的警告。后来又建议印度担任朝鲜中立国遣返委员会主席。中国还委托印度协助处理在美国的中国平民回国问题。1954年4月,中印在北京签订了《关于中国西藏地方和印度之间的通商和交通协定》,废除了印度在西藏的原英国殖民特权。6月,周恩来总理首次访问印度,双方在联合声明中确认和平共处五项原则是指导两国关系的基本准则。在1955年4月召开的万隆会议上,两国总理友好协商,共同为会议的成功做出贡献。在尼赫鲁总理访华时,双方签订第一个贸易协定,尽管中国自己粮食不足,仍向印度提供粮食,帮助它应付粮食困难。毛泽东对尼赫鲁说:"中印签订了关于西藏某些问题的协定,这有利于消除引起怀疑、妨碍合作的因素。我们共同宣布了五项原则,这也是很好的。"③

二、中印边界争端与两国关系的波折

边界问题是历史遗留下来的问题。中印边界长约2 000多公里,从未划定,只有一条两国历来行政管辖所及的传统习惯线。

对于中印边界问题的分歧,中国一贯主张彼此都以两国友好的根本利益为重,采取不带偏见的互谅互让的态度,通过友好协商,全面加以解决。1959年12月26日,中国外交部照会印度驻华使馆,就中印边界事实和谈判解决问题提出以下意见:(1)中国政府认为,整个中印边界都是没有划

---

① 《当代中国使节外交生涯》(第三辑),世界知识出版社1996年版,第18页。
② 《毛泽东外交文选》,第148页。
③ 同上书,第175页。

定过的,印度政府和英国政府长期以来都承认这个事实。(2) 中印边界虽未划定,但双方都承认有传统习惯线,这就是根据双方历来管辖所及而形成的界线,中国政府关于传统习惯线的看法,无论在西段、中段和东段,都是以客观事实为基础,并为大量史实资料所证明了的。而印度地图所标出的边界线根本不代表传统习惯线,是英国近代史上侵略扩张政策的产物。(3) 中国政府一贯主张,中印双方应考虑历史背景和当前实际情况,根据五项原则,通过友好协商,全面解决两国边界问题。在此之前,作为临时性措施,双方应维持边界现状,而不采取片面行动,更不允许使用武力来改变这种状况,必须有效地维持两国边界的现状和确保边界的安宁。中印关系恶化后,周恩来总理对印度友人说:"中国决不会侵犯印度,也不会占领印度一寸土地,我们希望真正友好地解决边界问题,愿意采取让步的方针,但是让步必须是双方的。"①他强调,中印两国人民的友谊是永恒的,边界问题的争端只是暂时的,中印两国人民没有根本利益的冲突,不仅过去友好,而且会千年万年地友好下去,边界的一时纠纷能够得到解决。为了保持边界地区安宁,为友好协商解决争端创造良好气氛,中国政府提出,双方武装部队各自从实际控制线后撤 20 公里,形成一个 40 公里宽的非军事区,不再派武装部队巡逻,仅保持非武装警察。并建议立即开始边界谈判,周恩来愿意亲自到德里谈判寻求和平解决边界问题。印度拒绝各自后撤 20 公里的建议,声称周恩来可以到印度,但强调整个边界是不容谈判的。中方为表示诚意,单方面后撤 20 公里。1960 年 4 月,周恩来到印度与尼赫鲁会谈,由于印度坚持"决不会给中国一寸土地",并要求中国军队首先撤到印方所主张的边界线之后,才可能"就微小的修正"进行商谈,会谈未取得成果。

20 世纪 60 年代初,中国发生严重经济困难,加上中苏关系破裂,中美继续敌对,印度认为时机已到,于是在中印边界大力推行"前进政策"。1961 年尼赫鲁在议会演说:"我们的目标只能是设法使侵略者退出,怎样才能做到这一点呢?采用外交手段,采用各种手段,最后,如果你们愿意这样做的话,就采用战争手段。"②印度乘中国军队单方面后撤 20 公里,在中国后撤后的非军事区建立哨所,在西段中国领土上建立 43 个哨所,在东段新建了

---

① 转引自叶自成:《新中国外交思想——从毛泽东到邓小平》,北京大学出版社 2001 年版,第 259 页。
② 〔英〕马克斯韦尔:《印度对华战争》中文版,三联书店 1971 年版,第 190 页。

25个哨所。在此情况下,中方被迫恢复巡逻,但仍采取非常克制的态度。10月20日,印军在中印边境地区发动全面进攻,在忍无可忍的情况下,中国被迫进行自卫反击。24日,中国政府发表声明,再次提出和平谈判建议,但当天就遭到印度拒绝。11月22日,中国在中印边界全线停火,并从双方实际控制线后撤20公里,不仅撤回"麦克马洪线"以北,而且从这条线再后撤20公里。但要求印军不要再越过"1959年11月7日线",否则由此引起的一切严重后果由印度政府负责。中国军队在完成主动后撤,脱离接触后,又主动释放印军俘虏,发还了缴获的武器和军用物资。印军从此没敢再大规模越过"1959年11月7日线",但两国关系长期处于冷淡、僵持状态。

中国仍然希望改善与印度的关系。1970年,毛泽东对印度驻华使馆代办米希拉说:"印度是一个伟大的国家,你们是伟大的人民。我们总要友好的,不能老是这样吵下去嘛!"①这个讲话曾使中印关系有所松动,经双方努力,1976年恢复互派大使,关系有所改善。1979年苏联入侵阿富汗,推行南下战略,印度也感到不安,要求苏联撤军,并开始调整与邻国关系。中国及时抓住这一机遇,积极采取措施,改善与印度关系。1981年6月,黄华副总理兼外长访问印度,双方都认为,边界分歧没有必要成为改善两国关系的障碍,并商定在适当时候由两国官员进一步探讨解决边界问题的办法和在各领域发展关系的措施。12月,双方副外长级举行会谈,至1987年共谈了八轮,中方坚持通过友好协商、互谅互让来解决边界问题。

三、致力于建设面向21世纪的中印战略伙伴关系

1988年12月19—23日,印度总理拉·甘地访华。这是1954年尼赫鲁访华后,印度总理第一次访华,标志着两国边界冲突以来,相互对立关系的终结和新的和睦关系的开始。双方在友好、坦率和相互谅解的气氛下举行会谈。两国总理强调:两国共同倡导的和平共处五项原则是搞好国与国之间关系的基本指导原则,也是建立国际政治经济新秩序的指导原则。双方一致认为,在五项原则基础上恢复、改善和发展中印睦邻友好关系,不仅符合两国人民的根本利益,而且对亚洲和世界的和平与稳定也将产生积极

---

① 1970年5月1日毛泽东在天安门城楼对印度驻华使馆代办米希拉的谈话。

影响①。双方同意,以"互谅互让、互相调整"作为指导原则,通过和平友好协商方式解决边界问题,这是中印边界谈判的一个重要进展。决定成立关于边界问题的联合工作小组和经贸、科技联合小组。拉·甘地重申,西藏是中国的一个自治区,印度不允许"藏独"分子在印度进行反对中国的政治活动。中方赞赏和支持南亚区域合作,希望南亚各国和睦相处。邓小平在会见拉·甘地时指出:中印"双方要忘掉两国关系中过去一段不愉快,一切着眼于未来"②。拉·甘地访华使中印两国关系实现了正常化,恢复了两国政府间高层对话。经贸、科技、文化等各领域的交流迅速扩大,双方在国际事务中磋商和合作也进一步加强,两国关系进入了一个新阶段。1991年12月11—16日,李鹏总理访问印度,这是1960年周恩来访印后中国总理首次访印。双方签署了一系列协议。1993年9月,拉奥总理访华,两国政府签署了《关于在中印边境实际控制线地区保持和平与安宁的协定》。协定规定:中印边界问题应通过和平友好方式协商解决,双方互不使用武力和以武力相威胁,在两国边界问题最终解决前,严格尊重和遵守双方之间的实际控制线。双方将把实际控制线地区各自的军事力量保持在与两国睦邻友好关系相适应的最低水平。1996年11月28日至12月1日,国家主席江泽民应邀对印度进行正式访问,这是中国国家元首首次访问印度。经过会谈,两国领导人一致同意在和平共处五项原则基础上,建立"面向21世纪的建设性合作伙伴关系",就双方保持高层往来,加强经贸和科技等领域的合作达成广泛共识。双方还签订了《关于在中印边境实际控制线地区军事领域建立信任措施的协定》,为两国边界问题的解决创造了良好气氛,有利于促进两国睦邻友好关系的发展。2000年5月,印度总统纳拉亚南访华。江泽民主席就两国关系的发展提出了增加信任和了解、扩大经贸合作、登高望远、求同存异、妥善处理历史遗留问题等意见。

20世纪80年代末以来,中印两国关系实现正常化,双方达成建立面向未来的建设性伙伴关系,但仍然存在一些制约两国关系发展的因素。首先是印度将中国视作其主要竞争对手,对中国的崛起持怀疑和戒备态度,担忧中国涉足其在南亚的"势力范围"。在1998年进行核试验前,印度国防部长公开把中国称为印度"潜在的头号威胁"。在核试验当天,印度总理给八国

---

① 《人民日报》,1988年12月24日。
② 《人民日报》,1988年12月21日。

集团领导人的信中,把印度进行核试验归因于中国所拥有的核地位。其次,印度政府继承英国殖民主义的安全理论,把西藏作为印度与中国的"缓冲区"。英国统治印度时,曾提出"一个内湖,两个同心圆和三个缓冲区"的安全战略构想。西藏就是其中一个"缓冲区"。印度独立后,继承了英属印度时期的战略安全观。新中国成立后,对我人民解放军进军西藏表示"遗憾",后迫于形势,与中国签订协议,放弃在西藏的特权。但在西藏问题上,印度一方面承认西藏是中国一个自治区,另一方面暗中或公开支持"藏独"势力搞分裂活动①。印度政界一些头面人物公开表示支持1995年达赖集团组织的所谓"和平挺进运动",支持达赖集团的分裂行径。再次,边界问题仍是两国关系中现实的矛盾。虽然1962年边界冲突后,边界基本保持稳定,印度政府也曾同意以中国提出的"互谅互让,互相调整"作为指导原则,通过和平磋商解决边界问题。1993年两国签署了《关于在中印边境实际控制线地区保持和平与安宁的协定》,但由于历史和现实的复杂原因,中印边界争端的现状将长期存在,解决边界争端的道路将是漫长曲折的。

改革开放以来,中国经济长期快速发展,20世纪90年代以来,印度经济强劲增长,中印两国综合国力不断增强,国际地位凸显。双方都认识到,只有求同存异,扩大合作,才能实现共赢局面,作为地区大国和邻国,两国保持密切沟通和协商,不仅对两国有利,而且有利于维护地区的和平与稳定。两国都面临发展经济,提高本国综合国力的迫切问题,都需要稳定的国内外和平环境,双方具有战略眼光的政治家都很清楚,"和"则两利,"斗"则两伤,冲突不利于解决两国的领土争端,不符合各自的根本利益。2003年6月,印度总理瓦杰帕伊对中国进行国事访问,这是10年来印度总理首次访华。6月23日,瓦杰帕伊在北京大学发表演讲时说:"印中两国间不存在不和的理由,也没有对对方构成威胁,这些简单却深刻的原则应该成为两国未来伙伴关系的基石。"②访问期间,中印两国总理共同签署了《中印关系原则和全面合作的宣言》,这份纲领性文件确立了两国关系的目标和指导原则,全面规划了两国在各个领域的合作,标志着中印两国关系进入一个新的发展阶段。印度驻联合国大使南威哲指出:"瓦杰帕伊访华意味着印中两国将在边境问题、双边贸易、西藏问题、文化交流等诸多领域展开全面对话与合作,对

---

① 《南亚研究季刊》,2002年第1期。
② 《人民日报》,2003年6月24日。

未来10年印中关系将产生深远影响。"①印度前国防部长费尔南德斯在对记者发表讲话时指出:"印中两国必须埋葬过去不愉快和误解的历史,沿着已经起步的友谊之路,快速前进。在2 200年印中交往史中,友好关系占了99.99%,误解只有0.01%,现在就是我们埋葬0.01%的时候了。"② 2005年4月,中印建交55周年之际,温家宝总理访问印度,双方表示致力于建设面向21世纪的战略伙伴关系,开启了中印关系发展史上新的里程碑。两国签署了解决边界问题的政治指导原则文件。2004年两国已形成边界特别代表会晤机制,边界谈判取得积极进展。2005年中国被接纳为南亚国家联盟观察员。2007年中国首次出席南盟峰会。中国支持南盟和睦相处,共谋发展,本着平等互信、合作共赢的精神与南盟开展交流与合作。印度成为上海合作组织观察员后,依托这些组织平台,两国在打击三股势力和跨国犯罪等领域开展合作。同时,大力拓宽两国经贸合作领域,提升经济合作层次,争取建立中印自由贸易区。两国贸易近年来大幅增长,从2000年的29亿美元,上升到2006年的200亿美元。2007年上升到386亿美元,2010年可突破600亿美元。中印都严重依赖石油进口,中国是世界上第二大石油进口国,印度70%的石油依赖进口。双方加强在石油和天然气开发上的实质性的合作,成功在苏丹合作开发能源。2005年8月,印度石油和天然气代表团到中国访问,核心议题是如何开展合作,希望在联手收购海外能源资产问题上协调立场,共同面对能源短缺带来的压力。2005年1月,中印两国举行首次战略对话,讨论国际反恐、防扩散、能源安全、联合国改革等广泛问题,把双边关系带入一个全面发展的新阶段。以拓展合作和巩固友好关系为基调的战略对话有助于两国边界问题的解决。两军关系也日益密切。2003年两国海军在东海海域进行"海豚0311"联合搜救演习。2005年又进行"中印友谊——2005"联合搜救演习。2006年两国国防部签订防务领域交流与合作谅解备忘录。2007年两国陆军在昆明举行"携手——2007"联合反恐训练,这是两国两军关系史上具有里程碑意义的事件。2007年举办了"中印旅游友好年"。很久以前,印度圣雄甘地就憧憬着中印友好关系的来临,盼望"印度和中国携起手来一道为

---

① 联合国2003年6月25日电。
② 《亚洲论坛》,2006年第1期。

世界的持久和平而努力"①。中印同为文明古国,同为世界人口大国,同为迅速崛起的发展中国家,中国和印度将成为21世纪国际舞台上的重要角色。2006年11月胡锦涛主席在访印时指出:中印两国友好是千秋大计,需要一代又一代人的共同努力,创造更加美好的未来。中印两国是真诚朋友,是合作伙伴,两国友好具有全球意义。中国欢迎印度发展,印度的发展对中国不是威胁而是机遇。双方一致认为,两国关系已超越双边范畴,具有全球性和战略性,双方不是对手,是朋友和伙伴。两国应携手努力,共同推进战略合作伙伴关系不断取得进展。人们有理由期待,龙象终将和谐共舞。

第五节 大力弘扬"上海精神"——从"上海五国"到"上海合作组织"

苏联解体后,中国很快同从苏联独立出来的俄罗斯和中亚国家建立了正常外交关系,相互关系发展平稳。1996年形成了"上海五国"机制,2001年又发展为上海合作组织,圆满解决了沙皇俄国遗留下来的、在苏联时期难以解决的数千公里长的边界问题,使中国的北部和西北边界成为和平、友好的边界。

苏联解体后不久,中国即同新独立的俄罗斯和中亚国家哈萨克斯坦、塔吉克斯坦、吉尔吉斯斯坦、乌兹别克斯坦等前苏联加盟共和国建立了外交关系。相互间高层互访频繁,经贸关系得到发展。为了解决历史遗留的边界问题和确保边界的安全,1996年4月26日,中国、俄罗斯、哈萨克斯坦、塔吉克斯坦、吉尔吉斯斯坦五国元首在上海隆重签署了五国关于在边界地区加强军事领域信任的协定。这一协定的签订对五国之间边界的安全和稳定具有重要的历史意义,是新安全观的重要体现。同时,它也是亚太地区第一个多国双边军事政治文件,为亚太地区建立睦邻友好关系树立了一个良好范例,从而形成了"上海五国"元首会晤机制。1997年4月24日,五国元首在莫斯科签署了《关于边境地区相互裁减军事力量的

---

① 《当代中国使节外交生涯》(第三辑),第27页。

协定》。协定规定五国将边境地区军事力量裁减到与睦邻友好相适应的水平,使其只有防御性;互不使用武力或武力威胁;不谋求单方面军事优势。协定的签署标志着五国已建立起面向21世纪的好邻居、好伙伴、好朋友的新型国家关系。江泽民指出:"它提供了一种不同于冷战思维的安全模式,为增进国家间的相互信任开辟了一条有益的途径。"[1]叶利钦称协定是"取得了对亚太地区来说史无前例的成果"[2]。吉尔吉斯斯坦总统阿卡耶夫认为协定是五国"和平、友好、互利合作和睦邻地区的象征"[3]。1999年8月,在五国元首比什凯克会晤后,中国、吉尔吉斯斯坦、哈萨克斯坦三国元首签署了三国国界交界点协定(在此之前中俄两国业已分别解决了两国东部和西部边界问题)。在2000年7月五国元首杜尚别会晤中,江泽民提出倡议:充实和完善"上海五国"机制,形成多层次、多领域的会晤机制,使它发展成五国合作机制;深化安全领域的合作,联合打击各种分裂主义、恐怖主义、极端主义;推进双边和多边经贸合作;加强在国际舞台上的合作,反对霸权主义和强权政治,推动世界格局多极化。五国元首签署的《杜尚别声明》表示相信,这次会晤将成为五国新世纪合作的良好开端。"上海五国"机制的发展历程体现了"睦邻互信、平等互利、团结协作、共同发展"的鲜明时代特征,为探索新型国家关系、新型安全观、新型区域合作模式提供了重要经验[4]。随着边界问题的解决,上海五国关心和合作的领域不断拓展,延伸到地区安全、经济等领域,功能也大为拓展,开始获得更高层次和更广范围的合作功能,国家间关系更加巩固和发展。"上海五国"作为一个会晤机制已无法完全满足进一步合作的需求。为了提升上海五国合作的形式和内容,使之走上有明确目标、方向和要求的轨道。在2001年6月14日,五国元首又一次在上海会晤,乌兹别克斯坦宣布加入"上海五国"。6月15日,六国元首发表了上海合作组织成立宣言,正式宣布上海合作组织成立。宣言指出:该组织的宗旨是加强相互信任和睦邻友好;鼓励合作;共同致力于维护和保障地区的和平、安全与稳定;建立民主、公正、合理的国际政治经济新秩序。上海合作组织相互关系的准则是:坚定不移地弘扬互信、互利、平等、协

---

[1] 新华社莫斯科1997年4月24日电。
[2] 同上。
[3] 同上。
[4] 新华社杜尚别2000年7月5日电。

商,尊重多样文明,互不干涉内政,互不使用武力,平等互利,通过协商解决所有问题的"上海精神"。"上海精神"既是上合组织成员国相互关系的准则,也是国际关系方面的宝贵财富。该组织奉行不结盟、不针对其他国家和地区及对外开放的原则。其基本任务是保障地区安全、发展经济合作,在重大国际和地区问题上相互支持和合作,共同维护世界和地区的和平与稳定。该组织决定在比什凯克建立"上海合作组织反恐怖地区机构"。

上海合作组织是21世纪成立的第一个地区多边合作组织,也是中国大力推进并在其中起举足轻重作用的第一个多边安全合作组织。它并不是同盟,而是在其成员国之间努力营造既非冲突性又非共谋性的关系,即超越冷战思维的"结伴而不结盟"的关系。成立7年多来,它经受住了"9·11"事件后国际形势风云变幻的考验,经受住了中亚地区"颜色革命"引起的动荡和不安,稳定了自己的根基,在国际上初步树立起符合"上海精神"的形象,越来越向一个建设性和开放性的地区组织发展。2005年塔什干首脑会议通过的宣言强调:上合组织"是建立在平等伙伴、互相尊重、互信和开放原则基础上的非集团组织","能够并且应该在多边主义、各国相互协作和遵循国际法准则的基础上,应对国际恐怖主义、地区冲突和危机的复杂挑战"。宣布上合组织"愿与所有国家和多边组织进行积极合作"[①]。2005年6月上合组织秘书处和地区反恐机构的成立,标志着组织机构建设的基本完成。形成了多领域、多层次的合作机制。常设机制有固定的元首会晤、总理会晤以及外交、国防、文化、交通等部长会晤机制,成为一个组织结构和功能完整的组织。在政治、经济、对外交往等方面达成一系列协议,正在发展成为有具体和长远目标的地区组织。

2006年6月,上海合作组织在上海举行峰会,除6个成员国元首外,印度、巴基斯坦、蒙古、伊朗4个观察员国的元首和代表以及与该组织建立合作关系的国家的元首和有关国际组织领导人参加了会议。联合国秘书长安南专门发来贺电,显示出上合组织具有广泛的国际影响力和蓬勃的生命力。峰会签署了《上合组织五周年宣言》及有关信息安全、反恐、教育、金融、经贸等10份文件,为上合组织发展确定了方向和任务,提出了上合组织发展规划,取得了增强互信、深化合作的重要成果。会议表示,将加快制定应急机

---

① 《塔什干宣言》,新华社2005年6月17日电。

制,建立专门的反毒机构,以切断恐怖主义的资金来源,完善地区经济合作的法律框架,研究签署多边投资保护协定,积极开展形式多样的文化交流合作,加大联合培养人才力度,加强与主要国际组织的联系。2007年8月9—17日,上合组织举行了"和平使命——2007"联合军事演习,这是上合组织第一次全体成员参加的联合反恐军事演习,其规模之大,内容之深入,开放程度之高,都写下了组织成立以来之最。六国元首和国防部长观摩了演习,显示六国共同打击"三股势力"的坚定信心和强大力量,显示了上合组织在推进建设和谐地区方面的重要作用。

2007年8月16日,上合组织六国元首共同签署了《上海合作组织长期睦邻友好合作条约》,这是规范成员国相互关系准则的政治、法律文件。它把成员国人民世代友好、永保和平的思想以法律形式确定下来,对促进成员国睦邻互信、互利合作,构建和谐地区有重要意义。

安全与经济合作是上合组织两项主要功能。在维护边界安全和反恐合作的同时,要使安全合作向保障中亚地区安全和稳定方向发展。从长远看,加强经贸合作,促进地区经济发展是组织下一阶段的重要任务,也是推动组织发展最主要的因素,否则组织就很难持久稳定发展下去[①]。

上合组织毕竟还是一个年轻的地区组织。目前参与国际重要进程还不多,还没有真正成为一个国际关系中有分量的角色。许多协议还停留在政治声明中,还要大力加以落实。但是,正如2003年5月29日,胡锦涛在上海合作组织成员国元首莫斯科会议上的讲话所说:"上海合作组织取得的成就表明,本组织确立的基本宗旨和发展原则是十分正确的,也是我们今后必须始终不渝地予以维护和遵循的。这就是:毫不动摇地坚持'互信、互利、平等、协作、尊重多样文明、谋求共同发展'的'上海精神';毫不动摇地坚持以安全和经济合作为重点,逐步带动其他各领域全面合作的发展战略;毫不动摇地坚持不结盟、不针对其他国家和组织,广泛交往,广为合作的对外开放原则;毫不动摇地坚持高效、务实、稳健、创新的组织建设方针。"[②]只要上合组织各国坚持睦邻友好,认真落实长期睦邻友好合作条约,夯实上合组织长期发展的政治基础;坚持共同发展,促进区域经济合作朝着互利共赢的方向发展,巩固上合组织发展的经济基础;坚持文化互鉴,推动不同文明平等

---

① 《和平与发展》,2006年第3期。
② 新华社莫斯科2003年5月29日电。

交流,巩固成员世代友好的社会基础;坚持对外开放,深化同其他国家和国际组织的合作,为组织壮大创造良好的外部环境①;上海合作组织必将有一个美好的前景。

第六节 努力营造和平的周边安全环境

中国有2万多公里的陆地边界,与15个国家接壤。有1万多公里的海岸线,同11个国家隔海相望。这些国家"经济发展水平不一,民族宗教问题复杂,意识形态各异,历史上的恩恩怨怨较多","当今世界上一些引人注目的地区性冲突,宗教极端主义事件,国家分裂主义活动,大宗毒品走私,国际恐怖主义活动也都频频发生在中国的周边地区"②。所以,从地缘政治上来讲,中国的周边环境并非十分有利。

冷战结束后,随着中国经济持续快速发展,综合国力大大加强,中国的国际地位不断提升,加上我们十分重视与周边国家建立友好合作的睦邻关系,把稳定周边作为我外交政策的重点之一,因此,中国与周边国家安全战略关系基本稳定,处于建国以来最好的时期。在东北亚,中国与朝鲜保持传统友好合作关系,同韩国建立战略合作伙伴关系,同日本确立战略互惠关系。在中亚,中俄建立了战略协作伙伴关系,签订了睦邻友好合作条约,中、俄、哈、吉、塔建立上海五国机制,后又发展为上海合作组织,并圆满解决了长达7 000多公里的边界问题。在南亚,中国与巴基斯坦继续保持友好合作关系,并与印度签署《关于在边境实际控制线地区保持和平与安宁的协定》以及《关于在边境实际控制线地区军事领域建立信任措施的协定》,构筑致力于建设面向21世纪的中印战略伙伴关系。在东南亚,中国与东盟发展建立了新型的和平与繁荣的战略伙伴关系。中国与东盟签署了《南海各方行为宣言》,共同维护南海地区的和平与稳定。中国与东盟自由贸易区等各工作进展顺利。亚太多功安全合作机制逐步建立(如东盟地区论坛、上海合作组织、亚太安全合作理事会、东北亚合作对话会议等),从战略上看,中国

---

① 2007年8月16日胡锦涛在上合组织元首理事会上的讲话。
② 《现代国际关系》,2002年第1期。

与周边国家共同安全利益大于分歧,防止大战和新的冷战,维护地区和平稳定,是中国与周边国家最大的共同安全利益。防止地区军事冲突是中国与周边国家另一项共同战略利益。反对国际恐怖主义、极端主义和分裂主义也是中国与许多周边国家的共同利益。

"9·11"事件后,中国周边地缘战略形势复杂化,不确定性增加。美国在推翻阿富汗塔利班政权后,仍驻军阿富汗、乌兹别克斯坦、吉尔吉斯斯坦和塔吉克斯坦等国,并不顾国际社会反对,发动对伊拉克战争,但美国用武力推翻萨达姆政权后,伊拉克安全形势更趋恶化。巴以关系没有好转,巴勒斯坦内部矛盾激烈,中东局势更趋复杂。东南亚国家受国际经济发展放慢影响,经济下滑,政治上由于伊斯兰极端组织进行的分离和恐怖活动(如菲律宾的阿布沙耶夫极端组织大搞爆炸、绑架行径,印尼的巴厘岛人质事件等),对该地区的社会稳定和地区安全构成严重威胁,潜伏着复合性危机。南亚的印度和巴基斯坦因克什米尔问题导致的领土争端、民族纠纷和宗教矛盾没有根本性改变。朝鲜半岛由于核问题使形势不确定。日本以反恐为名,接连通过几个有违和平宪法的新法案,并乘机派舰队远赴印度洋,显示其谋求进一步突破和平宪法限制。美国打着反恐旗号,以军事手段推行自己的全球战略。在2006年美国四年防务评估报告中毫不掩饰地指出:"中国最具有潜力同美国展开军事竞争。"小布什在2002年发表的"国家安全战略报告"中,提出先发制人战略。同年美国国防部提供一份秘密报告,提出美国在紧急情况下准备向一些国家使用核武器,其中就包括中国。美国还大力加强美日等双边同盟,加紧向台湾当局出售先进武器,在中国周围构筑一个针对中国的条约网,以防范和威慑中国。美国太平洋舰队司令布莱尔在2001年10月声称,美国关注的三大区域排列从过去的欧洲、西南亚、东亚变为目前的东亚第一,西南亚第二,欧洲第三[①]。这将使我地缘战略地位面临新的挑战,可能对中国的发展带来战略牵制。

但中国周边战略环境总体仍将保持稳定。"9·11"事件后,小布什政府调整了对华政策,表示愿与中国发展建设性合作关系。确定了两国关系的长期框架,表明两国具有广泛的共同利益。在各领域的合作协调取得重大进展。中俄战略协作伙伴关系不断发展与完善。印度虽对中国崛起持戒

---

① 《远东经济评论》,2001年10月18日。

第十二章　与邻为善——营造良好的周边安全环境

备态度,但中印并无根本战略冲突,改善和发展对华关系仍是其外交重点之一。中印睦邻友好关系得到进一步巩固和加强。随着中国—东盟自由贸易区的建设,中国与东盟经贸关系将进一步加强,双方利益需求增大,将进一步推动双方睦邻互信合作伙伴关系趋向实质化。以"反恐"为题的地区安全合作将进一步推进,多边安全对话和合作将日趋机制化,区域合作组织将发挥重要作用,并注入新的内容。新世纪以来中日关系的恶化也出现转机。

要营造一个有利于维护和平、统一、繁荣、稳定的周边战略环境,首先要继续推动中美关系的改善。美国对华地缘战略有两面性,既有谋求合作的一面,也有遏制、防范的一面。两国之间存在地缘政治竞争是正常现象。我们既要大力拓展中美关系的共同利益和合作因素,又要从战略高度,广泛发展双边合作,使美国真正认识到中国是美国地缘战略伙伴,而不是战略竞争对手。同时对美国针对中国的霸权政策要有理、有利地斗争,以更好地促进合作。其次,进一步推进睦邻外交,巩固、扩大周边战略依托带,与各主要战略力量和睦共处。继续加强与俄罗斯的战略协作伙伴关系。巩固和加强上海合作组织,发展与中亚国家的友好合作。进一步加强和改善与巴基斯坦、印度的关系,维护南亚地区的战略平衡。继续发展与日本的睦邻友好关系,推进与朝、韩的合作关系。通过六方会谈,努力化解朝核危机,促使朝鲜半岛局势的稳定。再次,大力加强与东盟的睦邻互信合作伙伴关系。中国的石油和其他重要战略物资进口须取道东南亚各海上通道,因此,加强与东盟各国的合作对中国的发展具有十分重要的意义。同时要以建设性姿态参与亚太区域合作进程,推进亚太区域实现统一关税、贸易和货币政策,促进亚太区域和平与共同发展①。总之,我们要高举和平、发展、合作旗帜,坚定不移地走和平发展道路。以长远的战略眼光、宽大的战略胸怀、坚韧的战略毅力,沉稳以对,缓解危机,转化矛盾,努力维护周边地区的和平与稳定,为社会主义现代化建设创造一个良好的国际环境,为世界的和平、发展与繁荣做出更大的贡献。

思考题

1. 试比较毛泽东与邓小平、江泽民、胡锦涛周边外交思想的异同。

---

① 参见《现代国际关系》,2002年第3期。

2. 中国对朝鲜半岛核问题的基本政策是什么?
3. 发展与东盟国家的关系对中国有什么重要意义?
4. 应该如何处理同印度的关系问题?
5. 当前中国周边安全环境存在哪些不确定因素?

第十三章　做负责任的大国——中国在国际舞台上的风范

由于国际形势的变化,中国改革开放和经济持续快速发展,综合国力增强,中国在国际事务中发挥越来越重要的作用。特别是进入新世纪以后,以胡锦涛为总书记的新一代中央领导集体,积极推行科学发展观战略,确立以人为本、求真务实的施政理念,外交上高举和平、发展、合作的旗帜,折射出中国改革开放深化和外交理念的深度变革。在亚洲金融危机中力挽狂澜,在反恐问题上与国际社会积极合作,在朝核问题上发挥独特的建设性作用,奉行合作性的新型多边主义外交,强调发挥联合国在国际事务中的主导作用,提出互信、互利、平等、协作的新安全观,主张建立开放、公平的国际贸易体制,改革和完善国际金融体制,积极倡导构建和谐世界,促进国际关系民主化,奉行"与邻为善、以邻为伴"、"睦邻、安邻、富邻"的周边外交方针,赢得国际社会的高度评价。中国已从一个国际体系的挑战者和旁观者转变为积极的参与者和建设者,在国际舞台上展现了一个负责任大国的形象和风范。

第一节　中国对国际体系态度的转变:从抵制到积极参与

英国牛津大学著名的国际关系教授赫德利·布尔在《无政府社会——世界政治秩序之研究》一书中,把国际社会定义为有共同利益、共同价值观念、共同规则和共同运作机制的国家群体。它使国际关系处于无政府但有秩序的社会状态。国际秩序依靠各国间形成规范国际行为的共同规则,包括成文的国际法、国际道德准则、国际惯例、国际行为默契等,以及国际社会成员共同的基本目标:维持主权、独立和领土完整,保障安全,免遭暴力袭击等①。

从中华人民共和国成立至 20 世纪 60 年代末,中国游离于国际社会之外,几乎不参加任何国际组织。中国与国际社会互相抵制和排斥。这一方面是由于近代中国受西方大国凌辱的刻骨铭心的惨痛教训,而且中国认为,当时的国际社会的规则和机制都是以美国为首的西方制定和主导的,如果纳入这个国际社会,中国将重新沦为被压迫、受凌辱的地位,中国人民通过长期坚苦卓绝斗争获得的革命成果——独立自主将化为泡影。因此中国抵制美国主导的国际社会,以便挣脱西方国际体制的控制,把社会主义与资本主义完全对立起来。另一方面,以美国为主导的国际社会也排斥中国。把社会主义新中国视若洪水猛兽,看成是对西方主导的国际政治经济体系的严重威胁。因而对中国采取敌对、遏制、孤立和军事包围,企图把新中国扼杀掉。

到了20 世纪60 年代末,由于美苏争霸态势的变化,中苏关系恶化到严重地步,中美双方出于战略需要,在对付苏联这一点上找到共同利益所在。美国不再把中国看成"更具侵略性的共产党国家",而是认为苏联是更具有侵略性的国家。改善美中关系有利于制衡苏联。毛泽东也认为,苏联已取代美国成为中国安全最严重的威胁,改善中美关系有利于中国安全。从而导致了中美关系持续 20 多年敌对关系的终结。1971 年 10 月,第 26 届联大恢复了中国在联合国的合法席位。从此中国开始以独立自主的社会主义大国的身份参与国际社会,这意味着中国关于国际社会的观念发生重大变化,不再像过去那样对现存国际社会采取反叛态度,不再谋求通过革命途径变革国际社会,开始遵循国际社会的共同规则,参与国际政治的运行机制。同时改变过去以社会制度和意识形态划分敌友,而注重按照国家利益来制定自己的对外战略②。但直到 80 年代,中国对国际社会只是谨慎和有限的参与。

冷战结束后,由于新技术革命(尤其是信息技术)的突飞猛进和全球化的时代潮流,国家间相互依赖的不断加深,国际制度与国际合作在国际关系中发挥越来越重要的作用。中国参与国际社会已从 70 年代较单纯的战略考虑,逐步扩大到战略、政治、经济、文化等多种考虑,中国参与国际社会的

---

①② 引自《太平洋学报》,1995 年第 3 期。

深度和广度,已达到历史上任何时期所无可比拟的程度①。进入21世纪以后,中国与国际社会的融合跨入了一个具有长远历史意义的大发展时期,正逐步全面地融入国际社会,走上与国际体系互相契合、共同发展的轨道。中国的发展离不开国际社会的合作,否则全面建设小康社会,实现社会主义现代化,到21世纪中期达到中等发达国家水平的宏伟目标就不能实现。同样,国际社会也离不开中国,否则许多重大的国际问题都难以得到解决。初步形成了中国与国际体制的互动关系。从全球层面看,中国调整了对联合国维和行动的方针,明确表示肯定和支持符合《联合国宪章》精神的维和行动,不仅交纳了维和费用,而且主动积极参与了联合国维和行动。强调要尊重联合国及安理会在维护世界和平与安全方面的权威地位和积极作用。中国分别于1992年和1996年加入了《核不扩散条约》和《全面禁止核试验条约》,并许诺出口核技术仅限于和平利用,表示遵守导弹技术出口控制参数,主张继续以1972年的《反导条约》作为维持国际和平与安全的稳定基石,从而为完善和健全核不扩散机制做出了自己的独特贡献。对人权保障机制,中国加入了一系列人权公约,包括被称为人权宪章的《经济、社会和文化权利国际公约》和《公民权利和政治权利国际公约》。承认人权具有普遍性原则,对东西方人权问题的差异,主张通过对话,平等交流,求同存异。关于市场机制,不再把市场经济视为资本主义的本质特征,确立社会主义市场经济体系,并以极大的热情和耐心,经过15年谈判,加入WTO。2001年11月,中国完成加入WTO的所有法律程序,成为世贸组织第143个成员,从而使WTO真正成为名副其实的世界贸易组织。加入WTO后,中国在更大范围和更深程度上参与经济全球化,在世贸组织中与其他成员一道为促进世界经济贸易的发展,完善多边贸易体制发挥积极和建设性作用。关于环境体制,中国签署了《人类环境宣言》、《气候变化框架公约》、《保护生物多样化公约》以及《国际防治沙漠化公约》。竭力承担维护全球环保共同利益的义务和责任。积极促进国际社会为全球环境与发展多办实事,造福全人类,充分体现了中国政府对国际环保事业的强烈责任感。2001年7月,中国成功获得2008年奥运会的举办权,走过百年的奥林匹克运动来到拥有5 000年文明史、13亿人口的中国,这是奥林匹克运动走向多元化发展的里程碑。世界也将更加了解中国。北京奥运会为奥林匹克精神殿堂留下一笔珍贵的

---

① 《太平洋学报》,1995年第3期。

遗产。2002年12月,中国上海获得2010年世博会的举办权。它将使中国更深地融入世界,在更高层次上参与世界经济的分工协作体系,成为世界值得依赖和依靠的合作伙伴,加速中国的制度机制与世界接轨的步伐,使中国能在更大规模上利用国际市场和国际资源,加速中国现代化发展和高水平小康社会的建设。从区域层面看,我们积极参与亚太经合组织、上海合作组织、东盟地区论坛、中非合作论坛、东盟与中日韩首脑会晤、亚欧首脑会晤等活动,重视建立东亚新的安全合作,大力倡导新安全观。中国积极推动大国伙伴关系向机制化方向发展,为丰富和发展国际机制做出重大贡献,推动了国际格局多极化趋势的发展①。据统计,在20世纪60年代中期,中国参加国际组织的数量接近于零,而到90年代中期,中国参加的国际组织达600多个,相当于美国的70%,世界平均值的180%。说明冷战后中国以飞快的速度与国际接轨,标志着中国已进入国际社会②。至今中国已加入了140多个政府间国际组织以及其他形式的国际制度和国际机制。中国已从国际社会的旁观者转变为开放的积极参与者,从被动适应的角色转变为主动适应的角色,从无足轻重的普通一员转变为举足轻重的重量级选手;中国正从一个旧国际秩序的长期受害者和反抗者日益变为一个正在形成中的新国际秩序的建设者和支持者③。国际社会因中国的参与而更具普遍性,因中国的合作更显权威性,因中国的创新使国际规范更趋完善和合理。中国表现出大国的积极性、主动性、创造性,展示出发展中的社会主义中国独有的分量、作用和影响。中国与国际社会互相融合、互相促进、相得益彰④。事实证明,积极融入国际社会,是中国对外开放的必然结果,是中国走向世界的必由之路,也是实现中华民族伟大复兴的迫切需要。"脱离国际体系,故步自封只会导致落后;而以国际体系挑战者的姿态在国际体系中的自我定位,则会导致孤立和被动,只有以合作的建设性的态度参与国际体系运行,在接触中化解分歧,增信释疑,协商对话,才是中国处理同国际体系关系的正确方式。"⑤冷战结束后,多边合作机制正在对当代国家行为和大国关系产生越来越明显的作用。只有懂得利用国际机制,积极参与国际合作,将国际机

---

① 参见《太平洋学报》,2001年第4期。
② 《世界经济与政治》,1999年第7期。
③ 《法学评论》,1999年第2期。
④ 参见《太平洋学报》,2001年第4期。
⑤ 同上。

第十三章 做负责任的大国——中国在国际舞台上的风范

制与国家利益结合起来,才能从根本上维护国家安全,增进国家利益。这也是衡量世界各国外交成熟程度的重要标志之一。世界银行的数据表明,过去10多年,积极参与全球化进程的20多个发展中国家(约30亿人口),人均GDP年增长率为5%,高于发达国家的2%,而被边缘化的国家(约20亿人口),人均GDP增长率为－1%。从国家安全角度看,事实证明,缺乏制度保障的安全是不可靠的安全。任何国家,无论自身多么强大,都不可能单独解决安全问题。冷战结束后,中国不再将安全方面的多边主义视为禁区,逐步认识到多边方式在解决国际和地区安全问题中的必要性。在全球化时代,国家间相互依存并不局限在经济领域,安全问题上的相互依存也在加深。全人类正生活在一个"一荣俱荣,一损俱损"的新时代。中国积极倡导的新安全观,意味着超越传统的单边安全,是建立在共同利益基础上的共同安全。必须以合作求安全,没有国际合作,任何国家都无法维护自身安全[1]。中国必须积极推进有利于中国的国际制度安排,特别是推进亚太地区安全体系的建立和完善。

当然,中国在融入国际体系的过程中,既分享着国际体系的种种优惠和权利,也承受着国际机制方方面面的限制和束缚。因为当今处理全球政治、经济问题的基本机制,例如国际货币基金组织、WTO、世界银行、联合国等,都是在冷战时期的背景下形成的,而且大多是由以美国为首的西方大国制定和推进的,大多是有利于西方发达国家的。冷战后,这些基本机制仍然被维系下来,尽管许多机制已经不能满足经济全球化和政治格局多极化趋势的要求。广大发展中国家要求改革的呼声很高,但由于当今世界政治经济仍由美国为首的西方大国主导,因此,在目前南北实力失衡的情势下,不可能对国际机制作大规模的改造和完善。但建立和平、稳定、公正、合理的国际政治、经济新秩序仍然是我们必须为之奋斗的目标,尽管这一目标的实现将是一个长期、曲折、复杂的过程。所以我们在认识、参与、遵循现有国际机制的过程中,要积极创造条件,对国际机制有所发展和创新。"既充当现有国际机制正常运转的稳定力量,又不可避免地成为促进当今国际机制不断变化的变革角色。这种双重角色和双重作用,是国内环境与国际环境、历史与现实相互联系相互作用的产物,它必

---

[1] 参见《中国新安全观的立场文件》和2003年10月7日中国代表胡小苗大使在第58届联合国大会上的发言。新华网纽约2003年10月7日电。

然对中国与国际机制的互动关系形成一种巨大的推动力。"①应该承认,中国目前参与国际社会的程度还不高,与中国作为联合国常任理事国的地位还不相称。我们对国际体系的影响力还很有限,还存在一些问题,比如我们对国际议程的"话题权"影响还较小,在许多情况下还只是观众而不是演员,更不是主角;我们提出的一些主张还比较原则和空洞,具体可操作性的建议还不多;同时,对国际规则的利用能力也比较弱,往往是被动接受多边国际制度②。

今天的国际体系是一个高度复杂的国际体系,包括联合国体系、大国体系、地区体系、非国家的国际行为者。世界秩序正是建立在这些体系之上。中国作为一个负责任的大国,作为联合国安理会常任理事国,作为正在崛起的发展中国家,必须努力使这个体系成为有序而非混乱的体系。这就要求我们,一要成为现存国际秩序的维护者;二要成为现存国际体系中不合理性、不公正性的批评者;三要逐步改进目前的国际秩序,使之成为公正、合理、民主的新型多边国际秩序,但中国没有能力、没有企图也没有必要像美国那样,把自己的意志和愿望强加于国际体系,塑造以中国为中心的国际秩序,而是要为国际体系注入新的活力;四是要为世界和平、稳定、发展、繁荣发挥重要作用(如在世界安全、促进发展、消除贫困、保护环境等方面发挥重要作用);五是要成为地区体系(特别是亚洲体系)整合中的主要推动力量之一,地区是中国在国际体系中发挥作用的重要平台,地区合作体制是中国与地区联系的主要途径③。中国已向世界庄严承诺,做国际社会负责任的大国,"负责任"的国际含义意味着中国不会成为国际秩序的"破坏者"和"威胁者",也不会只是国际安全与繁荣的"搭便车者",而是要在遵守国际规则的同时,参与塑造和建设国际秩序,为国际安全与秩序承担与自身实力相匹配的责任,不仅维护本国利益,而且重视维护别国的利益。与发展中国家、非核心国家和发达国家一道,共同建立一些国际新机制,促进世界的和平、发展与繁荣。历史上,中华民族以自己的勤劳、勇敢、智慧创造了辉煌灿烂的文明,为世界文明的进步做出了不可磨灭的贡献。今天,在实现民族伟大复

---

① 《太平洋学报》,2003 年第 1 期。
② 《世界经济与政治》,2005 年第 4 期。
③ 参见《复旦国际关系评论》第六辑,上海人民出版社 2006 年版,第 326 页。

第十三章 做负责任的大国——中国在国际舞台上的风范

兴的不懈奋斗中,重新焕发活力的中国人民应当为世界的发展和进步做出新的更大的贡献。胡锦涛主席强调:"中国将继续推动建设可持续发展的世界经济体系、包容有序的国际金融体系、公正合理的国际贸易体系、公平有效的全球发展体系,大力推进贸易和投资便利化。"①

第二节　中国在联合国舞台上

联合国的成立和发展是20世纪影响人类历史进程的重大事件之一,它是当今世界代表性最广泛、规模最大、活动范围涉及全球各个领域的政府间国际组织。作为联合国的创始会员国和安理会常任理事国,在恢复中国在该组织的合法席位后,中国始终坚持《联合国宪章》的宗旨和原则,伸张正义、反对霸权主义和强权政治,维护联合国的权威,谋求世界和平与发展,为争取建立公正、合理的国际政治经济新秩序作出积极的努力。

一、为恢复中国在联合国的合法席位而斗争

1949年10月1日,中国人民推翻了蒋介石政权,建立了中华人民共和国,中国在联合国的合法席位,理应属于中华人民共和国,但美国政府出于对社会主义新中国的敌视,玩弄种种手法,让台湾的蒋介石集团的代表长期窃踞中国在联合国的席位,蛮横剥夺中华人民共和国的合法席位。

1949年11月15日,周恩来总理分别致电联合国秘书长赖伊和第四届联大主席罗慕洛,郑重声明:国民党残余政府业已丧失了代表中国人民的任何法律的与事实的根据,绝对没有代表中国人民的资格;只有中华人民共和国政府才是代表全中国人民唯一合法政府,中国政府正式要求联合国立即取消"中国国民政府代表团"继续代表中国人民参加联合国的一切权利。1950年1月5日,他再次致电联合国秘书长和联大主席,指出国民党集团的代表留在联合国安理会是非法的,要求将其开除出安理会。中国还通知秘书长和联大各成员国代表团,中国已任命张闻天为中国驻联合国首席代表。

---

① 胡锦涛主席2008年12月21日在APEC工商领导人会议上的讲话。

中国的合理要求得到苏联、印度、南斯拉夫等国的支持。1950年1月10日，苏联提出一项提案，要求安理会通过决议，把国民党集团的代表驱逐出安理会，但由于美国等国的阻挠，苏联的议案未获通过。1月13日，苏联驻联合国代表宣布，在国民党集团被开除出安理会之前，苏联代表团不参加安理会工作。随后，波兰、捷克斯洛伐克、乌克兰、白俄罗斯代表也退出安理会等机构，这是对中华人民共和国的有力支持。1950年3月8日，联合国秘书长赖伊提出关于联合国代表权问题的法律方面的备忘录，承认从法律观点看，把在一个国际组织中的代表权问题同对一个政府的承认问题联系在一起是错误的（1月10日在表决苏联提案时，美国等西方国家借口承认新中国的国家少而否决苏联提案）。3月10日，赖伊在记者招待会上发表声明称："有必要达成而且要迅速达成一项关于哪个政府在联合国中代表中国的决定。"4—5月，赖伊先后到华盛顿、伦敦、巴黎、海牙、日内瓦和莫斯科，就中国在联合国代表权问题进行斡旋。5月18日，赖伊在莫斯科还邀请中国驻苏大使王稼祥与之会谈。苏联表示同意回到安理会，并建议举行安理会特别会议，以解决中国代表权问题。赖伊在6月6日向会员国发出公函，指出国际形势的严重性，并强调"在中国代表团问题获得解决前，要取得重大改进是不可能的"。当时在安理会内，苏联、英国、挪威、印度和南斯拉夫已承认中国，法国、埃及不坚持反对中华人民共和国代表进入安理会，美国代表虽反对新中国代表进入安理会，但他认为这是个程序问题，对此美国不能行使否决权。不久，朝鲜战争的爆发使中国代表权问题的解决被长期拖延了。

1950年9月17日，第五届联大开会前，周恩来致电联合国秘书长，强烈要求联合国第五届大会立即将国民党集团的代表驱逐出去，立即办理一切手续使中华人民共和国代表得以出席此次联大，如果没有新中国代表团参加，其所做的一切与中国有关的决议将是非法的、无效的。在9月第五届联大会上，印度和苏联代表团分别提出议案，要求立即接纳中华人民共和国代表出席联大，立即驱逐国民党集团的非法代表。但美国操纵联大否决了印度和苏联的提案，仍允许国民党集团的代表非法占据中国的席位。从1951年到1960年的历届联合国大会上，美国都操纵大会通过决议，打着"暂缓讨论"、"时机不成熟"等招牌，将中国代表权问题搁置起来。关于恢复新中国在联合国合法席位的议案一直未能列入联大议程。

随着中国在国际事务中发挥越来越大的作用，同情和支持中国恢复联合国合法席位的国家越来越多,特别是原来紧跟美国的重要国家(如英国、加拿大、巴西等),也明确向美国表示,它们将改变立场,赞成讨论中国的代表权问题。美国意识到,用老办法阻挠中国恢复联大席位已行不通,必须采用新的策略。1961年,第十六届联大总委员会通过了讨论中国在联合国席位的议题,这对美国多年阻挠讨论中国席位问题是一个突破。但美国经过精心策划,伙同日本等国提出所谓"重要问题"的提案,即恢复中国代表权问题是一个所谓"重要问题"。按《联合国宪章》规定,"重要问题"须大会三分之二多数方能通过。以此继续阻挠恢复中国在联大的席位。对此,《人民日报》发表社论予以驳斥,指出:"宪章规定的'重要问题'是指新会员国的加入、会员国权利的停止和会员国除名等,而中国在联合国代表权问题是恢复而不是接纳新会员国的问题。恢复中国在联大的代表权,只是一个程序性问题,程序性问题只需大会简单多数通过,且安理会不适用否决权。美国玩弄新花招,只是要继续阻挠恢复中国在联合国合法席位。"社论指出,"《联合国宪章》明确规定,不得干涉本质上属于任何国家国内管辖的事项。美国让早已不代表中国的国民党集团继续窃踞中国在联合国的席位,是严重违反《联合国宪章》精神的"①。1961年12月2日,中华人民共和国外交部发表声明,对美国挟持联合国所采取的这一行动,表示严厉谴责和强烈抗议。

到20世纪60年代末,随着国际形势的变化,美国调整了全球战略,要求改善中美关系。中国出于抗苏的需要,也希望改善中美关系。1971年7月,尼克松总统的国家安全助理基辛格秘密访问北京,中美发表《公告》,宣布尼克松将访华,这大大提高了中国在国际上的威望。美国知道阻挠恢复中国的合法席位已不可能,但仍想让国民党集团代表继续赖在联合国,制造"两个中国"的阴谋。1971年8月2日,美国务卿罗杰斯发表声明,一方面支持恢复中国的席位,另一方面又反对排除国民党集团的代表。对此,8月20日,中国外交部发表声明,坚决反对"两个中国"和"一中一台",坚决反对"台湾独立"的阴谋。强调指出,只要在联合国出现"两个中国"或"一中一台"或其他类似情况,中华人民共和国就坚决不同联合国发生任何关系。

1971年9月,第二十六届联大开幕,提交大会讨论的中国代表权问题的提案有三个:一是阿尔巴尼亚、阿尔及利亚等23国提出的恢复中华人民共和国在联合国的一切合法权利,立即把蒋介石的代表从联合国一切机构

---

① 《人民日报》,1961年12月16日。

驱逐出去。二是美国、日本等国的"重要问题"提案。三是美国、日本等国的"双重代表权"提案,即让中国进联合国,并担任安理会常任理事国,但不驱逐蒋介石集团的代表出联合国。

1971年10月25日,大会首先表决美日的"重要问题"提案。结果以59票反对,55票赞成被否决。顿时会议大厅沸腾起来,不少发展中国家代表情不自禁地欢呼、歌唱,甚至跳舞,出现了联合国历史上少有的欢乐场面。接着大会以76票赞成、35票反对的压倒多数通过阿尔巴尼亚、阿尔及利亚等国的提案,决定恢复中华人民共和国在联合国的一切合法权利,立即把国民党集团的代表从联合国一切机构驱逐出去(该案为第2758号决议),美、日的"双重代表权"提案成为废案被自动否决了。会议厅响起了经久不息的掌声。

10月29日,中国政府发表声明指出,第26届联大通过的第2758号决议是20多年来,美国顽固坚持剥夺中国在联合国合法权利的政策和在联合国内制造"两个中国"阴谋的破产,是中国和全世界人民及一切主持正义国家的胜利。声明对坚持原则、主持正义的友好国家政府和人民表示衷心感谢。表明一两个超级大国把自己的意志强加给其他国家,操纵联合国和国际事务的蛮横作法,越来越不得人心。

10月26日,周恩来召集外交部和有关人员开会,讨论派不派代表出席当年联大。有人认为"联合国是资产阶级政客的讲坛,是美苏两霸的御用工具","是喝咖啡、打嘴仗的官僚机构"。主张"观察一年,准备一下,明年再说"。问题反映到毛泽东那里,毛泽东说:"要去,为什么不去?这是非洲黑人朋友把我们抬进去的,不去就脱离群众了,马上派代表团去联大。"[1]并亲自点将由乔冠华担任代表团团长,黄华为副团长。11月15日,以乔冠华为团长的中国代表团出席第二十六届联合国大会,受到极其热烈的欢迎。有57个国家代表致了欢迎词,历时6小时。他们说,联合国终于纠正了对中国人民所犯下的错误,中国代表的到来,是对联合国具有深远意义的历史事件,中国将对联合国和解决重大国际问题做出重要贡献。乔冠华发言阐明了中国对一系列国际问题的原则立场,希望联合国宪章精神能得到认真贯彻,使联合国在维护世界和平,反对侵略和干涉方面发挥应有作用。中国在联合国合法席位的恢复,使联合国成了名副其实的世界组

---

[1] 《经天纬地——外交官在联合国》,中国华侨出版社1995年版,第8页。

织,联合国安理会首次有了代表发展中国家利益的常任理事国,意义十分重大和深远。

二、中国在联合国中发挥重要作用

中国作为占世界人口近四分之一的最大的发展中国家,恢复了联合国的合法席位,给联合国注入了新的活力。正如当时科威特的代表所说:"没有中国积极的、建设性的作用,世界上出现的诸如裁军、国际安全、和平,特别是东南亚的和平等紧迫问题就不能得到解决。不论是谋求实现宪章中所规定的目标和宗旨的联合国也好,或者是有着不同制度和政策的各国也好,都少不了中国。"[1]随着中国综合国力增强,国际地位不断提高,中国在联合国中发挥了越来越重要的积极作用。

恢复联合国合法席位后,中国十分注意在联合国中维护发展中国家的利益。由于殖民体系的瓦解,一大批获得独立的国家纷纷加入了联合国。在联合国成员中,发展中国家占四分之三以上。但长期以来,联合国秘书长大多由发达国家代表担任。在1981年秘书长换届选举时,广大发展中国家强烈要求能由发展中国家的代表担任新一任秘书长。中国积极支持发展中国家这一合理要求。而美国等发达国家坚持主张由原秘书长连任。为此,中国连续动用16次否决权,否决了原秘书长的候选资格。最后安理会选举了来自发展中国家的秘鲁人德奎利亚尔担任联合国秘书长。以后又选举了埃及的加利和加纳的安南担任秘书长,2006年韩国的潘基文又被选为联合国秘书长。连续五届秘书长都由发展中国家人士担任,这在联合国历史上是空前的。同时,中国与广大发展中国家相互配合,使联合国通过了一系列不符合美国意愿的决议,以至于美国攻击联合国是"多数暴政"。从美国过去在联合国恣意妄为到现在攻击其为"多数暴政",这一戏剧性的转折恰好反映了联合国从20世纪70年代以来发生的深刻的历史变化,这一变化是与中国在联合国的作用分不开的[2]。

维护世界和平是联合国宪章的宗旨,是联合国一项重要的集体安全机制,中国起初质疑联合国维和行动的合法性,也不参与维和行动。从20世

---

[1] 《历史潮流不可抗拒》,人民出版社1971年版,第29页。
[2] 曲星:《中国外交五十年》,第320页。

纪80年代始,中国改变了对联合国维和行动的否定态度,肯定和支持符合联合国宪章的维和行动。在1986年中国全部缴纳了过去拒绝承担的维和费用。1988年中国成为联合国维持和平行动特别委员会成员。1989年中国首次派人参加联合国的维和行动,向联合国纳米比亚过渡时期协助团和西撒哈拉特派团派遣了文职选举观察员和军事观察员。1991年向伊科观察团派遣军事观察员。1992年向联合国柬埔寨过渡时期权力机构派遣了47名军事观察员和400人的工程兵大队。至2006年,中国已参加了16次维和行动,派出5000多名军事观察员、工程兵和文职人员参加维和行动。在安理会常任理事国中,中国维和部队的人数是比较多的。冷战后联合国的维和行动已从单一的监督停火扩展为包括政治、经济、社会、人道主义等职能的多功能行动,被称为"第二代维和行动"时期。2002年联合国大会把维和行动列为主要议题。目前,在非洲、中东、巴尔干等地进行的维和行动,为促进国际和地区和平发挥了重要作用。2001年中国国防部成立了维和办公室,中国在联合国维和行动工作中的影响和作用也不断增强。中国的维和官兵为所在国人民做了许多好事,得到了普遍好评。

裁减军备是联合国一项重要工作。改革开放以前,由于美苏竞相扩充军备,中国对联合国的裁军工作基本持怀疑态度,认为裁军会议只能起到欺骗和麻痹世界人民的作用。这有损于中国的国际形象。从1980年开始,中国参加了联合国裁军工作会议。1983年首次派出裁军专职大使长驻日内瓦。中国积极参与联合国关于裁军问题的审议和谈判,并提出许多切实可行、合情合理的裁军主张,为促进军备控制和裁减军备做出积极的贡献。中国参加了历次联合国专门讨论裁军问题的联大特别会议。自1986—1990年,中国连续5年在联大提出有关核裁军和常规裁军的提案,并都获得通过。中国与联合国合作,分别于1987年和1992年在北京和上海举办国际裁军讨论会。中国签署了《拉丁美洲禁止核武器条约》、《南太平洋无核武器区条约》、《非洲无核武器条约》的相关议定书,积极支持建立"东南亚无核武器区"、"南亚无核武器区",积极努力促进联合国通过《禁止化学武器条约》和《全面禁止核试验条约》。1999年3月,江泽民主席在日内瓦裁军谈判会上,全面阐述中国政府的新安全观和在裁军问题上的原则立场。强调裁军的目的在于增进安全,而安全必须是各国的普遍安全;裁军应为各国特别是广大发展中国家的经济发展节省更多的资源。应大力加强联合国裁军机构

第十三章 做负责任的大国——中国在国际舞台上的风范

的作用,以多边条约逐步取代集体安全。在防止大规模杀伤性武器扩散方面,中国一贯采取严肃、慎重、负责的态度,颁布了《军品出口管理条例》、《核出口管理条例》、《监控化学品出口管理条例》。制定了核出口三原则:(1)仅用于和平目的;(2)接受国际原子能机构的保障监督;(3)未经双方同意不得转让第三方。中国已签署了《禁止生物武器公约》、《禁止化学武器公约》、《核不扩散条约》、《全面禁止核试验条约》,并遵守《导弹出口技术参数》。

中国积极促成热点地区问题的政治解决,为维护和促进世界和地区和平做出贡献。中国参加了联合国5个常任理事国关于柬埔寨问题的所有磋商和安理会有关会议。安理会建立了联合国驻柬临时权力机构。中国积极参与了在柬的维和行动。中国为柬埔寨过渡时期的工作和大选派出了军事观察员、文职人员和工兵大队,为推动柬埔寨问题在联合国框架内得到全面政治解决做出了重大贡献。

中国还曾为缓解美国和伊拉克对峙危机,缓解海湾地区紧张局势做了许多工作。海湾战争结束后,美伊矛盾越积越深,多次走到战争边缘。从1997年10月至1998年12月,围绕伊武器核查问题,先后发生5次危机,美伊矛盾与斗争达到白热化程度。在联合国秘书长安南和中、法、俄3个常任理事国的积极斡旋下,前4次危机都得到化解。2002年被称为联合国"伊拉克年"。阿富汗战争结束后,美国把主要矛头对准伊拉克,企图绕过联合国发动对伊战争,推翻萨达姆政权。包括俄、法、中、德及联合国大多数国家反对美国将反恐战争任意向其他国家推广,主张在联合国框架内解决伊拉克问题,反对未经安理会授权对伊动武。在国际社会的广泛压力下,布什政府终于决定重新回到联合国的谈判桌前。2002年11月8日,安理会当月主席、中国驻联合国副大使张义山宣布,安理会以15票对0票全体通过对伊问题的第1441号决议。决议要求伊拉克与联合国核查人员全面合作,但剔除了美、英要求自动授权动武条款。这是自1999年12月安理会第1284号决议后,就伊拉克问题通过的又一项重要决议。2003年3月,美国不顾国际社会的反对,撇开联合国发动对伊拉克战争。中国坚持伊拉克问题要纳入联合国的安全机制,战争结束后,中国又坚持伊拉克重建要在联合国主导下进行。

国际恐怖主义成为当今世界一大公害。"9·11"事件后,联合国成为国际反恐的新平台。中国历来反对一切形式的恐怖主义,并积极参与联合国组织的反恐行动。中国认为,恐怖主义是个全球问题,要在联合国框架内用综合治理的办法去统筹解决,军事打击不能铲除恐怖主义,它只能治标不能治本,必须清除产生恐怖主义的根源,关键是要建立公正、合理的国际新秩序,解决贫困问题。这需要联合国发挥积极作用,离开了联合国,反恐就可能走到邪路上去。通过发挥联合国在"全球治理"过程中的协调、机制作用,以联合国为中心,面向世界,面向全人类的普遍利益。阿富汗战争后,中国提供了力所能及的援助,为帮助阿富汗重建做出了自己的贡献。

在人权领域,联合国为健全人权保护体制,完善人权保障机制做了大量工作,通过了一系列保障人权的公约,建立了比较完整的保护人权的条约体系。中国承认和尊重《联合国宪章》中关于保护和促进人权的宗旨和原则,赞赏和支持联合国普遍促进人权和基本自由的努力。从1981年起,中国一直被选为联合国人权委员会成员国,积极参与国际人权领域的活动。1991年国务院新闻办发表了《中国的人权状况》白皮书,系统介绍了中国的人权状况,阐述了中国的人权理论和实践。中国认为,随着时代发展,人权的概念也在不断发展。联合国应优先维护发展中国家人民的生存权和发展权。同时,坚持联合国应尽力防止利用人权问题干涉别国内政,主张在人权问题上加强对话,不搞对抗。反对"人权高于主权"论、"人道主义干涉合法"论等新干涉主义主张。中国正式签署了联合国《经济、社会、文化权利国际公约》、《公民权利和政治权利国际公约》、《儿童权利公约》、《消除对妇女一切形式歧视公约》等一系列国际人权公约。1995年9月,联合国在北京召开第四届世界妇女大会,制定并通过了《北京宣言》和《行动纲领》,具体确定了各国和国际社会在提高妇女地位方面共同遵循的原则和应承担的义务。中国还同其他主持公道的国家共同努力,连续11次在联合国人权委员会年会上,挫败美国等炮制的利用人权问题干涉中国内政的反华提案。由于中国对联合国人权工作的积极和建设性参与,联合国人权领域"一言堂"局面得到有效改变。在2001年联合国人权委员会会议上,一贯以人权卫士自居,并打着维护人权的旗号干涉别国内政的美国,在人权委员会选举中落选,就是一个突出的例子。

发展问题是联合国十分关注的重大问题,联合国为此设立了经济与社会事务理事会、开发计划署和贸易与发展大会等机构。从1971年起恢复中国在联合国合法席位后,中国一直被选为经社理事会成员国。在历届理事会会议上,中国与其他国家一道,共同研究重大的国际经济和社会问题,并

第十三章 做负责任的大国——中国在国际舞台上的风范

提出许多有积极意义的决议草案,如关于"改进发展中国家技术合作政府间协商会议"等,并获得一致通过。中国代表团积极参与《建立新的国际经济秩序宣言》及其《行动纲领》等具有重大意义的公约和草案起草工作,中国自始至终参加了第三次联合国海洋法会议,积极参与了《联合国海洋法公约》的起草工作,积极支持发展中国家维护国家主权和自然资源,反对海洋大国垄断海洋资源的图谋,由于中国作为安理会常任理事国的积极努力,新的《海洋法公约》较多反映了发展中国家的利益。1992年中国代表就加强联合国在发展领域中的作用提出了四项主张,强调解决发展问题与解决和平问题同等迫切重要。离开发展中国家的经济发展和社会进步,不可能有世界长期和平与稳定。2004年中国与联合国开发计划署合作成立减贫国际中心,并提供经费对最不发达国家提供援助,免除它们的债务。

此外,中国还积极参加联合国关于环保、打击贩毒、防止艾滋病等工作,努力推动《联合国气候变化框架公约》、《里约环境与发展宣言》及《21世纪议程》、《联合国禁止非法贩运麻醉品和精神药物公约》等文件的通过,并在相关文件上签字。积极参加2001年6月联合国召开的艾滋病特别会议。提出把防止艾滋病和促进经济发展和社会进步相结合,进行综合治理。

2000年9月4日,联合国举行千年首脑会议。150多个国家元首或政府首脑出席了这次首脑会议。这是联合国发展史上一次十分重要的会议。中国国家主席江泽民出席会议并发表了重要讲话。江泽民以"建立新秩序、开创新世纪"为主线,围绕联合国在推动建立公正合理的国际政治新秩序中发挥什么作用这个国际关注的焦点,全面系统阐述了中国关于建立国际新秩序和维护和平、促进发展、反对霸权的主张,倡导国际政治多极化、国际关系民主化。江主席的发言在联合国内外引起强烈反响,产生了良好的效果。在中国倡导下,2000年9月,联合国安理会五个常任理事国举行首脑会议,这在联合国历史上是第一次。

联合国在维护国际和平、安全、发展、进步等问题上具有不可替代的作用。温家宝总理称联合国"是20世纪人类政治智慧的伟大结晶"[①]。李肇星外长在2005年联合国会议的发言中指出:"一个强有力的联合国是世界希望之所在。"冷战结束后,特别是"9·11"事件后,联合国的威望和重要性

---

① 《人民日报》,2004年6月29日。

得到提升。但要真正实现联合国的宗旨,还面临诸多挑战。霸权主义、南北差距拉大、恐怖主义猖獗、愈演愈烈的地区冲突以及全球化带来的全球性问题,都要联合国协调和治理,任重而道远。2005年6月7日,中国发表《关于联合国改革问题的立场文件》,强调联合国是最具普遍性和权威性的全球性国际组织,是实践多边主义的最佳场所,是集体应对各种威胁和挑战的有效平台,应该继续成为维护和平的使者,推动发展的先驱。通过改革加强联合国的作用,符合全人类的利益。

2005年7月1日,中俄两国发表的联合声明指出:联合国的地位和作用不可代替,应在国际事务中发挥主导作用,成为制订和执行国际法基本准则的核心。联合国维和行动应符合《联合国宪章》的宗旨和原则。联合国在研究全球经济和发展问题上应发挥更大作用。联合国改革的目的,应是加强其在国际事务中的作用,提高效率,增强应对新挑战和威胁的潜力。联合国的改革要以协商一致为基础,充分体现广大成员国的共同利益[①]。中国将与其他成员国共同努力,使联合国在21世纪为维护世界和平与安全、促进各国经济的发展与繁荣做出新的更大的贡献。

但应该看到,中国在联合国的作用现在还仅仅局限于积极应对,尚未达到主动利用的境界。迄今联合国的决议没有一项是由中国主动提出的,这与中国作为联合国安理会常任理事国的地位还不相称。

第三节 推动亚太经合组织沿着健康的方向发展

亚太经济合作组织(APEC)于1989年成立。1991年该组织在汉城召开的第三届部长理事会上吸收中国参加(中国香港和中国台湾以经济体身份同时加入)。该组织成立以来,发展很快,成员从12个增加到21个,包括世界上最发达的国家美国、最大的发展中国家中国、世界上领土面积最大的国家俄罗斯,还有日本、加拿大、澳大利亚、新西兰等发达国家,第一代新兴工业经济体——东亚"四小龙",第二代新兴工业国马来西亚、泰国、菲律宾、印尼以及

---

① 《人民日报》,2005年7月2日。

第十三章 做负责任的大国——中国在国际舞台上的风范

拉美的墨西哥、秘鲁等,成为亚太地区层次最高、影响最大的政府间经济合作组织。人口占世界五分之二,GDP占世界总值的一半以上,贸易占世界五分之二以上。其决策机制有部长会议,由成员体的外交和外贸部长参加(中国香港和中国台湾只派主管经济事务的官员),每年举行一次会议。从1993年起,每年举行一次领导人非正式会议,成为该组织年会的重要内容,从而形成了高官会议—部长会议—首脑会议的决策运作机制。自加入该组织以后,中国为推动APEC的健康发展作出了巨大努力并发挥了积极作用。

从1993年西雅图会议以来,中国国家主席参加了该组织的历次领导人非正式会议,说明中国对会议的极端重视。在1993年西雅图会议上,江泽民强调亚太经合组织应当是开放的、灵活的、讲求实际的经济合作组织和磋商机制,而不是一个封闭式的经济集团。在1994年印尼茂物会议上,江泽民就亚太经济合作提出了五项原则建议:(1)相互尊重,协商一致;(2)循序渐进,稳步发展;(3)相互开放,不搞排他;(4)广泛合作,互利互惠;(5)缩小差距,共同繁荣。在1996年菲律宾苏比克会议上,江泽民比较完整地提出了"亚太经合组织方式",这就是:承认多样性;强调灵活性、渐进性、开放性;遵循相互尊重、平等互利、协商一致、自主自愿的原则;单边行动与集体行动相结合。照顾合作伙伴不同的经济发展水平和承受能力,使他们不同的利益和要求达到较好的平衡,并写入了领导人宣言中。在1998年马来西亚吉隆坡会议上,针对亚洲金融危机,江泽民提出了促进国际金融稳定发展和推动建立国际金融新秩序的三点主张:(1)加强国际合作,制止危机蔓延;(2)改革和完善国际金融体系,确保国际金融市场安全有序运营;(3)尊重有关国家和地区为克服这场危机自主作出的选择。2001年非正式首脑会议在中国上海召开,江泽民主持了这次会议。他强调各成员应加强宏观政策协调,深化经济结构改革,稳定金融市场,尽快消除"9·11"事件对全球和地区带来的负面经济影响,并强调在新形势下人力资源开发的重要意义,为会议的成功做出了重要贡献。上海会议被认为是APEC历史上最成功的会议之一,也是APEC迄今为止举办的级别最高、规模最大的国际会议。在2002年墨西哥洛斯卡沃斯APEC峰会上,江泽民就亚太经合组织如何顺应时代潮流,发挥自身因素,开展广泛合作提出支持开放的全球多边贸易体制,积极推进WTO新一轮谈判和加强反恐合作等主张。2003年在泰国曼谷领导人会议上,胡锦涛主席就APEC合作发表了重要主张,提出要采取切实措施,保持地区稳定,促进经济、社会协调发展,推动相互开放市场,健全多边贸易体制,并就科技创新和劳动、社会保障提出具体合作建议。2004年在智利圣地亚哥会议上,胡主席在会上宣传了中国的科学发展观,并就人类安全、地区经济、反腐败和能源及金融合作提出了倡议,受到各方欢迎。2005年在韩国釜山的会议上,胡主席全面阐述了应对全球和区域经济发展新挑战的主张,介绍了中国科学发展观和构建和谐社会的政策道路。在2007年悉尼会议上,胡锦涛主席系统阐述中国在气候变化问题上的立场和主张,强调加强大家庭建设,共创美好未来,促进世界经济可持续地均衡发展。

亚太经合组织的主要目标有两个：一是实现贸易、投资自由化,二是加强各成员的经济技术合作。由于APEC成员之间经济发展水平有很大差异,各成员强调的重点不一,发达国家强调贸易投资自由化进程,以便为自身扩大投资和出口创造条件,而发展中国家大多强调应把重点放在加强经济与技术合作上,以缩小同发达国家的经济技术差距。中国积极倡导贸易投资自由化与经济技术合作要同步发展。钱其琛形象地把APEC这两大目标比喻为两个轮子。他在大阪会议时指出:"亚太经济合作有两个轮子,一个是贸易投资自由化,另一个是经济技术合作。两者相辅相成,缺一不可。如果一辆车子的两个轮子中,一个轮子大,另一个轮子小,一个轮子速度快,另一个轮子速度慢,车子的运行就会出问题。"[①]关于贸易和投资自由化,1994年APEC会议上通过了《茂物宣言》,宣布发达成员不迟于2010年,发展中成员不迟于2020年实现贸易和投资自由化。这是APEC发展史上的里程碑,使该组织的贸易和投资自由化开始从讨论转入行动阶段。中国代表强调,成员间相互依存和丰富的多样性,是APEC最显著的特点,它构成了亚太经济合作的基础。推进贸易和投资自由化,最重要的是必须坚持平等互利原则。1995年通过的《大阪行动议程》,标志着APEC的合作从意向性规划逐步转入实质性阶段。中国积极支持APEC加速贸易投资自由化进程。在这次会议上,江泽民宣布了中国将在1996年实施贸易投资自由化的具体行动：对4 000多个税目大幅度降低关税,降幅不低于30%；取消170多项进口商品的配额许可证和进口控制措施；进行中外合资经营外贸企业试点,将外商投资企业外汇买卖统一纳入银行结汇体系。这是中国对该组织贸易投资自由化的主要贡献。从1996年1月1日起,中国取消

[①] 《经济日报》,1995年11月21日。

第十三章 做负责任的大国——中国在国际舞台上的风范

了176个项目的配额、许可证制度,进口自由化比率达到95%左右。同年4月1日起,中国对4 900多个税目大幅度降低进口关税,关税平均水平从35%降为23%,降幅达36%。7月1日,国务院宣布将三资企业外汇买卖统一纳入银行结汇体系,实现人民币经常项目下的可兑换,并扩大中外合资外贸试点。1996年APEC峰会上,江泽民提出中国到2000年关税降至15%。1997年中国关税从平均23%降到17%,有4 874种商品关税下调,占总税目的四分之三。到2006年,中国关税已降至10%以下。这对推动APEC实现贸易投资自由化产生了积极影响。

关于加强APEC成员的经济技术合作,1995年在大阪召开的领导人非正式会议上,江泽民指出:"只要真正把经济技术合作摆在应有的地位,我们的合作就会充满活力,亚太地区跨世纪的发展就大有希望。"[1]江泽民还为APEC如何开展经济技术合作提出具体主张,把亚太经济持续发展作为开展合作的根本目标,为发展中成员经济发展创造有利的外部条件,坚持自主自愿原则,尊重差别,实行贸易投资自由化与经济技术合作并重的方针等。在1996年会议上,通过了《亚太经合组织经济技术合作原则框架宣言》,作为加强地区经济技术合作的指导性文件。宣言指出,经济和技术合作有助于亚太经合组织成员全面参与全球贸易自由化,并从中得益,以缩小成员间的经济差距。在1997年温哥华会议上,钱其琛副总理代表中国呼吁采取进一步行动,促进经济技术合作取得实质性进展。他指出:"1996年通过的《经济技术合作框架宣言》是APEC经济技术合作的一个重要里程碑。现在,需要做的是做实事、讲时效。当务之急是建立相应机制,中国建议尽早成立经济技术合作委员会,制定相关政策,协调各项活动",因为"建立这一机制必将有力推动APEC的经济技术合作"[2]。在1998年吉隆坡会议上,根据中国建议,通过了《走向21世纪的亚太经合组织科技产业合作议程》。会议强调,在金融危机发生之后,经济技术合作越发显得迫切。在1999年奥克兰会议上,中国代表强调,APEC应坚持以经济合作为中心。江泽民在讲话中强调经济技术合作、努力推动科技交流、技术合作和技术转让,以及在基础设施建设、人力资源开发等领域的合作,使经济技术合作与贸易投资自由化这两个轮子一起转,共同承载亚太经合组织前进,作为该组织成立

---

[1] 《光明日报》,1995年11月20日。
[2] 《人民日报》,1997年11月24日。

10年来的成功经验之一①。在2000年会议上,强调当务之急是将各成员的共识落实为具体行动,切实加强APEC经济技术合作的力度,使经济技术合作取得实质性进展。外交部长唐家璇指出:"经济技术合作是APEC实现共同繁荣的重要途径,也是经济全球化的条件下促进世界和区域经济持续稳定增长的必然选择。"在2005年会议上,胡锦涛作了《深化亚太合作,共创和谐未来》的讲话,强调要大力推动双边和区域经济合作。要充实合作内容,拓展合作渠道,提高合作质量。要处理好三对关系:一是扩大市场开放与深化经济技术合作的关系,二是加强经济合作与开展安全合作的关系,三是落实已有共识和拓展合作领域的关系。在2007年会议上,胡锦涛就应对气候变化、促进可持续发展问题发表重要讲话,强调要坚持合作应对,坚持可持续发展,坚持公约主导地位,坚持科技创新。提议建立"亚太森林恢复与可持续管理网络",共同建设清洁和谐充满活力可持续发展的亚太地区,得到与会各国领导人的普遍支持。

中国一贯支持并积极参与APEC各层次各领域的合作。

中国认为,APEC应坚持其经济论坛性质和自主自愿、协商一致、灵活务实和非约束性的合作方式,坚持以经济合作为主的发展方向,应发扬自身优势,提高运行效率,增强合作活力,不断提升在区域合作中的地位和影响。

第四节　加入WTO,全面融入世界经济体系

经过长达15年艰难曲折的谈判,中国于2001年加入世贸组织,标志着中国改革开放进入了一个新阶段。入世后中国政府充分履行自己的承诺,进一步加大开放力度,遵守WTO的各项规则,使中国全面融入世界经济体系。

一、艰难曲折的"入世"历程

1947年10月31日,中国与美、英、法等23个国家在《关税与贸易总

---

① 《人民日报》,1999年9月14日。

第十三章 做负责任的大国——中国在国际舞台上的风范

协定临时适用议定书》上签字,关贸总协定(GATT)生效,中国成为关贸总协定的创始成员国。1950年5月5日,逃往台湾的蒋介石政权退出关贸总协定,中华人民共和国政府认为关贸总协定是美国控制的"富国俱乐部",中国不参加该协定的活动。直到1982年9月,改革开放以后,中国才申请在关贸总协定的观察员地位,同年11月获得观察员地位,可以出席该协定的年度会议。11月,总协定理事会决定,中国可以参加总协定所有组织的会议。1986年7月10日,中国政府正式向关贸总协定总干事邓克尔递交恢复中国在关贸总协定缔约国地位申请书。申请书指出,中国是关贸总协定创始国之一,现在决定恢复其缔约国地位,中国参加总协定的工作将有利于促进总协定目标的实现。申请书强调,中国是一个发展中国家,期望得到与其他发展中缔约国相同的待遇。随后,中国全程参与关贸总协定乌拉圭回合多边贸易谈判。当时,总协定主要缔约国一方面希望中国参加总协定,认为具有巨大贸易潜力的中国不应该游离于世界贸易体系之外,另一方面又对中国的经济、贸易制度与关贸总协定坚持的市场经济、贸易自由等原则存在很大差异表示担忧。1987年3月,关贸总协定理事会决定成立专门工作组,审议中国恢复缔约国地位的申请。开始,审议工作进行得比较顺利。1989年4月,在总协定中国工作组第7次会议上,各缔约国完成了对中国外贸制度的评估,并希望中国早日加入GATT缔约国行列。5月,中美双方达成了一系列谅解和协议,扫除了中国"复关"最大的拦路虎,中国与欧共体谈判也比较顺利,中国"复关"前景一片光明。观察家们认为,中国复关谈判有望在1989年结束。

1989年"六四"事件后,风云突变,美国为首的西方国家在对中国实施制裁的同时,在中国"复关"问题上也设置重重障碍,阻挠中国"复关"。1992年邓小平南巡讲话后,中国提出建立社会主义市场经济体制,开始新一轮改革开放,并把"复关"纳入经济体制改革和对外工作重点,加大各方面的工作力度。GATT中国组开始进行议定书问题的讨论,"复关"谈判进入实质性阶段。在1994年6月总协定中国工作组第17次会议上,美国提出,中国原则上以发达国家身份入关;乌拉圭回合在农业领域给发展中国家的优惠待遇不适用于中国,在知识产权保护方面,中国不能适用发展中国家的五年过渡期,而应与发达国家一样,只有一年过渡期;国际收支对策、关税估价等条款也要与发达国家一样。如果按美国的条件复关,中国在关税减让、服务贸易、知识产权保护以及投资方面必将负担十分沉重的义务,这是中国绝对无

359

法接受的。因为当时中国人均GDP只有380美元,而人均GDP 1 000美元以上的韩国(6 790美元)、马来西亚(2 790美元)、泰国(1 840美元)等亚太国家都不作为发达国家对待。美国提出中国原则上作为发达国家,显然是有意刁难,目的是阻挠中国复关。1994年10月4日,朱镕基副总理在世界银行和国际货币基金组织年会上指出:为了与GATT的国际经贸规范接轨,中国采取了一系列重大改革措施,包括简化外贸管理体制、大幅度降低关税、取消汇率双轨制、逐步开放国内服务贸易市场、实行人民币经常项目下可兑换等。目前中国的贸易体制已基本符合关贸总协定的要求,恢复中国的缔约国地位不应再拖下去,把中国排除在外,关贸总协定和即将成立的世界贸易组织的普遍性将受到极大影响[1]。外经贸部长吴仪明确表示,中国希望恢复关贸总协定中的缔约国地位,成为世贸组织创始成员,但"我们决不会牺牲国家根本利益,为复关而复关,不管外来的压力多大,我们也不会拿原则作交易"[2]。由于美国等少数缔约方的漫天要价,中国希望在1994年结束复关谈判的愿望未能实现。1994年12月20日总协定中国工作组第19次会议以失败告终。中国代表团团长谷永江宣读了中国政府的声明,指出:"最近一个月来,中国代表团为结束谈判作了巨大努力,但本次会议仍未能就结束中国复关的实质性谈判达成一致意见。这完全是极个别缔约方由于他们政治上的需要,蓄意阻挠,缺乏诚意,漫天要价的结果。……由于个别大国拖延和阻挠谈判进程,严重破坏了多边贸易体制的普遍性和多边贸易谈判的正常秩序,同时也使中国无法履行复关谈判中已作出的各项承诺,从而损害了其他缔约方的利益。中国政府对于今后世界贸易组织能否摆脱极个别成员恣意妄为的干扰表示忧虑。"[3]

1995年1月1日,世界贸易组织成立,并在一年之后取代关贸总协定。中国的复关谈判也变成了"入世"谈判,中国复关工作组也随之改名为中国加入世贸组织工作组。1997年10月31日,国家主席江泽民访美期间在美中贸易全国委员会和美中商会举行的晚宴上指出:中国作为世界的贸易大国,至今仍未能成为世界贸易组织的成员,这是不公正的。没有中国的参加,世贸组织是不完整的。中国加入世贸组织,对各方都有利[4]。1998年

---

[1] 《人民日报》,1994年10月5日。
[2] 新华社北京,1994年12月15日电。
[3] 新华社日内瓦,1994年12月20日电。
[4] 新华社华盛顿,1997年10月31日电。

第十三章 做负责任的大国——中国在国际舞台上的风范

6月17日,克林顿访华前夕,江泽民主席在接受美国《新闻周刊》特约编辑兼《华盛顿邮报》专栏作家韦茅斯的采访时指出:如果没有中国参加,世贸组织作为一个国际性组织是不完整的;中国要参加,毫无疑问是作为一个发展中国家参加;中国的参加是以权利和义务的平衡为原则的[①]。1999年1月12日,朱镕基总理在会见美国联邦储备委员会主席艾伦·格林斯潘时说:中国将进一步开放市场,包括电信、银行、保险和农业,以加入世贸组织。1月底,美国贸易代表巴尔舍夫斯基在亚洲协会发表演说时说,通过这么多年的谈判,美国已经认识到中国作为发展中国家加入世界贸易组织的重要性。这是多年来第一次从美国政府官员口中听到这样的评论。说明美国终于公开承认中国是一个发展中国家。鉴于美方态度趋于务实,中方也准备在美方特别关心的市场准入问题上作出让步。承诺到2000年关税降到发展中国家的平均水平,为15%,并将进一步降低到10%,将取消仍在执行的对300种进口商品的许可证或配额制度,扩大服务贸易开放的范围等。3月15日,朱镕基在回答采访九届二次人大的中外记者提问时说:中国恢复GATT的地位和加入WTO谈判已进行了13年,黑头发都谈成了白头发,该结束这个谈判了。现在存在这种机遇,第一,WTO成员知道,没有中国参加,WTO就没有代表性,就是忽视了中国这个潜在的最大市场;第二,中国改革开放的深入和积累的经验,使我们对加入WTO带来的一些问题提高了监管和承受能力,中国准备作出最大让步[②]。3月17日,世界贸易组织副总干事金寿指出:"中国继续游离于世贸组织之外,无论对国际贸易体系,还是对各成员国同中国的双边贸易关系,都将产生不利影响。"[③]

1999年4月,朱镕基访美期间,为了推动加入世贸组织的进程,中国方面作出了最大让步。4月6日,中美双方就中国加入WTO一揽子协议中的重要组成部分——《中美农业合作协议》达成一致,这是中美两国就WTO问题达成的第一个协议。但克林顿政府在某些利益集团和强硬派的压力下,仍拒绝同中国签署就中国加入WTO问题的双边协议。对此,美国《纽约时报》、《华尔街日报》、《华盛顿邮报》等主流媒体都普遍对克林顿进行批评,认为中国作出的让步已非常可观,中国加入WTO时机已完全成熟,

---

① 《人民日报》,1998年6月18日。
② 《人民日报》,1999年3月16日。
③ 金寿在英国皇家国际事务研究所举办的"亚洲与世界经济体制的未来"的国际研讨会上的发言。

克林顿拒绝同中国签约是缺乏信誉的表现,可能造成"非常严重后果"。克林顿也担心此举可能使中国收回以前作出的让步。4月14日,朱镕基结束访美乘专机前往加拿大访问。克林顿把电话打到朱镕基专机上,要求立即签订关于中国加入WTO的协议。克林顿表示,可以派人到加拿大去签署,方式由朱镕基选择,朱镕基选择在北京签署。但不久发生了北约导弹袭击中国驻南联盟使馆的严重事件,中国搁置了与美欧关于中国入世问题的谈判。7月,中国先后与日本、澳大利亚签署了关于中国加入WTO的双边协议。这使美国感到压力,美国政府一再通过不同渠道向中国政府传递信息,要求尽快恢复世贸谈判。9月11日,在新西兰奥克兰市举行的APEC领导人非正式会晤期间,中美两国首脑举行了会晤,江泽民再次强调,中国对加入WTO一直持积极态度,这不仅是中国经济发展和改革开放的需要,也是建立一个完整的国际贸易体系的需要。中国是公认的发展中国家,我们不会接受超出中国经济承受能力的条件,也不会为此而损害自己的国家利益①。随后,中美恢复了双边谈判,但仍未能达成协议。

1999年9月,'99《财富》全球论坛年会在上海召开,年会主题是中国未来50年。会前,《财富》杂志对2 000多名在华投资的跨国公司负责人进行了调查,对中国未来经营环境的展望,66%认为"极好"和"好",21%认为"尚好";57%的企业表示会增加在华投资,42%表示"大概会"增加在华投资。这次年会开得很成功。与会者认为未来50年中国将是世界上最有发展前途、最具活力的地方,谁放弃中国市场,谁就放弃了下一个发展机遇。若世界经济体系将中国排斥在外,世界经济将无法正常发展。《财富》杂志甚至提出:"欲独霸世界,先逐鹿中国。"②美国前商务部长坎特在参加论坛会后,在香港的一个演说中说:中国加入WTO不仅符合中国的利益,也符合美国的国家利益。他说:"美国国会的人在中国事务上不断提问题,不幸的是,这些问题是不公平、以偏概全和不具建设性的。"③

1999年11月10日,美国贸易代表巴尔舍夫斯基、白宫首席经济顾问斯珀林率领的美方代表团与中国外经贸部部长石广生、首席谈判代表龙永图率领的中国代表团在北京经过了被斯珀林称之为"非常、非常、非常艰难"

---

① 《人民日报》,1999年9月14日。
② 巩小华、宋连生:《中国入世全景写真》,中国言实出版社2001年版,第216页。
③ 斯珀林1999年9月29日在香港的演说。

的谈判,终于于11月15日签署了中美关于中国加入世贸组织的双边协议。江泽民在会见美方谈判代表时指出:中美达成双边协议说明,"中美双方应该从战略高度和展望21世纪的角度来审视和处理事关中美两国人民和世界各国人民根本利益的大事"①。两国政府关于双边协议的联合公报指出,这一协议"不仅具有商业上的重要性,而且对全球经济发展十分重要,有着深远的战略意义"②。在协议中,中国承诺进一步减低关税,取消出口补贴,对农产品进口作出更多关税减让。银行、保险、电信领域的美国公司可得到新的市场准入。中国将进一步开放律师、会计师、医师等专业领域。到2006年将汽车进口关税从当时的80%—100%减为25%。美国对华特殊保障法案将执行12年,特别反倾销措施适用15年。外国电信服务可占49%的投资。逐步开放农产品市场。但在事关国计民生和有重大经济利益的领域,中国仍坚持主导权和控股权。

中美双边协议有一个前提条件,美国必须给予中国永久性正常贸易关系(PNTR),放弃最惠国待遇一年一审的做法。为了使国会能通过对华永久性正常贸易关系法案,克林顿政府作了不少努力。克林顿说,他将全力以赴地发动一次"战役",要求国会尽早批准PNTR议案,并任命以商务部长戴利和白宫办公厅副主任凯蒂为首的游说班子。2000年2月中旬,克林顿在记者招待会上说:"中国加入世贸组织不是一个政治问题,而是一个重大的国家安全问题",它"将大大增加中国与外部世界的交流与联系","为美国提供一代人只有一次的机遇","如果我们不抓住这个机遇,我们整整一代人都要为之后悔"③。2000年5月24日,美国国会众议院以237票对197票通过了PNTR议案。9月19日,参议院以83票对15票通过了PNTR议案。中美双边协议的签署为中国加入WTO扫除了最大的障碍。5月19日,中国与欧盟达成中国加入WTO双边协议,为中国最终加入WTO扫除了又一重要障碍。随后中国又完成同一些国家的双边谈判,世贸组织中国工作组完成了中国加入世贸组织的多边协议。2001年11月10日,在卡塔尔首都多哈举行的WTO第四届部长级会议上,以全体协商一致的方式,审议并通过中国加入WTO的决定。11日,中国代表团团长、外经贸部部长

---

① 《人民日报》,1999年11月16日。
② 同上。
③ 美联社华盛顿,2000年2月15日电。

石广生在中国加入世贸组织的议定书上签字,并向世贸组织总干事穆尔递交了中国国家主席江泽民签署的中国加入世贸组织批准书。12月11日,中国正式成为世贸组织第143个成员。随后中国台湾以单独关税区名义也加入世贸组织。

二、履行"入世"承诺,融入世界经济体系

加入WTO,使人们再次看到中国坚持改革开放并融入世界经济主流的决心。中国作为最大的发展中国家和迅速崛起的世界大国,在WTO这样一个"经济联合国"的组织中必须取得应有的地位,中国长期被排除在世界经济主流之外的状况必须结束。中国必须在世界经济全球化和一体化的大潮中接受冲击、接受洗礼、成长壮大,才能在21世纪成为一个真正的经济大国,实现我们"三步走"的宏伟目标。

中国入世前,一些西方媒体曾预言,中国是一匹野马,不会按规则行事,不会遵守世贸组织的规则。但事实是加入WTO后,中国政府积极履行自己的承诺,降低了关税,清理了各种法律、法规。从2002年1月1日起,中国政府下调5 332种商品的进口关税,关税总水平降低到12%,工业品关税降至11.3%,进一步开放了服务贸易市场。政府加强了透明度,成立了世贸组织通报咨询局,建立了咨询网站。为适应国际通行规则,中国对外贸体制作了重大改革,并且修改和废止了与世贸组织规则不符的法律、法规,同时出台了一批新的法律、法规,总共修改了2 300多部法规,新制订了100多部法规。主要有《中华人民共和国反倾销条例》、《中华人民共和国反补贴条例》、《中华人民共和国保障措施条例》、《利用外资改组国有企业暂行规定》、《关于向外商转让上市公司国有股和法人股有关问题的通知》、《外资保险公司条例》、《外商投资电信企业管理规定》、《旅行社管理条例》、《外商投资民用航空业规定》、《外国律师事务所驻华代表机构管理条例》、《外商投资产业指导目录》等。中国基本实现全方位对外开放,九成以上产业可由外商控股,标志中国经济对外开放的新框架已基本确立。电信、燃气、热力、供排水等城市管网首次列为对外开放领域。进一步开放银行、保险、商业、外贸、旅游、运输、会计、审计、法律等服务领域,履行入世承诺。为使国内法律、法规与世贸组织规则相适应,全国人大常委会通过了一系列法律修正案,如《合同法》、《海关法》、《外资企业法》、《商标法》、《著作权法》和《专利法》等。

第十三章 做负责任的大国——中国在国际舞台上的风范

国务院近30个部门在2002年一年内清理相关法律文件2 300多个,其中废止了830多个。地方政府清理相关文件的工作也在稳步进行,废止、停止执行或修订了19万多个地方性法规。电信、民航等垄断行业改革重组。鼓励以跨国并购、产业投资基金、风险投资、证券市场上市、特许经营等方式,吸收外资参与国有企业改造改组,深化国企改革,推动中小企业合资合作和参与跨国公司配套生产,从战略上调整国有经济布局。2002年9月17日,世贸组织对中国的过渡审议机制正式启动,主要内容是审议中国履行加入WTO承诺兑现的情况,如降低关税、知识产权保护、市场准入、进口许可证等。12月10日,WTO总理事会结束了对中国入世一年来的审查,总理事会主席、加拿大大使马杰指出:"中国加入WTO一年来,在履行承诺方面是积极的,成绩明显。"[1]前任世贸总干事穆尔说:"中国很好地履行了自己的承诺,是一个负责任的成员。"中国多次顺利通过了过渡性政策审议,得到了充分肯定,正如世贸组织新任总干事素帕猜说:"中国至今所做的一切符合加入WTO承诺。"[2]就中国履行入世承诺的问题,美中贸易委员会主席罗伯特·卡普指出:中国政府不仅积极履行承诺,在某些方面甚至还超出了加入世贸组织承诺所规定的时间表。欧盟提交的报告特别指出,中国在保护知识产权方面,新近出台的知识产权保护法甚至超出了加入世贸的承诺。美中贸易委员会和美国商会向美国贸易代表提交的调研报告对中国履行入世承诺给予积极的评价,并表示"中国按时履行了WTO降低关税的要求,已对美国向中国出口产生了巨大的影响","中国在培训政府官员和商界人士了解WTO概念和技术内容方面所作的努力给人以深刻的印象"[3]。世界贸易组织总干事素帕猜指出,中国经济的崛起和加入WTO将会产生很多正面效应,尤其是中国进口的增长将成为推动亚洲经济增长的火车头。2002年6月,联合国贸易会议发表的《中国加入WTO对发展中国家出口的影响》的报告说,中国加入世贸将带来中国进口量的增加,这对他们来说,是良好的机遇。事实的确如此,中国加入WTO后,几年来,中国一直是美国对外贸易中出口增长最快的国家。到2005年中国外贸总额已居世界第三位。澳大利亚官方报告指出,入世5年来,中国政府推进减低关税,开放

---

[1] 《经济日报》,2002年12月18日。
[2] 《经济日报》,2002年12月2日。
[3] 《经济日报》,2002年12月3日。

市场尤其是服务领域,给澳大利亚带来巨大商机。中国向外国投资者发放更多经营许可,包括银行、保险、零售及物流等核心领域。这将大大促进澳大利亚对中国直接投资的增长。

中国加入WTO,可以使我们能享受成员之间的最惠国待遇,获得一个多边、透明、稳定和互相开放的外贸环境;可参与WTO新规则(特别是服务贸易)的制定,反映我们的要求,保护我们的利益;有利于中国参与经济全球化的进程,提高我们的竞争力;可以利用WTO机制,解决多边和双边的贸易问题,改变过去投诉无门的情况。当然,在享受权利的同时,我们必须承担相应的义务和责任,甚至还要接受一些对我们不利的条款。入世将对我们的许多产业部门形成重大的国际压力,农业(特别是粮食生产)将受到严重冲击,服务行业将经受激烈竞争,就业形势将更为严峻,中国传统文化将受到西方价值观念、生活方式的猛烈冲击。所以,加入WTO,既是机遇,也是挑战(其中一个突出的问题是对中国商品的反倾销不断增多,现全球反倾销案件中,每5件就有一件涉及中国),就看我们如何抓住机遇,迎接挑战,趋利避害。入世7年来的事实说明,我们经受了考验,取得了引人注目的成就,经济继续高速发展,在全球经济处于低速的形势下,中国经济一枝独秀。2002年中国首次取代美国,成为吸收外资最多的国家,全年吸收外资超过500亿美元。到2007年中国累计吸收外资达7 700多亿美元。跨国公司进入中国速度加快,500强中已有480多家到中国投资,许多跨国公司将中国纳入生产和采购链,将本土和其他地区的生产部门转到中国。高科技的大型项目明显增加,外商投资的配套产业项目发展很快,到2006年年底,中国服务业已全面向外资开放。外资进入银行、保险、证券、交通、电信、旅游服务等越来越多的领域。2002年9月,美国科尔尼管理顾问公司发表的报告说,中国已超过美国,成为全球范围内对外国直接投资最有吸引力的国家;中国市场规模庞大,经济充满生机,已牢固确立具有竞争力的经济地位[①]。联合国贸易会议发表的报告也持相似看法。中国积极参加WTO多哈回合多边贸易谈判,发挥了建设性作用。中共十六大强调,21世纪前20年,对中国来说,是一个必须紧紧抓住并可以大有作为的重要战略机遇期。但我们决不能盲目乐观,要清醒地看到我们在综合国力方面同发达国家相比还存在很大差距。加入WTO的挑战也刚刚开始,我们要有忧患意识,充分估

---

① 〔英〕《金融时报》,2002年9月23日。

计我们经济发展的艰巨性和紧迫性。要实现党的十六大提出的全面建设小康社会,真正把中国建成一个完善的社会主义市场经济体制和更具活力、更加开放的经济体系,物质文明、精神文明、政治文明共同进步的现代化的民主、文明的社会主义国家,需要全国人民长期不懈的努力奋斗,任重而道远。

到 2006 年,中国入世 5 年过渡期满,中国完全兑现了入世时的承诺,中国坚持遵守 WTO 规则,通过平等协商解决纠纷。各国对中国入世后表现评价良好,没有一个国家对中国的降税问题提出疑义。2006 年 4 月 19 日,世界贸易组织公布了《中国贸易政策审议报告》,充分肯定中国履行入世承诺的表现,认为中国入世不仅促进了中国改革开放进程,也给世界带来机遇,中国信守承诺是对多边贸易体系的重大贡献。5 年来,中国取消了进口非关税措施,放开外贸经营权,开放服务贸易市场,加大知识产权保护力度,履行透明义务,关税从入世时的 15.3% 降到 9.9%。开放了 100 多个服务贸易部门,接近发达国家水平。外资银行享有国民待遇,银行、证券、保险业向外资开放。人民币汇率改革稳步推进,实行有管理的市场调节浮动汇率制度。

第五节 倡导共同构建和谐世界

当今世界,各种矛盾错综复杂,面临着各种威胁和挑战,天下并不太平。这与世界人民谋和平、求发展、促合作的时代主旋律不相适应。为了改变这种状况,增进各国互相信任,人民友好相处,促进世界的和平、发展与繁荣,中国政府在落实和贯彻科学发展观,构建社会主义和谐社会的同时,积极倡导构建和谐世界。2005 年 4 月,胡锦涛主席在出席亚非峰会雅加达会议时,首次提出和谐世界理念。9 月,在联合国成立 60 周年首脑会议上,胡锦涛主席作了题为"努力建设持久和平、共同繁荣的和谐世界"的发言;11 月,在 APEC 第 13 次领导人非正式会晤上,又发表了"深化亚太合作,共创和谐未来"的讲话;12 月,温家宝总理在访欧期间,在法国巴黎理工大学作了"尊重不同文明,共建和谐世界"的演讲。呼吁世界各国人民共同努力,构建和谐地区与和谐世界。这是深刻分析当今时代特征和世界大势的最新理论成果,是对中国独立自主和平外交政策的丰富和发展,对推进中国的外交事业与和平发展,促进世界的和平、发展、合作与繁荣,具有重要指导意义。

和谐世界思想是对毛泽东、邓小平外交思想的继承和发展,融合了近年来中国外交积极倡导的公正、合理的新秩序观,互利共赢的新发展观,互信、互利、合作的新安全观,尊重多样性、相互尊重的新文明观,互助协作的新环保观,是中国作为负责任大国在维护世界和平、促进共同发展方面的政治承诺。和谐世界思想与和平发展道路一道,成为勾勒当代中国外交思想的一条红线,为世界观察中国对外战略提供了窗口和视角。

贯彻科学发展观,实现以人为本、可持续发展,就必然要求构建和谐社会。中共中央《关于构建社会主义和谐社会若干重大问题的决定》,强调了构建和谐社会的重要性和紧迫性,提出在2020年建成社会主义和谐社会的目标。中国倡导构建和谐地区和和谐世界,是对中国构建和谐社会的延伸。和谐世界与和谐社会是一个统一的思想体系和政策体系,两者密切相联,其共同本质是通过增强公平与正义来营造社会的平等与和谐,它们在本质内涵上是贯通一致的。

中国倡导建立惠及世界各国人民的和谐世界,有其深刻的历史文化背景。强调和谐是中华文化优良传统的基本精神。中华优秀文化的价值观是"和"或"和合"。在中国外交实践中,"和"演化出和平、和睦、和善、和谐,"合"就是汇合、融合、联合、合作。"和合"就是认同世界的和谐本质,以和平与合作的手段谋得利益,达到一种和睦而至大同的境界[1]。我们老祖宗强调的"仁为贵"、"海纳百川,有容乃大"[2]、"天时不如地利,地利不如人和"[3]、"若使天下兼相爱,国与国不相攻,家与家不相乱……若此则天下治"[4]等,都是倡导用"和"作为化解天与人、国与国、人与人以及不同文明冲突的最佳方式。"和合"是中华文化的精髓。倡导和平共处五项原则,坚持走和平发展道路,构建和谐世界,就是中华传统文化精华的发扬光大,并把传统文化的人文主义精神与现代人类文明的民主与科学结合起来。

倡导构建和谐世界也是中国坚持走和平发展道路的需要。近代以来,

---

[1] 郭树堂主编:《国际关系学:理论与事件》,时事出版社2004年版,第195页。
[2] (清)《林则徐·题书宝》。
[3] 《孟子卷四,公孙丑章句下》。
[4] 《墨子·兼相爱》。

第十三章 做负责任的大国——中国在国际舞台上的风范

还没有哪个国家不是依靠对外侵略扩张,挑战现有社会体系而崛起,因此,国际上有些人担心中国也会走这样一条崛起道路。中国走和平发展道路,就是走建设中国特色社会主义的道路,就是利用和平的国际环境发展自己,同时又以自身发展更好地维护和促进世界和平和共同发展;就是在积极参与经济全球化和区域合作的同时,主要依靠自身力量和改革创新来实现全面协调,可持续发展;就是坚持对外开放,积极发展同世界各国的合作,实现互利共赢;就是永不称霸,不对外扩张,永远做维护世界和平和促进共同发展的坚定力量。中国的和平发展道路与历史上其他大国的发展道路有本质的差别,第一,中国致力于通过和平、合作的途径实现发展,而不是通过侵略、扩张或殖民地化来拓展国家利益;第二,中国不谋霸权,不求势力范围,不挑战别国领土主权,始终致力于维护世界和地区的和平稳定;第三,中国不以损害和牺牲其他国家利益来实现自身发展。中国的发展是和平的发展,开放的发展,合作的发展,共赢的发展[①]。倡导构建和谐世界有助于消弭国际上对中国崛起的疑虑和误解,有利于构建中国和平崛起的周边环境和国际环境。中国要崛起就必然会碰到不同文明、不同文化之间如何相处的问题,唯一的出路就是和谐相处,这就必须构建和谐世界。所以,中国要走和平发展道路,世界要摆脱面临的威胁和挑战,就必须共同构建和谐世界。

各种文明相互尊重是构建和谐世界的前提,胡锦涛主席在联合国60周年首脑会上强调:文明多样性是人类社会的基本特征,是人类文明的重要动力。在人类历史上,各种文明都以自己的方式为人类的进步做出积极贡献。存在差异,各种文明才能相互借鉴,共同提高。强求一律,只会导致人类文明失去动力,僵化衰落。各种文明有历史长短之分,无高低优劣之别。历史文化、社会制度和发展模式的差异,不应成为各国交流的障碍,更不能成为相互对抗的理由。应加强不同文明的对话和交流,在竞争中取长补短,在求同存异中共同发展。应该以开放的精神,维护文明的多样性,促进国际关系民主化,协力构建各种文明兼容并蓄的和谐世界[②]。温家宝总理在巴黎理工大学的演讲也指出:人类文明是多种多样的,怎样才能使不同文明共存和发展,归根结底在于"和",就是国与国之间的和平、人与人之间的和

[①] 唐家璇2007年11月8日在"中国和平发展与和谐世界"国际研讨会上的讲话。
[②] 新华社纽约,2005年9月15日电。

睦、人与自然之间的和谐。我们星球上有60多亿人口,200多个国家,2 500多个民族,6 000多种语言,有基督教、天主教、伊斯兰教、佛教、道教等多种宗教。正是这种不同文明的相互依存、相互交流、相互信任、相应生辉,才构成今天这个丰富多彩的世界①。这就需要各国政府和人民形成广泛共识,共同努力,在国与国之间逐步化解夙愿,增强互信。

确实履行《联合国宪章》,充分发挥联合国在维护世界和平,促进各国共同发展中的作用是构建和谐世界的重要途径。联合国有192个成员,是国际社会公认的最具广泛性和权威性的唯一政府间全球性合作组织,在维护世界和平与安全,促进各国发展方面发挥着不可替代的作用,《联合国宪章》的基本宗旨和原则符合和谐世界的要求。要切实加强和完善联合国的机制,使之成为构建和谐世界的全球性协调机制。需要对联合国进行必要的改革,使《联合国宪章》得到认真贯彻执行,以加强联合国的作用。同时也应充分发挥其他国际组织,特别是地区合作机制的作用。

建立平等互利、共同繁荣的国际经济新秩序是建设和谐世界的经济基础。发展问题仍是当今世界的核心问题。现在世界经济发展很不平衡,南北贫富差距拉大,世界仍有1/5人口生活在贫困线下,这是世界不安宁、不和谐的重要根源。解决发展问题的主要途径仍是开展南北对话,加强南南合作。推动经济全球化朝着均衡、普惠、共赢的方向发展,缩小南北差距和贫富差距,促进区域和全球经济合作,努力建立开放、公平、规范的多边贸易体制。优势互补、互利共赢,中国提出科学发展观,不仅是指导中国国内建设的基本方针,对世界和谐发展也有普遍意义。以和平共处五项原则为准则,建立公正合理的国际政治新秩序,是构建和谐世界的政治基础,实现互信互利、平等协作的新安全观,维护世界和平与安全,是建立和谐世界的有效保障。共同发展和繁荣是构建和谐世界的目的。

中国不仅倡导构建和谐世界,并且付诸实施,2006年8月召开的中央外事工作会议把坚持推动建设和谐世界作为中国新时期对外工作的重大目标,标志着它已成为中国外交理论与实践的指导原则,成为中国和平发展战略的重要支柱。中国忠实履行和平共处五项原则,切实奉行新安全观,与周边各国妥善处理历史遗留的边界问题,在与邻为善、以邻为伴、睦邻、富邻、安邻方针的指导下,不断发展与周边国家的睦邻友好合作关系,与美国、欧

---

① 外交部政策研究室:《中国外交(2006年)》,世界知识出版社2006年版,第392页。

第十三章 做负责任的大国——中国在国际舞台上的风范

盟、非洲、拉美、中东等国家和地区的友好合作进一步加强,正在为建设和谐世界做出切实贡献①。

推动建设和谐世界,最根本的就是把对内坚持走中国特色社会主义道路同对外坚持走和平发展道路结合起来,向世界展示中国和平、文明、负责任大国的形象。

当然,构建和谐世界是一个长期艰巨的任务。倡导构建和谐世界,就是显示自己建设和谐健全的国际秩序的诚意。虽然目前中国在推进构建和谐世界方面的作用还有限,但中国政府的努力方向是在大力推进这一目标。中国自身发展需要这样做,世界也需要中国这样做。构建和谐世界符合时代潮流,符合世界人民的利益和愿望。通过国际社会长期共同努力,和谐世界的目标一定会实现。因为和谐思想揭示了世界未来发展的核心问题和本质要求,顺应当今时代发展潮流,具有很强的时代感,为积极应对和处理国际社会面临的严峻挑战提供了建设性思路。

思考题

1. 改革开放前后,中国对国际社会态度有什么变化?
2. 中国如何在联合国发挥更大作用?
3. 加入 WTO 对中国有什么意义?
4. 为什么要构建和谐世界?

---

① 《和平与发展》,2006 年第 4 期。

第十四章　21世纪初期的时代特征和中国对外战略

进入新世纪,国际形势一直处在深刻变化之中,经济全球化深入发展、世界多极化、发展模式多样化不可逆转发展,科技进步日新月异,各国之间综合国力的竞争日趋激烈,各种力量组合和利益格局发生新变化。世界政治与国际关系呈现出动态性、多变性和过渡性等特点,国际环境呈现出复杂的动态外向取向,影响世界稳定和发展的变数增多。但和平与发展依然是时代主题,谋和平、求稳定、图合作、促发展仍是牵动国际关系发展变化的核心问题,仍是不可阻挡的历史潮流。总体和平、局部战乱,总体缓和、局部紧张,总体稳定、局部动荡仍是今后国际局势的基本态势;大国间既相互合作又相互竞争,既相互借重又相互制约。恐怖主义、大规模杀伤性武器扩散以及其他非传统安全问题突出,面对这种变化,中国必须思考如何使中国外交适应形势的复杂变化,需要有视野更加开阔、长远的外交政策,发挥中国的作用,中国不能仅仅局限于作为地区大国,而要成为真正的全球大国。

第一节　21世纪初期的时代特征

了解时代特征是进行重大决策的基础和前提。时代特征包含多层意思,如客观现实的表述、发展趋势的预测、实现目标的规定等。我们认为21世纪初期的基本特征有以下几点。

第一,美国谋求单极霸权未能得逞,国际格局多极化、发展模式多样化趋势明显,不可逆转。冷战结束后,两极对抗的国际格局随着苏联的解体而宣告瓦解,美国成为唯一的超级大国,世界形成了一超多强群弱的金字塔形国际结构。它由一个超级大国、多个次等强国和众多中小国家构成。这种金字塔结构,顶尖是唯一超级大国美国,中间是俄中日欧等大国或国家集团,底层是广大的发展中国家。美国凭借唯一超级大国的优势,加紧推行单极霸权战略。1997年美国国防评估报告提出,2015年前,世界上没有一个国家可以对美国形成威胁,这段时间是美国的战略机遇期,美国要实施塑造战略,即把美国的社会制度和价值观念扩展到全世界,干美国在冷战时期想干而不敢干或无法干的事,在全球塑造一个"自由民主"的"新帝国"。2001年小布什上台后,加紧推行新干涉主义,提出"先发制人战略",以"自由"、"民主"、"反暴政"作为推行霸权战略的旗帜。加紧对国际地缘政治中敏感地区的控制,加快北约东扩步伐,提出大中东改造计划,加紧实施对独联体渗透计划和亚太军事部署调整计划,以形成整合两翼(欧洲与亚太)、突破中央(中东、中亚),彼此呼应的态势,达到整治伊斯兰国家、牵制欧洲、挤压俄罗斯、看住中国的目的。同时,加紧争夺国际战略制高点。于2003年3月,不顾国际社会、主要盟国和国内舆论的反对,撇开联合国(2002年11月,联合国安理会通过决议,排除了授权美国对伊拉克动武的可能,强调保持联合国在解决伊拉克问题上的主导权),与英国等极少数国家一起,发动伊拉克战争,实施"先发制人战略",严重冲击了国际法体系和联合国权威。同时,美国还大肆扩充军备,军费开支年年攀升。2005年国防开支4658亿美元,加上在伊拉克战争的追加拨款,军费支出超过5000亿美元,约占全球国防费用总支出的一半。

然而事态并没有朝美国领导人希望的方向发展,虽然美军占领了伊拉克,推翻了萨达姆政权(萨达姆被抓后于2006年11月被处以绞刑),尽管美国付出了美军3000多人丧生(这一数字还在不断增加)和花费上万亿美元的高昂代价,但美国并没有能控制伊拉克(2006年12月20日布什总统被迫承认美国并没有赢得伊拉克战争,并在2007年增兵伊拉克),更谈不上实现大中东改造计划。美国深陷伊拉克泥潭,单边主义严重受挫。美国政府不得不要求联合国帮助其摆脱在伊拉克的窘境,调整美国单边主义霸权战略的策略和手段。2003年11月布什在伦敦强调,美国将致力于加强联合国和其他国际组织,共同应对全球威胁①。当然这并不意味着美国放弃单

---

① 美联社伦敦,2003年11月20日电。

边主义战略,正如美国新保守主义者罗伯特·卡根所说的,这是"在单边主义铁拳外面套上一付丝绒手套"①。但它说明美国单边主义严重受挫,力不从心,不得不"回归"联合国,求助于国际合作。

与美国的单极霸权相反,国际上倡导多边主义的呼声日益高涨,中俄两国于2005年7月1日再次发表关于建立国际政治经济新秩序的联合声明,强调要实行多边主义,反对单边主义。多边主义和区域合作是目前国际社会普遍接受的政策,也是制衡美国单边战略,维护自身利益与安全的主要手段。进入21世纪后,国际力量对比发生有利于多极趋势的变化。不仅坚持走和平发展道路的中国在崛起,印度、巴西等发展中国家也快速发展,俄罗斯走向复兴,欧盟扩展到27个成员国,东盟等区域性整体力量在提升,出现一批大国和国家集团"群雄并起"的局面。特别是以中国、俄罗斯、印度、巴西"金砖四国"为代表的新兴经济体迅猛发展,正在成为世界格局演变的重要力量,推动世界向多极化方向发展。2007年"金砖四国"对世界经济增长的贡献率超过50%,中国对世界经济增长的贡献率首次超过美国。在世界前十二位最大经济体中,新兴国家占了六个(金砖四国加上韩国和墨西哥)。还有,越南、印尼、南非、土耳其、阿根廷"展望五国"也开始成为世界经济中的亮点。世界经济形成北美、欧洲和亚洲三大相对平衡的板块,亚洲更成为带动世界经济增长最重要的发动机,世界经济增长引擎多元化,传统五大力量中心之间出现新的平衡关系,新兴大国积极谋求更大发言权,扮演更重要的角色,成为新的平衡因素②。伴随经济的迅猛发展,新兴经济体积极参与和推动区域合作组织机制建设,成为塑造全球性和跨区域组织机制变革的重要力量。中国和俄罗斯推动上合组织签署《长期睦邻友好合作条约》和《保障国际讯息安全行动计划》。巴西、阿根廷推动加快将南美国家共同体转变为"南美国家联盟"。马来西亚、越南积极推动签署《东盟宪章》、《东盟经济共同体蓝图》,力争在2015年使东盟成为类似欧盟的单一市场。国际货币基金组织加速推进增加中国、韩国等国家投票配额的改革。世界银行行长佐立克推出新发展战略,要求进一步加强同新兴经济体的协商合作。八国集团通过"海利根达姆协定",确立加强同新兴经济体大国协商的

---

① 引自《和平与发展》,2006年第1期。
② 《现代国际关系》,2008年第1期。

"G8+5"新机制①。

新兴经济体积极探索自身发展模式,世界政治中的发展模式呈现多样化特征。自由资本主义模式影响力下降,促使世界政治的深度调整开始超越物质层面的力量对比,进而向制度、模式等软实力领域纵深发展。俄罗斯政府倡导主权民主,政治上否定全盘西化,经济上对战略行业加强控制,采取国家资本主义政治经济政策。印度政府主张经济上通过国家干预解决自由资本主义模式弊端。既强调要保持民主政治和市场经济体制,也强调要坚持印度自身的社会、文化特性。中国坚持走中国特色社会主义道路,走一条根本不同于西方资本主义和传统大国崛起的发展道路,即和平发展道路。中、印、俄等国家主要根据本国实际,采取不同于西方资本主义的发展模式,并取得巨大成就②。

当然,美国仍是唯一超级大国,美国建立单极霸权的目标也没有改变。为了维护其在世界政治中的主要地位,美国加紧与欧盟合作,协调步骤。美欧在2007年签订《跨大西洋经济一体化计划》,推进大西洋两岸的一体化以应对全球化的挑战,并在世贸组织等国际机制中加强合作。美国还推动所谓全球"民主国家间合作",布什政府提出"亚太民主伙伴计划",发表《2007—2012财政年度战略计划报告》,适度收敛在中东等地推行"民主改造计划",将中、俄等所谓"非民主"新兴经济体大国与印度、巴西等"民主"国家加以区隔,重点关注中、俄等国崛起③。为了围睹中国,美国加强美日、美韩、美澳等双边军事同盟,编织与东盟的军事合作网络,在中亚设置军事据点,提升售台武器级别。为了防范俄罗斯,美国加紧北约东扩,在波兰、捷克等俄罗斯周围部署反导系统,加快推进太空计划。由于美国"一超"地位还将保持相当时间,所以单极与多极世界之争还将持续,但多极化趋势不可逆转,随着国际基本力量对比的变化,国际格局多极化、发展模式多样化将不断取得进展。

在联合国舞台,世界各国同美国展开激烈的争论,这在2005年联合国改革辩论中表现得十分突出。美国处处把自己一国的利益和安全置于其他所有国家的利益和安全之上。美国对联合国大会主席起草的"成果文件草案"提出700多处修改意见。凡是提到加强联合国权威和作用的地方统统

---

① 参见《现代国际关系》2008年第4期。
②③ 同上。

删掉,而中国、俄罗斯、多数欧盟成员和大多数发展中国家都主张奉行以联合国宪章为核心的多边主义,主张联合国在处理国际事务中的主导作用,与美国展开针锋相对的斗争。在防扩散和核裁军问题上,美国代表要求只提前者,不提后者,而发展中国家强调不仅两者都要提,而且要把核裁军放在首位,强烈指责美国的核霸权政策和在核扩散问题上的双重标准,认为这是造成大规模杀伤性武器扩散的主要根源。在恐怖主义界定、《京都议定书》、使用武力界限和千年发展目标等问题上,美国都十分孤立,欧盟、俄罗斯、中国和发展中国家都不支持美国。美代表主张把2000年联合国首脑会议各国首脑共同发表的"千年宣言"中"千年发展目标"改为"国际上同意的发展目标",删去官方援助指标,遭到发展中国家的强烈反对,使美国不得不在"成果文件"中保留"千年发展目标"和官方援助指标的内容。在联合国安理会扩大问题上,印度、巴西、南非等发展中国家希望成为一支独立力量在国际舞台上发挥重要作用。非洲联盟为非洲国家争取两个安理会常任理国的席位的要求代表整个非洲的声音。非洲联盟在讨论安理会扩大问题上的作用十分明显。欧盟在联合国信息峰会上,与发展中国家一起,强烈要求改革因特网管理制度,把权力交给联合国,改变长期由美国一手控制的状况,挑战美国的网络霸权。经过激烈辩论,迫使美国不得不同意成立因特网管理论坛,并在2006年召开第一次会议,由联合国秘书长主持,探讨因特网国际化管理途径[①]。2007年联合国安理会通过"中间方案"的报告,重点是提升发展中大国在安理会的代表性,并倡议举行政府间谈判。在中国、印度等积极推动下,联合国人权理事会完成建章立制工作。设立定期普遍审议机制,并对国别提案的适用标准进行修改,要求国别提案至少要有15个成员国联署,防止某些发达国家滥用国别提案。

第二,世界政治经济运行的基本态势没有改变,和平与发展仍是我们时代的主题。进入21世纪,国际形势发生深刻变化。经济全球化、世界多极化、发展模式多样化趋势深入发展。世界政治和国际关系呈现出动态性、多变性、过渡性的特点,影响世界稳定和发展的变数增多,但求和平、谋合作、促发展仍是牵动国际关系变化的核心课题,仍是不可阻挡的历史潮流。是当今时代最强音。总体和平、局部战乱,总体缓和、局部紧张,总体稳定、局部动荡仍是今后相当时期内国际局势的基本态势。

---

① 《和平与发展》,2006年第1期。

第十四章　21世纪初期的时代特征和中国对外战略

由于美国推行"新干涉主义",推行"先发制人战略",谋求建立世界霸权,以及一些国家和地区的民族、宗教、领土纠纷,还有恐怖主义蔓延、大规模杀伤性武器扩散等因素导致局部战争接连不断,甚至有时还有上升趋势。如20世纪90年代局部战争最多的年份是1993年,达31起,而2004年和2005年则分别为36起和39起。像阿富汗战争、伊拉克战争、巴以冲突和黎巴嫩、苏丹、索马里、尼日利亚内战等,造成人民生命财产的重大损失和地区的激烈动荡(特别是中东地区),给世界和平与稳定构成严重威胁,但世界大战打不起来。其最关键的因素是全球化深入发展带来国家间相互依赖的不断加强。各国间的经济融合已经发展到难以割断的程度,从原料供应到技术开发,从资本输入到资本输出,从劳力市场到金融市场,从制造业到服务业,形成了越来越多领域的深度相互依赖关系,竞争与合作的分野日益模糊,竞争对手往往也是合作伙伴。大国间的刚性竞争相应弱化,以多赢为基本思维取向和政策选择使大国之间关系总体保持稳定,不会发生大规模直接军事对抗。虽然大国之间矛盾不断,如单边主义与多边主义,以及在联合国作用、恐怖主义界定、防扩散、信息安全等问题上,美国与其他大国之间都存在严重分歧,有时进行激烈争吵,但相互关系都保持在可控范围内,即使当今世界上最复杂也是最重要的双边关系之一的中美关系,尽管双方存在结构性矛盾,且2001年小布什上台后称双方关系为"战略竞争关系"。但由于中国高举和平、发展、合作旗帜,坚持走和平发展道路,以及"9·11"事件后美国在反恐、防扩散等重大问题上需要中国配合和支持,还有中国经济持续快速发展,双方力量对比也发生变化。中美双方很快找到适当的定位,即"建设性合作关系"。虽然许多矛盾依然存在,但双方关系稳定发展。甚至一向被认为最具爆炸性的台湾问题,双方在遏制"台独"问题上也开展了一定的协调和合作。大国之间既相互竞争又相互合作,既相互制约又相互防范的态势依然存在,但从总体看,共同利益大于分歧。大国之间不再是通过互相对抗互相掣肘,而往往是通过相互协调与合作互相促进,不相互挑战对方的核心利益。只要大国间这种状况能保持,世界的总体和平和稳定就能得到保障。

随着经济全球化的深入发展,以及科学技术的日新月异,各国间经济的相互依赖加深。进入新世纪以来,世界经济发展保持良好势头。中国、俄罗斯、印度、巴西"金砖四国"迅速崛起。美国经济也保持较快增长,在20世纪90年代长期处于低迷和停滞状态的日本经济,近年来也得以复苏。东南亚国家摆脱了金融危机,拉美国家经济也在发展,一向被边缘化的非洲经济,近年来也取得较快的发展。区域一体化是当今世界发展的重要特征,建立在地区开放、平等合作的区域经济贸易共同体,有利于地区经济的发展,也有利于世界经济的繁荣。《里斯本条约》的签订使欧盟一体化建设进入一个新阶段。成员扩大到27个。中国与东盟的自由贸易区建设在顺利开展。其他地区的一体化建设也都在蓬勃展开,WTO成员不断增加,俄罗斯加入了七国集团,变成八国集团,中国人民银行行长和财政部长也被邀出席八国集团财政部长会议。国家、集团和地区间的经济协调在深入,经济战略对话在许多国家间进行。这些有利于解决经济纠纷,促进相互间经济协调发展。但世界经济发展仍然很不平衡,贫富差距拉大,一些国家特别是发达国家推行贸易保护主义,使发展中国家遭受不公平待遇。WTO多哈回合谈判迄今仍无重大进展。因此,建立公平、合理的国际政治、经济新秩序任重道远。

第三,经济全球化深入发展,成为时代最根本和最主要的特征之一。进入21世纪,国际关系的深刻变化越来越反映在国际体系的变化上。国际体系是国家权力、财富分配、国际制度和国际机制共同作用的综合。构成当前国际体系深刻变化的主要发展无疑是全球化进程的突飞猛进[1]。全球化的基本标志是信息化、市场化和资本等生产要素流动的自由化,它的根本动力是科技革命,而市场经济则是其催化剂。全球化以国际贸易和国际分工为条件,世界市场为基础,国际金融为核心。全球化是社会生产力和科技发展的客观要求和必然结果,它有利于促进资本、技术、知识等生产要素在全球范围内优化配置,借助空前活跃的经贸关系和极为广泛的信息开放,促进世界经济发展。它带来众多的创业机会、更快的技术创新、更快捷的资本流动和更激烈的人才竞争,有利于各国经济技术密切联系,也是促进世界和平与稳定的一个积极的因素。经济全球化将对21世纪的全球经济产生巨大的影响,将出现全球性生产、全球性贸易和全球性标准的激烈竞争。但全球化给世界各国带来的好处极不平衡,全球化带来的利益没有得到公平分享,发达国家是主要得利者,而部分发展中国家则被边缘化。发达国家在经济全球化中起主导作用,全球化发展的信息技术基础掌握在发达国家手里。跨国公司是经济全球化的主要推动力量,全球金融网络受发达国家控制,全球

---

[1] 《现代国际关系》2008年第1期。

化规则由发达国家制定。发达国家控制着 WTO、IMF、WB 等主要国际经济组织,在全球生产、贸易、金融体系中处于绝对优势地位。它们要求发展中国家开放市场,而自己则采取贸易保护主义,并利用苛刻的劳工、环保、"人权"、"民主"等标准损害发展中国家利益,而无视发展中国家的正当合理要求,结果使南北关系更加复杂,南北差距进一步拉大。据统计,世界最富的 20% 的人口和最穷的 20% 的人口的贫富差距,1960 年是 30 倍,而 1997 年上升为 74 倍。世界上最不发达国家由 70 年代的 24 个增加到 2000 年的 49 个。目前整个非洲的电话线路还不及美国纽约曼哈顿区或日本东京的电话线量。同时,全球化给发展中国家带来经济安全的严重挑战。但这并不等于说,经济全球化对发展中国家一无是处。发展中国家可以引进资金技术和先进的管理经验,促进贸易和经济的发展,参与全球经济竞争,可以对各种发展模式的利弊进行比较,选择适合于自己国情的发展模式,加快现代化进程。全球化是时代潮流,不可逆转。发展中国家要积极参与全球化,回避和抗拒只会遭到更大的损害,而必须抓住机遇,迎接挑战,趋利避害,加强经济区域化和集团化是发展中国家应付全球化挑战的一个有效的途径。区域一体化是当今世界发展的重要特征。建立在地区开放、平等合作和不针对其他国家和地区的区域经济贸易共同体,不仅有利于地区的经济发展,也促进世界经济的繁荣。为使全球化健康发展,应加强国家和地区间的协调和互利合作,消除经济关系中的一切歧视。WTO 应通过平等谈判,促进多哈回合谈判尽快取得进展。应努力形成一个全面、合理和为各方所接受的国际体制。摒弃以施压、制裁,迫使单方面让步的做法,发挥全球和多边组织机制的作用。应认真落实联合国千年首脑会议《千年宣言》中的"千年发展目标"和官方援助指标。对最不发达国家要大力扶持,要努力缩小贫富差距。如果南北差距继续拉大,不利于全球经济的健康发展,也不利于世界的和平稳定。不仅发展中国家受害,发达国家也难以持续发展,因为当今社会是一个相互依赖的社会。当然随着全球化的发展,各国相互依赖日益加强,它既可能带来世界各国经济的共同发展,也可能导致世界各国的经济动荡。2007 年美国次贷危机引发全球金融风暴并进而波及实体经济就是一个典型例证。还有全球化进程中利益分配不均也带来了新矛盾,引发了反全球化运动的高涨。只有世界各国共同努力,真正形成一个平等、互惠、共赢、共存的经济全球化,世界的和平与发展才有可靠的保证。

第四,非传统安全问题突出,与传统安全问题一起构成对人类的重要威胁。冷战结束后,非传统安全问题的重要性日益上升,形成了严重的全球性问题,引起世界各国的关注,特别是恐怖主义,更成为全人类的公害。进入新世纪,恐怖主义蔓延,其特点是:手段多样化、活动跨国化、组织严密化、人员高技术化(发展生化武器、先进爆破技术、计算机病毒等)、危害严重化。2001年"9·11"恐怖事件,造成了3 000多人遇难,震惊了整个世界,也改变了美国的全球战略重心。2001年9月12日和28日,联合国安理会通过两个决议,指出国际恐怖主义是对国际和平与安全的一个最严重的威胁。10月7日,美英等采取军事行动,用武力摧毁了阿富汗的塔利班政权。恐怖主义以惨无人道的行径,严重威胁人民的生命财产安全,威胁国际社会的和平稳定,遭到国际社会的齐声谴责,是国际社会的一个毒瘤,必须予以铲除。同危害国际社会的恐怖主义作斗争,必须坚持几个原则:一是要打击一切形式的恐怖主义。所有的恐怖主义都是人类的公害,都必须严厉打击,决不能采用双重标准,不能以自己国家的好恶为标准,只打击某些恐怖主义组织或势力,而对另一些恐怖主义组织采取同情甚至纵容和支持的态度,不承认它们是恐怖主义组织。二是决不能把恐怖主义与某种宗教和民族联系起来。我们决不能把阿拉伯民族和伊斯兰教徒都看成是恐怖主义,否则将造成严重后果,广大伊斯兰教徒也是恐怖主义的受害者,他们也反对恐怖主义行径。三是打击恐怖主义要标本兼治,恐怖主义形成有多种复杂的因素。其中贫富悬殊(世界上有1/5人口生活在贫困线以下)是一个重要的根源。单用武力打击恐怖主义不能根本解决问题,只能治标不治本,要消除恐怖主义,必须铲除滋生恐怖主义的根源,特别是要帮助贫困人口摆脱贫困。所以打击恐怖主义要使用军事、政治、经济、外交等多种手段。当前,反恐斗争进入"越打越恐,越恐越打"的怪圈,同美国错误的反恐政策有密切关系。美国把反恐斗争等同于军事斗争,治标不治本,反恐过分依赖军事力量,伤及大量无辜,难以触动恐怖主义赖以存在的社会基础,而且把巴以冲突与国际反恐混为一谈,加剧了伊斯兰世界的反美情绪,为国际恐怖主义势力所利用。美国不仅用双重标准对待恐怖主义问题,而且利用反恐图谋霸权,美国发动伊拉克战争就是典型表现。伊拉克的萨达姆政权本来与国际恐怖主义并无关联,但美国出于自身的战略考虑,不顾国际社会的强烈反对,悍然发动伊拉克战争,推翻了萨达姆政权。现在伊拉克成了滋生恐怖主义的温床。恐怖事件接连不断,不仅伊拉克人民深受其害,中东局势更为险恶,美国自己也陷入泥潭,难以自拔,并且导致了国际反恐阵线的分化,使国际反恐形势更趋复杂。

气候变化和环境保护问题已成为全球重大安全问题,升至世界政治议程顶层。2007年2月2日,联合国政府间气候变化专门委员会发布的报告指出:到21世纪末,全球地表平均温度将升高1.8—4度,海平面升高18—59厘米。气候变化将导致水资源和土地资源锐减,将使1亿人被迫迁移,太平洋一些岛国消失,将使发展中国家发生粮食安全危机和疾病蔓延,加剧厄尔尼诺现象和发生洪涝干旱灾害,2/3森林可能变成草原。气候变化问题具有全球性、整体性、长期性、不可逆性和人为性5个特征。影响范围大,层次多,治理代价高。根据联合国环境规划署报告,如未来50年不能有效减少温室气候排放,每年将导致3 000亿美元损失。英国政府发表的《斯特恩报告》更认为,气候恶化将使全球GDP每年损失5％—10％。气候变化问题成为一个事关各国重大利益的政治和外交问题。1992年5月各国达成了《联合国气候框架公约》。1997年12月,联合国通过了《联合国气候框架公约京都议定书》。要求2008—2012年发达国家将温室气体排放减少5％。2005年7月,西方八国峰会首次将气候变化列为主要议题。2006年联合国在内罗毕举行气候变化大会。2007年,八国峰会与中、印、南非、墨、巴西的G8+5对话会、APEC领导人非正式会议、欧盟首脑会议、东亚峰会、联合国大会都以气候变化作为主要议题,安理会首次举行气候变化与国际安全讨论会,年底举行了联合国气候变化大会。2007年因而被称为"气候变化年"。全球气候变化引起的政治议题中,主要贯穿两大矛盾,一是欧盟与以美国为代表的伞形联盟的矛盾,二是发达国家与发展中国家的矛盾。气候危机的加剧迫使人类重新审视传统安全观。各国政府开始在对外关系中引入生态环境因素,衍生出全球气候外交。大国气候外交主要包括:设置气候变化政治议程、制订气候变化国际规则和制度,争夺气候变化全球治理主导权等。在气候变化问题上,欧盟发挥了积极的主导作用,是促成《京都议定书》生效的关键。美国奉行单边主义,既不愿接受《京都议定书》强制减排的约束,又不愿放弃在气候变化问题上的话语权,最后在强大压力下被迫接受一定条件下的减排指标。发展中国家接受"共同但有区别的责任"原则,并要求发达国家向它们提供技术援助。中国因温室气体排放量大,增速快,面临巨大压力。中国强调,气候变化问题从根本上讲是发展问题;气候变化是一个全球性问题,需要各国携手合作,《联合国气候框架公约》和《京都议定书》是国际合作的法律基础;技术进步对减缓气候变化具有决定性作用,发达国家应向发展中国家提供技术援助。中国发布了《应对气候变化国家方案》。中国的能源环境立场得到发展中国家的普遍支持。在气候变化全球治理中发挥了重要作用①。

除恐怖主义和气候变化问题外,非传统安全问题还有经济、金融、信息安全、毒品走私、艾滋病等传染性疾病等全球性问题。

传统安全问题最突出的是大规模杀伤性武器的扩散,特别是核扩散。现在世界上拥有的核武器,足以毁灭人类许多次,成为悬在世界各国人民头上的达摩克利斯剑,严重威胁世界的和平与安全。冷战后,虽然国际社会经过共同努力,签订了《全面禁止核试验条约》,许多国家加入了《核不扩散条约》。但是,大规模杀伤性武器扩散的势头仍在加剧,继印度、巴基斯坦进行核试验后,朝鲜也宣布拥有核武器,引发了朝核危机。伊朗的核问题也成了国际关注的焦点。要遏制大规模杀伤性武器扩散的势头,应大力加强联合国和国际原子能机构的作用,以多边条约取代集体安全,倡导新安全观。拥有核武器的国家(特别是美国和俄罗斯)应率先裁减核武器。在防止大规模杀伤性武器扩散方面,中国一贯采取严肃、慎重负责的态度。早在中国第一次试验核武器的当天,中国政府就严正声明,中国决不首先使用核武器,决不对无核国家使用核武器,并一再重申全面彻底销毁核武器的主张。中国颁布了《军品出口管理条例》和《核出口管理条例》,制定了核出口三原则(仅用于和平目的,接受国际原子能机构的监督,不得转让第三方)。中国大力促成《全面禁止核试验条约》的签署,加入了《核不扩散条约》,严格遵守《导弹出口技术参数》。然而,美国一方面竭力强调防扩散,另一方面提出"先发制人战略",宣称在紧急情况下将首先使用核武器,并宣布朝鲜、伊朗等国家为"邪恶轴心",一再对它们进行威慑,使它们感到自己的安全受到威胁,企图以拥有核武器等大规模杀伤性武器来增加与美对抗的筹码。美国还在核扩散问题上采用双重标准,向一些国家出售大批先进导弹。实际上,美国的核霸权政策和在核扩散问题上的双重标准,正是造成大规模杀伤性武器扩散的主要根源。正如美国前总统卡特在2005年11月的一次讲话中所说:"现在我们已变成全

---

① 参见上海国际问题研究所:《2008 国际形势年鉴》,上海辞书出版社 2008 年 6 月版,第 115—134 页。

球核扩散的罪魁祸首。"①国际原子能机构总干事巴拉迪也指出:"只要美国这种双重标准不停止,大规模杀伤性武器扩散就永远不可能停止。"②美国前国防部长麦克纳马拉也说:"如美国目前核态势保持下去……几乎可以肯定会出现核武器大量扩散的状况。"③要解决大规模杀伤性武器扩散问题,最重要的是美国必须放弃核霸权战略和在防扩散问题上的双重标准;必须大力倡导互信、互利、平等、协作的新安全观;对产生核问题的焦点地区,国际社会施加一定的压力是必要的,但施压的目的必须是有利于问题的解决,而不是促使矛盾激化,不要动辄以制裁或武力相威胁,那只会激化矛盾,使有关国家走向极端,而必须通过平等对话,通过和平方式逐步获得解决。朝核问题就是一个例子,通过五轮艰苦、曲折的六方会谈,终于通过了共同文件,朝鲜承诺拆除核设施,并接受国际原子能机构的检查,有关国家向朝鲜提供紧急能源援助。朝核危机得以缓解,向朝鲜半岛无核化目标迈出了可喜的一步,取得了阶段性成果,为其他地区核扩散问题的解决提供了有益的启迪和新鲜经验,也为朝鲜和美国、日本关系正常化问题的解决创造了良好的氛围。此外,太空军事化趋势加剧,严重损害人类和平利用太空的共同利益。美国除大力推进载人登月,并计划投资数千亿美元展开火星登陆计划,其反导系统或以外空为打击对象,或以外空为基地为地面武器系统提供目标信息和导引,成为太空军事化的最大推手。俄罗斯推出以反卫星武器为重点发展领域的太空复兴计划。日本筹组防卫省专司太空暨海洋战略的机构,印度组建太空司令部,欲建太空间谍卫星网④。

第五,21世纪是知识时代、科技时代、信息时代、网络时代,新科技革命,特别是信息技术革命和人类基因计划为代表的生命科学技术将使世界的面貌发生深刻的变化。以高新技术和产业为基础和支撑的"新经济"正在加快出现和发展,其产生的政治经济军事结果,可能使发达国家和发展中国家在新一轮全球竞争中的差距进一步拉大。

人类基因计划是继"曼哈顿工程"(第一颗原子弹研制)和"阿波罗登月计划"之后人类最大的科技攻关计划。随着人类基因密码的破译,将对人类

---

① 〔美〕《洛杉矶时报》,2005年11月24日。
② 转引自《和平与发展》,2006年第1期。
③ 同上。
④ 《人民日报》2007年9月15日,10月26日。

的政治、经济、生产、生活、物质、精神各方面产生极其深远的影响。这是人类科学史上的一个里程碑,对它的意义,怎么估计也不过分。

新技术革命是当今时代世界角逐的制高点,高科技是综合国力竞争的核心。21世纪,世界将进入知识经济时代,除地缘政治外,又形成智缘政治、太空政治学、科技权、信息权、虚拟世界等新概念。综合国力竞争,不管表现为经济竞争、军事竞争还是科技竞争,本质上都是智力的较量,一个国家综合国力的增长越来越取决于高素质的科技人才。由于高科技人才短缺已经成为一个世界性问题,因此,21世纪将引发一场争夺高科技人才的大战,在这场大战中,发展中国家将是最大的受害者。

在21世纪初期,新的技术殖民主义将成为国际政治生活中的一个突出现象。在既有的不公正的国际分配体制下,信息化和网络化过程中所包含的语言霸权和技术霸权,对发展中国家的本土文化和传统价值,将起到巨大的消解作用。信息的提供者和操纵者,以及全球媒体的控制者,主宰着全球文化的生产和发布,作为弱势群体的发展中国家,在这一全球媒体和信息时代中可能进一步处于"失语"状态。同时,非传统的安全领域,如金融安全、信息安全将会凸现,对发展中国家造成严重威胁。

第二节　21世纪前期中国对外战略刍议

21世纪前期,中国外交战略的根本问题是如何完成从国际体系边缘地带的强国向国际体系中心地带的强国过渡的问题。改革开放以来,特别是冷战结束后,中国综合国力大幅上升,已成为有重要影响的世界大国。21世纪前期,中国要成为名副其实的世界强国,在国际体系中心地带占有一席之地。同时,为世界的和平与发展,为建立国际政治经济新秩序发挥国际社会负责任大国的作用。

第一,我们要坚定不移地走和平发展道路。走和平发展道路,这是中国政府和人民根据时代潮流和自身根本利益作出的战略抉择,也是改革开放的进程和全球化进程交汇而产生的必然结果。改革开放之初,和平发展还主要是邓小平对国际形势发展趋势的基本判断,如今已成为中国国家崛起和发展的战略选择,成为国家根本战略和外交战略。

经过30年的改革开放,我们确实取得了骄人业绩。我们已顺利实现了第一步和第二步战略目标,总体实现了小康,正向全面小康社会迈进。中国的GDP从占全球的1%上升到5%,外贸从占全球不到1%上升到8%,成为全球经济总量第四和外贸总量第三的大国。神舟七号载人航天飞行的圆满成功,实现了中国空间技术具有里程碑意义的重大跨越,标志着中国成为世界上第三个独立掌握出舱关键技术的国家。2008年北京奥运会的成功举办是改革开放30年来成果的一次检阅,它体现了中国的崛起,综合国力的提升,国际影响力的增强,向世人展示了中国和中国人民的新面貌和新内涵。但我们也要清醒地看到,中国还将长期处于社会主义的初级阶段。目前中国人均GDP在世界排名还在100名之后,2007年中国人均GDP只有2 300多美元,而发达国家已高达3万多美元,我们的人均GDP还不到世界平均水平的1/3。中国还有2 000多万农村贫困人口和2 000多万城市最低生活保障线以下的人口,贫富差距和城乡差别等深层次的社会问题亟待解决。中国的产业结构还不够合理,增长方式粗放,投资消费不协调,转变发展方式任重道远,实现现代化还有很长的路要走。我们对自己的国力要有一个科学的国际定位,发展始终是我们振兴中华的第一要务。全面落实科学发展观,实现以人为本,经济协调可持续发展,提高人民生活水平,构建社会主义和谐社会是我们长期的中心任务。我们必须抓紧战略机遇期把自己的事情办好,聚精会神搞建设,一心一意谋发展,不要陷入一些国际矛盾漩涡而耽误发展大局,要努力避免使中国成为国际重大矛盾的聚焦点,尽量减少外部世界对我和平崛起的压力和阻力。

做负责任的国际大国,这是中国对世界的郑重承诺。我们要树立负责任大国的形象,在重大原则上主持公道,伸张正义,在遵守国际规则的同时要参与塑造和建设国际新秩序。中国主张国际格局多极化,发展模式多样化,国际关系民主化;倡导新安全观和合作共赢的新型多边主义;倡导各国开展互利合作,促进全球经济社会均衡和可持续发展;主张维护世界文明多样性和不同文明间进行平等对话和交流,共同构建持久和平、共同繁荣的和谐世界;维护联合国在国际事务中的核心作用,实现各国共同分享发展机遇,共同应对各种挑战,推进人类和平与发展的崇高事业。

尽管中国坚持走和平发展道路,一再表明中国决不做超级大国,但西方总是不肯轻易相信,因为他们对以往大国崛起的历史研究结果和他们自己的经验恰恰相反。况且中国正在走的是一条不同于西方国家的发展道路,中国发展过程中取得的每一个成就,都在客观上冲击西方模式在世界上的主导地位。为了阻滞中国发展,西方一些人一面大打"价值观同盟"旗号,鼓吹美欧联手对中国施压,现有的国际规则已无法阻止中国的发展势头,就企图通过制订新的国际规则(如全球标准等)来围堵"中国制造"。另一方面,炮制形形色色的"中国责任论"来约束中国。中国塑造负责任大国形象的成本在增高,如何在形象和实利之间找到一个合理的平衡点,这是我们面临的一个新的战略性问题。我们当然要履行自己的国际责任,但履行国际责任必须统筹国际国内两个大局,兼顾国家根本利益和人类共同利益。首先要把握好行动原则,把不损害国家主权、安全和发展作为考虑国际责任的前提;其次要坚持公平原则,促进建立公平的国际责任分担机制,既强调世界各国在应对有关全球性问题上的共同责任和共同利益,又要联系不同国家的发展水平、综合国力、历史责任等因素,在世界各国合理分配国际责任,并鼓励形成高效的国际责任体系[1]。近年来中国在应对全球气候变化问题上坚持了这些原则,取得了较好的效果,得到国际社会的肯定。联合国气候变化国际公约秘书处执行秘书德博埃尔指出,中国政府提出坚持公约的主导地位,坚持合作应对,坚持科技创新,坚持可持续发展,反映了国际社会普遍持有的观点。世界银行行长、提出中国是"利益攸关方"的前美国助理国务卿佐利克说:"中国在应对气候变化领域发挥重要作用,不仅对中国本身发展意义重大,在全球应对气候变化行动中也发挥了利益攸关方的作用。"[2]中国没有能力、没有企图,也没有必要去争什么国际秩序主导权,中国将始终坚持和平的发展、合作的发展、和谐的发展,中国不仅利用世界和平时机发展自己,也通过自身的发展促进世界和平和共同发展,中国始终是维护世界和平,促进共同发展的坚定力量。

第二,我们要以伙伴外交为主要手段,处理好与大国的关系。均势外交可以改变大国间的力量对比,但不能改变相互利益冲突的现实,是一种相对消极的外交手段。而伙伴外交强调国家间相互依存,通过寻求和扩大相互间的共同利益,将相互间的冲突性关系转化为友好的伙伴关系,是一种积极的外交手段。伙伴关系并不否认伙伴国间的利益矛盾,而是通过扩大共同

---

[1] 上海国际问题研究所:《2008 年国际形势年鉴》,上海辞书出版社 2008 年 6 月版,第 12 页。
[2] 新华社中文新闻,2007 年 12 月 18 日。

第十四章　21世纪初期的时代特征和中国对外战略

利益来弥合和控制相互间的矛盾,使之不影响到两国的核心利益①。冷战后,随着经济全球化的发展,国家间相互依赖不断加深,使各国间利益的共同维护和相互促进的可能与需要随之增加,在各大国的相互作用上,今后也许不再是通过对抗相互掣肘,更可能是通过相互联系与合作相互促进和制约。尽管在相当长的一段时间内美国仍是超级大国,其对其他国家的制衡能力最大,但大国间的实力对比在缩小,美国亦将越来越多地受到其他力量的制约。大国间协调、合作、摩擦、竞争并存的基本特征会长期保持下去,大国仍然是国际关系中起决定作用的因素,但大国已基本上不再互为战争对手,力求避免公开对抗。"9·11"事件突出了对世界安全的非对称威胁,使广义安全含义下大国间的相互安全威胁退到较为次要的地位,这是影响今后大国关系的一个新因素。当然,霸权主义和强权政治依然存在,我们仍然要反对霸权主义和强权政治。但中国没有意图与美国争夺亚洲和世界霸权。我们也不要去承担国际反霸旗手的角色,不要做挑战者。要从战略全局高度处理好中美关系,继续把中美关系放在我们外交的最重要地位。如何应对美国对华战略的新调整和新变化,是中国对美外交工作一项新的战略任务。美国从过去渲染"中国威胁论"、"战略竞争对手"的全面遏制的对华政策到现在提出了"负责任的利益攸关方"、"建设性合作"的有条件接纳的对华政策。当然这并不表明美国根本改变了对华战略,也不排除美国想用"责任论"来牵制中国,但从"潜在敌人"到"利益攸关方"的这种变化,还是有重大积极意义。对此,中国既要承认其中相对积极的对华战略转变,也要警惕其中含有明显的战略陷阱。中国既不能因美国的疑虑而放弃我们必要的对外利益拓展,在国际上做出与自身实力相匹配的贡献,做名符其实的负责任大国,也不能对美国的疑虑置之不理而造成不必要的利益冲突。这就要求我们在发展与其他各种类型国家关系的同时,考虑如何不挑战美国的核心利益。随着中国崛起,中美关系的战略重要性明显上升,一方面美国对华战略倚重加深;另一方面对中国的战略防范也加重,我们要努力扩大双方利益共同点,在各领域开展对话和合作,夯实"建设性合作关系"的基础。对美国加大针对中国的军事安全防范,既不能反应过度,也不能无动于衷。要全面审视中国的国际环境、周边环境和自身实力,在战略警惕和战略自信间寻求平衡。奉行防御性的国防政策,在加强自身国防现代化的同时,要高举

---

① 参见俞正樑等著:《大国战略研究》,中央编译出版社1998年版,第五章第二节。

和平、合作、发展的外交旗帜,不断深化与周边国家的睦邻友好关系,处理好中美日三角关系①。中美两国在双边、地区和国际问题上有不同看法和分歧是客观事实,应采取"求同存异"的态度,扩大共同点,缩小分歧。中美关系不同于冷战时期美苏关系,不是零和关系,要跳出大国权力转移的"历史周期率",走一条共同发展、和平相处的道路。不断充实和加强两国的建设性合作关系,要关注美国不同利益集团在对华政策中的影响力。目前,人权组织、工会、政治保守派组成了反华利益联盟,而以工商界为核心组成了支持稳定对华关系联盟,要做各方面人士的工作。同时,总统的权威在下降,国会对外交的决策作用在加强,国会议员受利益集团影响大,许多人反共意识强烈。因此,一定要争取让更多的国会议员来华访问,相互沟通,增加信任。在斗争中求妥协,在竞争中谋合作,避免对抗,寻求和扩大彼此国家利益的汇合点。不断加强中美两国在遏制"台独"问题上的合作与协调,减少美国在台湾问题上的消极因素。现在中美关系进入一个新阶段,体现出复杂性、复合性、成熟性的特征,已不能简单地用"好"或"坏"来描述两国关系的状态。随着中国的发展,中美力量对比会朝着有利于中国的方向发展,中国有可能采取更多的主动,但美方在总体力量上将长期处于优势。要争取互利妥协,稳定中美关系就能稳定中国外交大局②。在处理中美关系时,我们要坚持原则,但决不感情用事,要以是否有利于中国社会主义现代化建设为最高准绳。由于经贸领域的相互依赖,在各个重要领域搭建了复合型的对话机制,在许多国际问题上开展了建设性合作,中美关系总体保持稳定,但我们也要清醒看到,维系中美关系稳定的三根支柱都存在不同程度的脆弱性和不稳定性。双方经贸关系的不平衡性和不对等性以及贸易问题政治化倾向明显;机制建设从性质到内容都没有达到战略互信的程度,美国企图通过对话对中国施压意图明显,国际合作的进展也无法掩盖双方的深刻分歧。美国国会和五角大楼对中国的敌意依然很深。战略互信不足和战略关系基础不牢严重影响中美关系的长期稳定。中美缺乏战略互信植根于两国战略利益和政治理念的根本性差异,短期内难以取得实质性突破。两国实现战略稳定取决于两国实力对比和共同价值的塑造。它既不应走美苏关系的老路(恐怖平衡支撑),也难以

---

① 《现代国际关系》,2006年第5期。
② 《国际问题研究》,2006年第3期。

第十四章 21世纪初期的时代特征和中国对外战略

实现美欧模式,而应当是全球化条件下不同社会制度、不同文明发展模式的新型战略稳定模式。即双方本着现实态度和创新精神,在共同利益基础上加强对话,塑造共识,培育共同理念和价值,建立共同的战略互信,以更理性的态度看待对方的实力地位和发展战略。既看到美国一超地位的长久性,也看到美国对华战略的需求性,既不挑战美国的核心战略利益,也要敢于坚持自身的核心战略利益;充分调动美国对华政策中的积极因素,努力探索双方未来合作的空间,以具体的合作增进互信。在一些彼此有争议的国际问题上,努力协调立场,以既符合双方利益并能为有关方面接受的方式处理相关危机(如朝核),拓展深化既有交流机制,使其真正成为增进战略互信的平台,并积极推动新型对话机制的构建。我们要加强战略主动性,转变思维定式,增加军事等方面透明度,加强对中国走和平发展道路、建设和谐世界等理念的宣传。促使中美关系健康发展[①]。

继续深化中俄战略协作伙伴关系,对双方都有着重要意义。它有利于维护国际战略稳定,使彼此有可靠的战略后方。广泛的共同利益(包括战略利益、政治利益、经济利益)是两国关系持续发展的动力。今后,要持续加强中俄睦邻友好合作条约,深化和完善上海合作组织。中俄经贸关系近年来虽有很大增长,但仍与两国的关系不相适应,还有很大潜力。要大力加强经贸合作,从低层次的简单贸易向以相互投资开发为特征的高层次经济合作过渡,同时,利用中国丰富的劳动力资源,积极开展劳务合作,并在国际舞台上加强协调合作。

中日关系是东亚最重要的双边关系,这不仅因为它们是该地区两个最大的国家,而且还因为日本是确保美国在东亚具有强大影响力的关键因素。中日交恶,只会对双方造成损害,而且会被美国所利用。因此,我们要超越中日双边来看待中日关系,把它放在中美日关系和整个地区格局上来处理。要敦促日本走和平发展的道路;要突出中日友好,不要突出中日矛盾;对历史问题要讲究方式方法,要有大历史观,以免使日本人民产生逆反心理;争取利用日本资金、技术搞一些大项目;要以中日合作促进东亚合作,并以东亚合作稳定中日合作。中日之间已确立了战略互惠关系的框架,友好合作是中日战略互惠关系的基本动力,互利共赢是战略互惠关系的主要目标。全面推进中日战略互惠关系,不仅要有远见卓识的政治领导,而且要依赖广

---

① 《现代国际关系》,2008年第一期。

大民众的热情参与,要警惕上热下冷、官热民冷的现象,多做日本民众特别是日本青年的工作,大力培育两国人民之间的亲近感。要使民间团体更好地发挥建设性作用。要大力加强交流合作的机制化建设,为增强中日战略互信和各领域的合作提供机遇和平台。要从战略高度和长远角度来审视和把握两国关系。坚持和平共处、世代友好、互利合作、共同发展的大方向,真正建立起全面的战略互惠关系。

第三,我们要实施"东西并重"的地缘战略。历史经验告诉我们,任何一个大国崛起,如果没有一个良好的地缘战略环境是不可能成功的。中国要真正崛起,必须要有一个安定、祥和的大后方,要营造一个能支撑世界大国的大平台。

冷战后,中国把发展周边国家的关系作为外交战略的首要,推行与邻为善,与邻为伴,睦邻、安邻、富邻的外交方针,使中国的周边安全形势有很大改观,取得很好的成果。但我们也必须清醒地认识到,中国的地缘战略形势仍然相当复杂,面临诸多挑战。首先,从地缘政治环境看,中国的周边邻国中,既有像俄罗斯、印度那样的大国,也有像文莱、不丹那样的微型小国。既有像日本那样的发达国家,也有像阿富汗、缅甸那样最不发达的国家。周边邻国的政治、经济、宗教、文化千差万别,况且中国跟其中一些国家还存在领土纠纷和历史恩怨,这些都加剧了中国地缘政治环境的复杂性。其次,中国面临某些大国的围堵。由于中国是当今世界上坚持走有中国特色社会主义道路的大国,采用不同于西方的发展模式,尽管中国真诚地表示要走和平崛起的道路,但一些大国,特别是美国,决不会轻易相信,担心中国的崛起、经济实力的增强会导致中国对外采取强势的扩张姿态,害怕中国崛起会挑战其全球霸权,于是在发展与中国合作的同时,采取某种围堵中国的战略,如加强美日、美韩、美澳等双边军事同盟,编织与东盟的军事合作网络,扶植亚洲其他力量平衡中国崛起,在中亚设置军事据点。日本推行所谓"价值观外交",企图建立日、美、澳、印四国同盟,形成一个包围中国的"自由与繁荣之弧"。美日等国在战略上对中国的防范与堵截,不能不使中国产生某种被包围的感觉。再次,中国面临国家分裂的危险。台湾问题至今尚未解决,使中国成为当今世界上唯一面临国家分裂的大国。实现四个现代化和祖国的完全统一是改革开放以来中国坚定不移的两个战略目标。由于美国干预台海形势,暗中支持"台独",因此台湾问题不仅涉及中美关系这对当今世界上最复杂的国际关系,成为中美关系中最核心的问题,而且台湾问题还潜伏着中

第十四章 21世纪初期的时代特征和中国对外战略

美走向直接军事对抗的因素,所以台湾问题是中国考虑地缘战略时无法回避的一个难题。

关于地缘战略重心问题,改革开放以来,中国的地缘战略重心一直在东边。中国在对美、对日、朝鲜半岛和东南亚的外交中投入了相当多资源,我们的军事部署的重心也在台湾地区。这种战略态势与中国经济发展战略重点放在长江三角、珠江三角相适应,也与台海地区、朝鲜半岛局势动荡和美、日对华战略牵制有密切关系,有其历史必然性和合理性,并产生了积极效应。如今台海局势趋稳,朝鲜半岛核问题取得重大进展,中美关系稳定发展,中日关系回暖,中国—东盟关系处于历史最好时期等。然而,随着中国经济的高速发展,我们对海外资源、能源和市场的依存度不断上升,而我们通往海外的途径又不得不经由东南沿海,依赖几个像马六甲海峡那样狭窄的海上通道,由于美、日对中国的防范和堵截,以及我们自身不断增长的战略需求和综合竞争能力的反差,使得中国海上通道的安全显得十分脆弱。随着国际能源问题的凸现,富含油气资源的中东地区的地缘战略重要性日益提升,这一地区不仅是全球能源的主要供应地,而且也是能源运输的主要通道和战略关节点,是欧亚大陆历史交往的十字路口,被美国视为极重要的战略枢纽。而我们的西边形势却不容乐观,巴基斯坦宗教极端势力抬头,政局动荡,基地组织恐怖势力在阿富汗死灰复燃,企图卷土重来,东山再起,伊拉克战乱不止,伊朗核问题屡起波澜,中国新疆的极端势力分子与国际恐怖组织遥相呼应,制造事端,"藏独"势力伺机煽动暴乱。中国已成为世界上第二大石油进口国,并且正在加紧实施西部大开发战略,强调转变经济发展方式,西部问题对中国的重要性不言而喻。然而,中东在中国外交战略全局的位置至今仍显得模糊,战略投入明显不足,因此,"西向"必将成为中国未来地缘战略不可忽视的大问题。我们在继续保持对东部地区首要关注的同时,应当把战略资源适当转向西部边疆,实行"东西并进"的地缘战略。它将使我们在陆地上建立通向欧洲、西亚和南亚的通道,有助于缓解对东南海上通道的过度依赖,并能在紧急状态下为中国与外部世界的联系提供备选方案。强化中国参与中东地区事务的能力和手段,这不仅有利于中国本身的发展,也有助于该地区的和平与稳定。

要有超越传统地缘战略思维的勇气和智慧,努力培育新地缘战略观。传统地缘政治理论的本质就是讲权力政治,讲划分势力范围和争夺世界霸权,因而往往爆发冲突和战争。一些渗透了西方权力政治思维的政客们也鼓吹用传统地缘战略思维来看待和应对中国的崛起。坚持走和平发展道路的中国,决不能走传统地缘战略的老路,这不仅因为中国社会主义制度的性质使然,也由于今天我们所处的是全球化时代。全球化通过经济和社会融合,使大家处于深度相互依赖之中,把各国前所未有地联系在一起,命运相通,一损俱损,一荣俱荣。同时各种非传统安全的挑战威胁了人类的共同利益,要求各国共同应对。我们要认清当今世界政治大局和时代潮流,以勇于探索,勇于开拓,善于调整,善于创新的战略素质,始终高举和平、发展、合作的旗帜,积极奉行新国际安全观,与周边各国相互信任,加强合作,共同维护地区和世界的和平稳定。大力倡导和实践和谐世界理念,以平等互利为核心,以民主、和睦、协作、共赢为原则,处理和周边各国的关系,坚定不移地以加强睦邻友好,促进区域合作,扩大共同利益,促进共同发展作为地缘战略的政策取向,以期营造一个安定、祥和的地缘战略环境,在实现中国崛起的同时,真正树立起负责任大国的形象,为地区和世界的和平与发展做出更大的贡献[1]。

第四,进一步加大对外开放的力度,充实和加强经济外交。党的十七大报告指出:"改革开放是决定当代中国命运的关键抉择,是发展中国特色社会主义、实现中华民族伟大复兴的必由之路。"改革开放是中国新时期最鲜明的特点。30年来的开放实践证明,只有实行对外开放、面向世界以及和国际接轨的决策,我们才有可能赶上世界潮流,适应时代主题,做到与时俱进。要积极参与全球化进程,吸收外来文化的精华,努力做到趋利避害,使中国经济长期保持快速、健康的发展。要把"引进来"和"走出去"更好地结合起来,扩大开放领域,优化开放结构,提高开放质量,完善开放型经济体系,形成参与国际经济合作和竞争新优势。在更大范围、更广领域和更高层次上参与国际经济技术合作和竞争,充分利用国际国内两个市场,优化资源配置,拓宽发展空间,以开放促改革促发展。要加快转变外贸增长方式,改善外贸结构。优化进口结构,着重引进先进技术和关键设备,深化外贸体制改革,推进外贸主体多元化,完善有关税收制度和贸易融资机制。努力缓解贸易不平衡矛盾。创新利用外资方式,优化利用外资结构,发挥外资在推动自主创新、产业升级、区域协调发展等方面的作用。利用外资要从注重数量向注重质量转变;利用外资的优惠

---

[1] 参见《现代国际关系》2008年第5期。

第十四章　21世纪初期的时代特征和中国对外战略

政策从普遍优惠向产业优惠转变；引进外资要从政策优惠向规范投资环境转变；利用外资要从注重直接投资向以直接投资为主的多种投资形式转变。要改善投资环境，对外商投资实行国民待遇，提高法规和政策透明度。实施"走出去"战略是对外开放新阶段的重大举措，创新对外投资和合作方式，支持企业在研究、生产、销售等方面开展国际化经营。大力增强创新意识和自有品牌意识，加快培育中国的跨国公司和国际知名品牌。大力培养了解世界的企业家，增强中国企业发展跨国经营和开拓国际市场的能力。鼓励和支持有比较优势的企业对外投资，带动商品和劳务出口，形成一批有实力的跨国企业和著名品牌，积极参与区域经济交流和合作，按照主动性、渐进性、可控性的原则，继续完善人民币汇率形成机制，增强汇率弹性，逐步实现资本项目下的可兑换。要高度重视产品质量和食品安全，对国内外消费者负责。避免由于我们自身产品安全问题让西方媒体将经济问题政治化寻找借口，毒化中国经济发展的国际舆论环境，干扰中国经贸正常发展。要按照国际标准进行生产，加强产品检验执法监督，严格执行食品、玩具召回制度，建立起对外贸易经营者违法违规信息交换机制。整顿和规范外贸秩序。加强知识产权保护，深化与各国的知识产权合作。中国金融机构在稳步实施"走出去"战略时，要不断提高自身风险定价和风险控制能力，注意维护国家经济安全。

第五，倡导新型多边主义，积极参与全球治理。国际组织和国际制度作用的加强是当代世界的一个突出特点，以国际组织、国际条约和国际规范为中心的国际制度，正在对国家的行为进行越来越有效的调控和规范。虽然大多数国际制度由西方大国控制，在很大程度上反映他们的意图并服务于他们的利益，但国际制度的运作仍具有其独立性。

从发展趋势看，多边合作机制正在对当代国家行为和大国关系产生越来越明显的作用。只有懂得国际机制，积极参与国际合作，将国际机制与国家利益结合起来，才能从根本上维护国家安全。进入新世纪，中国外交面临的新问题是，如何通过国际合作化解国际社会对中国迅速崛起的疑虑，为中国经济发展创造更良好的国际环境，以及如何在维护自身国家利益的同时，担当越来越多的国际责任。新形势要求中国必须奉行多边主义外交。中国积极倡导的多边主义外交，强调的是合作性的政策和多赢的外交目标。这种新型的多边主义既来自全球化的思维和相互依赖的政治现实，也植根于中国传统的和合价值观。和合文化是中华民族自我发展和追求和谐生活的精神支柱,也为我们的对外交往提供了力量源泉①。推行多边主义外交,不仅要体现在中国对国际机制日益增强的认可度和参与度方面,而且要鲜明地表现在中国对全球和本地区事务的广泛参与和积极塑造上。

  作为国际社会负责任的大国,中国必须在全球治理中发挥重要作用,全球治理应是多边外交的重点之一。为此,中国有必要提出全球治理方案和全球治理政策。积极推动中国参与的各种地区机制开展地区合作,共同营造和平稳定、平等互信、合作共赢的地区环境。地区治理是全球治理的重要方面。在全球治理中,中国必须通过与世界的价值关系来影响和贡献于世界,与外部世界建立具有进取性、认同性和共享性的价值关系,坚持国际正义和国际公平应是中国全球治理外交的重点。在经济外交和合作外交基础上从事国际道义外交。倡导国际公平、正义是中国的一贯政策,也是中国的优势,加强调缩小南北贫富差距,身体力行向贫困国家提供不附任何政治条件的对外援助,倡导共同构建和谐世界,主张国际关系民主化和发展模式多样化,认真实践以平等互利为核心的新发展观,积极倡导公正合理的新秩序观,推动树立以互信、互利、平等、协作为主要内容的新安全观,主张形成以尊重多样性为特点的新文明观,这些主张有浓厚的中国特色,又有鲜明的时代特征,反映了世界发展和人类进步的普遍要求②。要积极参与多边事务,承担相应国际义务,发挥建设性作用,推动国际秩序朝着更加公正合理的方向发展。道义外交可以作为"软力量"来弥补中国"硬力量"的不足,而且体现中国的外交目标:促进世界的和平、稳定与繁荣③。

  第六,继续加强与发展中国家的关系,大力开展南南合作。执行"一条线"战略时,由于以苏画线,曾使我们和许多发展中国家关系受损。改革开放以后,我们调整了外交战略,我们同发展中国家关系普遍得到改善,参与了发展中国家组织的许多活动,并正确处理了同苏联东欧剧变后新独立国家的关系,在人权、台湾等问题上得到发展中国家的广泛支持。胡锦涛在党的十七大报告中指出:我们将继续加强同广大发展中国家的团结合作,深化传统友谊,扩大务实合作,维护发展中国家的正当要求和共同利益。加强同发展中国家的团结与合作,仍是中国对外关系的基本立足点。除了发展

---

① 《复旦国际关系评论》第6辑,上海人民出版社2006年版,第248页。
② 《人民日报》,2005年8月23日。
③ 《世界经济与政治》,2006年第2期。

双边关系外,中国与广大发展中国家在促进国际格局多极化,实现国际关系民主化和发展模式多样化,反对霸权主义和强权政治,改革不公正、不合理的国际政治经济旧秩序,争取建立公正、合理、和平、稳定的国际政治经济新秩序等方面可开展协调与合作。在力所能及的情况下,对发展中国家,特别是对最不发达国家提供必要的援助。要大力提高中国与发展中国家(特别是非洲国家)经贸合作水平,扩大文化交流,开展人才资源培训,要改革合作机制,提高合作水平和效益。要不断探索中国与发展中国家在政治、经贸和社会发展领域深化合作的新思路和新举措。

总之,进入新世纪,国际形势变化很大,跌宕起伏,整个世界正在转型,各国都希望在转型中为自己国家谋求更大利益。这个转型既给我们带来难得的机遇,也使我们面临严峻的挑战。只要我们充分利用机遇,勇敢地应对挑战,在科学发展观的指引下,紧紧抓住发展这一执政兴国的第一要务,坚持走和平发展道路,我们一定能在实现全面小康社会的宏伟目标的同时,为人类的和平与发展做出更大的贡献。

思考题

1. 为什么说在新世纪我们的机遇大于挑战?
2. 新世纪的中国应采取什么对外战略?

第二版后记

《当代中国外交》出版后,得到有关方面的肯定,2006年被列入教育部"十一五"国家级教材规划项目。根据项目立项的要求,我对原书作了大幅度修改。增加了十六大以来以胡锦涛为总书记的中共中央关于外交理论方面的新理念、新思维的论述,着重阐述了在毛泽东、邓小平外交思想和"三个代表"重要思想以及科学发展观指导下,中国坚持走和平发展道路所体现的负责任大国的风范。既充分肯定60年来中国外交所取得的伟大成就,又比较深入、客观地分析了中国外交领域有待改进的方面,并就中国外交的一些问题提出了自己粗浅的见解。在修改过程中,得到不少专家学者的帮助,吸收了国内外学者的最新研究成果,在此谨表示衷心感谢。但由于水平所限,存在问题一定不少,恳请同行专家和读者多多提出宝贵意见,以便将来进一步修改完善。

颜声毅
2008年末于复旦大学

第一版后记

　　《当代中国外交》是我多年从事《中华人民共和国对外政策和对外关系》课程教学和科研的产物,得到复旦大学教务处"十五"重点教材项目的资助。在编写过程中,吸收了国内外许多专家、学者的研究成果,在此一并表示衷心的感谢。沈逸、袁璐、李宁豫、朱锦屏、薄燕、徐长春、赵小斐、周韧棱、沈丽娟、李淑仙、张敏、曹彩香等同志参加了个别章节的编写或在收集资料、文字处理等方面提供了许多帮助,谨表示诚挚谢意。尽管我们本着实事求是的科学态度,以客观、冷静的心态来审视半个多世纪中国外交走过的不平凡历程,力争做到不虚美,不掩过,但由于能力有限,肯定存在不少错误和疏漏,恳请同行专家和读者朋友批评指正。

颜声毅

2003 年 5 月于复旦大学

图书在版编目(CIP)数据

当代中国外交/颜声毅著. —2 版. —上海:复旦大学出版社,2009.4(2022.1 重印)
ISBN 978-7-309-06471-1

Ⅰ.当… Ⅱ.颜… Ⅲ.外交-研究-中国-现代 Ⅳ.D82

中国版本图书馆 CIP 数据核字(2009)第 007888 号

当代中国外交(第二版)
颜声毅　著
责任编辑/邬红伟

复旦大学出版社有限公司出版发行
上海市国权路 579 号　邮编:200433
网址: fupnet@fudanpress.com　http://www.fudanpress.com
门市零售:86-21-65102580　团体订购:86-21-65104505
出版部电话:86-21-65642845
大丰市科星印刷有限责任公司

开本 787×960　1/16　印张 25.5　字数 418 千
2022 年 1 月第 2 版第 7 次印刷

ISBN 978-7-309-06471-1/D・405
定价:48.00 元

如有印装质量问题,请向复旦大学出版社有限公司出版部调换。
版权所有　侵权必究